윌리엄 불 선교사
부부 편지 Ⅱ
1939~1941

내한선교사편지번역총서 9

윌리엄 불 선교사 부부 편지 II
1939~1941

윌리엄 불 부부 지음
송상훈 옮김

보고사
BOGOSA

역자 서문

저와 미국남장로교 한국선교회 선교사들과의 인연은 고등학교 시절로 거슬러 올라갑니다. 저는 미국남장로교 한국선교회에서 세운 학교를 다녔습니다. 고등학교 시절 학교 본관 복도에 걸린 학교 연혁과 사진들에서 낯선 이름들을 보고 참 특이하다고 생각한 적이 있습니다. 교장 선생님 중 한 분이 '구례인'이었던 것으로 기억하는데, 하여간 왠지 모르게 어색한 이름인데 한국 이름도 아니고 미국 이름도 아닌 것이라고 생각했습니다.

그러다 같은 선교회에서 세운 전주기전학교 100주년 기념으로 넬리 랭킨 선교사 편지글을 번역하게 되었습니다. 그 일을 하며 처음으로 선교사들에 대해 진지한 관심이 생겼습니다. 그래서 서의필 박사가 기전학교에 보내준 영문 자료를 컴퓨터에 하나하나 처넣어 한글 파일 작업을 했으며 그 자료를 기회가 닿을 때마다 번역했습니다.

다시 시간이 흘러 같은 선교회에서 설립한 전주신흥학교에서 근무하는 중 미션 학교와 관련된 선교사들의 자료를 인돈학술원 등을 통해 모을 수 있었고 서의필 박사가 신흥학교에 보내준 영문 자료(A4, 450쪽 분량) 전체를 타자 작업하여 한글 파일로 만들었습니다. 그러다 연세대학교 연합신학대학원에서 선교사편지 DB 작업을 하는 것을 알게 되었고, 20여 년 전에 번역한 넬리 랭킨의 편지 글을 새롭게 번역하게 되었습니다. 이런 인연이 이어져 군산에 있는 전킨기념사업회를 알게 되었고, 군산에서 40년을 사역한 불 선교사를 알게 되었습니다.

두꺼운 불 선교사의 편지 모음집을 읽고, 불 목사 사역의 역사적, 지리적 맥락을 알고 싶어서 편지에 언급된 장소를 답사했습니다. 군산과 궁말은 말할 것도 없고, 충청남도 서천부터 전북 부안까지 시간이 날 때마다 답사했습니다. 그러면서 이것이 과연 한 사람이 다 다룰 수 있는 지역인지, 이런 사역이 가능했던 것은 무엇인지, 불 선교사는 어떤 사람인지 궁금했습니다. 그래서 불 선교사의 가계도부터 조사했습니다.

편지를 번역하다가 불 선교사가 선교 후반부에 너무 힘들고 괴로웠겠단 생각이 들었습니다. 젊음을 다 바친 곳에서 "에이 미국놈" 소리를 듣는, 사랑하는 교인들을 교회에서 만나지도 못하고 정말 좋아하던 천막 전도도 못하게 된, 기도문조차도 검열받아야 하고 자신이 개척하고 보살핀 교회에서 거부당하는 불 선교사의 글을 읽으며 인간적인 배신감에 힘들었을 그가 떠올랐습니다. 한편, 한국인들과 교회에서 함께 하지 못하는 대신 자녀들과 매 주일날 편지로 사랑을 나누는 모습에 가슴이 찡했습니다. 평생 선교하느라 많은 시간을 함께하지 못했던 사랑하는 자녀들을 향한 애틋한 마음을 표현하는 그의 글을 읽을 때, 따뜻한 마음을 가진 한 사람이 보였습니다.

불 선교사 편지 번역에 도움 주신 모든 분께 감사드립니다. 군산 전킨기념사업회를 소개해주시고 번역하도록 격려해주신 주명준 교수님, 기도와 관심을 주신 기념사업회 회장 중동교회 서종표 목사님, 불 선교사의 전별사를 풀이해주신 불 선교사가 가장 사랑한 만자산교회(현, 지경교회) 김성원 장로님, 드류 선교사와 이영춘 박사에 대해 알려주신 이강휴 원장님, 끝까지 격려해주시고 큰 힘을 주신 연세대 연합신학대학원 허경진 교수님과 윤현숙 박사님, 마지막으로 『기전여학교 교장 랭킨 선교사 편지』에 이어 또다시 멋진 책을 만들어주신 보고사 편집부의 이경민 선생님께 감사드립니다.

2023년 5월 1일
옮긴이 송상훈

차례

번역문

원문

일러두기

1. 인돈학술원에 보관된 자료를 저본으로 번역했다.
2. 원문에서 알아볼 수 없는 것은 [illegible]로 표시하였고, 번역문에는 [해독불가]로 표시했다.
3. 번역문의 이해를 돕기 위해 필요한 경우 원문의 단어를 덧붙였다.
4. 번역문의 이해를 돕기 위해 필요한 경우 한자를 넣었다.
5. 원문에서 문법, 철자 실수, 구두점 등은 가급적 수정하지 않았다.
6. 번역문의 각주는 옮긴이가 붙였다.
7. 자녀에게 보낸 편지는 특별한 경우가 아니라면 'I'를 '아빠', '엄마'로 번역했다.
8. Korea를 특별한 경우 아니면 한국으로 번역했다.
9. 글의 저자가 불 선교사가 아닌 경우 상단에 별도로 저자를 밝혔다.

해제

1. 자료 소개

원자료는 미국 장로교역사연구소(Presbyterian Historical Society)에 소장되어 있다. 한남대학교 사학과 교수를 역임한 서의필(John Nottingham Somerville) 박사와 그의 아내 서진주(Virginia Bell Somerville) 여사가 원본을 복사한 후 타자기를 이용하여 전사(傳寫)한 다음 한남대학교 인돈학술원에 자료를 보관하였다. 불 선교사 부부의 편지와 사역 보고서에 더하여 딸 마가렛이 쓴 「두 개의 유산」 등이 있다.

2. 편지의 저자

불 선교사에 대한 소개는 레이놀즈 목사의 추모글로 대신한다. 리비 앨비 불에 대해서는 1957년 10월 10일 편지와 마가렛의 「두 개의 유산」을 참고하길 바란다.

불 선교사를 기리며

레이놀즈 목사

윌리엄 포드 불은 버지니아 노폭에서 1876년 2월 2일 출생했으며, 그곳에서 1941년 12월 17일 사망했습니다. 햄든 시드니 대학에서 1892년에서 1896년까지 4년을 공부했으며, 버지니아의 유니온 신학대학에서 3년을 공부하고 1899년 5월 졸업했습니다.

노폭 노회에서 해외선교사로 안수받은 후에, 그는 1899년 가을 한국으로 출발했으며 군산선교부에 배정되었습니다. 그곳에서 그는 적극적인 복음사역을 하며 41년의 행복한 세월을 보냈습니다.

1901년 5월 14일, 그는 버지니아 스톤턴 출신의 리비 S. 앨비 선교사와 결혼했습니다. 리비 선교사는 1900년 한국선교회에 합류했습니다. 이 행복한 결합에서 다섯 자녀가 태어났는데, 두 명은 아들이고, 세 명은 딸이었습니다. 윌리엄, 버지니아, 마가렛, 코넬리우스, 앨비입니다. 코넬리우스는 두 사람의 첫 안식년 동안 사망했으나 나머지 네 명은 현재 아버지의 유족입니다.

불 박사 부부는 1940년 봄 그들의 마지막 안식년에 미국으로 돌아갔고 버지니아 리치먼드에 있는 미션 코트에서 행복한 1년을 보냈으며, 1941년 3월 31일 사역 현장에서 은퇴하여 노폭으로 이사한 후 여동생인 펜톤 프리스트 부인의 집과 가까운 근교에 안락한 가정을 꾸렸습니다. 그곳에서 그는 하늘의 고향으로 갔는데, 이사한 지 8개월도 되지 않았습니다.

글쓴이의 목적은 불 박사의 경력을 간략하게 밝히려는 것이 아닙니다. 저는 평생 친구이며 40년이 넘는 시간 동안 동료 선교사였던 불 박사를 (1) 운동선수, (2) 음악가, (3) 언어학자, 무엇보다 (4) 복음전도자로 제대로 평가하고자 합니다.

(1) 운동선수

"빌리 불"은 취미로 운동하는 사람 중 제가 아는 최고의 만능선수입니다. 그는 소년 시절부터 튼튼한 체격을 가졌고, 근육이 발달했으며, 레슬링, 권투, 야구, 미식축구 등의 게임과 스포츠에서 탁월했습니다. 그는 "대학 대항 미식축구의 아버지"라고 불렸으며, 재학하는 4년 동안

온 힘을 다해 겨룬 운동장에서 햄든 시드니 대학의 "호랑이들"을 많은 승리로 이끌었습니다. 햄든 시드니 대학은 그가 1933년 안식년으로 귀국했을 때 그에게 두 부분에서 훈장을 수여했는데, 첫 번째는 운동선수로서 뛰어난 업적을 인정하여 대학 졸업식장에서 그에게 금으로 된 작은 미식축구공을 선물한 것이고, 두 번째는 한 세기의 3분의 1 동안 한국에서의 적극적인 선교사역 동안에 그가 행한 전도의 업적을 인정하여 신학박사(Doctor of Divinity) 학위를 수여한 것입니다.

선교사로서 한창때에 그는 물구나무서기, 앞으로 뒤로 공중제비, 심지어는 서 있는 자세에서 직선으로 위로 뛰기 등 그의 힘과 민첩성을 보여주는 묘기로 한국인들을 놀래주었습니다.

우리 둘이 평양에 있는 신학교에서 같이 가르치고 있던 어느 봄날, 평양 시내의 교회 사람들이 신학교 교수진과 학생들에게 오래된 소나무 숲속에서 소풍 시간을 갖게 해주었습니다. 여러 가지 묘기로 즐거워하며 모두가 엄청나게 큰 원을 그리고 앉아있는데, 계속 보고만 있던 '불 목사'가 갑자기 자기의 머리를 가장 앞으로 하고 사람들의 머리 위를 뛰어넘어 원 안으로 들어와서 사람들을 전기가 통하듯 놀라게 했습니다. 그는 원으로 들어오면서 손과 목의 뒷면을 땅에 댔다가 즉시 직립 자세로 일어섰습니다. 그는 뛰어난 테니스 선수인데 상대방이 외국인이건 한국인이건 대부분 이겼습니다.

(2) 음악가

'빌리 불'은 타고난 음악가로 기타, 만돌린, 하모니카 등을 연주하였습니다. 그는 연주뿐만 아니라 작곡도 했는데, 그가 만든 곡 중 하나인 "앤 공주, 두 걸음(Princess Anne Two Steps)"은 그가 미국을 떠나 선교지로 행하기 전에 출판되었습니다. 수백의 한국 기독교인들이 10일 사경회를 위해 다양한 선교부에 모였을 때, 그들은 '불 목사'가 그들을 위해 곡을 연주해주는 것을 기쁘게 생각했습니다. 로드히버 씨가 한국을 방문하고 나서, 불 목사는 젊은이들로 '로드히버 전도대'를 조직하고 훈련 시켰는데, 그 젊은이들이 전도 여행에 불 목사와 함께하며 그들의 음악으로 전도 천막에 많은 군중을 끌어들였습니다. (로드히버 씨가 불 목사에게 악기를 보내줬으며 이 전도대를 가능하게 만들었습니다.)

(3) 언어학자

예민한 음악적 귀가 있어서 불 목사는 젊은 선교사였을 때 한국어를 빠르게 그리고 정확하게 배울 수 있었습니다. 그래서 그는 구어체 한국어의 대가가 되었습니다. 온화하고 다정다감한 그는 그의 서재에서 셀 수 없이 많은 방문객과 한국어가 모국어인 것처럼 자유롭게 대화했습니다. 그는 규모가 큰 10일 사경회에서, 한 달 또는 두 달 성경학원에서, 그리고 이따금 신학교에서 세 달 간 분명하고 유창하게 가르쳤습니다. 이 일은 그가 설교하기 위하여 그리고 세례 지원자 문답하기 위하여 일 년에 적어도 두 번 심방했던 그의 시골 지역의 '많은 교회를 돌보는' 일에 더하여 한 일이었습니다.

(4) 전도자

위의 마지막 문단에 언급된 일상적인 교회 사역과 선교사 사역을 하는 것에 만족하지 못한 불 박사는 우리 한국선교회의 천막 전도자의 선구자가 되었습니다. 그는 두 개의 큰 천막을 만들었는데 천막은 어느 마을에서나 볼 수 있는 큰 가마니 위에 수백 명을 수용할 수 있었습니다. 전에 복음이 전해지지 않았던 지역들과 교회가 없는 마을에서 이런 순회 천막 전도를 통해서 구원받은 영혼의 수는 오직 하나님만이 아실 것입니다. 바울처럼, 불 박사도 '그리스도의 이름을 부르는 곳이 아닌 곳에서 복음을 전파하려고 힘썼다. 듣지 못한 자들이 깨달을 것이다'라고 말하

곤 했습니다. (로마서 15장 20, 21절[1])

한국에서 영국성서공회 대표로 35년을 섬겼던 휴 밀러 박사(Dr. Hugh Miller)로부터 막 받은 편지에는 '불 박사는 오랜 세월 유지된 복음의 열정의 훌륭한 예를 남겼다.'라고 되어있습니다. 이런 '훌륭한 복음의 열정'의 근원은 그의 열렬한 기도 생활이었는데 영적인 삶을 깊게 하기 위한 개인적인 기도와 수양회에서의 기도입니다. 불 목사는 다양한 선교회에서 온 생각이 같거나 비슷한 사람들이 참석한 수양회에서 기도하기도 하고, 한국인 목사와 지도자들이 참석한 수양회에서 기도하였습니다. 어느 해에 한국 총회에서 금강산에 설립한 아주 큰 석조 회의장에서 한국인 전도자들과 선교사 전도자들을 대상으로 하는 '수양회'를 개최하기로 계획되었습니다. 불 박사가 도착했을 때, 그는 '불온사상'이 선포될 수도 있다는 의심 하에 일본 경찰들이 집회를 금지하고 있다는 말을 들었습니다. 그는 즉시 경관을 찾아가서 모임의 진정한 목적을 설명했습니다. 그러면서 정치적 연설이나 토론은 없을 거라고 보장했습니다. 그 경관은 마지못해서 '수양회'를 개최하는 것에 대한 반대를 철회했지만, 검열을 위해 먼저 글로 제출했던 것이 아닌 어떤 연설도, 어떤 기도도 해서는 안 된다는 것을 조건으로 내세웠습니다.

놀라운 운동선수, 능숙한 음악가, 유창한 언어학자, 그리고 열정적인 전도자인 불 박사는 그의 몸, 영혼, 입술, 그리고 정신의 모든 힘을 우리의 주인이며 구세주이신 분을 평생 섬기는 일에 헌신하였습니다.

---

1 로마서 15장 20-21절. "내가 그리스도의 이름을 부르는 곳에는 복음을 전하지 않기를 힘썼노니 이는 남의 터 위에 건축하지 아니하려 함이라. 기록된 바 주의 소식을 받지 못한 자들이 볼 것이요 듣지 못한 자들이 깨달으리라 함과 같으니라."

[원문]

From MEMORIAL VOLUME of Board of World Missions:
Rev. William Ford Bull, D.D.

An appreciation

By W. D. Reynolds

William Ford Bull, born at Norfolk, Virginia, February 2, 1876, and died there December 17, 1941. He took four years at Hampden-Sydney College, 1892-96, and three years at Union Theological Seminary, Virginia, graduating in May, 1899.

After his ordination as a foreign missionary by the Presbytery of Norfolk, he was sent out to Korea in the fall of 1899, and assigned to Kunsan Station, where he was destined to spend forty-one happy years in active evangelistic work.

On May 14, 1901, he was married to Miss Libbie S. Alby of Staunton, Virginia, who had joined the Korea Mission in 1900. Of this happy union there were born five children, two boys and three girls; viz: William, Virginia, Margaret, Cornelius and Alby. Cornelius died during their first furlough, but the remaining four survive their father.

Dr. and Mrs. Bull returned to America on their last furlough in the Spring of 1940, spent a happy year in Mission Court, at Richmond, Virginia, retired from active service March 31, 1941, moved to Norfolk, and established a comfortable home in the suburb near his sister, Mrs. Fenton Priest, whence he was called to his Heavenly home, barely eight months later.

The purpose of the writer, however, is not to present a sketch of Dr. Bull's career, but as a life-long friend and fellow-missionary for over forty years to express my sincere appreciation of Dr. Bull as (1) an athletic, (2) a musician, (3) a linguist, and (4) above all, an evangelist.

(1) As an Athlete. "Billy Bull" was the best all-around amateur I ever knew. From early boyhood he was sturdily built, well muscled, and easily excelled in all games and sports such as wrestling, boxing baseball, football, etc. He was called the "Father of Inter-Collegiate Footfall", and led the H. S. C. "Tigers" to victory on many a hard-fought field during his four years' course. The college conferred twofold honors upon him during his 1933 furlough by presenting to him at commencement a tiny golden football as a souvenir of his athletic achievements, and by conferring upon him the degree of D.D. in recognition of his evangelistic achievements during one third of a century of aggressive mission work in Korea.

In the prime of his career he astonished the natives by his feats of strength and agility—walking on his hands, turning handsprings forward and backward, and even leaping straight up from a standing position, turning completely over backward and landing in his tracks without touching his hands to the ground!

One spring when we were teaching together in the Seminary at Pyengyang, the church people of the city gave a picnic to the faculty and students in an ancient pine grove. While all were seated in a huge circle, being entertained with various stunts, 'Pastor Bull', who was looking on, suddenly electrified the crowd by leaping head foremost over their heads into the circle, landing on his hands and the back of his neck, and coming up instantly into a standing position. He was a crack tennis player, usually defeating his opponent, whether foreign or Korean.

(2) As a Musician; 'Billy Bull' was a born musician, playing on the guitar, mandolin, harmonica, etc. He not only played but composed music, one of his pieces, the 'Princess Anne Two Step' having been published before he left America for the mission field; when several hundred Korean Christians gathered in the various stations for ten days of Bible study, they delighted to have 'Pastor Bull' play tunes for them. After Mr. Rodeheaver visited Korea, Mr. Bull organized and trained 'The Rodeheaver Gospel Band' of young men, who accompanied him on evangelistic tours, and attracted large crowds to the Gospel Tent by their music. (Mr. Rodeheaver sent Mr. Bull the instruments and made this band possible.)

(3) As a Linguist. His keen musical ear enabled Mr. Bull as a young missionary to learn the Korean language rapidly and accurately, so that he became a master of the colloquial. Being of a genial disposition and affable manner, he conversed as freely with the numerous visitors in his study as though Korean had been his native tongue. He taught clearly and fluently in the large ten-day Bible Training classes, in the one- or two-month Bible Institutes, and occasionally in the three month term of the Union Seminary. This was over and above the 'care of the many churches' in his country district, which he visited at least twice a year to preach and to examine applicants for baptism.

(4) As an Evangelist. Not content with doing the routine church and missionary work mentioned in the last paragraph, Dr Bull became the pioneer Tent Evangelist of our Korea Mission. He had two big tents made, capable of seating several hundred Koreans on large rice mats found in every village. Eternity alone will reveal the number of souls saved through this itinerant Tent Evangelism in previously unevangelized districts and churchless villages. Like

Paul, Dr. Bull would say, 'So have I strived to preach the gospel, not where Christ was named—and they have not heard shall understand'. Romans 15:20, 21.

A letter just received from Dr. Hugh Miller, Agent of the British and Foreign Bible Society in Korea for 35 years, says: 'Dr. Bull has left behind him a wonderful example of evangelistic fervor maintained over the years.' One source of this 'wonderful evangelistic fervor' was his fervent prayer life, both in private and in retreats for deepening the spiritual life, sometimes attended by kindred spirits in various missions, sometimes by Korean pastors and leaders. One year it had been planned to hold the 'Retreat' for Korean and Missionary Evangelists at a large stone conference building that had been erected in the Diamond Mountains by the Korean General Assembly. When Dr. Bull arrived he was told that the Japanese police were forbidding the meeting on suspicion that 'dangerous thought' would be promulgated. He called on the officer at once, and explained the true object of the gathering, guaranteeing that there would be no political speeches or discussions. The officer reluctantly withdrew his opposition to the holding of the 'Retreat', but stipulated that no address should be delivered nor prayer offered that had not first been submitted in writing to the police for censoring!

A remarkable athlete, a skilled musician, a fluent linguist, and a fervent evangelist, Dr. Bull dedicated all his powers—of body, soul, lips, and spirit—to the life-long service of his Lord and Saviour.

3. 편지의 내용

불 선교사 부부의 사역 보고서와 불 선교사가 미국에 있는 친구들에게 보내는 편지, 가족에게 보내는 편지, 불 부인의 모교에 도움을 요청하는 편지, 마가렛의 회상으로 구성되어 있다.

사역 보고서의 내용은 연례회의에 제출하는 것으로 1년간의 사역을 정리하여 보고한 내용이다. 불 선교사의 사역 내용을 보면 어느 때는 군산 선교부에 선교사가 없어서 네 명이 해야 할 일을 혼자 하고 있음을 알 수 있는데, 부족한 인력에도 최선을 다하는 모습을 볼 수 있다.

친구들에게 보내는 내용은 전도대(Gospel Band)에 대한 이야기가 상당 부분 차지한다. 이는 불 선교사의 관심사를 잘 보여주는 것으로, 불 선교사의 전도대가 전라북도의 음악발전에 어떤 영향을 끼쳤는지도 흥미로운 연구 대상이 될 것이다.

가족들에게 보내는 편지는 주로 마가렛에게 쓴 것인데 여기에 엮어진 편지말고도 다른 가족들에게 보낸 편지도 많았을 것이 틀림없다. 가족들에게 보낸 편지는 귀국에 관한 일, 군산 집정리, 안부 인사 등 사적인 내용이 대부분이고 자녀를 그리워하는 부모의 마음이 간절히 드러난다.

편지를 쓴 장소는 주로 군산의 궁말로, 불 선교사는 군산선교부가 있던 궁말에 묻힌 전킨 선교사의 옆에 묻히길 희망할 정도로 궁말을 사랑하였다.

4. 편지의 가치

첫째, 한국 근현대사 역사 자료로 활용할 수 있다. 특히 군산 3.5 만세 운동 직전 일어났던 군산영명학교 만세 운동, 일제의 신사참배 강요, 종교를 통한 황국신민화 정책의 예, 현실 정치에 대한 선교회의 입장을 알 수 있다.

둘째, 교회사 연구 자료로 활용할 수 있다. 사경회에 관한 글, 노회에서 있었던 일, 전북, 충남 지역에서의 천막 전도 등에 관한 자료는 구체적인 내용이 담겨 연구에 도움이 될 수 있다.

셋째, 환갑잔치, 장례 풍경, 가뭄 등 당시 시대와 문화를 이해할 수 있는 향토사적 자료의 가치가 있다.

마지막으로, 40년을 선교한 불 선교사의 편지를 통해, 아버지로서, 남편으로서의 한 인간을 발견할 수 있다.

주요 인물 소개

• 윌리엄 포드 불(Bull, William Ford)

출생 1876년 2월 2일, 버지니아 노폭

교육 햄든 시드니 대학, 문학 전공, 1892~96, 96년 졸업
유니온 신학대학, 정식 과정, 1896~99, 99년 졸업

결혼 1901년 5월 14일 리비 앨비와 결혼함.

임명 1899년 7월 4일

선교지로 출발 1899년 11월 17일, 샌프란시스코에서 배를 타고 출발함.

소속 교회 버지니아주 노폭 노회, 노폭 제2장로교회

사역지 한국. 1899년 군산선교부 합류

은퇴 1941년 4월 1일

사망 1941년 12월 17일, 버지니아주 노폭에서 사망함.

• 리비 앨비 불(Bull, Libby Alby)

출생 1869년 11월 26일, 버지니아주 스턴톤

교육 메리 볼드윈 대학

결혼 1901년 5월 14일 선교 현장에서 결혼함.

선교지로 출발 1900년 봄

교회 조지아주, 애틀랜타 노회, 디케이터 장로교회

사역지 한국

은퇴 1941년 4월 1일

사망 1957년 5월 11일 (딸 앨비 채임벌런에게서 전보가 옴)

자녀 총 5명

• 자녀

1. 윌리엄: 빌 B(Bill Bull) William Ford Bull Jr.(1902.2.22.~1965.2.4.)
   젤마: Zelma Vivian Duke Augustine(1905.3.9.~1953.3.16.)
2. 버지니아: 진저(Ginger) Mary Virginia Bull Moose(1903.5.1.~1982.7.)
   러셀: Williams Russell Moose Jr.(1907.1.23.~1994.6.11.)
3. 마가렛: 마지(Margie) Margaret Gertrude Bull(1905.2.25.~1985.12.3.)
4. 코넬리우스: Cornelius Griffin Bull(1906.12.2.~1908.1.12.)
5. 앨비: Elizabeth Alby Bull Chamberlain(1911.5.12.~2007.7.25.)
   빌 C(채임벌런): William Bolling Chamberlain(1906.4.23.~2000.6.11.)

• 불 선교사의 여동생

매미 고모(Aunt Mamie)
Mary Augusta Bull Priest(1879.9.16.~1947.6.1.)

• 불 선교사의 누나

마가렛 고모(Aunt Margaret): Eugene Bell(배유지) 선교사의 두 번째 부인
Margaret Whitaker Bull Bell(1873.11.26.~1919.3.26.)

번역문

1939년 1월 1일

한국, 군산

(1939-1899 = 40년)

사랑하는 소중한 자녀들에게,

　너희들 모두에게 아주 행복한 새해가 되길 기도한다! 너희가 보듯 오늘은 1939년의 첫날이고, 이 편지는 새해 들어 지금까지 첫 번째이며 유일한 편지다. 그런데 세상에서 가장 사랑스러운 이들에게 사랑의 인사말 없이 새해를 시작할 수 없을 것 같아 새해 인사를 건넨다. 물론 엄마와 아빠는 너희들을 오늘 아주 특별히 생각하며 고열로 아픈 사람이 냉수를 찾듯이 너희들을 그리워한다.

　위에 있는 괄호 속의 숫자들을 보면 특별히 오늘 아빠 생각이 어디 있는지 알게 될 것이다. 올해는 아빠가 은퇴하고자 한다면 할 수 있는 영예를 가져다주는 해이다. 우리 위원회의 규칙은 70세가 되면 반드시 은퇴해야 한다는 것이고, 사역을 40년 한 후에는 은퇴할 수도 있다는 것이다. 그래서 올해 아빠는 은퇴하려고 하지 않으면 은퇴하지 않을 수도 있다. 그래서 아빠는 우리가 무엇을 해야 할 지 결정하려고 한다. 우리 활동이 너무 제한되어있고 방해받기에 이곳에 계속 머무는 것이 가치 있는 일이 아닐 것으로 보인다. 아빠는 주일에 단지 예배를 드리기 위해서 시골 교회로 나가고 점심먹으로 집으로 들어오는 것조차도 자유롭게 하지 못한다고 느낀다. 만약 아빠가 그렇게 하면 교회 사람들이 어려움을 당하게 되는 위험이 생긴다. 반면에, 아빠는 여전히 강하고 적극적이다. 그래서 "아주 많은 떡국을 먹었지만" 아빠는 모든 면에서 여전히 젊다. 따라서 아빠는 주님께서 아빠를 인도해주실 것을 기다리고 있다. 상황이 좋아져서 아빠가 봄에 아빠의 천막과 전도대와 함께 나가서 약간의 적극적인 전도 사역을 할 수 있다면 아빠는 우리의 다섯 번째 정기 안식년이 있는 내년까지 머무를 수도 있다. 이것이 엄마가 선호하는 것 같다. 그러나 아빠의 활동이 너무도 제한적이라, 아빠의 사역이 이곳에 계속 머무르면서 사랑하는 너희들을 보지 못하는 것에 합당할 만한 가치 있는 것으로 보이지 않는다면 아빠는 귀국을 결정할 수 있다. 주님께서 아빠를 인도해주시길 간절히 기도하는 중이다. 왜냐면 주님께서 아빠가 하기를 원하는 것만을 아빠는 하고자 하기 때문이다.

너희들이 알 듯 베일 목사 부부가 한국으로 돌아올 수 없었다. 그래서 우리는 그 부부의 가재도구가 팔려서 실려 나가는 것을 봤다. 이것을 보다 머지않아 우리 물건에게 일어날 일들을 생각했을 때 감정이 북받칠 뻔했다. 우리 집에 잃게 되면 슬퍼할 만한 가치 있는 물건들을 가지고 있지 않다는 것은 사실이다. 그런데 이 집이 우리에게 모든 세월 동안 우리의 작은 가정이었으며 그 물건들은 우리 집이 가정이 되게 만들어주었다. 특별히 너희들 소중한 자녀들과 관련된 것은 엄청난 정서적 가치를 갖는다. 그것 중에 몇 개, 특히 큰 가구 예를 들어 위층 홀에 있는 옷장(wardrobe)과 우리 부엌에 있는 식기대(sideboard)가 그렇다. 이 식기대는 너희들 할아버지께서 결혼하고 얼마 안 되어 할머니께 선물하신 것인데, 할머니께서는 중고 가구에 파시지 않고 아빠에게 보내주셨으며 화물비도 내셨다. 엄마는 그것을 중고로 팔 생각을 하지만 아빠는 그 생각이 다소 두렵다. 상당히 어렵고 돈도 많이 들겠지만, 그 식기대를 집으로 가져가려고 한다. 그리고 거실에 있는 대리석 상판이 있는 호두나무 탁자가 있다. 엄마의 숙모가 준 것인데 가보(家寶)라 아빠는 그것도 가져가야만 한다고 느낀다. 그러니 우리가 영원히 집으로 돌아갈 생각을 할 때 우리가 직면하고 있는 문제 중 일부를 너희가 알 수 있을 거다.

현재로서는 귀국하는 것에 관해 뭐라고 말해야 할지 모르겠다. 만약 일이 잘 풀려서 이곳에 아빠가 할 일이 약간 더 있으면 계속 머물 수도 있다. 그러나 만약 아빠 눈앞에서 기회의 문이 닫힌다면, 그것은 이곳에 계속 머무르는 것이 전혀 가치 없는 일이라고 보이기 때문일 것이다. 너희들 모두 하나님께서 우리를 이끌어주시길, 주님의 뜻이 이루어지길 기도해야만 한다.

전주에 있는 정부 관리들과 우리 선교회 사이에 교착 상태가 계속되고 있었다. 정부 관리들은 맥커첸 목사의 집 뒤의 동산 위에 신사를 지으려고 계획하고 있고, 그 신사로 가는 길로 사용하겠다고 우리 선교회 땅에서 어마어마한 부분을 요구했다.[1] 그런데 그렇게 되면 우리 선교회 땅에 막대한 피해를 주기 때문에 우리는 그들에게 그 땅을 주는 것에 동의할지를 명확하게 하지 못했다. 그런데 정부 관리들은 끈질기게 요구하고 있었다. 최종적으로 우리 선교회의 교섭(交渉)위원회가 그 문제에 관해서 총독부와 의논하기 위해 서울로 갔다. 마침내 그들은 계획을 수정했으며, 선교부 부동산의 외곽에 있는 길 하나만을 취하기로 동의했다. 그래서 27일에 우리 선교회의 임시회의가 이런 제안에 대해서 고려하기 위해 소집되었다. 총독부의 대표가 서울에서 내려와서 우리와 전주 관리들 사이에서 타협을 이끌어내려고 했다. 임시회 위원이었기에 아빠는 26일 저녁에, 두피 선교사를 방문하고 있었던 콜튼 선교사와 폰테인 선교사를 데리고 전주로 넘어갔

---

[1] 일제강점기 '국폐소사(國幣小社)'였던 전주신사를 말함. 신사참배를 거부하고 1937년 폐교한 전주신흥학교 부지와 맥커첸 선교사가 거주하던 곳이 전주신사와 관련됨. 1938년 공사를 시작해 1944년 도신궁(道神宮) 성격으로 준공했다고 하나 이 글에 따르면 공사를 시작한 시기가 수정되어야 함. 전주신사가 있던 자리에 전주기전학교가 1956년 신축 이전함.

다. 아빠는 엄마가 몸이 좋지 않았고, 감기로 고생하고 있었기 때문에 끔찍이도 가기 싫었다. 26일 저녁, 우리는 스위코드 목사 부부 집에서 아주 훌륭한 선교부 전체 저녁 식사를 했으며, 그 시간에 프레스톤 2세(John Fairman Preston Jr.)[2]와 버드 선교사(Miss Imogen Bird)의 약혼식이 있었다. 버드 선교사는 워싱턴에 있는 목사의 딸이며 현재 순천에서 우리 선교사들 자녀들의 교사이다. 저녁을 먹고 우리는 임시회의를 했는데, 그곳에 총독부 대표가 참석했고 우리에게 정부의 제안을 받아들이라고 설득했다. 우리는 다음 날 아침 임시회로 다시 모였고, 점심을 거르고 점심시간을 지나서까지 회의를 진행했으며, 도지사와 간부들과 회의하기 위해 모두 하나가 되어 도지사 집무실로 내려갔다. 전주에 있는 고위 관리가 모두 참석했다. 우리는 저녁 시간까지 논의했는데, 저녁은 도지사 관사로 초대되었다. 스키야키 (sukiaki)를 맛있게 먹었다. 우리는 그즈음에 거의 의견의 일치에 도달했다. 그래서 저녁 식사 후에 아빠가 집에 가는 것이 명확해졌는데, 정말 아빠는 집에 가고 싶었다. 엄마가 다소 우울한 상태로 집에 혼자 있게 되었기 때문이다. 8시 30분에 아내가 아픈 채로 집에 혼자 있다고 말하고 먼저 자리에서 일어섰다. 다른 모든 사람은 식사를 마쳤지만, 여전히 식사 자리에 남아있었다. 상아가 엄청나게 추웠는데도 추위 속에서 아빠를 기다리며 밖에 있었다. 우리는 8시 30분에 전주를 벗어났는데 심하게 추웠다. 곧 우리 숨에서 나오는 김이 전면 유리창에 꽁꽁 얼어버렸기에 우리가 아무리 천으로 열심히 닦아도 전면 유리창은 완벽하게 흐릿해졌다. 물론 차의 모든 라이트를 켜고 운전하고 있었기에 배터리는 충전되는 것보다 더 빨리 방전되고 있다는 것을 전류계가 보여주었다. 운전해서 집으로 가고 있을 때, 경적소리가 계속해서 약해졌고, 라이트는 점점 희미해졌는데

---

2   John Fairman Preston Jr.(1909.8.22.~2009.1.2.), Imogen Bird(1915.3.28.~2006.3.6.)
    1939년 11월 18일 결혼함.

우리가 전주 시내를 지났을 때는 아주 흐릿한 전면 라이트만 있었다. 우리가 (수문이 있는 마을로 군산 가까운 동산 위에 있는) 서래마을[3] 중간에 왔을 때는 라이트가 너무도 약해서 차를 세웠고, 라이트를 끄고, 밧데리에 충분한 전류가 흐르도록 엔진을 잠시 돌렸다. 집에 도착할 때까지 충분한 전기를 얻기 위해서였다. 군산과 궁말[4] 사이에서 두 번이나 더 이것을 해야 했다. 클러치도 상당히 심하게 닳았다. 그래서 집이 있는 동산을 오르려고 했을 때, 땅은 미끄러웠고, 클러치는 제대로 작동하지 않았다. 아빠는 겨우 중간까지만 올라갔을 뿐 끝까지 갈 수는 없었다. 그래서 차를 길에 두고 집으로 걸어가야만 했다. 밧데리가 거의 나갔기 때문에, 다음 날 아침 그 차를 살려서 집으로 가져올 수가 없었다. 그래서 어쩔 수 없이 약 20명의 막일꾼을 모아서 주로 그들의 힘을 이용하여 차를 집으로 끌고 올 수밖에 없었다. 그런 다음 (다음 날) 클러치 등을 수리하기 위해 수리소로 보냈다. 그런데 군산에서 차를 고치던 중 (그 차를 후진시켜서 정비소로 들어가려다가) 뒤에 있는 흙받이 중 하나를 망가뜨렸다. 새 흙받이가 아니면 수리할 수가 없다. 아랫부분이 아주 심하게 녹이 슬었고, 그 흙받이는 완전히 망가졌기 때문이다. 그런데 그곳 사람들은 자신들이 사고를 냈다는 것을 부정하며, 정비소 밖에서 사고가 났던 것이라 주장한다. 아빠 수중에 돈이 있기 때문이다. 결과가 어떻게 되는지 모르겠다. 아빠가 흙받이를 사서 그것을 끼워달라고 부탁해야 할 것 같다.

소중한 어린 숙녀 마지가 우리에게 보내준 아름다운 시집을 엄마와 아빠가 정말로 즐겁게 봤다. 우리가 받았던 모든 성탄절 선물 중에서 그것이 가장 소중한 선물인데, 그렇다고 우리 어린 천재만 자랑스러운 것이 아니다. 우리는 소중한 너희 모두를 자랑스러워하기 때문이다.

---

3 현 전북 군산시 중동 서래마을.
4 현 전북 군산시 구암동(龜岩洞).

소중한 자녀들아, 이번에는 여기까지 써야 할 것 같다. 이 세상에 내려온 가장 사랑스러운 사람들에게 이 세상의 사랑을 가득 담아 쓴다.

너무너무 사랑하는 아빠가.

너희 모두 톰슨 사우설을 기억하지. 릴리언 크레인을 막 쫓아 다녔고 미션 코트에 우리를 여러 번 찾아왔던 사람이다. 너희들이 알 듯, 그들은 결혼했고, 지금은 (릴리언이 태어난 곳) 순천선교부의 식구다. 그들이 지금 탈마지 부부를 짧게 방문하고 있다. 톰슨의 아버지는 대학 시절 아빠의 특별한 친구였다. 그래서 아빠는 그를 보면 매우 기쁘다. 그의 아버지는 시그마 치[5](Sigma Chi)였고 아빠는 카파 시그마(Kappa Sigma)[6]였다. 이제 친구 아들이 카파 시그마고 아빠 아들은 시그마 치이니 우리는 서로 혼선된 것 같다. 그렇지 않니? 시그마 치가 우리 아들에게서 참 괜찮은 남자를 데려간 것 같고, 카파 시그마는 톰슨에게서 참 괜찮은 사람을 얻은 것 같다.

소중한 딸 마지야,

너의 사랑하는 엄마와 나이 든 아빠가 너의 아름다운 시집을 받고 얼마나 즐겁고 고마웠는지 모를 거야. 우리는 모든 시가 완벽하게 아름답다고 생각한다. 그 시를 지은 소중한 어린 소녀와 시가 똑 닮았다고 생각한다. 너의 선물보다 더 큰 기쁨을 줄 수 있었던 것은 없었다.

너무너무 사랑하는 아빠가.

---

5 1855년 6월 28일 창립된 대학생 사교 단체.
6 1869년 12월 10일 창립된 대학생 사교 단체.

1939년 1월 8일

조선, 군산
불 부인(Mrs. William F. Bull)

소중한 마가렛에게,

네가 12월 7일에 보낸 편지와 윌리엄이 10일에 보낸 편지를 금요일에 받고 너무도 기뻤다. 너의 편지는 성탄절 분위기로 가득 차 있는 것 같아서 아빠가 다 흥분이 되었다. 좋은 휴가를 즐겼고 푹 쉬었기를 바란다.

애쉬빌(Asheville)에서 성탄절 쇼핑한 것에 대해 재미있게 읽었다. 아직 키높이 밑창이 붙어있는 구두를 본 적이 없다. 말한 것과 같은 것인지 새로 오는 사람들의 구두를 유심히 보마. 먼로 리프(Monroe Leaf)[1]의 작품 중 일부가 엄마의 L.H.J.[2]구독이 끝나기 전에 나왔다. 작품이 정말 재미있었다. 정말 귀여운 물뿌리개이며 실내에서 기르는 꽃에 사용하기에 아주 좋다. 철망사 컨테이너에 있는 유리잔들을 본 적이 있는데 사용하기에 아주 좋다고 생각한다. 너는 확실히 좋은 것들을 골랐구나. 웨지우드(Wedgwood)[3]의 디너 접시 그림을 본 적이 있었다. 버지니아가 그것들을 아주 좋아할 것 같구나. 너와 앨비가 버지니아[4]에게 그것을 준 것은 큰 선물이었다. 너의 편지를 받은 날 그 접시 그림이 실린 광고문을 찾으려

---

1 Munro Leaf(1905.12.4.~1976.12.21.): 미국 아동문학가. 대표작은 「퍼드난드 이야기」(*The Story of Ferdinand*).
2 Ladies Home Journal의 약자. 미국에서 20세기 대표적인 여성잡지 중 하나.
3 1759년 설립된 가정용 도자기 용품 전문회사.
4 Mary Virginia Bull Moose(1903.5.1.~1982.7.), Margaret Gertrude Bull(1905.2.25.~1985.12.3.), Elizabeth Alby Bull Chamberlain(1911.5.12.~2007.7.25.).

고 했는데 찾지 못했다.

딘(Deen)의 갓난애는 다행이다. 사내 아기가 아주 건강하고 깜찍하다니 참 기쁘다. 딘이 그 아이를 집에 데리고 있기로 정했니?

릴리언 크레인과 남편이 여전히 이곳에 있다. 남편 되는 사람이 어제 설교하며 우리에게 참 좋은 내용을 말했다. 설교할 때 몸가짐도 바르고 활기 있었다. 정말 매력적이고 사랑스러운 사람이다. 두 사람과 엘리자베스 우즈가 내일 북경으로 갈 것이다. 그것이 요즘 유행이다. 미국 돈을 중국 돈으로 환전하면 여행 경비가 될 만큼 충분하다. 릴리언은 슬퍼 보이며 아직 제정신이 아닌 것 같다. 그래서 남편이 그녀를 데리고 가서 슬픔에서 벗어나게 하려고 하는 것 같다. 엄마가 아직 그렇다는 말은 들은 적은 없다만. 릴리언은 전혀 건강해 보이지 않는다. 그녀에게 완벽한 고요함과 휴식이 필요하다. 엘리자베스 우즈는 병원에서 매우 필요로 하지만 그녀는 한 장소에 머무르는 것이 불가능해 보인다. 꾸준히 일하지 못하는 사람들도 있다.

네가 시를 팔았다고 버지니아가 편지에 썼다. 그래서 그 사실을 알게 된 것이다. 너의 시가 그렇게 많이 받아들여져서 너에게 큰 영예로운 일이라 기쁘다. 네가 우리에게 보내준 시집을 정말 좋아한다.

엄마는 지금 『아기 사슴 플래그』(*The Yearling*)[5]를 읽고 있는데 너무 재미있구나. 물론, 등장인물이나 언어가 많은 곳에서 거칠다만, 그 계층의 사람들에게 충실한 말투인데, 묘사는 정말 아름답다. 너도 읽었니? J. D.[6](Jean Duppy: 진 두피)가 어제 내게 빌려줬다. 진은 언니보다 더 좋고, 진정한 기독교인 여성이다.

패터슨 부인(Mrs. Patterson)에게서 좋은 성탄 편지를 받았다. 그녀가

---

5 *The Yearling*은 롤링스(Marjorie Kinnan Rawlings)의 소설로 1938년 3월 출판되었고, 1939년 퓰리처상을 받았음. 우리나라에서는 『아기 사슴 플래그』로 번역됨.
6 불 선교사의 1938년 11월 13일 편지 주석 참조.

선교부 가족들의 소식을 잘 알려줘서 참 고맙다[7]. 지미(Jimmy)[8]는 에모리 대학 병원에서 1년 있다가 몬트리올에 있는 큰 병원으로 가서 연구하고 있다. 추수감사절에 폐에서 결핵이 발견되었고, 의사들이 6개월을 쉬라고 명령했다. 패터슨 부인이 말하길 처음에는 마음이 굉장히 좋지 않았다고 한다. 그러나 초기에 발견되었기에 지미는 아주 기뻐했다고 한다. 둘 다 6개월 후에는 모든 것이 괜찮을 것이라고 느끼고 있다고 했다. 나도 정말 그렇게 되기를 희망한다. 그리고 지미를 위해 기도하고 있다. 베일 부인에게서 소식을 들었다. 우리가 과거에 그녀에게 해주었던 것에 대해서, 엄마가 마지(Margi)를 가르친 일 등에 대해서, 고마운 마음을 전하는 편지를 보내왔다. 베일 부인은 그녀의 고통에 대해서 엄마에게 말했다. 그녀가 전문적인 치료를 받을 수 있어 최악을 피할 수 있는 곳에 있어서 기쁘다. 하나님께서 정말 온유하게 그들을 이끄셔서 결정을 내리는 어려운 시기를 지나게 하셨다. 그녀에 따르면 베일 목사는 일리노이 록 아일랜드(Rock Island)에 있는 아름다운 교회의 목사로, 사택도 크고 좋으며, 사람들이 잘해준다는구나. 그분들의 경우에 감사해야 할 일이 많이 있다. 그분들이 돌아오지 않은 것이 현명한 일이었다고 느꼈다. 그녀는 이곳에서 너무 많이 아팠다. 루이스 밀러(Louse Miller)[9]는 어머니가 다시 편찮으셔서 교통편을 예약하자마자 미국으로 갈 예정이다. 탈마지 부인[10]은 나중에 루이스와 같이 갈 예정이었다. 그래서 보그스 의사(Dr. Boggs)[11]가 루이스와 함께 가도록 충고해서 그렇게 할 계획을 하고 있다.

---

7 군산 예수병원의 의사였던 Jacob Bruce Patterson(1876.6.1.~1933.2.15.)의 부인 Rosetta Crabbe Patterson(1875.7.21.~1965.10.19.). 둘은 1911년 9월 5일 일본 요코하마에서 결혼함.

8 지미(Jimmy): 패터슨 부부의 첫 아들. James Bruce Patterson(1912.7.8.~ 1982.7.24.).

9 Louise Blanche Miller(1888.8.2.~1983.12.23.): 순천선교부에서 주로 활동한 선교사.

10 군산선교부에 근무하는 아들 존을 방문하러 왔던 광주선교부에 근무하는 부모 중 어머니.

11 Lloyd Kennedy Boggs(1897.12.4.~1953.10.16.): 전주예수병원 5대 원장. 한국명은 박

몇 명은 탈마지 부인이 매우 아픈 사람이라고 생각한다. 엄마 생각에 그녀는 남편을 필요로 한다. 그런데 그녀의 남편은 그녀에게 어떤 도움도 되지 않는 것처럼 보인다. 그와 마리엘라는 아프리카를 경유해 안식년 휴가를 갈 것이다. 그는 참 이상한 사람이다. 그들의 문제가 잘 풀렸으면 좋겠다. 아주 부자연스러운 일이다. 그는 다른 모든 남자와 마찬가지로 아내가 없으면 외로워진다. 그런데 그는 세계일주를 하고 부인은 곧장 미국으로 간다는 생각이 그 사람에게서 나왔다는구나[12]. 바라건대 애쉬빌에 있는 브러쉬 의사(Dr. Brush)가 탈마지 부인에게 그녀의 문제에 대해서 말하면 좋겠다. 그녀는 상태가 좋지 않고, 아픈 기간이 길다. 아주 슬픈 일이다. 그녀는 항상 상냥한 사람이었거든. 너의 아빠와 엄마는 끝까지 같이 붙어있기를 바란다! 엄마 생각에는 이곳에 있는 의사들은 탈마지 부인을 치료할 준비가 안 된 것 같다.

불쌍한 콜튼 선교사는 한쪽 눈에 백내장이 생겼는데, 한국에 돌아와서야 그렇다는 것을 알게 되었고, 지금은 다른 눈마저도 문제가 있다. 북경에 가서 록펠러 병원[13]의 전문의에게 진찰받으려고 한다. 정말 그녀가 안쓰럽다.

병에 대해서는 그만 이야기하련다. 너와 다른 아이들 모두 계속 건강하기를 바라마.

마음속의 사랑을 담아서 너를 사랑하는 엄마가.

수로.

12 1937년 10월 5일 편지 참조. 안식년을 맞이하여 아버지와 딸 마리엘라는 아프리카를 경유하고, 어머니는 미국으로 곧장 간다는 것이 이상하다고 생각함. 1939년 1월 18일 편지로 추측해보면 북경에도 아버지와 딸만 다녀옴.

13 베이징 셰허 의학원(北京協和醫學院, Peking Union Medical College): 1906년에 영국 런던 선교회, 미국 북장로교회, 미국 해외 선교 위원회가 청나라 베이징시에 협화의학당(協和醫學堂)을 설립했음. 1917년 9월에 록펠러 재단의 지원을 통해 베이징 셰허 의학원이 설립되었고 부속 병원인 베이징 셰허 의원이 설치됨.

1939년 1월 8일

한국, 군산

사랑하는 소중한 자녀들에게,

　우리의 사역에 가해진 제한들에도 불구하고, 그리고 아빠가 시골 사역을 절대로 할 수 없었다는 사실에도 불구하고, 일요일 예배드리러 교회에 가지도 않는 사실에도 불구하고, 매일 할 일이 너무도 많아서 하고자 하는 모든 일을 다 하는 것은 불가능해 보인다. 군산선교부 식구들과 회의, 한국선교회 식구들과 회의, 개별 한국인들과 회의, 그리고 관리들과 회의하며 아주 바쁘다. 시간이 너무도 느리게 가고 따분한 것보다 이렇게 하는 것이 좋다.

　학교 두 곳이 모두 성탄절 방학을 마치고 금요일 개학했다. 그리고 모든 것이 잘 되고 있다. 성탄절부터 엄마는 약간의 감기로 고생하고 있는데 류마티즘일 수도 있다. 그런데 지금은 괜찮아 보여서 정말 감사하다. 엄마는 금요일 학교로 내려갔고, 오늘 오후에는 영어 예배를 드리러 존 탈마지의 집으로 갔다. (릴리언 크레인의 남편인) 톰슨 사우덜이 설교했는데, 우리에게 아주 좋은 말씀을 전달했다. 그 부부는 탈마지 부부를 방문하고 있다. 그 부부와 엘리자베스 우즈는 아침에 북경으로 떠날 것이다. 그들은 이리[1](裡里, Riri)에서 스위코드 목사와 콜튼 선교사를 만나게 될 것이다. 존 탈마지, 그의 아버지, 그리고 그의 동생 마리엘라는

1　1934년 4월 11일 편지 참조.

지난주에 북경에서 돌아왔다. 미국 달러와 중국에서 사용하는 멕시코 달러 사이의 환율, 그리고 멕시코 달러와 엔 사이의 환율이 아주 커서 미국 달러를 북경에 가지고 가서 멕시코 달러로 바꾼 다음에 이것을 다시 엔으로 바꾸면 북경 가는 경비가 거의 해결된다. 그래서 이곳에 있는 친구 중 상당히 많은 사람이 이런 상황을 이용해서 북경으로 여행을 다녀오고 있으며, 환율의 이로운 점 때문에 그들의 여행 비용이 실제 아무것도 들지 않는다고 주장한다. 아빠는 몇 년 전에 북경에 갔기 때문에 가고자 하는 유혹이 많지는 않다. 그렇지 않다면 아빠도 그곳에서 어슬렁거리는 무리와 함께할지도 모른다.

지금 너무도 추운 기간이다. 오늘 너무 추워서 해가 내리쬐는데도 단단히 얼어붙은 땅이 녹지 않았다. 그런데, 이렇게 꽝꽝 언 것이 과거처럼 그렇게 흥미를 주지는 않는다. 왜냐면 자연 얼음보다 우리가 훨씬 더 좋아하는 제조된 얼음을 구할 수 있기 때문이다. 그 얼음은 훨씬 더 깨끗해서 음료수에 곧바로 넣을 수 있다. 그러나 우리가 수박을 아주 많이 즐기기에, 수박을 먹을 때 아주 시원하도록 수박에 둘 얼음을 갖기 위해 작년에 그랬듯이 얼음창고를 3분의 1 정도 채워놓을 생각이다. 작년에 수박을 정말 맛있게 먹었다. 그래서 그렇게 하는 것이 수고의 가치가 충분하다고 생각했다.

우리는 지난 며칠 동안 너희들 모두에게서 온 사랑스러운 편지를 받느라 매우 행복했다. 우리는 빌 불(Bill Bull)[2]이 보내준 사랑스러운 성탄 선물에 특별히 기뻤다. 그리고 그것을 크게 즐길 기대를 하고 있다.

우리 여성경학원이 모레 이곳에서 시작한다. 두 달간 아빠는 매일 가르치면서 바쁠 것이다. 아빠는 이틀 전에 순천선교부의 웅거 목사에게서

---

2 Bill Bull은 아들 William을 말하는 것으로 이해됨. 1939년 1월 19일 편지로 미루어 보면 자녀들의 애칭은 첫째 Bill Bull, 둘째 Ginger, 셋째 Margie, 넷째 Alby임.

편지를 받았는데, 나환자촌의 나환자들을 위해서 일주일의 집회를 열어 달라는 내용이었다. 그곳에는 거의 천 명의 나환자들이 있는데, 아빠가 설교했던 회중 중에서 가장 흥미로운 회중이다. 그들에게 호소력을 갖는 것은 이 세상에 많지 않다. 그래서 복음이 보통 사람에게 하는 식과는 다른 방식으로 그들에게 호소력을 지닌다. 아빠는 그들에게 아주 여러 번 설교했는데 이어서 한 것은 아니고 한 번에 한 차례씩만 설교했다. 즉 순천에 연례회의나 다른 일로 있을 때 특별한 집회에 가서 한 것이다. 강사를 위한 연단이 마련되어있고 그곳에는 나환자들이 올라올 수 없기에, 전염의 위험에 관해서는 완벽하게 안전하다. 그럴지라도 엄마는 아빠가 그런 사람들과 집회하려고 일주일 동안 내려가는 것에 대해서 불안해하고 아빠가 내려가는 것을 원하지 않는다.

월요일 오전: 차가 머리부터 발끝까지 진흙투성이다. 그래서 오늘 아침 바깥일 하는 사람을 시켜서 호스를 이용해 세차하게 하고 있다. 그런데 물이 차에 닿자마자 얼어버린다. 차의 전면 창은 지금 얼음으로 완벽하게 불투명하다. 부엌에서 따뜻한 물을 가져다가 녹여야 한다.

소중한 자녀들아, 이번에는 여기서 그만해야겠다. 너희 사랑하는 자녀들 각자에게 이 세상의 모든 사랑을 전하마.

너무너무 사랑하는 아빠가.

1939년 1월 19일

한국, 군산

소중한 자녀들에게,

보다시피, 오늘은 일요일이다. 아빠는 오늘 동네 교회로 내려가서 예배를 드렸다. 그런데 그것이 지금 우리가 할 수 있는 전부다. 막 점심을 먹었고, 상하이에서 오는 영어뉴스를 기다리면서 세상에서 가장 이쁜 사람들에게 몇 글자 적으려고 한다.

우리 두 달 여성경학원이 지금 진행 중인데 아빠가 거기서 하루 두 시간씩 가르치고 있다. 이 일로 상당히 바쁘다. 물론 수업도 준비해야 한다. 수업 연구하는 데 상당한 시간이 걸린다. 일반적으로 여성경학원에는 매년 출석 인원이 백 명이 넘었는데 올해는 시골 교회의 여성들에게 가해진 위협 때문에 단지 18명만 등록했다. 우리는 또한 어떤 한국인들도 이 성경학원에서 교사로 사용할 수가 없었기 때문에, 선교사들이 모든 수업을 해야만 했다.

여기까지 쓰다가 아빠는 상하이에서 오는 영어 뉴스를 듣기 위해 오랫동안 멈췄다. 이 방송국은 아주 친일적이라서 들어서 즐거운 것은 없는데 방금 프랑스 정부가 일본 대사를 거부했다는 소식을 들었다. 상하이로부터의 방송국은 공중파로 녹음된 수자 밴드의 "언더 더 더블 이글 마치[1]"를 틀어주고 있는데, 이 음악으로 매일 그들 방송을 마무리한다.

---

1 Under the Double Eagle March: 독일어로는 Unter dem Doppeladler. 오스트리아 군악 작곡가 바그너(J.F. Wagner)가 1893년 작곡한 행진곡.

더 괜찮은 오케스트라 음악이 지금 나오고 있다.

음악에 관해서 말인데, 최근 아주 훌륭한 음악을 접하게 되었다. 빌 파월(Bill Powell)을 주인공으로 한 "바서티 쇼(Varsity Show)²"인데, 여주인공 이름을 잊어버렸다. 그런데 그녀도 뛰어났다. 너희들도 아마 이것을 봤을 거다. 뮤지컬 코메디인데, 오랫동안 그런 전율을 느낀 적이 없다. 금요일 저녁에 그것을 보러 갔는데 너무 재미있어서 다시 보러 갔다. 두 번째는 어제 오후였지. 연기도 훌륭했고, 음악도 아주 뛰어났다. 탭 댄싱도 최고였으며, 아빠가 봤던 최고의 춤이었다. 오늘 마지막으로 상연하는데, 오늘이 일요일만 아니었다면 다시 가고 싶은 유혹에 빠졌을 거다. 아빠가 언제 그런 좋은 것을 즐겼는지 모르겠다. 그저 전율이 흐르더구나. 첫날 밤에는 10시 10분에 잠자리에 들었다. 그런데 너무도 흥분되어서 해가 뜰 때까지 잠을 이루지 못했다. 너희가 이걸 보면 아빠가 음악에 얼마나 굶주려있는지 알 수 있다. 우리 라디오는 제대로 작동한다. 그러나 우리가 수신하는 프로그램은 대개 그렇게 좋지 않다. 매우 빈번하게 아주 형편없는 일본 것들이다. 좋은 프로그램이 지금 나오고 있다. 매일 밤 11시 30분에 (상하이에서 오는) "스윙 음악"이 있는데, 아빠는 그렇게 늦은 시간에 깨어있지 못한다. 우리가 난로에 불을 계속 피워야 하는 이 추운 날씨에 특히 그렇다.

"진저와 마지"로부터 아름다운 편지를 어제 받아서 매우 기뻤다. 진저가 스턴톤에 가서 매지 이모(Aunt Madge)와 버지니아 파킨스(Va. Parkins)를 방문한 것에 특히 흥미가 있다. 그분들을 찾아뵙고 잘 대해줬다니 참 잘했다. 그런데 우리는 진저가 그렇게 할 것이라 생각했다. 진저가 아주 좋은 아이이지 않니. 소중한 우리 딸 마지가 받은 칭찬을 듣고서 우리는 자부심으로 가슴 터질 뻔했다. 그런데 그것도 또한 마지가 받을 만하다고

---

2 바서티 쇼(Varsity Show): *Varsity Show*는 1937년 미국 뮤지컬 영화임. 주인공은 Dick Powell. 불 선교사가 이름을 착각한 듯 함.

생각한다. 왜냐면 마지가 아주 성격이 좋고 재능이 뛰어난 아이잖아. 그래도 우리는 그것 때문에 기쁘다. 앨비와 빌 불에게서 상당 기간 소식을 듣지 못했다. 그래서 그 둘에게서 오는 편지를 간절히 기다리고 있다. 또한 "매미 고모(Aunt Mamie)"로부터의 편지도 기다리는데, 하루 이틀이면 틀림없이 올 것으로 생각한다. 두피 선교사가 여성경학원을 담당하고 있으며, 전주에서 폰테인 선교사와 순천에서 월킨스 선교사를 초빙했다.

며칠 전에 우리는 아빠가 한국에 오고 난 이래 최고의 얼음을 챙겼는데, 단지 집에 절반만 채웠다. 갑자기 손님들이 찾아오면 그분들에게 아이스크림을 대접해드리고자 하는 비상시를 대비해서이다. 그런 경우에는 제조된 얼음을 구하려고 군산에 사람을 보낼 수가 없다. 만들어진 얼음이 천연 얼음보다 훨씬 깨끗하기에 우리 냉장고에 둘 것이다. 우리는 또한 우리 수박을 냉장시킬 장소를 갖게 될 것이다. 올해도 조지아 수박씨를 뿌렸는데, 작년 여름처럼 이번에도 잘 되기를 기대하고 있다.

소중한 자녀들아, 이번에는 여기까지 쓰마. 사랑하는 너희들 각자에게 이 세상의 모든 사랑을 전한다.

너무너무 사랑하는 아빠가.

추신: 약 1주 전에 아주 유명한 프랑스 영화가 왔다. "Un Carnet De Bal[3]"인데 "Varsity Show"에는 못 미친다. 개성, 매력 등에 있어서 프랑스 배우들은 미국 배우들에게 필적이 되지 않는다. 아주 유명한 독일 영화가 곧 들어올 예정이지만 미국 영화의 수준에는 도달하지 못할 것 같다고 생각한다.

---

3 〈무도회의 수첩(Un Carnet De Bal, Dance Of Life)〉: 프랑스에서 제작된 줄리앙 뒤비비에르(Julien Duvivier) 감독의 1937년 영화로 아리 보르(Marie Bell) 등이 주연으로 출연함.

1939년 2월 1일

한국, 군산

사랑하는 소중한 자녀들에게,

    너희 중 한 명이 아빠의 편지 중 서너 개를 오해했고, 올해(1939년) 여름에 우리가 확실히 집으로 돌아갈 것을 계획하고 있다고 아빠가 말했다고 오해했다는 것을 보여주는 몇 개의 편지를 오늘 받았다.

    때때로 정말 그렇게 하고 싶을 때가 있었고, 아마도 그런 의도로 읽히도록 너무 확정적으로 썼을 수도 있다. 서둘러서 너희들 마음속에서 그 인상을 지워주마. 우리가 내년 즉 1940년까지 계속 머무르기로 확실히 결정했기 때문이다. 비기독교인들 사이에서 우리가 하려고 하는 어떤 적극적인 전도사역도 막힐 것 같지 않다. 그래서 아빠가 실제로 은퇴하기 전에 조금 더 일을 해볼 계획을 세우고 있다.

    오늘 너희 중 몇 명에게서 좋은 생일 편지를 받았다. 잘 연결되어서 편지가 생일 바로 당일 즉 2월 2일 가까이에 도착했다. 그래, 진저야, 아빠가 1876년 즉 독립선언서 서명 100주년을 기념한 해에 태어났다고 생각하는 것이 옳다. 100주년 행사는 필라델피아에서 열렸고 아빠도 참석했지만, 그것에 대해서 아빠가 아주 많이 기억하는 것은 아니다[1]!

    1939년이니, 아빠가 63세다. 많이 늙었지? 그렇지 않니? 아빠의 주된 관심사는 세월이 가면서 성장하고 원숙해지는 것이다. 바울은 "우리의

---

[1] 필라델피아 박람회(1876.5.10.~1876.11.10.): 미국 최초의 만국 박람회로 독립선언서 작성 100주년 기념해서 열린 박람회. 불 선교사는 1876년 2월 2일생임.

겉 사람은 낡아지나 우리의 속사람은 날로 새로워지도다.[2]"고 했다. 이 말이 아빠 인생에서도 옳다면, 아빠는 만족할 것이며 나이 먹어가는 것을 슬퍼하지 않을 것이다.

너무너무 사랑하는 아빠가.

---

2 고린도후서 4:16. "그러므로 우리가 낙심하지 아니하노니 우리의 겉사람은 낡아지나 우리의 속사람은 날로 새로워지도다."

1939년 2월 19일

조선, 군산

사랑하는 소중한 자녀들에게,

    일요일 저녁이고 엄마와 아빠는 저녁을 먹었으며, "가정 기도"를 드렸다. 엄마는 위층으로 올라가서 평온한 저녁 시간을 보내고 있고, 아빠는 라디오를 켜고 이 세상에서 가장 이쁜 사람들과 잠깐 이야기하려고 자리 잡았다. 오전에 동네 교회에 갔고, 오후에는 우리 영어 예배에 참석했다. 존 탈마지가 설교하며 우리에게 좋은 말씀을 전했다.

    아빠가 편지에 썼듯이 우리가 세상 권력자들과 관계가 좋지 않아서, 우리는 전처럼 시골 교회를 방문할 수가 없다. 그래서 동네 교회에 가고 나머지 시간은 이곳 동산에서 앉아있다. 아주 비참한 상황이다. 어제 아주 좋지 않은 경험을 했다. 아빠는 우편을 통해서 아빠가 담당하던 지방에 있던 어느 교회의 장로가 사망했다는 소식을 들었다. 아빠가 정말 사랑했던 사람이다. 사역에 있어서 아빠는 그와 아주 밀접하게 연관되어 있었고, 그 사람 집에 여러 번 머물렀었다. 아빠는 그 사람이 아픈 줄도 몰랐다. 우리에게 가해진 제약 때문에 즉 우리와 교회의 연합에 대한 제약 때문에 아빠는 그가 죽기 전에 그를 보러 갈 수도 없었다. 그러나 언젠가 주님 앞에서 우리가 만나게 될 것이 큰 기쁨이다.

    며칠 전 과거 담당하던 교회 중 한 곳에서 온 어떤 장로가 어린 소년을 우리 병원에 데리고 왔다. 아빠의 비서가 그를 병원에서 만나서 "부목사(Pou Moksa)[1] 만나실 거 아닙니까?"라고 물었다. 그는 "그러고 싶지만, 그분에게 말조차 하지 말라는 명령을 받았습니다."라고 했다. 이것을 보면 우리가 어떤 상황에 있는지 즉 우리가 얼마나 참담한 시대에 살고 있는지 너희는 알 거다.

우리 여성경학원이 두 번째 달을 막 시작했다. 전주에서 온 폰테인 선교사와 순천에서 온 윌킨스 선교사가 여전히 이곳에 있다.

여자들이 한 손가락에 들어올 만큼 적은 숫자인데, 그 이유는 아마도 두피 선교사가 담당하고 있고, 여자들이 그녀를 두려워해서 일 수도 있다. 그녀는 무자비하게 혼을 낸다. 아빠도 며칠 전에 그녀와 약간 불쾌한 일이 있었다. 우리 병원의 젊은 의사가 성경학원의 소녀 중 한 명과 눈이 맞았다. 그래서 영화 보자며 군산으로 그녀를 데리고 갔다. 물론 그것은 규정에 어긋난다. 아빠는 그것에 대해서 알아냈고, 그것에 대해서는 두피 선교사에게 아무것도 말하지 않고, 전도 부인 중 한 명을 통해 그 여학생에게 그런 일은 그만둬야 한다는 말을 전했다. 교장인 두피 선교사는 자신에게 통보가 되었어야 한다고 생각했고, 아빠가 그것을 알고 있었다는 것을 알고 화가 머리 꼭대기까지 나서는 그것에 대해서 아빠를 크게 혼내면서 "그린 선교사였다면 저에게 했듯이 하지는 않았을 거라는 것을 알아요."라고 말했다. 그녀가 아빠의 기분을 너무 상하게 만들어서 아빠는 집에 돌아와서 그녀에게 그녀가 말한 태도 때문에 여성경학원에서 더 이상 협력하지 않겠다는 내용의 편지를 썼다. 그녀는 강사진이 부족하고 성경학원에서 아빠를 (그녀가 이곳에 있을 때부터 그랬듯이 그녀와 한국인들 사이에 서 있는) 대들보로 의존하고 있었기 때문에, 큰 충격을 받고는 우리 집에 와서 잘못했다고 싹싹 빌고, 자신을 곤경에 빠뜨리지 말라고 사정했다. 그녀 때문이 아니라 성경학원 때문에, 아빠는 결정을 재고했고, 계속 가르치기로 동의했다. 다른 사람은 너무도 무례하게 다

---

1 부 목사(Pou Moksa): 한국명은 부위렴(夫緯廉), Bull을 '부'로, William을 '위렴'으로 표기함.

루면서 아빠에게는 허둥거리며 잘못을 인정하는 것을 보는 것은 우스꽝스러운 일이다.

다음 주에 특별한 것이 있다. 클라크 게이블(Clark Gable)과 머나 로이(Myrna Loy)가 "테스트 파일럿[2]"이라는 영화로 군산에 온다. 가장 좋은 점은 엄마가 아빠와 함께 그것을 보러 가기로 약속했다는 것이다. 최근에 좋은 영화 서너 편이 시내에 왔는데 엄마에게 같이 가자고 설득하지 못했다. 그런데 엄마랑 함께하면 아빠가 훨씬 더 즐거울 것이라고 하며 엄마를 마침내 설득했다. 아빠가 그렇게 말하자 엄마가 조금 누그러져서 가려고 계획한 것 같다.

우리의 활동이 아주 제약되어있다고 말했잖니. 천막 집회를 여는 것에 있어서 어떤 장애물도 없을 것이라는 확신이 들었다. 그래서 봄 내내 천막 집회 쪽으로 계획하고 있다.

소중한 자녀들아, 이번에는 여기서 그만둬야겠다. 사랑하는 너희들 하나 하나에게 이 세상이 줄 수 있는 모든 사랑을 보낸다.

너무너무 사랑하는 아빠가.

---

2 〈테스트 파일럿(Test Pilot)〉: 1938년도 영화로, 주인공이자 남편 역으로 Clark Gable,
   부인 역으로 Myrna Loy, 그리고 남자 주인공의 친구 역으로 Spencer Tracy가 연기함.
   오스카상 후보에 오름.

1939년 2월 25일

한국, 군산

소중한 어린 딸에게,

　오늘은 정말로 기념할 날[1]이다. 바로 이날 이 세상에 태어난 가장 상냥하고, 귀엽고, 사랑스러운, 사랑받을 아이가 우리 집에 온 날이기 때문이다. 딸은 그때부터 우리에게 계속해서 즐거움이었고 축복이었다. 그일로 우리는 우리에게 이렇게 훌륭한 어린 딸을 주신 사랑하는 주님께 정말 감사드린다. 이날이 가까워짐에 따라서 엄마와 아빠는 너를 아주 특별하게 생각하고 있었다. 그리고 물론 오늘 우리가 눈을 떴을 때 생각했던 첫 번째는 우리의 사랑하는 어린 딸이었다. 우리가 너를 얼마나 그리워하고 너를 우리 팔에 감싸 안고 생일 포옹과 입맞춤을 하며, 너와 정말 괜찮은 생일상을 같이 하고 싶은지. 물론 우리는 매일 매 순간 너를 그리워한다. 그러나 오늘은 너를 아주 특별한 방식으로 생각하고 그리워한다. 너는 우리에게 절대로 줄어들지 않는 즐거움이며 큰 기쁨이고 단한 순간도 불평거리나 걱정거리가 아니다. 우리가 걱정해야 했던 유일한 것은 우리가 너를 데리고 있지 않아서, "네가 혼자서 카누 젓는 것"을 너무 많이 해야만 했고, 네가 노 저을 때 도와줄 그리고 아마도 이따금 혼내줄 나이 든 아빠의 강하고 억센 팔이 없었다는 것이다.

　이쁜 딸아, 너는 너의 소중한 엄마와 나이 든 아빠에게 얼마나 큰 의

1　A red-letter day: 달력에 빨간색으로 표시된 날. 기념일, 경축일. 2월 25일은 마가렛의 생일. Margaret Gertrude Bull(1905.2.25.~1985.12.3.).

미인지, 우리가 너를 얼마나 사랑하며, 항상 너를 그리워하는지 모를 것이다.

아빠가 이 편지를 쓰면서 기념할 날이라는 표현을 썼다. 정말로 그렇다. 우리가 어떻게 기념하는지 추측해볼래. 클라크 게이블, 머나 로이, 그리고 스펜서 드레이시가 "테스트 파일럿"으로 오늘 시내에 온다. 그래서 엄마를 포함하여 주말을 보내려고 전주에서 오는 보그스 의사 부부까지 우리 모두 이 영화를 보러 갈 거다. 아빠 차에는 엄마, 진 두피 선교사, 라벌렛 두피 선교사, 폰테인 선교사 그리고 아빠가 탈 것이다. 보그스 의사의 차에는 보그스 의사 부부, 존 탈마지와 아내 로슬린 탈마지, 그리고 엘리자베스 우즈가 탈 것이다. 다해서 10명이다. 그렇게나 많은 외국인이 한 무리를 이루고 있어서 적지 않은 관심을 끄리라 생각한다.

너희들이 아주 친절하게도 보내준 포스딕(Fosdick)[2]의 책이 도착했는데 아주 아주 흥미로워 보인다. 그 책을 아주 흥미롭게 읽을 것 같다. 그리고 아주 특별한 방식으로 책을 읽으면서 이 책을 보내준 너희들 소중한 자녀들을 생각할 것이다.

소중한 아이야, 이번에는 여기서 맺어야 할 것 같다. 이 글은 어느 면에서 우리가 너에 대해서 그리고 너를 얼마나 많이 생각하는지 알려주려고 쓴 것이다. 그런데 말이라는 것이 완전히 불충분하기에 그렇게 하기는 절대적으로 불가능하다. 그리고 우리가 너를 얼마나 생각하는지를 너에게 보여주는 것은 우리의 능력 안에 있지 않다. 그래서 너의 상상에 맡겨야만 한다.

예쁜 딸에게 바다와 대륙 같은 사랑을 보내며 너무너무 사랑하는 아빠가.

---

2 Harry Emerson Fosdick(1878.5.24.~1969.10.5.): 1920년대 개신교 자유주의와 근본주의 논쟁에서 중요한 역할을 한 미국 목사로 추정됨.

1939년 3월 5일

한국, 군산

사랑하는 소중한 자녀들에게,

아빠는 지금 "너희 모두"를 아주 특별하게 생각하고 있다. 왜냐면 오늘 아침에 엄마와 아빠가 마침내 은퇴하고 미국으로 돌아갈 확실한 시간을 정했기 때문이다. 너희들이 알 듯, 올해가 한국에서의 아빠의 40년째라서, 우리 실행위원회의 규칙에 따라서 올해 은퇴할 자격을 갖게 되었다. 그렇지만 우리는 올해 집에 가고 싶은 마음이 없고, 1940년까지 은퇴를 미룰 생각이다. 아빠는 우리가 1940년 봄까지 머무르다가 아마도 5월이나 6월에 열릴 연례회의에 참석한 다음 미국으로 7월 아니면 8월에 떠날 생각을 했었다. 그렇지만, 오늘 아침 이것에 대해서 우리가 이야기하고 마가렛과 진저가 가을 초순에 학교로 돌아가야만 하기에 우리가 칠월이나 팔월까지 귀국하는 것을 미루면 그 둘의 여름 방학 동안에 둘을 많이 볼 수가 없을 거라는 것과 다른 많은 것을 고려하여, 우리가 1940년 4월에 한국을 떠나기로 했다. 그렇게 되면 (우리가 배를 타는 시간에 따라 달라지겠지만) 5월에 리치먼드에 약간 머무를 것이고, 뜨거운 계절이 오기 전에 정착할 시간을 갖게 되고 우리가 사랑하는 너희 모두와 함께 여름 시간을 갖는 것이 가능해질 것이다.

아빠는 우리가 영구적인 숙소를 위해 무엇을 할 수 있을지 알아보는 동안, 즉 집을 사거나 지을 때까지 머물 미션 코트에 숙소를 얻고자 지금 편지를 쓰고 있다. 그래서 우리는 너희 모두가 우리를 위해 생각을 좀 해주고 우리가 할 것으로 가장 좋은 것 즉 정착할 정확한 장소, 만족스러운 위치, 만족스러운 가격 등, 만족스러운 집을 살 수 있는가 결정하는 것을 도와주기 바란다. 물론 우리가 그곳에 도착해서 직접 돌아보기 전까지는 어떤 것도 확실히 결정하기를 원치 않는다.

아빠가 지금 아주 확정적으로 쓰고 있는 이유는 우리가 이곳에서 철수하는 시간이 너무 빨리 와서 날과 달을 쫓아가느라 머리가 어지러울 것이기 때문이다. 이 계획에 따르면 우리가 철수하는 데까지는 13개월이 남았다. 다음 달이면 12달만 남을 것이고, 그다음 달에는 11달만 남고, 그 다 다음에는 겨우 10달만 남는다. 그렇게 시간이 갈 거다. 그래서 우리는 오늘부터 우리의 확정적인 계획을 세우기 시작해야만 한다.

그런데 너희들 모두와 영구적으로 함께 한다는 생각에 아빠는 더할 나위 없이 행복하지만, 이곳 사람들과 아빠가 평생 한 일을 뒤로 하고 떠난다니 마음이 부서진다. 그러나, 우리는 상황에 직면해야만 하고 상황에 맞게 계획을 세워야만 한다. 그래서 우리는 오늘 확정적으로 그렇게 하기 시작하고 있다.

너희들이 우리더러 가져왔으면 하는 것들에 대해서 우리는 많은 관심을 갖고 들었다. 물론 이곳에서 우리 가정의 중요한 부분이었던 것들을 우리가 가져갈 수 있는한 최대한 많이 가져갔으면 한다. 너희들이 우리가 집으로 가져오기를 바라는 것 하나가 거실에 있는 대리석 상판과 호두나무 탁자다. 물론, 그것이 시장에서도 제값을 받을 수 있고, 상당히 많은 정서적 가치를 가지고 있기에 우리도 그렇게 하고 싶다. 그런데 그 대리석 상판은 두 조각나있는데, 너희들도 틀림없이 기억할 거야. 중앙을 가로질러서 깨져있는데, 거의 직선으로 나눠졌다. 우아한 식탁보로 깨진 곳을 감춘다. 그러나 가능하면 새로운 호두나무 탁자에 새로운 대리석 상판을 맞추면 얼마나 들 것인지 알고 싶다. 이것의 무게 때문에 우리는 부서진 상판에 대해서 화물비를 내는 것에 썩 내키지 않는다.

그 상판은 타원형인데, 가로, 세로가 23인치와 35.5인치다. 우리가 군산에서 상판을 맞추는 것도 가능하다. 곧 그것에 대해 자세히 알아보려고 한다.

우리는 집 한 채와 가구가 필요할 것이다. 또한, 자동차도 필요할 것이다. 그러니 아빠는 너희 모두 우리가 구매할 수 있는 가장 바람직한 자동차 회사가 무엇인지에 대해서 너희들이 할 수 있는 것을 (또는 너희들이 이미 알고 있지 않은 것을) 알아보기 원한다. 물론, 모든 자동차 회사가 지금은 다 좋아서, 어떤 종류의 차를 사건 큰 실수는 하지 않을 것이다. 우리가 미국으로 돌아갈 날이 가까운 것을 고려해서, 아빠 차가 아직 판매할 만할 때인 지금 팔고, 우리가 리치먼드에 도착할 때 새로운 차를 살 돈을 (아니면 새로운 차를 살 비용을 충당할 돈을) 소금에 절여두는 것이 더 좋지 않냐고 생각하기 시작했다. 며칠 전에 800엔에 차를 내놓았다. 그러자 한 사람이 그것에 대해 문의했다. 그런데 엄마가 결정을 내리지 못하고는 팔지 말라고 하면서, 아빠가 차 없이 이 동산에서 앉아있는 모습을 보는 것을 견딜 수 없다고 했다. 그런데 어제 다른 사람이 또 물어왔다. (그런데 그 사람은 아빠의 "건축 조수"였던 최 주사(主事, Chusa)로 지금은 버스 회사의 사장이다.) 아빠는 그에게 값을 1,500엔으로 부르고 그 이하로는 팔지 않겠다고 했다. 현재 환율로 하면 410달러이다. 아빠는 지금 은행에 정기 예금으로 (저축 계좌에) 약 100달러가 있는데, 이 돈은 오래된 닷지 차를 팔았을 때 받은 거다. 이 돈은 새 차를 혹시라도 사게 된다면 새 차에 쓰려고 안 쓰고 놔둔 것이다. 우리가 지난 안식년 휴가를 가기 전에 오래된 닷지를 팔았다는 것을 알고 있을거다. 그런데 사촌 제시(Jessie)가 차에 쓰라고 돈을 줬기 때문에 그 돈을 사용할 필요가 없어서 여전히 "저축해두고 있다." 1,500엔에 팔겠다는 아빠의 제안이 받아들여질지는 모르겠다. 이 차에 사용되는 연료비와 수리비를 내야 할 것을 계산해보면 이 차를 계속 가지고 있어야 하는지 생각한다. 특별한 경우에는 택시를 부를 수도 있고, 다른 때는 기차와 자전거를 탈 수도 있다. 그러면 아빠가 더 많이 운동하게 되기 때문에, 아빠에게는 더 좋을 수 있다. 결과적으로, 차 없이 지내는 것도 어떤 큰 어려움이 아닐 것이다. 대신 우리가 리치먼드에 가자마자 차를 살 수 있는 돈을 저축해놓는 것은 아주 좋은 일일 것이다. 아빠는 플리머스 회사의 쿡 씨(Mr. Cooke)와 상당히 친해졌다. 플리머스가 아빠에게 맞는 차라고 결정된다면, 아빠는 그 사람에게 부탁해서 특별한 가격으로 플리머스 차를 주라고 할 수 있다고 확신한다. 물론 어떤 회사의 차가 되었건 아빠가 결정만 하면 몇 명의 영향력을 이용하여서 특별한 할인을 받을 수 있을 것을 또한 확신한다. 집, 자동차 등은 그만 이야기하자. 생활에 필요한 이런 것들은 아주 사소한 고려사항이다. 사랑하는 너희들이 우리 가까이에 아니면 우리와 함께할 수만 있다면, 그래서 우리가 너희를 계속해서 볼 수 있다면, 우리는 극도로 행복할 거다. 그리고 특별히 다른 어떤 것도 원하지 않을 것을 확신한다. 그러나 이러한 집이며, 차며 하는 것이 우리가 다소 흥미를 보이는 문제들이며, 너희들이 약간 생각을 하고 위에 말한 것들에 대해서 약간의 도움을 우리에게 줄 수 있다면 우리는 기쁠 것이다.

내쉬빌의 커 테일러 박사(Dr. Kerr Taylor)[1]가 아주 기분 좋은 방문을 했다. 그는 아주 이해심이 깊고 호의적인 친구다. 그는 어제 오후에 전주로 떠났다.

너무너무 사랑하는 아빠가.

---

1 Hugh Kerr Taylor(1891.6.18.~1977.12.4.): 목사로 추정됨. 1977년 12월 5일자 *The New York Times*를 보면 그는 중국에서 1917~1931년에 선교사로 있었으며, 미남장로교 해외선교부 실행위원회 위원으로 13년간 활동했음. 실행위원회 위원 자격으로 해외를 순방하던 중 군산을 방문한 것으로 보임. https://www.nytimes.com/1977/12/05/archives/rev-h-kerr-taylor.html

1939년 3월 26일

조선, 군산

사랑하는 소중한 자녀들에게,

　오늘 밤에는 너희들에게 쓸 어떤 특별한 소식은 정말 갖고 있지 않다. 그리고 너희들에게 긴 편지를 써 보낸 지 이삼일밖에 지나지 않았다. 그러나 아빠 생각이 너무도 너희들과 같이 있기에 다른 것이 아닌 몇 줄의 "사랑 편지"를 쓰는 것을 삼갈 수가 없다. 요즘 들어 아빠 생각이 너희들과 아주 많이 있는 이유는 정말 조금만 있으면 너희들과 실제로 함께 할 것을 생각하고 있기 때문이며, 이런 생각을 하게 되는 특별한 이유는 아빠가 그 목적을 향해 매우 분명하게 생각하며 계획하고 있기 때문이다. 짐을 담을 상자를 위해 약 30엔 어치의 목재를 샀다. 그리고 상아를 시켜서 집으로 갈 여정에 맞춰 트렁크를 만들도록 했다. 또한 우리 물건 중 일부 즉 우리가 지금 사용하지 않으며 집에서 없앴으면 하는 것들, 다락에 쌓아놓고 있는 것들을 팔기 시작했다. 며칠 전 우리는 빌이 미국으로 떠날 때까지 쓰던 검은색 작은 철 침대를 팔았다. 마음속으로는 30엔을 달라고 하자고 생각했는데, 비서가 35엔을 받고 팔았다.
　라디오에 관해서 몇 가지 문의가 있었다. 아빠는 150엔을 요구하고 있다. 두 명이 100엔을 제시했다. 한 사람은 일본인이고 다른 사람은 한국인이다. 현재 환율로 100엔은 단지 27달러일 뿐이다. 그래서 아빠는 그 가격으로 판매하는 것을 거절했다. 아빠가 요구하는 150엔이면 40달러가 될 것이고 우리가 집에 가서 꼭 샀으면 하는, 앨비가 가지고 있는 라디오와 같은 것을 살 좋은 출발이 될 것이다. 아빠는 또한 차를 1,500엔에 내놓고 있다. 이 돈을 갖게 된다면 우리가 리치먼드에 도착할 때 또 다른 차를 살 아주 좋은 종잣돈이 될 것이기에 아빠는 이 차를 기꺼이 팔거다. 차를 팔면 자전거를 이용하고 택시를 이용할 건데, 현재 시간과 미국으로 출발할 준비를 마친 시간 사이에 있을 수 있는, 차에 대한 연료비와 수리비에 쓸 돈으로 택시비를 지불할 수 있을 것으로 계산한다. 그래서, 차를 가지고 있지 않아서 생길 엄청난 불편함이 있겠지만 (이런저런 목적으로 아빠가 차를 이용해 군산에 가지 않는 날은 거의 하루도 없다), 실제 수지타산 해보면 그 가격으로 구매자가 생긴다면 차를 파는 것이 현명하다고 생각한다.

우리가 물건을 팔기 시작했지만, 어서 가져갔으면 하고 바라는 것은 겨우 두세 개다. 그것들은 우리가 지금 사용하고 있지 않은 것들이다. 그러나, 그것들에 대한 수요가 아주 많아서 우리는 매우 기쁘다. 특별히 접시장과 서재 책상을 팔라고 하는 요청을 개인들에게서 얼마나 많이 받았는지 모른다. 위층 우리 침실과 욕실에 있는 서랍장들뿐 아니라 모든 침대에 대한 수요가 있다. 우리가 합리적인 가격에 기꺼이 물건을 내놓기만 한다면, 물론 우리는 그렇게 할 거지만, 우리가 팔 준비를 마칠 때, 모든 것을 파는 것에 관해서는 문제가 없을 것은 확실하다.

이 모든 것이 너희들에게 흥미 있게 들리기 바란다. 적어도 우리가 진지하며 이곳을 떠날 명확한 계획을 실제로 세우고 있다는 것의 증거로 들어 주기 바란다. 너희들의 반응을 듣고 싶구나.

편지 쓰는 것을 이제 멈춰야만 한다.

너무너무 사랑하는 아빠가.

1939년 5월 7일

한국, 군산

소중한 어린 딸에게,

아빠는 오늘 아침 너에 대해서 너무 많이 생각하고 있어서 너에게 편지 쓰는 것을 하지 않을 수가 없었다. 이 편지가 아빠가 너를 아주 특별하게 생각하고 있다는 것을 말하는 그 이상은 아니라도 말이다. (마음 속에서 이런 생각들이 생기는 데는 어떤 특별한 경우가 필요하지는 않다. 왜냐면 항상 아빠 마음속에 이런 생각이 있기 때문이다.) 너를 특별히 생각하게 된 계기 는 아빠가 오늘 아침 처음으로 네가 보내준 면도용 비누를 사용했다는 것이다. 정말 좋았다. 아니 좋다! 이보다 더 좋은 면도용 비누를 사용해본 적이 있는지 모르겠다. 그래서 면도용 비누를 보내줄 만큼 정말 사려 깊고 마음이 따뜻한 아름다운 소녀를 많이 생각하게 되었다. 정말 너답다! 앨비와 빌[1]이 아빠에게 보냈던 것과 정확하게 같은 것은 아니지만, 다소 비슷한 것을 아빠는 오늘 아침까지 사용하고 있었다. 그 비누를 거의 다 써버렸는데, 네가 보내준 것으로 바꿀 수 있어서 기뻤다. 아빠가 다 쓸 때까지 매일 이 비누를 사용할 것이기에 앞으로 여러 날 동안 아빠에게 기쁜 일일 것이다. 물론 아빠가 이것을 사용하며 기뻐할 때, 아빠의 생각 은 이것을 보내준 소중한 어린 딸로 가득 차고, 비누를 보내준 딸에 대한

---

1 Alby and Bill: Bill은 불 선교사의 다른 편지에 Bill C.로 쓴 사람과 동일인으로 보임. 내용상 막내딸 앨비의 남편으로 보는 것이 맞음. 두 사람은 1935년 12월 24일 결혼하고 리치먼드에 살고 있음. 불 선교사의 1939년 7월 30일 편지 참조.

고마운 마음이 가득할 것이다.

지금은 아름다운 일요일 아침이다. 아빠는 여러 달 만에 처음으로 목사로 섬기던 시골 교회 중의 한 곳 즉 만자산교회로 나서려는 참이다. 요즘은 우리가 시골 교회를 방문하는 것에 대해 약간 느슨해지고, "세상 권력자들"이 입장을 다소 바꾸고 있는 것처럼 보인다.

아빠가 기분 전환으로 클라리넷을 배울 것을 계획하고 있다고 얼마 전에 편지했다. 미국에 지도서를 요청하는 편지를 썼다. 그런데 이곳으로 오는데 시간이 너무 많이 들어서, (사실 아직 이곳에 오지 않았다.) 아빠가 옆길로 새서 우리 학교 선생님에게서 빌린 바이올린을 만지기 시작했다. 그 결과 아빠는 알고 있는 곡 대부분을 바이올린을 이용해 "켤"줄 안다. 그래서 아빠가 무엇을 연주하려고 하는지 누구라도 알아볼 수 있다. 상당 기간 데리고 있던 아빠 비서는 전도대에서 트럼본을 연주하던 사람이었는데 일본에 공부하러 갈 기회를 가져서 떠났다. 그가 떠난 이후로, 계승자로 전도대의 선임 코넷 연주자를 고용했다. 그는 코넷을 상당히 잘 연주한다. 그래서 그와 아빠는 함께 연습해왔다. 그가 소프라노를 아빠는 테너나 알토를 맡는데, 처음 연습할 때는 테너를 그다음은 알토를 연습한다. 아빠가 때때로 소프라노를 하면 그는 테너나 알토를 한다. 우리는 연습을 많이 해서 상당히 괜찮은 듀엣을 연주할 수 있다. 오늘 아침 그와 아빠가 같이 갈 것이고 진 두피 선교사가 같이 가서 오르간으로 반주를 해줄 것이다. 그러면 우리는 만자산 사람들에게 약간 "특별한" 음악을 줄 수 있다.

같은 날 오후 2시 30분. 만자산교회에 다녀왔고 집에서 점심을 먹었다. 오가는 여정에 날씨가 정말 좋았다. 그리고 교회 사람들로부터 왕과 같은 환영을 받았다. 우리 듀엣은 잘 되었다. 네가 그것을 들었어야 했는데!

이쁜 딸아, 이 편지는 작은 사랑 편지다. 아빠가 너에 대해서 생각하고 있고, "불을 끄듯" 아니면 그저 평상시처럼 너를 사랑하고 있다는 것을 다만 알려주는 것이다. 주님께서 너의 여름 공부에 풍성하게 축복하시길 그리고 네가 박사학위 받는 길을 잘 갈 수 있기를 우리는 기도하고 있다. 너의 소식을 우리에게 자주 알려주렴.

사랑하는 아빠가.

추신: 여기에 우리 욕실 부착물을 찍은 사진을 동봉한다. 사진이 너무 어두워서 미안하다. 실내이고 빛이 충분하지 않아서 선명한 사진을 찍기가 어려웠다. 그런데, 너희들이 그 사진을 빛이 좋은 데서 자세히 보면, 세세한 것들을 모두 볼 수 있을 것이다. 상아와 아빠가 만든 "붙박이 욕조"가 보일 거나. 튼튼한 철근 콘크리트로 만들고 겉에다 타일을 붙였다. 뒤에 보면 (벽에 붙어있는) 아빠와 엄마가 욕조에 들어가고 나올 때 붙잡을 수 있는 것으로, 큰 도움이 되는 철제 파이프 난간이 있다. 바로 그 위로는 (흰색 에나멜로 칠해진) 또 다른 철제 파이프가 있는데 그 위에 커다란 욕조 매트와 진저가 아빠에게 보내준 욕실 수건이 걸려있다. 그 위로는 수건과 몸을 닦는 천을 걸어두는 많은 고리가 있다. 잘 살펴보면 욕조의 꼭대기와 안쪽에 (철사로 된) 비누 그릇이 있다. 그 사진에 우리가 직접 만든 고정식 세면대를 볼 수 있다. 세면대의 꼭대기는 또한 타일로 만들었는데, 시멘트 기초 위에 세워져 있다. 이렇게 만든 것은 아주 유용한 세면대가 되어 우리는 이것을 아주 잘 사용하고 있다. 욕실에 작은 일제 석탄 난로가 있는데, 우리는 온종일 그곳에 불을 피워놓고 있다. 우리가 항상 물을 채워놓는 큰 황동보일러를 이것 위에 둔다. 그래서 우리는 수도에 항상 뜨거운 물이 많다.

엄마와 아빠는 우리 욕실에 있는 것들을 크게 즐기고 있는데, 욕실 물건들은 우리에게 계속 후회를 주는 것들이다. 그것들을 보면 사랑하는 너희들이 아이였을 때 이 집에서 참아야만 했던 것이 항상 생각나기 때문이다. 그런데 그때는 그것보다 더 좋은 것은 몰랐기에 "모르는 것이 약이다"가 해당하는 사례이다. 너희들은 무엇이 없는지, 무엇을 참고 견디어야 하는지를 몰랐다. 그렇다고 너희들이 그것 때문에 잘못되었다고는 생각하지 않는다. 선하신 주님께서 여러 면에서 너희들에게 보충해주실 것이다.

자신이 관심을 가진 사진 작업을 하기 위해 "카메라 플래시 라이트" 화공품 혼합을 하다가 손이 날아 가버린 것과 관련해서 아빠가 편지에 썼었던 이 목사의 (15살 먹은) 어린 아들 사진도 하나 보낸다. 아빠는 그 아이를 음악가로 만들려고 한다. 코넷 연주하는 것을 가르치고 있는데, 오른손에 손가락 네 개면 가능하다. 그 아이는 오른손에 네 개만 남았다. 그게 손가락 전부다. 그 아이는 총명하며 귀여운 꼬마인데, 아빠는 그 아이와 그 아이의 미래에 많은 관심이 있다.

세면대의 왼쪽으로 표백하지 않은 면으로 된 가림막이 있다. 그 가림막은 욕실을 가로질러 쭉 뻗어있는 철사 위에 달려있다. 우리는 이 가림막을 칠 수 있는데 그러면 욕실이 방의 나머지와 완전히 분리되어서 욕실의 다른 쪽 끝을 옷 갈아 입는 용도 등으로 사용할 수 있다. 그리고 욕조는 완전히 사적 공간이 된다. 작은 석탄 난로는 물을 따뜻하게 할 뿐만 아니라 가장 추운 날씨에도 욕실을 완벽하게 따뜻하고 편하게 만들어준다. 우리의 편의시설 속에서 우리가 아주 "호화롭게" 사는 것을 알겠지. 엄마와 아빠가 둘 다 매일 아침 이 욕조를 이용한다는 사실에도 불구하고, 아주 좋은 물을 항상 아주 많이 담고 있는 크고 좋은 수조도 가지고 있다. 그렇지만, 우리는 미국에 가서 큰 미국 욕조에서 도시가 제공하는 풍성한 물을 쓸 수 있다면 기쁠 것이다. 그런데, 우리가 갈망하는 가장 큰 즐거움은 소중한 너희들을 우리 곁에 두는 것이다. 정말 그날까지 견딜 수가 없다!

1939년 5월 14일

사랑하는 소중한 자녀들에게,

위의 날짜를 보면 오늘이 특별한 날이라는 것을 알 거다. 우선 어머니의 날이다. 아빠는 너희들 각자가 이 세상에서 가장 착한 어린 숙녀에 대해서 생각하고 있다는 것과 온 마음을 다해서 그분을 만나고 싶어 하며, 너희들이 그분에 대해서 또한 그분을 얼마나 많이 생각하고 있는지를 알려 주기 원하는지 안다. 오늘은 어머니의 날뿐만 아니라 아빠 인생에 찾아온 가장 큰 축복의 날이다. 즉, 주님께서 아빠에게 너희들의 소중한 엄마를 주신 날이다. 오늘이 우리 결혼 38주년이다. 생각해보렴. 다음 결혼기념일에는, 다음 어머니의 날에는 우리가 결혼 기념을 축하하는 것을 도와줄 소중한 너희 모두와 함께 할 것이다. 그러면 정말 끝내주지 않니!

물론, 하루하루 지나감에 따라, 우리는 이 나라를 떠나서 사랑하는 "미국"(Mee-Kuk)으로 갈 계획과 준비에 대해서 더 많이 생각하고 있다. 그리고 우리가 미국에서 삶을 시작하기 위하여 우리는 너희들 모두가 많은 생각을 하고 있으며 우리를 돕고 있다고 믿고 있다. 거의 매일 세간 살이, 라디오, 차 등의 판매에 관한 문의를 받고 있다. 그런데 우리는 어떤 것도 아직 팔고 있지 않다. 라디오를 150엔에, 차를 1,500엔에 내놓았다. 그런데, 지금 둘 중 하나라도 팔면 우리는 바보라고 생각한다. 둘 중 하나라도 없으면 아주 외로울 것이기 때문이다. 라디오가 없으면 정말 외로울 것이다. 우리는 라디오로 듣는 "소식"에 대해서 아주 각별하다. (좋은) 음악이 다소 희귀하기 때문이다. 그리고 차 없이 어떻게 살지도 모르겠다. 아빠는 차를 거의 매일 사용하는데, 그 차가 없어서 당혹스럽다. 사실 지금 차가 군산에 있는 수리소에 있다. 흙받이 전체를 새로 작업하고 있는데, 약 2주가 걸릴 것이다. 옛날 흙받이는 떼어내서 서울로 보내야 하는데 그것을 본떠서 새 흙받이를 만들려고 한다. 오늘 오후 택시를 타고 군산으로 가서 다시 택시를 타고 돌아와야 했다. 그리고 내일은 우리 선교회의 재정(財政)위원회에 참석하러 전주로 가야만 한다. 군산으로 택시를 타고 가서, 군산에서 기차를 타고 전주로 갈 것이다. 이곳에서 바로 우리 마당에 있는 차를 타고 전주에 있는 선교사촌에 도착할 때까지 멈추지 않는 것이 훨씬 좋다. 아빠가 기차를 타고 전주에 간 것은 정말 드문 일이다. 내일 전주에 도착하면 전주역에서 전주선교부로 택시를 타고 가야 할 것이다.

그런데, 차를 조금 더 가지고 있는 것이 실제 아빠에게 큰 손실은 아닐 것이다. 자동차가 한국이나 일본으로 수입될 수 없기 때문이며, 편지를 쓰는 이 시간에도, 차는 항상 점점 더 희귀해진다. 그래서 결과적으로 점점 수요가 많아지는데, 이 말은 내년 봄에 우리가 떠날 준비가 될 때 차를 팔아도 지금 받을 수 있는 값을 받을 수 있다는 것을 의미할 수도 있다.

차에 대해서인데, 우리가 미국에 도착할 때 차를 살 형편이 될지 궁금하다. 물론 우리는 차가 한 대 필요하고, 차를 매우 사고자 한다. 그러나 엔의 가치가 지금 너무 떨어졌다. 우리가 물건을 팔게 될 때는 엔으로 받는데, 우리가 엔을 달러로 바꾸면, 달러를 많이 받지는 못한다. 그래서 우리가 미국에 도착해서 바로 당장 필요한 모든 것을 사려고 할 때는 충분한 돈을 거의 갖지 못할 것이다. 그런데, 다른 것은 다 못 갖더라고 우리가 가졌으면 하는 것이 한 가지 아니 두 가지가 있다. 시몬스 침대의 스프링과 뷰티레스트(Beauty Rest) 매트리스다. 스위코드 목사 부부가 손님용 방에 뷰티레스트 매트리스를 가지고 있는데, 아빠가 그것을 너무너무 좋아해서 그냥 그 침대에서 자려서 전주에 가고 싶다. 리치먼드에서는 그런 것을 사려면 얼마일지 궁금하다. 너희 중 더블베드 매트리스에 우리가 얼마를 내야 하는지 그리고 두 개의 트윈베드 매트리스와 스프링에 얼마를 내야 하는지 알면, 알려주렴. 물론 우리가 리치먼드에 도착하면 이런 모든 것에 대해서 알아볼 거다. 지금은 그냥 궁금해서 그런다.

좋은 식사 공간이 있으나 시몬스가 아닌 다른 회사의 침대를 이용하는 것보다 우리 식사 공간에서 음식을 포장용지에서 꺼내먹더라도 좋은 시몬스 매트리스와 스프링을 갖는 것이 더 낫다.

아빠는 너희들 모두가 생각을 좀 해서 우리가 그곳에 도착했을 때, 차에 대해서 무엇을 해야 하는지 즉 차에 투자할 돈을 우리가 갖게 된다면, 우리가 포드, 쉐보레, 플리머스 중 하나를 새 차로 사는 것이 최고로 좋은지 아니면 중고로 들여와서 수리를 끝낸 더 크고 더 좋은 회사 제품을 사는 것이 좋은지 우리에게 충고할 위치에 있으면 좋겠다. 그런데, 아마 우리가 도착할 때 우리에게 많은 선택지가 있지는 않을 거다. 우리가 살 형편이 되고 가장 싼 것은 무엇이건 사야 할지도 모른다.

소중한 자녀들아, 이번에는 여기서 줄여야겠다. 소중한 너희들 하나하나에게 이 세상이 줄 수 있는 모든 사랑을 보낸다.

너무너무 사랑하는 아빠가.

월요일 아침: 오늘 아침 자동차에 대해 전주에서 전화로 물어왔다.

1939년 6월 2일

조선, 군산

사랑하는 소중한 자녀들에게,

　아빠는 마지막 연례회의에 참석하기 위해 갔던 광주에서 그제 돌아왔다. 선교회의 관행은 "다음 순서 즉 다음에 의장이 될 순서인 사람"을 선출하는 것이었다. 그런데 마지막 선교회 연례회의에 참석하는 사람을 특별히 "대접"(Tai-Chup)하여 의장으로 선출하는 것이 관행이다. 그래서 이런 일이 올해 일어났다. 아빠가 서너 번 의장을 했지만, 이번이 아빠의 마지막 연례회의가 될 것이기에 아빠가 만장일치로 선출되었다. 처음 투표에 몇 개의 산발적인 표를 받은 다른 두 사람이 있었다. 그런데 아빠가 처음 투표에서 압도적인 표를 받자, 아빠를 만장일치로 찬성하자는 동의 (動議)가 있었고, 그 안이 채택되었다. 그렇게 끝났다.

　3년 전 연례회의에서 레이놀즈 박사(Dr. Reynolds)[1]가 은퇴할 때였는데, 그분은 "명예 의장"으로 선출되었다. 그런데 레이놀즈 박사님이 아빠보다 상당히 나이가 더 많았기 때문에[2], 그 일이 그분에게 짐이 되는 것을 원하지 않았기에, 아빠를 의장 대행 즉 실제로 회의를 주재한 사람으로 선출했다. 재작년에 커밍(Bruce Cumming)[3] 목사가 의장이었다. 그런데 어린 딸의 건강 때문에, 미국으로 가야만 했다. 작년에는 니스벳

1　William Davis Reynolds(1867.12.11.~1951.4.2.), 한국명은 이눌서(李訥瑞).

2　William Ford Bull(1876.2.2.~1941.12.17.), 한국명은 부위렴(夫偉廉).

3　Bruce Alexander Cumming(1899.7.22.~1988.1.6.), 한국명은 김아열(金雅烈).

박사(Dr. Nisbet)⁴가 마지막 연례회의였기 때문에 의장으로 선출되었다. 그분은 임기 중에 귀국했기 때문에 회의에 참석한 전임 의장이었던 아빠에게 회의를 소집하고 개회식 설교를 하는 일이 떨어졌다. 그때 아빠가 "퇴임" 의장이면서 새 의장이 되었다. 아빠는 이렇게 되리라 어느 정도 예상했다. 그래서 규칙과 내규(Rules and By-Laws)를 꼼꼼히 읽고 그것들이 어디에 있는지도 잘 숙지했고, 언제든 말할 준비가 되어있었다. 그 결과 회의에 참석했던 거의 모든 사람에게서 아주 효율적으로 회의를 주재한다고 칭찬받았다.

이번 연례회의가 아빠가 참석했던 연례회의 중 거의 최고였다. 동시에 가장 슬픈 회의였다. 회의 내내 공손함과 예의범절 그리고 서로에 대해 신경을 써주는 아주 좋은 정신이 있었기 때문이다. 이런 것들이 과거에 항상 있었던 것은 아니다. 과거에는 선교부에서 다른 선교부로 구성원을 전출시키고자 하는 동의안이 나오면 이것은 며칠이 걸리는 답도 없는 난타전의 신호탄이었다. 그러나 이번에는, 아빠가 군산선교부에서 물러나기 때문에 린튼 목사가 (그가 과거에 있었던) 군산으로 다시 전출되어야 한다고 요청했다. 물론, 전주는 아주 많은 반대를 했다. 그리고 군산은 그 사람을 갖기를 아주 열망했지. 그런데 우리는 모두 은총 속에서 아주 많이 성장해서 심지어 이것도 싸움으로 되지는 않았다. 그런데, 선교회의 분위기는 우리가 이곳 군산에 있는 한 당장 린튼 목사가 이곳에 필요하지는 않는다는 거다. 그리고 심각하고 복잡한 정부와의 일 때문에 지금 전주에서 그가 간절히 필요하다. 선교회는 그를 이번에 전출시키지 않아도 우리가 사역지를 떠난 다음에는 전출시키는 것이 좋다고 생각했다.

어느 저녁, 우리가 할 일이 다 떨어져서 즉 위원회가 보고서를 준비하

4　John Samuel Nisbet(1869.8.6.~1949.12.20.), 한국명은 유서백(柳瑞伯).

지 않아서, 상당히 시간이 남았다. 그래서 아빠가 정회하자는 동의를 냈다. 뉴랜드 박사가 나와서는 발언권을 요청했다. 의장으로서 아빠는 당연히 그를 지명하고 그에게 발원권을 허락했다. 그러자 그가 불 박사가 다음 연례회의 이전에 한국을 떠날 거라는 것과, "이가 빠진 후 혀가 이를 그리워하듯 우리가 그를 그리워할 것이다"라는 것을 모두가 이해하고 있다고 말했다. 그런 다음에 선교회가 불 박사를 기념하여 일종의 환송모임을 했으면 좋겠다고 말하고 불 박사에게 그들이 얼마나 그를 생각하는지 알았으면 좋겠다고 했다. 그는 이어서, "우리는 보그스 의사에게 불 박사를 진찰해달라고 요청했습니다."라고 했다. 보그스 의사가 앞으로 나와서 굉장히 좋은 짧은 연설을 했는데, 우리 모두 아주 오랜 세월 동안 아주 열심히 신실하게 사역했지만, 아빠가 여전히 강하고 튼튼한 심장을 가졌다고 했다. 그는 아빠가 이 상태인 것은 본래 건강하고 원기 왕성한 몸을 가졌기 때문이라고 진단했다. 그런 다음에 그는 "이분이 저렇게 원기 왕성한 것은 신체적인 이유 때문이라고 저는 생각하지 않습니다. 이분을 현재 모습으로 만든 것은 주로 그의 영입니다."라고 말했다. 그는 이어서 불 박사는 항상 모든 일에 관심이 많았다고 했다. "불 박사는 취미가 많은 사람입니다. 취미 중의 하나는 음악입니다. 이분은 브라스 밴드를 조직했으며 그 밴드를 천막 집회에 사용했습니다. 사실 저는 불 박사가 아주 뛰어난 음악가라는 말을 들었습니다. 이분의 취미 중의 하나는 "영화"입니다. 이분은 시내에 들어오는 모든 좋은 영화를 다 알고 있습니다."라고 했다.

보그스 의사가 말을 마치자, 뉴랜드 박사는 목포에서 온 하퍼 목사에게 몇 마디 해달라고 부탁했다면서 하퍼 목사를 불렀다. 하퍼 목사는 발언권을 얻고서 말했다. "제가 불 박사님을 생각하면 항상 우리가 그분에게 편지할 때 주소로 쓰던 장소가 생각납니다. 즉 K-U-N-S-A-N인데, 제가 이 이름 군산을 이루는 철자를 중심으로 말씀을 드릴까 합니다.

첫 번째는 K입니다. K는 Kunsan(군산)을 나타냅니다. 우리는 항상 군산과 불 박사를 연관시킬 것입니다. 군산선교부는 불 박사를 기념하는 기념물이기 때문입니다. 다름 아닌 그분이 이렇게 오랜 시간 동안 그곳에서 사역을 계속해오셨으며, 현재의 모습으로 군산선교부를 만드셨기 때문입니다. 군산선교부는 그분의 열성과 에너지와 활동의 결과입니다. 불 선교사는 이 모든 세월 동안 군산의 대들보였습니다.

다음은 U입니다. U는 Understanding(이해력이 좋은)입니다. 불 박사님은 한국어를 잘 이해하십니다. 한국 사람을 잘 이해하십니다. 동료 선교사인 우리를 잘 이해하시며, 성경을 잘 이해하십니다.

그다음은 S입니다. (N은 건너뛰고, 아래에 적는다.) S는 Spirituality(영성)입니다. 불 박사님은 아주 영성이 뛰어나신 분입니다.

그다음으로 A입니다. A는 Athletics(운동선수)입니다. 불 박사님은 항상 유명한 선수였습니다. (그는 이어서 햄든 시드니 대학에서의 아빠의 기록과 평판에 대해서 말했다.)

다음 철자는 (U 다음에 있는) N입니다. N은 Notoriety(명성)을 뜻합니다. "불 박사님은 명성이 자자한 사람입니다. 그분은 한국 이쪽 끝에서 저쪽 끝까지 모두 알려져 있습니다. 불 박사님을 총회에서, 노회에서 모르는 사람들이 없습니다. 사실 모든 이들이 알고 있는데, 미국에서도 또한 알려져 있습니다. 어느 날 제가 진터 파크(Ginter Park)[5]에 있었습니다. 시내로 가고 있었는데 큰 차를 타고 있던 어떤 남자가 차를 멈추고서 탈 거냐고 물어보고는 저를 태워줬습니다. 제가 어디서 왔는지를 그 사람에게 말하니, 그가 "빌리 불을 아시겠군요."라고 했습니다.

그를 태워준 사람이 누군지 혹시 닥 플레밍(Dock Flemming)은 아니냐고 아빠가 하퍼 목사에게 물었다. 그러자 하퍼 목사는 "제 생각에 그 사람

---

5   버지니아 리치먼드 근교에 있는 마을.

성이 플레밍이었던 것 같습니다."라고 했다. 만약 그게 사실이라면, 그는 대학에서 같이 방을 쓰던 친구였고, 아빠가 오늘까지 사랑하는 사람이다.

하퍼 박사는 위에서 계속하던 첫 운을 떼면 해당하는 철자로 단어를 시작하는 말을 이어갔다. 그의 마지막 말은 N이었는데 Nobility(귀족)을 나타낸다. "제가 알기로 불 박사님은 로드 아일랜드(Rohde Island)[6]의 주지사 중 한 분의 후손이라고 합니다."

다음의 말은 하퍼 목사가 어떤 철자로 시작하는 말을 하다가 했는지 까먹었다. 그러나 아빠가 한국인들을 얼마나 잘 이해하는지에 대한 말을 하다가 "제가 군산 여사경회에서 가르치는 것을 돕고 있었을 때, 어느 날 아침 불 박사님이 헌신 예배를 인도하러 내려오셨습니다. 저는 그때 사경회에 참석한 여자들이 그분을 보고 정말 기뻐하는 것을 보고 큰 관심을 갖게 되었습니다. 모두 다 그분 주위에 몰려들었으며, 그분을 정말 우러러보는 것 같았습니다."라고 했다.

하퍼 목사가 마치자, 존 탈마지가 발언권을 갖고는 아주 우아하며 칭찬하는 말을 했는데, 군산은 불 부부가 없으면 똑같은 장소처럼 보이지 않을 것이라고 했다. 우리가 떠날 것이기 때문에 그는 큰 전함이 항구에서 나갈 때 전함에서 나오는 파도로 침몰할 위험에 처한 작은 노 젓는 배처럼 느낀다고 했다. 불 박사의 자리를 대신하려고 하는 정말 어려운 일을 하게 되었다고 느낀다고 했다.

선교회 사람들의 요청에 따라 아빠가 엄마에게 와달라고 부탁하는 전보를 보냈음에도 불구하고 엄마는 그 회의에 참여하지 않았다. 모든 사람이 특히 엄마의 안부를 물었고 엄마가 오지 않는 것에 마음 아파했다. 왜냐면 "축하 잔치(party)"는 아빠뿐만 아니라 엄마를 위해서 한 것이고

---

6 로드 아일랜드는 미국에서 가장 작은 주로, 뉴 잉글랜드 지역의 일부이며 초기 13개 식민지의 하나로 독립 당시부터 존재함.

모든 연설에서 엄마를 아주 칭찬했기 때문이다. 모든 사람이 말을 끝내고 아빠가 의장으로서 역할을 다시 하면서 아빠는 그들의 모든 친절한 말에 감사를 드리지만, 친절한 말의 많은 몫이 아내에게 돌아가야 한다고 했다. 왜냐면 아빠가 할 수 있었던 모든 것은 엄마의 훌륭한 도움 때문이었다. 결혼은 하늘에서 정해진다고 하는데 아빠 경우는 확실히 그렇다. 주님께서 하늘에서 엄마를 아빠에게 보내주셨다. 엄마는 아빠의 모든 약점을 보충해주며 아빠에게 꼭 맞는 아내이기 때문이다.

아빠가 말을 마치고 나서 회의를 마치려고 할 때, (지금은 세 명의 아이를 가진 커밍스 부인인) 애너 샤논 프레스톤(Anna Shannon Preston)이 일어서더니 앨비 선교사가 이곳에서 나왔을 때 그녀가 디케이터(Decatur)[7]에 있는 누군가에게 편지하여 (아빠 생각에 그 누군가는 맥키니 양(Miss McKinney)이다.) "선교회의 햇살"을 아직 만나지 못했다고 하더니만 다음번 편지에는 "선교회의 햇살"과 결혼했다고 하더라는 것을 디케이터에서 들었다고 했다.

소중한 자녀들아, 아빠가 허풍을 떨고 있다고 생각하지는 않을 것을 안다. 아빠는 단지 사람들이 말한 친절한 모든 것이 사실이기를 바랄 뿐이다. 사람들이 그렇게 느끼고 있다는 것을 아는 것은 좋은 일이다. 너희들이 그것들에 대해서 듣고 싶어 하리라 생각했다. 아마도 "너희 모두"가 이러한 정서 중의 일부를 공유할지도 모른다. 어찌 되었건 아빠가

---

7 애그너스 스콧 대학(Agnes Scott College)이 조지아의 디케이터에 있음. 불 부인은 Augusta Female Academy(이후 Mary Baldwin College로 이름이 바뀜)를 졸업한 후 애그너스 스콧 대학에서 몇 년간 가르침.
Mrs. Bull, who died Saturday in a Richmond hospital, founded the Mary Baldwin School for Girls in Kunsan, Korea, and served as head of the school from 1900 until 1941.
She was a native of Staunton and a graduate of Augusta Female Academy, now Mary Baldwin College. She taught for several years at Agnes Scott College in Decatur, Ga. (*The Daily News Leader* (Staunton, Virginia), 16 May 1947, Thu (Page 2)에서 발췌함.)

확실한 사실이라고 알고 있는 것이 있다. 그것에 대해 아빠가 아주 자랑스러워하는데, 그 사실이라는 것은 다른 어떤 사람이 이 세상에서 가졌던 것보다 우리가 가장 훌륭하며, 착한 아이들, 여동생, 그리고 사위들을 가지고 있다는 것이다. 우리는 이 사실을 진정으로 자랑스러워한다. 우리에게 이렇게 사랑스러운 소중한 사람들을 주신 사랑하는 주님께 감사를 드리고자 한다.

웅거 박사가 정말 칭찬해주는 말을 했다는 것을 언급하지 못했다. 그는 정말 유머 감각이 좋은 사람이고 아주 총명하고 재미있다. 그 사람에게 아빠가 천막, 장비, 밴드 악기 등을 넘기는데 5천엔 또는 6천엔 가치이다. 그런데 이렇게 해도 개인적으로 피해입은 것은 없다. 왜냐면 이 모든 것은 개인적 친분이 있는 사람들, 호머 로드히버 씨, 세인트 루이스에 있는 친구들, 그리고 캐미 캐리 양(Miss Cammy Carry)이 제공해준 것이기 때문이다.

소중한 아이들아, 아빠에 대한 이 모든 것을 다른 누구에게도 쓰지 않을 것이다. 그런데 너희들이 들으면 기뻐할 것이고 (비록 그것들이 다소 과장되었지만) 아빠가 그랬듯이 너희들도 그것들을 제대로 인정하리라 생각하며 우쭐해있다. 엄마는 남들이 말한 좋은 것들이 사실이라고 생각하지는 않지만, 그래도 엄마의 "노인네"에게 사람들이 말한 좋은 것들에 대해 약간 기뻐하고 있다.

이번에는 여기까지 써야겠다. 너희들을 볼 때까지의 시간이 더 짧아지자, 아빠의 편지는 더 길어진다. 아빠 심장이 사랑하는 너희들에 대한 사랑으로 더욱 넘치고 있기 때문이며 너희들을 정말이지 팔에 안고 싶어서, 더 이상 "기다릴 수가 없다!"

너무너무 사랑하는 아빠가.

1939년 6월 18일 일요일

사랑하는 소중한 자녀들에게,

오늘 아침 엄마에게 "오늘 아이들에게 편지하려고 합니다."라고 했다. 그러자 엄마는 "며칠 전에 편지 보냈잖아요!"라고 놀라며 말했다. 그래서 내가 "편지를 보냈는지 아닌지 관심 없습니다. 저는 아이들을 너무 많이 생각하고 너무도 보고 싶어서 다시 편지를 쓰려고 합니다."라고 대답했다. 그래서 이렇게 편지를 쓰마. 지난번 편지에서 말했듯, 시간이 점점 가고, 우리가 미국과 사랑하는 너희들에게 갈 시기가 다가오자 아빠도 모르게 항상 더 강렬히 너희들을 그리워하고 있다. 일요일 아침이며 예배 시간이 다가오고 있다. 그래서 편지를 많이 못 쓰고 중단한 다음 교회로 내려가야 할 것이다. 그래도 적어도 이 편지를 시작하고자 한다.

아빠가 위층에 있으면서 (사랑스러운 훌륭한 사위들을 포함해서, 매미 고모부터 막내 앨비까지의) 모든 사진을 꺼내서 엄마의 드레싱 탁자 위에 펼쳐 놓고 "사랑 이야기"를 말하면서 상당히 많은 시간을 보내고, 이제 막 내려왔다. 아빠가 사랑의 말을 하고 있을 때 너희들 심장이 따뜻해지지 않더냐? 요즘은 바로 그런 마음 상태에 아빠가 있다. 우리가 요즘 살아가는 우울한 상황 즉 우리의 활동이 방해받는 것을 보면, 우리가 미국으로 출발할 시간이 어서 빨리 왔으면 좋겠다.

우리 활동이 방해받고 있는 것에 대해 말해주마. 일본인들이 우리에게 좋은 생각을 가지도록 금요일 오후에 경철서장과 세관장을 이곳으로 초대해서 먹음직한 바나나 아이스크림, 케이크, 차 등을 대접하며 사교 모임을 가졌다. 아주 우호적이며 고마워하는 것 같았다. 그들과 함께 헌병대장[1]도 초대했지만, 그는 아파서 올 수가 없었다. 그러나, 전개되는 상황을 보니, 우리가 사이좋게 하려고 하는 조치가 아무 소용이 없을 것 같다.

어제 엄마와 아빠는 "인 올드 시카고[2]"를 보러 군산으로 아주 괜찮은 소풍을 다녀왔다. 우리는 그 영화가 굉장히 재미있다고 생각한다. 아빠의 건축 조수였던 "최 주사"가 지금 군산에서 상당히 부자이다. 그리고 전주 가는 버스를 운영하는 버스 회사의 사장이다. 그는 극장 근처에 아주 큰 차고를 가지고 있다. 우리가 영화를 보러 갈 때면 언제든 아빠 차를 그 차고에 둘 수 있기에 아주 편하다. 그렇지만 "최 주사"가 도덕적인 면에서 아주 좋은 사람이 아니라는 말을 하게 되어 마음이 좋지 않다. 그는 아주 오래전에 아내를 버렸고, 그 후 (서로 다른 시기에) 여섯 명 이상의 아내를 맞이했는데, 대개가 "기생"(Kee-saing) 출신이다. 엄마와 아빠가 그 사람을 아주 좋아했기 때문에 우리에게는 큰 슬픔이다. 너희들도 그 사람을 좋게 기억하고 있을 것이다. 그 사람 참 능력 있는 사람이었다.

교회 갈 시간이 다 되었다. 그래서 지금은 중단하고 오늘 오후에 이 편지를 끝내야겠다. 잘 있어라. 교회 종소리가 울린다.

점심을 먹고, 낮잠을 약간 자고, 상하이에서 오는 영어 뉴스를 들었다. 그런데 너무 심하게 편파적이어서 뉴스를 들으면서 즐거움은 거의 없다.

새로운 일이 생기지 않았기 때문에, 이번에는 그만 쓰는 것이 좋겠다.

---

1 the chief of the Secret Service을 번역한 것으로, 문자 그대로 번역하면 비밀 조직의 대장임. 일제 강점기 일본제국육군 헌병을 경찰로 동원한 헌병경찰통치 시기를 염두에 두고 헌병대장으로 번역함.

2 *In Old Chicago*: 헨리 킹(Henry King) 감독, 타이런 파워(Tyrone Power), 앨리스 페이 (Alice Faye), 돈 아미시(Don Ameche)가 주연한 1937년 개봉한 영화.

아빠가 "너희 모두"에 대해서 아주 아주 좋아 죽겠다는 것과 너희에 대해서 생각하며, 매 순간 너희들을 그리워한다는 말을 그냥 하고자 했다.

세상에서 가장 소중한 사람들에게 이 세상이 줄 수 있는 모든 사랑을 보낸다.

너무너무 사랑하는 아빠가.

1939년 6월 19일

조선(한국), 군산

소중한 딸에게,

　요즘 아빠가 너를 얼마나 그리워하고 있는지 네가 알 수만 있다면, 우리가 너를 얼마나 대단한 아이라고 생각하는지를 (아니면 네가 얼마나 대단해지기를 바라는지를) 알 수 있다면 너는 아마도 심하게 우쭐해질 것 같구나. 아빠는 네가 지난번 편지에 쓴 것을 보면서 네가 내후년에 직업을 얻는 데 성공하지 않기를 바란다고 말하기 원했다. 그래야 우리에게 생길 수 있는 가장 큰 축복이라고 생각하는 것 즉 소중한 네가 우리와 함께 있을 수 있기 때문이다. 너는 우리에게 모든 것이며 세상의 어떤 것도 네가 우리와 함께 있다는 것보다 더 큰 행복을 줄 수 없기 때문이다. 아빠가 편지에 썼듯이, 우리가 어디에 있던지 또한 어떤 집에 살게 되던지 우리는 우리 소중한 어린 소녀를 위한 방을 마련할 것이다. 그 방은 "마가렛의 방"이라는 이름으로 알려질 것인데, 마가렛이 언제나 사용할 수 있도록 그 방을 준비해 놓을 것이다.

　딸아, 아빠는 며칠 전 아주 특별하게 너에 대해 생각했다. 사실 매일 매시간 너에 대해서 특별하게 생각한다. 그런데 이번에는 우리가 한 경험에 있었던 특별한 사건을 생각나게 만든 무언가가 있었다. 아빠가 차를 타고 전주로 넘어가면서 속도계를 주시하고 있었다. 이곳에서는 시속 25에서 30마일[1] 달린다. 길이 아주 형편없고 항상 교통량이 많기에 그 속도 이상을 넘어서는 것은 안전하지 않다. 그런데, 그날은 막힘도 거의 없었고 차량 흐름이 부드러워서 아빠가 조금 "밟았다." 그래서 50마일까지 올렸다. (이렇게 한 것은 한국에서 이 차를 갖고 나서 겨우 한두 번이나 있던 일이다.) 그런 다음 이 차의 속도는 어디까지일지 생각해봤다. 그리고 70마일까지 올라갔던 때를 생각해봤다. (딱 두 번 있었다.) 그중 한 번을 기억하니? 우리가 뉴포트 뉴스(Newport News)를 거쳐 노폭으로 내려가던 때였다. 네가 운전하고 있었지. 아빠가 너에게 "밟아라"라고 했더니 네가 그렇게 했는데 70을 약간 넘었다. (약 72마일 정도였다.) 그것을 기억하니? 아빠는 아주 생생하게 기억한다. 이 차는 역사상 딱 두 번만 70까지 갔다. 다른 때는 엄마와 아빠가 대륙을 횡단하고 있었을 때인데, 아빠가 그 지점까지 밟았다. 70까지만 닿고 그런 다음에 곧바로 내렸다.

네가 콜롬비아로 되돌아갈 것을 우리가 생각하고 있기에 요즘 우리의 생각은 너와 아주 많이 함께한다. 우리는 앞선 여름처럼 이번 여름도 즐겁고 유익한 여름을 가지길 희망한다. 그러면 너에게 여름이 단지 한 번 남게 되겠지. 네가 석사학위를 받을 때 우리가 보러 갔듯이, 네가 박사학위를 받는 것을 보려고 그곳에 갈 수 있다면 정말 굉장할 것 같지 않니? 그렇지만 우리가 집에 있는 바로 첫 여름에 네가 없으면 우리는 너무 마음이 좋지 않을 것 같다. 그러나 네가 아주 좋은 것 때문에 그런 것이기에 우리는 견뎌내야만 할 것이다. 우리가 리치먼드에 5월에 도착할 수 있다면, 네가 뉴욕으로 떠나기 전에 우리와 약간 함께 있을 수 있을 것이다. 그거면 도움 될 것이다. 우리는 매일 주님께서 우리 앞에 길을 예비해주시고 우리의 모든 계획에서 우리를 인도해주시길 기도한다. 주님께서 그렇게 하실 것이라 우리는 확신한다.

이제 편지를 맺어야 한다. 안녕, 안녕, 딸아.

아빠가.

1　1마일은 약 1.6킬로미터, 25마일 약 40킬로미터, 30마일 약 48킬로미터.

1939년 6월 21일

조선(한국), 군산

소중한 딸에게,

어제 너에게 편지를 보냈는데 여기 또다시 보낸다. 그 이유는 오늘 아침 아빠가 면도하려고 했을 때 그때까지 사용해오던 면도용 비누를 다 써버려서, 네가 아빠에게 보내준 참 좋은 비누로 바꿔야만 했기 때문이다. 아빠는 그 비누를 아껴 쓰고 있다. 네가 보내준 비누는 거의 새것이다. 거의 사용하지 않았거든. (몇 번밖에 사용하지 않았다.) 그런데 이 비누가 비누를 보내준 어린 딸과 똑 닮았다는 것을 알 정도는 된다. 이 비누는 몇 달을 쓸 수 있을 거다. 그런데 우리가 집에 갈 때까지는 아니다. 또한 이 비누가 너무 좋아 아빠가 눈이 높아져 다른 것은 쓰고 싶지 않다. 그래서 네가 이것과 같은 것을 한 묶음 보내주는 것이 힘든 일인지 궁금해하고 있다. 지금 있는 것에 더해서 하나가 더 있으면 우리가 미국 갈 때까지 쓸 수 있을 것이고, 미국에 가서는 너를 귀찮게 하지 않고 아빠가 이 비누를 구할 수 있을 거다. 비누의 이름은 네가 기억하겠지만 위트셔 잉글리쉬 쉐이빙 소프[1](라벤더)다.

네가 아빠 대신 이것을 사주는 것이 혹시라도 완벽하게 쉬운 일이 아니라면, 이것에 대해 한순간도 신경 쓰지 말아라. 아빠가 안식년에서 돌아올 때 가지고 왔던 면도용 비누가 트렁크에 한가득 있으니까. 그리

---

1 Whitshire English Shaving Soap(Lavender).

고 그것들도 아빠가 평생 써오던 것이고 아주 좋다. 유일한 문제는 네가 너무 좋은 비누를 보내줘서 다른 어떤 것도 사용하고 싶지 않게 만들어 아빠 기대치를 너무 높여놨다는 것이다.

혹시라도 네가 그것을 사는 것이 어렵지 않다면, 린튼 목사나 윈 목사나 그린 선교사를 통해 보내주면 된다. 그들 모두가 이번 가을에 한국으로 출발할 것이다. 린튼 목사는 8월 19일 샌프란시스코에서 배를 탈 것이다. 그 사람의 주소는 Rev W. A. Linton, 411 S. Hansell St. Thomasville, Ga.다.

그린 선교사의 주소는 Miss W. B. Greene, 307 Oxford Place, N. E. Atlanta, Ga.다. (엄마가 말씀하시는데 그린 선교사는 7월 중순에 떠날 계획이라는 구나.)

윈 목사의 주소는 Rev. S. D. Winn, 312 S. Chandler St. Decatur, Ga.인데, 그 사람이 언제 떠날지 모른다. 그러니 네가 이 세 사람 중 한 명에게 보내려거든, 먼저 카드를 보내서 만날 수 있는지 연락해보렴. 어떻든, 이 문제와 관련되어 뭔가 제대로 되지 않는다고 해서 전혀 걱정하지 말아라. 아빠가 말했듯 1년 정도는 쓸 수 있는 비누가 있는데, 그것 중 어떤 것도 네가 보내준 것만큼 좋은 것이 없다. 아마도 네가 보내줬다는 생각 때문에 그 비누가 아주 좋은 것이 되나 보다. 소중한 우리의 어린 딸과 관련된 것은 뭐든지 너의 아름다운 엄마와 나이 든 아빠에게는 특별히 매력적인 것이 되게 되어있다.

지금 릴리언 크레인과 남편(톰슨 사우덜)이 군산선교부에 있다. 그리고 보그스 의사가 우리 병원을 방문하러 전주에서 왔다. 우리 모두, 즉 엄마와 아빠, 릴리언과 톰슨, 로슬린 탈마지, (남편인 존은 어젯밤 아버지와 여동생 마리엘라과 함께 금강산으로 떠났다.) 그리고 엘리자베스 우즈는 오늘 오후 워너 백스터(Warner Baxter)와 글로리아 스튜어트(Gloria Stuart)가 주연으로 나오는 "상어섬의 죄수[2]"를 보러 갈 것이다. 보그스 의사가 자신의 차에 이 무리 중 일부를 태우고 갈 것이고, 일부는 아빠가 태우고 갈 것이다. 클라크 게이블과 머나 로이가 "투 핫[3]"으로 오늘부터 일주일 후인 다음 수요일에 이곳에 온다.

사랑하는 딸아. 그만 써야겠다. [해독불가[4]]에 대해서는 걱정하지 마라.

---

2 *The Prisoner of Shark Island*: 1936년 발표된 영화.
3 *Too Hot to Handle*: 1938년 발표된 영화.
4 원문을 알아볼 수 없으나 앞뒤 내용상 "면도용 비누"일 가능성이 높음.

1939년 6월 28일

조선(한국), 군산

소중한 어린 딸에게,

며칠 전에 아빠가 너에게 편지하면서 너무 어려운 일이 아니라면 네가 아빠에게 보내주었던 훌륭한 면도용 비누를 한 상자 더 보내달라고 말하고, 8월에 한국으로 돌아오는 린튼 목사를 통해 보내야 한다고 했지만, 그 사람을 만날 시간이 없을지도 모른다고 했다.

안식년 중인 윈 박사에게서 막 소식 들었는데, 9월 8일 프레지던트 태프트(S.S. President Taft)를 타고 샌프란시스코에서 출발할 거라는구나. 이 말은 9월 1일까지는 그가 집을 떠나지 않을 수도 있다는 것을 의미한다. 그래서 네가 린튼 목사에게 그 비누를 전해줄 시간이 없다면, 윈 목사에게 전해줄 시간은 있는지 궁금하다. 윈 목사의 주소는 Rev. S. D. Winn, 312 S. Chandler St. Decatur, Ga.다. 그러나, 아빠가 이렇게 하는 것은 그 비누에 대해서 압박하는 것은 아니다. 조금이라도 힘든 일이면, 전혀 신경 쓰지 말아라. 아빠는 그것 때문에 면도하지 않고 살지는 않겠다고 약속하마. 트렁크 하나에 비누가 가득 있다. 네가 보내준 참 좋은 비누 때문에 아빠가 완전히 눈이 높아졌기 때문이다.

소중한 어린 딸에게 온 세상의 사랑을 전한다.

사랑하는 아빠가.

1939년 7월 9일

조선, 군산

사랑하는 소중한 자녀들에게,

(아빠가 편지할 때는) 평상시처럼 일요일 오전이다. 시골교회 순회선교 사역이 아주 처참하게 방해받고 있어서, 아빠는 동네 교회의 종이 울리길 기다리며 집에 있다. 종소리를 듣고 우리 동네 회중들과 예배를 드리기 위해 교회로 내려갈 것이다. 물론 동네 교회에서 예배드리는 것이 항상 기쁘게 하는 일이다만, 시골로 가서 오랫동안 알고 지내던 사람들과 함께 예배를 드릴 수 없다는 것이 아빠에게는 큰 시련이다.

아빠가 편지에 썼다고 생각하는데, 우리는 지금 한국이 60년 만에 겪는 최악의 가뭄[1]의 한가운데에 있다. 정말 정말 심각하다. 한국인들은 (대부분) 물이 부족하여서 모판에서 모를 내지도 못했고, (많은 곳에서) 모판에 있는 모조차도 물이 부족하여 죽어가고 있다. 가뭄에도 불구하고, 이상하리만큼 늦봄의 시원한 봄 날씨였다. 그러나 지난 며칠간 찌는 듯

---

1 「1939년 대가뭄과 식량부족」에 따르면, "1939년 대가뭄으로 수도작의 경우 식부예정면적 122만 7천 정보의 58%에 해당하는 70만 9천 정보가 피해를 당했다. 피해면적 가운데 식부 불능이 62.4%나 되었고, 그 외 수확 전무(고사한 것)가 12.8%, 70% 이상 감수가 24.7%였다. 이와 같은 가뭄 피해로 쌀 수확량은 전년에 비해 46%나 감소(약 900만석 감소)한 785만3천석에 불과하였다. 특히 경북, 전북, 충남, 충북 등의 피해가 심해 이들 지역의 수확량은 평년에 비해 경북은 27%, 전북은 29%, 충남은 30%, 충북은 36%에 불과하였고, 전북 부안군과 옥구군은 수확량이 각각 평년의 7%와 8%로 최악의 상황이었다." https://www.archives.go.kr/next/search/listSubjectDescription.do?id=004827&sitePage=1-2-1

이 더웠다. 그런데 이곳에서의 우리 집의 위치 때문에, 아주 뜨거운 날씨에도 불구하고 우리는 매우 편안하게 지낼 수 있었다. 이번 달 6일에 아빠는 선교회의 임시회의 때문에 전주로 가서 하룻밤을 묵었다. 아, 아빠가 집에 있는 편한 침대와 시원한 산들바람을 얼마나 그리워했는지! 아주 편한 시몬스 매트리스에 누웠는데 방이 너무도 뜨거워서 숨을 헐떡였다. 아빠는 스위코드 부부의 집에 있었다. (그 집은 클라크 목사 부부가 살던 곳이다.) 그런데 너무도 더웠다! 막내 앨비는 이것을 알지도 모르겠다. 앨비는 아주 더웠던 밤에 바로 그 방에서 엄마와 아빠와 같이 있었다. 그런데 어린아이였기에 엄마처럼 더위에 대해서는 신경 쓰지 않았고, 밤새 잠을 자서 기억 못할 것이다. 그러나 엄마와 아빠에게는 절대 잊지 못할 경험이었다. 낮 동안에도 전주는 끔찍이 더웠다. 그래서 아빠는 우리의 참 좋은 군산의 산들바람으로 되돌아갈 수 있어서 아주 기뻤다. 전주에서 몇 시간 있었던 이 조그마한 경험으로 아빠는 우리가 군산에서 우리 집 위치 때문에 특별히 복을 받았다는 사실을 깊이 생각하게 되었다. 이번에 전주에 있으면서 전주 사람들이 매년 지리산으로 간절히 떠나려고 하는 것에 크게 공감할 수 있었다. 그리고 우리는 동산에 있는 우리의 작은 집에서 아주 편안하기에 지리산에 갈 필요를 느끼지 않은 것에 대해서 특별히 감사했다. 너희들이 기억하듯이, 우리 집은 들어오는 모든 바람을 맞이할 수 있게 지어졌다. 2층은 동산의 나머지보다 위에 있어서 어떤 방향으로 오던지 산들바람을 맞이할 수 있다. (아빠가 이 집을 계획했을 때 생각했던 것이다.) 2층에 있는 큰 홀과 문과 창문이 모두 일렬로 되어있다. 그래서 우리가 손님이 있어서 문과 창문을 열어둘 수 없는 경우가 아니면 우리는 항상 문과 창문을 열어두어서 어떤 작은 산들바람도 집을 통과해서 불어간다. 그래서 우리 2층은 항상 신선한 바람이 계속 있다. 그 사실에 우리는 특별히 감사한다. 아빠가 최근 집 짓는 계획을 하고 있는데, 우리가 이 집과 같은 (일 년 내내) 편안한 집을 미국에서조차도 구할 수 있을 것 같지는 않다. 그렇지만, 우리는 주님께서 모든 면에서 항상 그러셨듯, 집과 관련하여 우리를 인도해주실 것을 신뢰하고 있다. 우리 선교회의 다른 선교부에 있는 사람들과 심지어 우리 선교부의 다른 식구들도 매년 여름마다 항상 (한국인들이 사용하는 말로) 피서지[2]로 가고자 하지만, 엄마와 아빠는 필요성을 느끼지 못했고 그 결과 40년 동안 단 여섯 번의 휴가를 갔다. 우리는 이곳 동산에 꼭 붙어서 우리의 일을 했으며, 빈번하게 선교부에 있는 유일한 외국인이었다.

엄마와 아빠는 사랑하는 우리 아들을 생각할 때 여러 해 동안 매우 불행했다. 아들은 집에서 멀리 떨어져 있으면서, 우리처럼 그렇게 사랑해줄 사람이 없고, 자기 집을 갖고 있지 않으며, 다른 말로 혹시 아프기라도 하면 돌봐줄 사람이 아무도 없거나, 전체적인 면에서 자신에게 가정을 만들어줄 사람이 없는 것과, 실제 전혀 모르는 사람들 또는 자신에게 특별한 관심을 갖지 않는 사람들 속에 있기 때문이었다. 그래서 우리는 아들과 어울리며, 좋은 아내가 되고, 행복한 가정을 이루게 해줄 처자를 주님께서 아들에게 달라고 아주 오랫동안 그리고 매우 진지하게 기도해왔다. 아들의 결혼 발표 소식을 받았다. 아들은 전에 우리에게 편지하며 자신과 젤마(Zelma)[3]가 결혼할 계획이라는 말을 했다. 그런데 그 편지가 연착되어서 결혼 발표한 우편과 같이 왔다. 우리는 "결혼 발표" 편지를 먼저 열어봤다. 그래서 두 사람이 결혼하기로 했다는 것에 대해서 들은 것도 없는데 결혼 발표를 알아서 상당히 놀랐다. 그러나, 빌이 오래 전 편지하면서 젤마가 얼마나 좋은 사람인지 등을 말하며 자신이 만났던 어떤 여자보다 더 좋아한다고 했다. 그래서 우리는 그 말이 의미하는 바가 크다고 생각해서 이런 발표에 다소 준비되어있었다. 이렇게 되자

---

2 피서지(避暑地): "Heat-escape-resorts".
3 Zelma Vivian Duke Augustine(1905.3.9.~1953.3.16.): 둘은 1939년 결혼했음. Zelma는 1950년 재혼함.

아빠가 생각하던 한 가지 질문에 대한 답을 얻었다. 집으로 가는 우리 계획에서, 우리는 이곳에서 리치먼드로 곧바로 가는 것에 대해서만 주로 말하고 생각했다. 리치먼드에서 상황이 분명해지면 휴스턴으로 내려가려고 했다. 우리는 어딘가에 정착하는 문제 즉 영구적인 집으로 주택을 구하는 것 등 때문에 주로 이렇게 생각했는데, 어제 그 소식을 들었기 때문에, 우리는 로스앤젤레스에서 출발하고 거기서 우리의 "며느리"와 새집에 있는 빌을 보려고 휴스턴을 들러서 리치먼드로 가려고 한다. 굉장할 것 같지 않니? 빌이 목소리 톤이 높은 사람이라는 것을 알기에 젤마가 아주 사랑스러운 여자인 것이 틀림없을 것이라고 확신한다. 반대되는 사람이 빌에게 끌릴 거라고 알기 때문이다. 그래서 우리는 젤마를 직접 보기를 간절히 바란다. 우리가 그 기쁨을 가지기까지 그리 많은 달이 남지 않다는 것을 생각하면 큰 즐거움이다.

은퇴한 후 엄마와 아빠가 영구적인 집을 가져야만 하기에, 아빠는 요즘 가정을 이룰 주택이라는 주제에 대해서 상당히 많이 생각하고 있다. 그림을 그리면서 사실 "도면" 작업을 하고 있다. 그래서 우리는 앨비가 자신의 숙소에 대해서 우리에게 쓴 글과 빌이 자신의 집에 대해서 쓴 글에 대해서 특별히 관심을 보인다. 어느 때나 너희 중 누구로부터의 제안은 아주 환영한다. 지난 며칠 동안 아빠가 특별히 생각하고 있었던 것은 여름철에 시원해야 한다는 것이다. 시원함은 불어오는 여름 산들바람을 맞이할 곳, 곧 집의 위치와 집으로 들어오는 바람이 침실에 올 수 있도록 하는 집 배치에 달려있다. 이런 특색에 관해서 우리가 지금 살고 있는 이 집은 이상적이다.

소중한 자녀들아, 이번에는 이만 줄여야겠다.

소중한 너희들 하나 하나에게 이 세상이 줄 수 있는 모든 사랑을 보낸다.

너무너무 사랑하는 아빠가.

1939년 7월 16일

조선, 군산

사랑하는 소중한 자녀들에게,

　너희들이 날짜를 봐서 알 수 있듯, 오늘은 일요일이다. 지난밤은 끔찍이도 더워서 자정이 훨씬 지나서야 잠이 들 수가 있었다. 그런데 아침이 다가오자 기분 좋게 시원해졌다. 그래서 아빠는 일어날 시간이 됐는데도 일어나고 싶지 않았다. 아침 먹는 시간까지 쭉 잤다. 시간에 꼭 맞춰서 세수하고, 셔츠와 바지를 입고, 아침 먹으러 내려갔다. 그런 다음 위층으로 올라와서 면도하고, 목욕 등을 하고, 옷을 입고 예배 시간에 늦지 않게 동네 교회로 내려갔다. 교회에서 올라왔고, 점심을 먹었고, 종루(鐘樓)에 올라갔다. 그곳은 항상 서늘하고 기분 좋은 곳이다. 낮잠을 약간 자고 내려왔다. 라디오를 들었는데 약간의 음악이 있었고, 상하이에서 오는 (아주 편파적인 친일) 영어 뉴스가 있었다. 그리고 이 세상에서 가장 사랑스러운 이들과 담소를 나누려고 책상으로 왔다. 아빠는 내년 이때 우리가 어디에 있을지 그리고 우리가 무엇을 하고 있을지 매우 궁금하다. 우리가 너희들에게 편지했듯, 우리는 지금 끔찍이도 뜨겁고 건조한 시기의 한 가운데에 있다. 한국의 논농사가 올해는 이미 끝난 것 같다. 즉 실패라는 거다. 물론 엄청난 재앙을 의미한다. 우리 집 앞에 있는 평야에는 이따금 초록 부분이 보이는데 이것은 못자리(Mo-charis)일 뿐 평야의 나머지는 그저 하얗고, 메마른 흙이 넓게 펼쳐 있을 뿐이다. 가뭄이 너무 심해서 나라 전체에서 우물이 말라가고 있으며, 주변 마을뿐 아니라 이곳 마을도 말라간다. 상황이 너무 심각해져서 한국인들은 물을 얻고자 새로운 우물을 파고 있다.

엄마와 아빠 그리고 엘리자베스 우즈가 지금 선교부에 있는 유일한 사람이다. 존 탈마지와 그의 가족 그리고 두피 선교사 자매는 지리산으로 올라갔다. 아빠는 이곳에서 남쪽으로 150리 떨어진 해수욕장에서 이번 달 말일부터 8월 첫 주까지 한 주간 동안 교회 지도자들의 무리와 함께하는 여름 사경회에 초대받았다. 만약에 집회를 여는 것을 허락받고 집회가 방해받지 않는다면 가려고 계획하고 있다. 그 집회에서 돌아오면 지리산으로 올라가서 2주 (아니면 3주) 머무르려고 한다. 존 탈마지가 올라와서 방문해달라고 우리를 초대했으며 웅거 목사 부부도 우리를 초대했다. 우리를 설득해서 잠시라도 올라오도록 하는 것에서 사람들이 전반적으로 아주 정중하다. 아마도 한국에서 우리의 마지막 여름이기 때문이며 선교회에 있는 거의 모든 사람이 (매년 여름에 그렇듯이) 그곳에 올라가 있을 것이기 때문이다.

너희들이 알다시피, 홀리스터 부인의 건강 때문에 홀리스터 의료선교사(Dr Hollister)[1]가 떠나야 했기 때문에 우리는 상당 기간 선교부 의사가 없이 지냈다. 그런데, 우리는 새로운 의사를 빠른 시기에 구할 수 있을 것 같다. 그 사람은 지미 윌슨(Jimmie Wilson)[2]으로 광주선교부에 있다가 지금은 순천선교부에 있는 윌슨 의사 부부의 큰아들이다. 지미는 듀크 의대를 졸업했으며, 포드 병원에서 1년간 인턴을 했고, 듀크에서 1년간 인턴으로 일했다. 결혼했으며 아내는 간호사다. 그래서 우리는 엄청 많은 수가 될 거다. 그들은 이번 달 후반부에 이곳으로 올 것이다.

두 달만 더 지나면, 여섯 달만 남게 된다. 여섯 달이면 정말로 짧은

---

1 William Hollister(1893.2.28.~1977.3.6.), Emily Myrtle Tyson Morris Hollister(1901. 2.6.~1946.3.28.).
2 James Stephenson Wilson(1892~1960), Emma Miller Johnson(1899~1967).

시간이다. 우리가 이곳에서 하릴없이 기다리는 시간이 아주 짧아진다는 것이다. 그런 다음에는 무엇이 있을까? 우리는 아침 날개를 치며[3] 우리의 양팔을 펴고 사랑하는 아이들을 우리의 품으로 끌어 담을 준비를 한 채 대양을 향해서 건널 거다. 요즘은 다른 것을 생각하기가 어렵다. 사촌 제시(Jessie)가 편지할 때마다 우리가 몬트리트(Montreat)에 오기를 바라기에 우리 모두 아마 내년 이때에는 몬트리트에 있을 수도 있다. 엄마와 아빠는 어제 오후에 "네이비 블루 앤 골드"라는 아주 훌륭한 영화를 보러 갔다. 배경은 아나폴리스(Annapolis)이며 주인공은 미식축구 선수들이고, 영화의 한 장면이 (아마도) 육군과 해군의 미식축구 시합이었을 것이다. 아빠는 그 시합에서 큰 흥분을 느꼈다[4]. 사실 영화 전체가 아주 좋았다. 그리고 엄마와 아빠는 이 영화를 아주 재미있게 보았다. 선교사 중 우리 둘만 있었다. 아빠의 연인과 즐기는데 끼어드는 사람이 아무도 없어서 특별히 즐거웠다.

소중한 자녀들아, 아빠가 얼마나 좋은 음악에 굶주려있는지 그리고 우리가 미국에 가면 좋은 음악을 맘껏 즐기겠다고 스스로에게 얼마나 약속했는지 너희들은 아마 상상할 수가 없을 거다. 아빠가 라디오를 켰는데 끔찍한 중국, 일본 또는 한국 음악이 나오면, 라디오를 부숴버리고 싶은 생각도 든다. 그런데 아빠가 아침, 점심, 저녁 어느 때건 주파수를 맞추면 아주 좋은 것을 들을 수 있다는 것을 기억하면 그 생각에서 많은 기쁨을 갖게 된다. 그러면 또다시 아빠는 너무 조바심이 나고 "더 이상 기다릴 수 없다."라고 느낀다.

---

3 시편 139편 9~10절. "내가 새벽 날개를 치며 바다 끝에 가서 거주할지라도 거기서도 주의 손이 나를 인도하시며 주의 오른손이 나를 붙드시리이다."

4 *Navy Blue and Gold*: 1937년 발표된 영화로 아나폴리스에 있는 해군사관학교에 다니는 미식축구를 좋아하는 세 명의 젊은이의 이야기가 주를 이룸. 불 선교사는 햄든 시드니 대학의 미식축구부 주장이었음.

어젯밤 우리 동네에 사는 한국인 소년 중 한 명이 이리(솜니)에서 방송하고 있었다. 그 소년의 방송을 들으려고 하다가 스스로가 칼리쿨라 (Caligurcley)[5]라고 생각하는 한국 소녀에게 주파수가 맞춰졌다. (이름을 제대로 적었는지 모르겠다. 그저 추측으로 적었다.) 그런데 너무나 조잡했다. 너희들이 지금 시간과 아빠가 미국에 도착하는 시간에 무엇이라도 정말 좋은 것을 듣게 될 때마다, 아빠를 위해 그것을 핀으로 고정해서 묶어두렴.

이만 마쳐야겠다. 세상에서 가장 예쁜 이들에게 이 세상의 모든 사랑을 보낸다.

너무너무 사랑하는 아빠가.

---

5 Caligula(12.8.31.~41.1.24.): 제3대 로마 황제를 의미하는 듯함.

1939년 7월 30일

한국, 군산

사랑하는 소중한 자녀들에게,

    날짜를 보면 알 수 있듯이, 오늘은 또 다른 일요일 아침이고 아빠는 소중한 이들과 약간의 담소를 나누기 위해 타자기로 끌려 들어간다. 시골을 찾아가는 것을 전혀 생각하고 있지 않기에 아빠는 지금 당장 겪고 있는 폭염 때문에 오늘 아침 아주 게을러졌다. 아빠는 밤이 깊을 때까지 잠을 잘 수가 없었다. 그래서 잠을 못 잔 것을 보충하기 위해서, 8시의 아침 식사 시간에 맞춰 (약 7시 50분까지) 잠을 잤다. 일어나서, 세수하고, (이렇게 뜨거운 날에 아빠의 "복장"인) "반바지"와 "남방"을 서둘러 입고, 내려갔고, 아침을 먹었고, 위층으로 올라왔고, 면도했고, 목욕했고. 전기 선풍기를 아빠에게 고정하고 침대에 몇 분간 누워있었다. 그리고선 일어나서 서재로 내려갔다. 이곳에서 아빠는 너희 사랑하는 자녀들에게 편지 쓰는 아주 즐거운 일을 하고 있다.

    라디오를 팔았다. 어제 그 라디오를 가져가 버렸기에 우리는 지금 라디오를 아주 많이 그리워한다. 라디오가 없어서 상당히 당혹스럽다. 이따금 좋은 음악을 들을 수 있는 것에 더해, 매일 저녁을 먹고서 영어 뉴스를 듣는 것이 우리 일상의 일부였다. 그래서 지난밤 저녁을 먹고 나서 뉴스를 들을 수 없을 때 우리는 상당히 외로움을 느꼈다. 그러나, 꼭 사겠다는 구매자가 있었고, 가격도 좋아서 그 라디오를 파는 것이 현명한 일이라고 생각했다. 라디오를 계속 가지고 있으면 (여러 번 그랬듯이) 상당한 수리비가 나올 수도 있고 (지난번 수리비는 60엔이었다), 미국으로 출발할 시기에 팔려고 할 때 라디오가 좋은 상태가 아니라면, 라디오에 대해서 좋은 가격을 받지 못할 것이기 때문이다. 우리는 상당히 많은 고려를 했다. (우리가 리치먼드에 도착하면 좋은 라디오를 원할 것이기 때문에, 판매하기 좋을 지금 파는 것이 최선이라고 생각했다. 그래서 팔았고, 판 돈을 빌 채임벌런(Bill Chamberlain)[1]에게 보내서 우리가 리치먼드에 도착해서 그 돈을 사용할 수 있도록 대신 저축하라고 할 거다.) 또한, 아빠 자건거 중 하나를 며칠 전에 팔았다. 그러니 우리가 진지하게 팔기 시작했다는 것을 알겠지. 자동차는 1,500엔에 내놓았는데, 그 가격으로 사려는 사람이 있으면 팔 것이다. 그러나, 거의 매일 사용하기 때문에 차가 없으면 어떻게 살아갈지 모르겠다. 지금 1,500엔을 주고 파느니 우리가 떠날 때 1,000엔을 받는 것이 더 낫다. 그러나 자동차를 구매하기 위한 돈을 이 나라 밖으로 보낼 수가 없기에, 자동차를 구하기가 점점 더 어려워지고 심지어 중고차도 수요가 있어서, 아마도 떠날 때가 되어도 자동차는 좋은 값을 받을 것이다.

"팔아버리는 것"을 말하다 보니 우리가 팔고자 하지 않고 가져가고 싶은 것이 생각나는데, 그것은 우리가 상당 시간 동안 논의하고 있는 가구로 위층 홀에 있는 옷장이다. 너희들이 알다시피, 이 옷장은 서로 다른 한국산 유색 원목(原木)으로 만들어졌다. 착색제를 쓰지 않았다. 전체 자연 목재 색이다. 아빠가 한국에서의 초기 시절에, 전국에서 많은 양의 유색 원목을 모았다. 그 당시에는 우리 남학교에 공업반[2]이 있었는

---

1 불 선교사의 1939년 9월 3일 편지를 보면 리치먼드에 있는 Bill Chamberlain이 Bill C.로 축약되어있음. 1939년 7월 30일 편지 등에 나오는 Bill C.는 막내딸 Alby의 남편임. 따라서 불 선교사가 돈을 보내는 리치먼드에 사는 빌 채임벌런은 막내 사위로 추정할 수 있음.

2 공업과(industrial department): 『신흥구십년사』를 보면 전주신흥학교의 공업과에 대한 설명이 있음. 이를 통해 같은 미국남장로교한국선교회의 미션스쿨이었던 군산영명학교의 공업과를 추론해볼 수 있음.
〈공업과(工業科)〉

데 목공 부서의 선생님은 아주 재능이 뛰어난 나이 드신 한국인 수납장 제조자였다. 아빠가 옷장을 디자인했고, 그분에게 돈을 주며 작업을 하게 했다. 모두 상감(象嵌)이고 수공이다. 이 옷장과 관련된 것들과 실제 아름다움과 유용성 때문에 아빠는 이것을 아주 좋게 생각하며 미국으로 갈 때 가져가고 싶다. 진저가 제안했듯 문만 가지고 가는 것이 아니라, 모든 것을 가져가고 싶다. 비용과 관련해서는, 비용 때문에 물러서는 일은 없을 것이다. 왜냐하면 아주 많은 화물비용이 들고 비용도 많이 들겠지만, 이 옷장이 값을 하리라 생각하기 때문이며, 특별히 실행위원회가 우리가 집으로 갈 때 화물비용을 어느 정도 도우리라는 것을 확신하기 때문이다. 그런데 화물비용을 도와주는 것은 그들이 당연히 해야 할 일이다. 선교사가 사역에 생을 바치고 처음으로 나갈 때, 가정에서 쓰는 물건 전체에 대해서 화물비를 준다고 한다면, 한 선교사가 사역에 삶을 실제로 바치고 남은 날들을 보낼 집을 갖기 위해 고향으로 간다면, 실행위원회는 기꺼이 도울 것이다. 실행위원회가 그렇게 할 것이라고 확신한다. 엄마가 옷장에 대해서 심각한 문제라며 제기하는 질문은 우리가 살 집이나 공동주택이 이렇게 큰 가구에 맞춰져 있냐는 것이다. 요즘 지어지는 집 대부분이 "붙박이" 옷장으로 되어있고, 구형 옷장과 같은 것을

신흥학교에 다니는 학생들 중에는 경제적으로 어려운 학생들이 많았다. 그래서 학교에서는 학생들의 학비에 보탬이 될 수 있는 여러 가지 일자리를 마련하였다. 그 중에 하나가 빨래비누와 양초 공장에서 일하는 것이었다. 현 강당자리에 위치했던 이 공장에서는 빨래비누와 양초를 만들었는데 여기에서 일하는 학생들을 수공생(手工生)이라 하였고, 수공생들은 방과 후에 공장에 가서 일을 하고 거기서 받은 돈으로 기숙사비나 학비에 보태 썼다. 비누와 양초가 판로가 없어 생산이 중단된 후에 이 자리에서 본격적으로 시작한 것이 공업과였다. 앞에서 언급한 대로 신흥학교는 1927년에 공업과를 신설하고 이 해 4월 공업과 학생 25명을 모집하여 목공을 가르쳤다. 또한 같은 자리에 철공소도 함께 있었다 하니 공업과는 목공과 철공을 아울러 가르쳤던 것으로 여겨진다. 이는 인문학교의 성격을 띤 신흥학교가 교내에 별도로 실업교육을 한 것으로 볼 수 있다. 공업과에 입학한 학생과는 별도로 재학생이 이곳에 가서 방과 후에 일하는 경우는 역시 수공생이라 불렸고, 그들이 여기서 번 돈으로 학비를 마련하였다.

위한 공간이 거의 없기 때문이다. 옷장은 높이가 7½, 넓이 5, 깊이 1½피트[3]이다. 사랑하는 너희들이 현대 집에 대한 너희들의 지식과 지혜를 사용해 우리가 이 옷장을 집으로 가져가려고 하는 것이 적합한가에 대해서 우리에게 알려주면 참 좋겠다. 우리에게 솔직하게 충고하는 것을 망설이지 말렴. 원목비와 원목을 가져오는 데 들었던 비용과 수고는 계산하지 않더라도 그 옷장에 대한 노동비가 100 넘게 들었다. 이것을 이곳에서 팔려고 한다면 실제 가치에 해당하는 것을 결코 받지 못할 것이라 아빠는 생각한다. 100은 받을 수 있겠지. 아니면 그보다 더 많이 받을 수 있을 거다. 그러나 그 액수는 (예를 들면, 옷장을 고안하는데 들어간 아빠의 예술적 재능을 포함하여) 실제 그것을 만드는데 들어가는 것을 한순간도 제대로 나타내는 것은 아니다. 그리고, 물론 옷장과 관련된 정서는 아빠에게 많은 의미가 있다. 왜냐면 이 옷장은 너희들이 이 집에서 어린아이였을 때 너희들의 옷을 보관하던 곳이며, 너희들이 아주 어릴 적부터 너희들 모두가 이것을 올려다봤기 때문이다. 이렇게 고려하는 것을 보면, 너희들이 모두 오랫동안 알았을지도 모르듯 아빠는 매우 감성적인 나이든 사람이고 그래서 아빠 삶에서 가장 좋았던 시절을 보낸 나라인 한국과 관련된 것 그리고 인간적으로 말해서 아빠에게는 모든 세상인 너희 사랑하는 자녀들과 관련된 것들이 아빠에게 많은 의미가 있다는 것을 알 수 있을거다. 그러나, 정서에 의해 너무 많은 영향을 받아서도 안 되고, 이성에 의해 충분히 영향을 받지 않으면 안 된다는 것을 아빠는 깨닫고 있다. 그래서 아빠는 정서에 의해 너무 많이 영향을 받기보다는 현명하게 처신하기 위하여 너희들의 충고를 바라고 있다.

금요일 오후 아니면 목요일 오후에 아빠가 서재에 앉아있었는데, 동산 위로 차가 올라오는 소리가 들렸다. 우리는 이번 주 초에 지리산에서

---

3 228.6cm×152.4cm×45.7cm.

존 탈마지가 내려올 것을 예상했지만, 그렇게 빨리 오리라고는 생각하지 않았다. 그러나 우리는 다른 어떤 사람도 생각할 수가 없었기 때문에 존일 수도 있다고 생각했다. 곧 차가 우리 마당으로 들어왔고, 아빠가 전에 본 적이 없었던 외국인이 차에서 내렸고, 그 사람 옆에는 경찰과 모르는 일본인이 있었다. 그가 아빠에게 오면서 "저는 어젯밤 군산에 들어온 영국 배의 선장입니다. 선원들이 모두 중국인인데 그들 중 일곱 명이 아픕니다. 와서 봐줄 의사를 찾아서 나왔습니다. 당신이 의사입니까?"라고 물었다. 아빠는 그 사람에게 아빠는 의사가 아니며, 아빠가 아래에 있는 병원으로 데리고 가서 의사를 소개해주고 무엇을 할 수 있는지 알아보도록 하겠다고 했다. 그 사람이 외국인이었기에, 경찰은 그를 따라다니며 움직임을 주시하라고 명령받았다. 경찰이 선장과 같은 차를 타고 왔다. 아빠는 선장과 함께 병원으로 내려갔고, 의사 중 한 명이 군산항에 정박하고 있는 그 배에 가기로 정했다. 배의 선장이나 (모두 중국인인) 아픈 선원들이 한국어를 모르기에, 아빠는 우리 의사를 통역해주려고 함께 가게 되었다. 아빠는 선장더러 세관 화물하역장으로 되돌아가라고 말하고, 아빠 차로 의사를 데리고 따라가겠다고 했다. 그래서 의사와 간호사 한 명을 차에 태우고 선장 뒤를 따랐다. 그러나 우리가 세관 하역장에 도착했을 때, 군산에서부터 선장을 따라오던 그 경찰이 상황을 파악하게 되었고 경찰본부에 전화했다는 것을 알게 되었다. 우리가 그 증기선에 가기 위해 선창가에 도착했을 때, 우리는 그 배에 갈 수 없다는 말을 들었다. 경찰서에 일본인 의사가 있고, 정부에서 운영하는 병원[4]에도 의사들이 있기에, 또 다른 의사는 필요 없다는 말을 들었다. 그들을 위해 통역해주러 가겠다고 아빠가 말했지만 허락받지 못했다. 그 선장은

---

4 전라북도 군산의료원 연혁에 따르면, 1922년 2월 15일 설립한 관립 군산자혜의원이 1925년 4월 15일 전라북도립 군산병원이 됨.

한국어도 모르고 일본어도 모른다.

우리는 요즘 맛있는 미국 수박을 먹으면서 호화로운 생활을 하고 있다. 그린 선교사가 우리에게 조지아 수박 씨앗과 미국 멜론 씨를 보내줬다. 우리는 이 씨앗들을 훌륭한 과일 농장을 가지고 있으며 과일 전문가인 근처에 사는 일본인에게 줬다. 수박이 지금 수확되고 있는데 우리는 그 수박을 최대한 즐기고 있다. 우리가 마시는 차에 넣어도 완벽하게 안전한 아주 좋은 제조된 얼음을 구할 수 있기에, 과거에 우리가 천연 얼음으로 채우듯이 얼음창고를 채우지는 않는다. 우리는 우리 수박을 올려놓거나 이따금 아이스크림을 위한 얼음을 얻기 위해 얼음창고를 3분의 1만 채울 뿐이다.

행랑아범들[5]이 얼음에 큰 구멍 하나를 만들어, 수박 여러 개를 그 구멍에 넣고, 구멍 파면서 나온 얼음으로 그 위를 덮는다. 그래서 하루 이틀이 지나면 수박이 얼음처럼 차가워진다. 오늘 먹었던 수박은 아주 핏빛처럼 붉었고, 꿀처럼 달았다. 아, 정말 맛있었다!

이번 달 28일에 이곳에 아주 훌륭한 영화가 있었다. "우리들의 낙원[6]"에서 라이오넬 배리모어(Lionel Barrymore)가 그의 최고의 연기를 보였는데, 우리 생각에 따르면 정말로 그런 것 같다. 그러나, 그날 너무 더워서 아빠는 엄마에게 같이 가자고 설득할 수 없었다. 그래서 엄마 없이 갔는데 아빠의 비서와 폭발로 손이 날아가 버린, 아빠가 음악을 가르치는 소년과 함께 갔다.

지미 윌슨과 그의 아내가 지금 실제로 한국으로 오는 중 태평양에 있으며, 우리 병원을 담당하러 오는 중이다. 그들은 이달 24일 배로 출발했다. "미국인 의사"가 우리 병원을 다시 담당하는 것과 한 가정이 늘어

---

5 out-side men을 번역한 말.
6 *You Can't Take It with You*: 1938년 개봉된 영화.

서 우리 선교부 식구가 커지는 것은 정말 좋을 것이다.

지난 편지에 엄마와 아빠가 오랜 세월 동안 하나님께 빌의 인생에 빌에게 어울리며, 진정한 "조력자"가 될 사람을 보내 달라고 기도하고 있었다는 말을 썼던 것으로 안다. 우리는 젤마가 우리의 기도에 대한 응답이라고 믿는다. 우리는 젤마가 사랑스런 처녀라는 것을 알고 있다. 왜냐면 우리 아들 마음에 젤마와 다른 종류의 사람은 끌리지 않을 것임을 알기 때문이다. 우리는 빌이 보내준 젤마 사진을 보고 기뻐하며 젤마가 아주 사랑스럽게 생긴 여자라고 생각한다. 빌이 "우리의 손녀" 사진도 보내왔는데 우리 생각에 손녀가 정말 귀엽게 생겼다. 우리는 또한 그들이 집을 확보하고, 가정을 꾸릴 수 있었다는 것을 알고 기뻐한다. 하나님의 가장 풍성한 축복이 그 가정에 항상 함께하길 바란다는 것이 우리의 계속되는 기도일 것이다. 우리는 너무도 그 가정을 직접 보고 싶다.

잠깐만 주목, 이 종이에 실수해서 먹지가 잘못되었다. 아빠가 잘못된 종이를 뺐을 때 다른 종이들 뒷면에 타자된 것과 순서가 바뀌어 있는 것을 봤다. 그래서 이 종이는 다시 써야 했다. 그래서 타자한 것이 제대로 나오지 않았다. 따라서 이번 단락을 다시 적고 세 번째 종이에 덧붙인다. 이런 큰 실수와 덧붙인 것을 눈감아 주렴.

소중한 자녀들아, 이 편지가 계속 이어지는구나. 아빠가 브레이크를 밟지 않으면, 얼마나 더 질질 끌게 될지 모르겠다. 그래서 이만 브레이크를 밟는 것이 좋겠다고 생각한다.

지금껏 살았던 사람 중 가장 사랑스러운 사람들에게 이 세상의 모든 사랑을 보낸다.

너무너무 사랑하는 아빠가.

추신: 우리는 러셀(Russell)과 진저[7]가 가정을 꾸리면 리치먼드에 정착하는 것을 항상 당연히 여겨왔다. 앨비와 빌 C[8]가 리치먼드에 있기에, 러셀과 진저가 오게 되면 우리 일곱 명의 자녀 중 네 명이 리치먼드에 살게 된다. 그래서 우리가 어디에 정착할 것인가에 대해서는 아무 문제가 없는 것처럼 보였다. 그런데 진저가 편지하길 어디에서 살지를 아직 모르겠다고 한다. 그래서 우리 앞에 약간 다른 상황이 놓였고 우리가 어디 정착하느냐가 답이 정해지지 않은 문제가 되었다. 고려해야 할 많은 것이 생겨서, 너희들이 많은 생각을 하고 돌아봤으면 한다. 물론 바람직한 집을 바람직한 장소에서 구하거나 짓거나 하는 가능성이 우리가 풀어야만 하는 첫 번째 문제이다.

데일 카네기(Dale Carnegie)가 일본에 있으며[9], 조금 있으면 한국으로 온다는 것을 신문을 통해서 알고 있다.

버지니아주 지도를 보며 어디에 사는 것이 좋을지 생각하고 있다. 우리가 지금 너무도 더운 시기의 한 가운데 있지만 좋은 바닷바람을 항상 가지고 있어서 상당히 편안하기에 아빠는 그곳의 매우 뜨거운 여름 때문에 리치먼드에 정착하는 것이 현명한가 생각하고 있다. 지도를 보면 아빠는 케이프 헨리(Cape Henry)가 버지니아에서 가장 시원한 장소라고 생각한다. 체스피크(Chesapeake) 만과 대서양 사이에 있는 바로 그 지점에 있기에, 불어오는 모든 산들바람을 가질 수 있을 것으로 보인다. 그렇지

---

7 Mary Virginia Bull Moose(1903.5.1.~1982.7.)와 Williams Russell Moose Jr.(1907.1.23.~1994.6.11.), 1936년 7월 10일 결혼.

8 Elizabeth Alby Bull Chamberlain(1911.5.12.~2007.7.25.)과 남편 William Bolling Chamberlain(1906.4.23.~2000.6.11.), 1935년 12월 24일 결혼.

9 Dale Carnegie(1888.~1955.): 본격적인 자기계발서를 만들어낸 사람으로 『인간관계론』(*How to Win Friends and Influence People*)(1936)이 대표적임. 1939년 7월 24일 일본을 처음 방문함. 8월 6일 시모노세키에서 부산으로 감. 한국에 짧게 머물고 북경과 상하이로 감. 1939년 9월 1일 귀국하기 전 일본을 다시 방문함. 9월 4일 미국으로 떠남. https://fampeople.com/cat-dale-carnegie_2

만 리치먼드가 연중 갖는 문화적 이점은 다른 곳에서의 여름 바람을 상쇄하는 것 이상일 수도 있을 거다. 전기 선풍기를 켜두면 여름의 더위 때문에 반드시 고생할 필요는 없을 수도 있다.

우리가 알기로 레이놀즈 박사 부부는 일 년 내내 몬트리트에서 살고 있다. 몬트리트가 산의 공기와 영적인 이점과 문화적 이점을 가지고 있어서 여름에는 아주 좋은 곳일 수도 있지만, 아빠가 보기에는 겨울에 그곳에서 사는 것은 자신을 파묻는 것과 같다. 아빠는 보고, 듣고, 활동할 수 있는 곳에 있고자 한다. 그리고 우리는 너희 모두 우리가 결정하는 것을 돕기를 원한다. 그러니 생각 좀 해주렴!

1939년 8월 6일

조선, 군산

사랑하는 소중한 자녀들에게,

지금은 아침 9시 55분이고, 4시 이전부터 아빠가 깨어있었는데 너희들 때문이었다. 너희들은 틀림없이 일몰이 얼마나 멋지고 장엄한지를 기억할 것이다. (아마 일출에 대해서도 기억하겠지, 아닐 수도 있고!) 어쨌든 여기 군산에서 우리는 호놀룰루나 필리핀을 예외로 하지 않고도 세상 어디에 내놔도 뒤지지 않는 아주 훌륭한 일몰(또한 일출)을 가지고 있다.

아빠는 지금 빌 C[1]가 보이어 목사 부부를 통해서 보내준 두 번째이자 마지막 컬러 필름(colored film)을 다 거의 다 사용해버리고, 몇 피트만 남았는데, 얼마 남지 않은 이 소중한 것으로 무엇을 찍을지 결정하려고 하고 있었다. 그리고 마침내 미국으로 가면서 정말 멋있는 일몰과 일출을 가지고 가지 않으면 참 안타까울 것이라고 결정하고는 어젯밤 우리 동산의 바다 쪽으로 나가서 일몰에 대해서 뭘 건질 수 있는지 보러 갔다. 멋있는 일몰이 있었다. 그러나 기준에 맞지 않아서 일몰 찍는 것을 뒤로 미루고 먼저 일출을 찍기로 마음먹었다. (그게 맞는 순서다) 그래서 여기서 동쪽으로 동산들 위로 해가 짧게 내다보고 있을 때 그 순간을 포착하려고 4시 이전에 일어났다. 그런데 해가 6시 15분까지도 얼굴을 내밀지 않았다. 아빠는 잠이 들면 늦잠 잘 거라 생각하여 자리에서 일어나 서재로 내려와

---

1 막내 딸 Alby의 남편. 불 선교사의 1939년 7월 30일 편지 참조.

서 신문을 읽었다. 사실, 아빠는 태양이 떠오르는 과정을 지켜보고 촬영할 준비를 하기 위해 현관으로 나갔다. 잠옷 바람으로 현관에 있었는데, 너무 서늘해서 집으로 들어와서 외투를 입어야 했다. 하늘에 구름이 없었다. 그래서 종종 그렇듯이 많은 햇빛이 있지 않았다. 그러나 아빠는 스크린에 투사될 때 너희들에게 "참 좋은 집"을 상기시켜줄 아름다운 사진 한 장을 찍었길 바란다. 지금 필름이 5피트 남았는데 이것은 일몰을 위해 아껴두고 있다. 아빠는 현상이 끝나면 빌 C에게 보내주라는 지시 사항과 함께 뉴욕의 로체스터에 있는 이스트먼 코닥 컴퍼니[2]에 보내서 현상해달라고 할 것이다. 그런 다음에 우리 모두 리치먼드에 있는 우리 집에서 함께 그 사진이 스크린에 투사되는 것을 지켜보는 것은 지금부터 그리 많은 시간이 걸리지 않은 일일 것이다. 정말 대단할 것 같지 않니?

여전히 비가 전혀 내리지 않는다. 논이 햇볕에 구워져 하얗게 되었고, 비가 혹시 지금 온다고 해도, 곡식을 생산하기에는 너무 늦었다. 많은 우물이 말랐고, 한국인들은 새 우물을 파야만 한다. 우리 선교부에서 물이 조금이라도 있는 수조는 우리 것이 유일하다. 그런데 우리 것은 상당히 물이 많아서 다행이다. 아빠가 조금이라도 내리는 비는 거의 모두 받을 수 있는 물받이를 집에 설치했다. 다른 사람들은 물받이를 제대로 관리하지 않아서 비가 오더라도 상당 부분 없어져 버린다. 우리 집의 물받이는 아주 훌륭한 체계를 갖추고 있다. 비록 한국이 60년 만에 겪는 최악의 가뭄이지만 우리는 물을 충분히 갖고 있었고, 지금도 가지고 있다.

우리가 라디오를 팔았다는 말을 한 것으로 안다. (우리 요리사의 딸인) 채봉희의 남편에게 팔았다. 그는 은행에서 일하며 (우리 사위처럼) 굉장히 똑똑하고, 멋진 젊은이며 또한 (우리 사위처럼) 아주 부자다. 그 사람이

---

2 조지 이스트먼(George Eastman)이 1888년 설립한 회사로 "버튼만 누르세요, 나머지는 우리가 합니다.(you press the button, we do the rest)"라는 구호로 가지고, 사진을 "연필처럼 편리한(as convenient as the pencil)" 것으로 만드는 것을 목적으로 함.

라디오를 고향인 (목포와 광주 사이에 있는) 나주에 가져다가 설치해놨더니 사람들이 라디오를 엄청나게 즐기고 있다는 말을 어제 그 사람에게 들었다. 이 말에 우리는 아주 기뻤다. 우리가 미국에 도착해서 새로운 라디오를 살 기금으로 저축해둘 약간의 돈과 함께 이번에 판 라디오 값을 곧 보낼 것이다.

엄마와 아빠가 이곳 동산의 유일한 거주민이다. 다른 사람들은 이번 달 말까지는 내려오지 않을 것이다. 그들이 편지에 쓰길 지리산에서 아주 좋은 시간을 보내고 있다는구나. 그러나 우리는 이곳에서 아주 건강하고 행복하며 편안하다. 뜨거운 낮 동안에는 (또는 밤 동안에는) 아빠는 손님용 침실에서 잔다. 그런데 지난 3일 밤동안 그곳이 너무 서늘해서 창문을 닫아야 했고, 현관으로 통하는 문만 열어놨다. 강한 북서풍이 불고 있었고, 온도계는 70도[3]였다. (강하고 서늘한 바람과 서늘한 온도) 조합으로 아빠는 해가 뜨기 전에 덮는 것으로 몸을 덮었다. 오늘 아침에도 아빠가 일출 사진을 찍으러 일어났을 때, 엄마의 방을 봤는데 엄마도 목둘레에 뭔가를 두르고 있었다. 우리가 (적어도 밤에는) 더위 때문에 고통받지 않는다는 것을 알겠지.

어제 군산으로 좋은 영화를 보러 갔다. 제목이 "하이 텐션"이었다. 아빠는 아주 재미있게 봤다. 엄마는 너무 덥다며 아빠와 같이 가려고 하지 않았다. 영화관은 거의 꽉 찼고 공기는 그렇게 좋지는 않았다. 그래서 엄마가 오지 않은 것이 다행이었다.

소중한 자녀들아, 우리는 너희에 대해 매 순간 생각하고 있으며 너희들을 팔에 안기를 고대하고 있다. 너희들의 편지가 최근에는 꽤 잘 오고 있다. 그것이 정말로 고맙다. 너희들이 잘하고 있으니 계속 그렇게 하렴!

---

3 화씨 70도는 섭씨 21도.
4 *High Tension*: 1936년 영화.

며칠 전 빌 C에게 컬러 필름을 보냈다. 어떻게 나올지 궁금하다. (코닥 회사에는 물건을 전시하는 전시실이 있으니) 그곳에 있는 사람에게 부탁하여 영사기에 사진을 넣어 보고 사진이 어떻게 나왔는지를 우리에게 알려주는 것이 가능하기를 바란다.

소중한 자녀들아, 이번에는 여기서 맺어야겠다. 이 세상에서 가장 사랑하는 이들에게 이 세상의 모든 사랑을 전한다.

너무너무 사랑하는 아빠가.

1939년 8월 13일

사랑하는 소중한 자녀들에게,

　날짜를 보면 알 듯 오늘은 일요일이다. 아빠는 타자기에 앉아 아빠가 일요일 아침에 일상적으로 하는 일을 하려고 한다. 우리 활동이 아주 의도적으로 그리고 단호하게 방해받기 때문에, 또한 아빠가 썼듯이 시골 교회를 방문하는 것이 괜찮은지가 분명하지 않기에, 심지어 일요일에 교인들과 예배를 드리는 것이 괜찮은지를 모르기에, 아빠는 조용히 집에 머무르고 있으며 동네 교회에서 예배를 드린다. 그런데 최근 전개되는 상황 때문에 동네 교회로 내려가 예배를 드리는 것이 잘하는 일인지도 모르겠다. 그래서 오늘은 예배드리러 동네 교회에 가지 않았는데, 그래서 이런 말 하면 안 되지만 아빠가 일반적으로 하던 일요일 아침 일에 약간의 변화가 생겼다. 오늘 평상시처럼 늦게까지 잤다. (보통 아침을 먹는) 8시가 되기 10분 전에 일어났다. 일어나서 세수하고 남방과 반바지를 입고 몇 분 내로 아래층으로 내려왔다. 아침을 먹고, 다시 위층으로 올라가서, 면도하고, 목욕하고, 사랑하는 너희들과 약간의 담소를 나누려고 내려왔다.

　자동차를 점검하고 면허를 갱신하기 위하여 월요일(8일)에 전주로 넘어갔다. 전주선교부에서 자신의 새집을 짓는데 감독을 하고 있는 맥커첸 박사에게 그날 가겠다고 말하고 같이 점심을 먹자고 했다. 신사(神社)로 가는 길을 닦느라 맥커첸 박사의 옛날 집은 허물어지고 있다.[1] 그런데 스위코드 목사와 보이어 목사가 매우 광범위한 건축 작업을 도와주러 전주선교부에 있었다. (광범위한 건축 작업은 위에서 말한 이유로 어쩔 수 없이 생긴 일이다.) 아내와 가족들이 여름 휴양지에 모두 가 있어서 그 세 명만이 당시 전주선교부에 있는 식구들이었다. 맥커첸 박사가 점심을 우리와 함께 하자고 다른 두 사람을 초대했다. 그래서 우리 네 사람은 남자들만의 파티를 열었고, 정말 즐거웠다. 점심을 함께 먹던 중, 군산에서 우리가 거의 항상 갖게 되는 아주 좋은 서늘한 바람과 우리가 지금 즐기고 있는 맛있는 조지아 수박에 대해서 아빠가 자랑했다. 지금 애틀랜타 고향 집에 있는 그린 선교사가 수박씨를 보내줬다. 아빠가 그 사람들에게 우리 집 얼음창고에 한 번에 수박을 18개까지 얼음에 둔다고 말했고, 우리 하인들이 수박을 다루는 방법이 얼음 가운데에 큰 구멍을 파서, 수박을 넣어두고, 그 구멍을 파면서 나온 얼음을 가지고 수박 위를 덮어두는 것인데, 먹으려고 꺼내면 수박이 얼음처럼 차갑다고 말했다. 그들은 (적어도 그들 중 한 명이) "이야, 군산으로 갑시다!"라고 했다. 그래서 아빠가 "그렇게 하세요. 우리는 여러분을 보게 되면 기쁠 겁니다."라고 했다. 맥커첸 박사가 말하길 주말에 군산으로 갈 계획이었는데, 아빠가 온다는 소식을 듣고 군산 가는 것을 미뤘다고 하며, 기꺼이 군산으로 가겠다고 했다. 이 말을 할 때가 월요일이었다. 그래서 한두 번의 논의 후 그들이 목요일 오후에 군산으로 오는 것이 결정되었다. 너무 더워서 떠나는 것은 네 시 이후가 될 것이고 저녁 시간에 맞춰서 올 계획이라고 했다. 아빠는 그들에게 궁말에 네 시까지 오라고 했고, 군산의 신선한 바람을 맞으며 잔디밭에서 시원한 수박을 먹자고 했다. 그들은 아빠의 제안에 동의했고, 네 시가 조금 넘어서 도착했다. 그들이 차에서 내렸을 때 땀으로 흠뻑 젖어있었고, 셔츠는 몸에 달라 붙어 있었다. 아빠는 그들의 도착에 맞춰 모든 준비를 하게 했고, 의자와 탁자를 잔디밭에 내놓게 했다. 곧바로 (다이서트 선교사

---

1 1919년 1월 1일 편지 참조.

(Miss Dysart)[2]가 살았던) 브랜드 의사(Dr. Brand)[3] 집 잔디밭으로 차를 타고 들어와서 자리에 앉게 하였다. 강한 바람이 불고 있었다. 기다리는 동안 신문을 읽고 있으려고 했는데 바람이 너무 강해서 손에 신문을 잡고 있기도 어려웠다. 그런데 그 사람들이 이 바람을 얼마나 즐기던지! (앨비가 스위코드 부부의 집에서 하룻밤을 보낸 것을 혹시 기억하듯) 전주는 숨이 막힐 듯 덥다. 그들은 곧 너무 시원해져서 너무 춥다고할 정도였다. 아빠는 행랑아범더러 차가 도착하자마자 우리 집에서 수박을 가져오도록 했다. 그래서 그들이 도착하자마자 우리는 아주 좋은, 아름다운, 얼음처럼 차가운 수박을 자르게 되었다. "음식이 어떤지는 먹어봐야 안다!"라는 말이 있듯, 그 사람들은 정말로 수박을 맛있게 먹었다. 수박을 먹고 나서는 저녁 먹으라고 부르기까지 그곳에서 그늘에 앉아 담소를 나누었다. 후식으로 수박을 더 먹었는데, 아주 큰 두 덩이를 가지고 와서는, 처음에는 하나만 잘랐다. 자른 수박을 두 번, 세 번 먹은 후, 아빠가 남은 수박을 자르겠다고 하자 그들은 더 이상 못 먹겠다며 아우성을 쳤다. 그래서 아빠는 더 이상 권하지 않았고 그 수박을 얼음에 다시 넣어두게 하고 우리가(그리고 하인들이) 그것을 다음날 맛있게 먹었다. 하인들에 대해 말하마. 하인들은 우리가 남겨둔 것을 맛있게 먹기도 하지만, 우리가 빈번하게 그들에게 수박 한 통을 줘서 잘라먹으라고 한다. 그들은 아주 맛있어한다. 그들은 엄마처럼 그렇게 까탈스럽지 않아서, 우리가 상당히 많은 빨간 부분을 남기고 수박이 부엌으로 나가면, 숟가락으로 파서 껍질의 푸른색 부분마저도 거의 먹어버린다.

  우리가 즐기고 있는 사치들 다른 말로 소위 "선교사들의 고난"에 대해서 자랑은 이정도 해야겠다. 우리의 고난은 확실히 물질적인 성질이

---

2 Julia Dysart Bell(1872.10.16.~1952.1.26.).
3 Louis Christian Brand(1894.8.1.~1938.3.1.): 한국명은 부란도(富蘭道).

아니다. 우리가 미국에 돌아간 후 우리의 가정과 육신적 편안함에 관련해서, 우리가 한국에서 누렸던 (지금 누리고 있는) 것만큼 편하게 누리고 싶다. 고난은 물질적인 성질이 아니지만, 우리가 겪고 있는 고난은 너무도 커서 마음이 찢어진다. 아빠는 위에서 우리가 지금 맞다뜨리고 있는 반대는 고의적이고 단호하다고 했다. M.A.L.I.C.I.O.U.S.[4]라는 철자로 표현되는 단어로 묘사될 수도 있다. 정말 견딜 수 없을 정도로 비참하다. 우리가 할 수 있는 것은 주님께 울부짖는 것말고 다른 어떤 것도 없다. 우리가 속한 하나님 곧 우리가 섬기는 주님께서, 주님의 시간에 주님의 방식대로 이 문제에 개입하실 것을 우리는 알고 있다. 소중한 자녀들아, 아빠가 "열 내는 것"을 이해해주리라 믿는다. 방금 열이 빠져나갔다. 그렇지만 우리가 하는 기도에 너희의 기도를 더하여 주지 않겠니?

얼마전 아빠가 새로운 취미로 클라리넷을 해보려고 한다고 썼다. 그런데 아빠의 클라리넷이 상태가 좋지 않아서 수리하러 일본으로 보내야만 했다. 그런데 사람들이 몇 주째 보관만 하고 있다. 기다리다가 조바심이 났고 바이올린을 가지고 놀아봤다. 그리고 곧 아빠는 아빠가 아는 단순한 곡 대부분을 연주할 수 있게 되었다. 그래서 욕심이 커져서 아빠의 비서와 듀엣을 시도하기 시작했는데 아빠의 비서는 수석 코넷 연주가다. 우리 둘은 상당히 괜찮은 듀엣을 하게 되었고, 특히 "희망의 속삭임"[5]을 잘했다. 얼마 전 아빠의 클라리넷이 돌아왔다. 그래서 그것을 만지작거리면서 아빠가 아는 단순한 곡 특히 찬송가는 대부분 연주하게 되었다. 그래서 비서와 함께 코넷과 클라리넷으로 듀엣을 시도하고 있다. 때때로 테너도 하고 때때로 알토도 하는데, 대부분 알토를 한다. 왜냐면 클라리넷의 낮은 음역대에서 알토를 더 잘 할 수 있기 때문이다. 지금

---

4 malicious: 악의(惡意)적.
5 Whispering Hope: Septimus Winner(1827~1902)가 Alice Hawthorne이라는 이름으로 작곡한 것으로 1868년 발표됨.

상황이 아주 좋아서 아빠가 손이 네 개가 있다면 혼자서 듀엣을 할 수 있을 거다! (클라리넷과 바이올린 둘 다를 집에 가져갈 계획이다. 너희들 모두가 현재와 우리가 돌아갈 시간 사이에 악기를 하나씩 배워서 가족 오케스트라를 했으면 한다.) 그런데 말이다. 아빠의 바이올린과 클라리넷에 대해서 너무 많은 기대는 하지 말아라. 아직 상당히 조잡하다. 그래도 아빠는 좋다! 너희들 모두가 알다시피 음악에 대해서 아빠는 까다로운 사람이다. 그래서 아빠가 편지에 썼듯 미국으로 돌아가는 것을 고대하는 가장 큰 기쁨 중의 하나는 좋은 음악을 즐기는 것이다. 그래서 우리가 사고자 하는 첫 번째 것 중 하나는 좋은 라디오이다. 구매할 최고의 라디오에 대한 (또는 종류에 대한) 너희들의 충고를 원한다. 우리가 미국에 도착할 때까지 보관해달라고 내일 빌 채임벌런에게 우리가 쓰던 라디오를 판 돈을 보낼 것이다. 이 돈은 아빠가 생각하기로는 새 라디오에 쓸 "종잣돈"이다.

소중한 자녀들아, 이번에는 여기서 줄여야겠다.

사랑하는 너희들 하나 하나에게 이 세상의 모든 사랑을 전한다.

너무너무 사랑하는 아빠가.

추신: 의사가 부재할 때, 존 탈마지가 우리 병원을 담당하고 있었다. 그런데 존이 지리산에 있을 때, 병원에서 약간의 문제가 있었다. 그래서 아빠는 그것에 대해서 편지했고 그러자 그가 어제 내려왔다. 지난밤 우리가 그를 저녁 식사에 초대했다. 우리가 미국 수박 중에서 하나를 가져오자, 그는 "올해 본 것 중 가장 좋아 보이는 것입니다"라고 했다. 그러면서 수박을 제대로 맛보았다. 우리는 그가 병원에서의 문제를 바로잡는 동안 우리와 함께 모든 식사를 하자고 초대했지만, 그는 자기 집과 하인들이 이곳에 있기에 자신이 자는 곳에서 밥을 먹는 것이 더 편하겠다고 생각했다. 그래서 그는 아침과 점심은 집에서 먹었다. 그렇지만 우리는

오늘 저녁 우리 집으로 와서 밥을 먹으며 우리가 수박을 먹는 것을 도와 달라고 힘주어서 말했다. 그는 수박이 주는 끌림을 견디지 못했다. 그래서 그 사람은 올 것이다.

지미 윌슨 의사가 이곳으로 오는 길에 어제 (8월 12일) 순천에 머물렀다. 그런데 그들은 지리산에 들를 것이고 탈마지 부부와 두피 자매와 함께 다음 주에 내려올 것이다.

월요일 오전: 존 탈마지를 다섯 시 기차에 맞춰 데려다주려고 3시 45분에 일어났다. 그런데 차의 밧데리가 방전되어있어서 엔진을 살릴 수가 없었다. 그래서 존은 기차 타는 곳까지 걸어가야 했고 아빠는 침대로 되돌아와서 7시 30분까지 잤다.

우체부가 막 와서는 우리에게 맥커첸 박사가 보낸 "감사 편지"를 가져왔다. 맥커첸 박사는 지난날 이곳에 왔던 일에 대해서 정말 고맙게 생각하고, 곧 다시 이곳으로 건너올 것을 생각하고 있다고 편지에 썼다.

1939년 8월 27일

세상에서 가장 사랑스러운 자녀들과 여동생에게,

사랑하는 자녀들아, 아빠는 오늘 일요일 아침마다 하는 일을 하고 있다. 손님용 방에서 아주 기분 좋게 시원한 저녁을 보낸 후, (그곳에서 아빠는 얇은 이불을 덮고 있었다는 사실에도 불구하고, 너무 시원해서 세 개의 창문 중 두 개를 내려야만 했다) 아주 멋있는 포도 송이와 함께 맛있는 아침을 먹고, (맥스웰 하우스 것인지 힐스 브라더스 커피인지 모르겠다만) 맛있는 커피를 마시고 위층에 올라가 목욕하고, 빌 채임벌런이 아빠에게 보내준 질레트 면도기를 가지고 훌륭하게 부드러운 면도를 한 다음에, 서재로 내려와서, 개인 경건회를 마치고, "너희 모두"와 함께 담소를 나누는 식으로 가족 경건회를 한다. 소중한 너희들 주변에 아빠의 마음이 들어가게 하는 것보다 아빠에게 더 즐거운 일은 없다. 교회 갈 시간이 되어서 잠시 후면 교회로 내려가야만 할 거다. 그렇지만 적어도 이 편지를 시작할 수는 있을 것이다.

지미 윌슨과 아내가 도착했다. 지미는 남자다운 괜찮은 젊은이고 자기 일을 진지하게 생각하는 것처럼 보인다. 그래서 우리는 아주 고마워한다. 이곳에 여름 동안 일할 의사가 한 명이기 때문이다. 그리고 앞선 여러 번의 여름철에는 우리가 병원과 같은 큰 기관은 자체적으로 운영될 수 없다는 것을 지켜봐야만 하는 경우가 있었다[1]. 병원은 그저 파괴되고

---

1 지미 윌슨이 오기 전 군산예수병원에 몇 년간 의사가 없었다는 말임.

망가질 것이다. 앨비는 아빠가 말하는 것이 뭔지를 알 거다. 아빠 생각에 심지어 미국에서도, 병원의 우두머리가 있지 않으면, 규율이 굉장히 좋지 않은 상태에 빠질 것이기 때문이다. 물론 의무감이나 책임감이 미국보다 훨씬 떨어진 이 나라에서는, 천 배는 더 심각하다.

지미와 그의 아내에 대해서 말하마. 선교부의 다른 식구들은 목요일에 지리산에서 돌아왔다. 지미와 아내는 화요일에 왔다. "두 번 상처한" 미국 남장로교 일본선교회의 윌 매클레인(Will McIlwaine)[2]이 우리 선교회의 순천선교부에 있는 윌킨스 선교사를 세 번째 아내로 선택했다. 그 사람이 문제를 일단락하려고 이번 여름에 지리산에 있었는데 선교부의 다른 식구들이 내려올 때 같이 왔다. 그래서 목요일 오후에 엄마와 아빠가 브랜드 씨의 잔디밭에서 새로 오는 식구와 "일본에서 온 저명한 방문객"을 위한 "환영식"으로 수박 잔치를 열었다. (일본은 우리 모두 아주 사랑하는 나라란다!) 윌은 고베신학교의 임시 학장이다. 아주 똑똑하고 학자풍의 젊은이며, 그를 아는 모든 사람에게 상당히 존경받고 있다. 그래서 아빠가 "저명한 방문객"이라고 말을 했다. 그날 오후에 잔디밭에는 좋은 그늘이 있었고 군산, 즉 바다에서 아주 좋은 바람이 불고 있었다. 우리는 아주 잘 익은 큰 수박 두 덩이를 잘랐다. 그 수박은 일행들이 다 모이기 전까지 얼음창고에서 꺼내지 않았기 때문에 수박을 둘러싸던 얼음만큼이나 차가왔다. 모든 이들이 환영식을 (또한 수박도) 즐겼고 오후 내내 아주 들떠있었다. 아빠가 감히 말한다만, 우리 선교회 아주 초기에 우리와 똑같은 씨앗을 가져와 나눠준 일을 한 전킨 목사 부부를 제외하면, 우리가 미국에서 주도적으로 씨앗을 가져와서 이곳 주변의 농부들에게 나누어주고, 그 농부들이 수박을 가꾸는데 수고한 가치에 맞게 수박 값을 충분하게 지불하는 유일한 사람이다. 올해 우리는 거의 대부분 얼음창고를 채워두었는데, 한 번에 수박을

---

2 William Andrew McIlwaine(1893.4.24.~1985.11.30.).

18개나 보관한 적이 있다. 우리는 우리를 방문한 손님들을 대접하는 데 그 수박을 사용해서 아주 크게 성공했다.

지미의 아내는 며칠 전에 "몸이 매우 좋지 않았다." 그래서 환영식에 오지 않았다. 그녀는 온종일 아무것도 먹지 않았다. (물론 너희들은 왜 그런지를 모를 게다!) 우리는 그녀의 방으로 수박 한쪽을 보냈다. 그랬더니, 그녀가 정말 맛있게 먹었다. 너무 시원하고 기분을 좋게 해줘서 그녀는 너무너무 기뻐했다.

지미와 아내는 베일 목사가 살던 집(다른 말로 얼 목사 부부가 살던 집)을 거주지로 선택했고 그 집을 고치기 시작했다. 고치는 동안 존 탈마지와 같이 살고 있다. 우리는 그린 선교사가 다음 달에 돌아오기를 예상한다. 그래서 우리는 상당한 규모의 선교부가 될 것이다. 숫자 면에서 그렇게 심하게 부족하지는 않을 것이라는 이야기다.

아빠는 4월에 배를 탈 수 있는가에 대해서 알고 보기 시작했는데, 실제로 예약할 목적을 갖고 있다. 우리가 지금까지 본 인쇄된 일정표는 이번 해에 대한 것이라, 어떤 확실한 예약을 하지 못했다. 그러나 우리는 가능한 한 일찍 예약하는 것이 현명할 것이라는 결론에 도달했다. 아빠는 파나마 운하를 통과해서 일주하기를 바라는데, 엄마는 배를 더 탄다는 것에 마음 내키지 않는다. 그래서 우리는 파나마 운하를 통과해서 가지는 않을 것 같고, 배를 타고 시애틀이나, 밴쿠버나, 샌프란시스코나, 로스앤젤레스로 갈 것이고 그 나머지는 기차를 타고 갈 것이다. 지난번 진저의 편지에 따르면, 아마도 진저와 러셀을 우리가 보게 될 첫 번째 사람들이 될 것 같다. 리치먼드로 가는 길에 만약에 우리가 시카고를 경유하고 진저와 레셀이 시카고에 있다면, 시카고를 통과할 것이기 때문이다. 우리는 아마도 그 길로 가기가 싶다.

글씨가 좋지 않은 것을 너희가 이해해주었으면 좋겠다. 이 타자기가 상당 기간 "제멋대로 작동한다." 그래서 아빠가 리치먼드에 도착하면 가장 먼저 할 일 중 하나는 메인 스트리트에 있는 "미국 타자기 교환소 (American Typewriter Exchange)"에 가서 새것과 교환하는 것이다. 새것이 아니라도 아빠가 지난 두 번의 안식년 휴가에서 미국으로 돌아가서 했듯 고쳐진 중고로 교환하는 것이다. 아빠는 탁자의 모서리에 붙여놓고 타자기를 사용하지 않을 때는 방해되지 않게 타자기를 치우고 필요할 때는 제자리로 되돌려놓을 타자기 스탠드도 원하게 될 거다. 너희 중에서 혹시 그런 것이 (중고든 할인이든) 값싸게 나온 것을 보게 되면 아빠 대신 사놓고 아빠가 갈 때까지 갖고 있으렴. 이번 단락을 읽어보다 타자기 탓을 할 수 없는 실수가 있는 것을 발견한다. 예를 들면 "탁자(Desk)"의 철자에 "a"를 썼다.

소중한 자녀들아, 너희들의 편지는 우리에게 이 세상에서 모든 것이다. 그러니 우리를 실망시키지 말아라. 편지가 오지 않으면 우리는 너무 실망한다. 그런데 편지가 오면 우리는 너무도 기운이 난다.

이번에는 이만 줄여야겠다. 너희들 하나 하나에게 이 세상의 모든 사랑을 전한다.

너무너무 사랑하는 아빠가.

추신: 월요일 아침. 빌 B[3]가 휴스턴에서의 모기 역병에 관해서 썼다. 우리는 여전히 심한 가뭄으로 끔찍이 고통을 겪고 있다. (여기서 '우리'는 한국인들을 의미하며 한국인들이 고통을 겪고 있다는 것이다. 그런데 그런 한국인이 불쌍해서 우리도 고통을 겪고 있다.) 아직 비가 오지 않고 있다. 그러나 "아무리 안 좋은 일이라도 좋은 점은 있기 마련이다."라는 말이 있다. 가뭄이

---

3 Bill B.는 불 선교사의 아들 William Ford Bull Jr.(1902.2.22.~1965.2.4.), Bill C.는 불 선교사의 사위 William Bolling Chamberlain(1906.4.23.~2000.6.11.)이다.

라고 다 나쁜 것은 아닌가 보다. 가뭄 때문에 논이나 관개수로에 물이 없어서 모기들이 번식할 곳이 없다. 그래서 여름 내내 모기에서 실제 자유로웠다. 보통 때 이곳에 모기들이 떼로 몰려있다. 어젯밤에 아빠가 "반바지"와 남방을 입은 채 현관 앞에 상당히 오랫동안 앉아 있었는데 모기로부터의 어떤 불편함도 없었다.

추신 2: 오늘 아침 아주 근사한 아침을 먹었는데, 미국 멜론과, 한국 꿀이 든 맛있는 핫케이크를 먹었다. 꿀은 동네 교회 목사가 아빠에게 선물로 보내준 것인데, 그 사람은 벌집을 여러 개 가지고 있다.

지미 윌슨이 우리 집 욕조를 너무도 마음에 들어 해서 그것과 같은 것을 하나 만들기를 원한다. 그 사람의 욕조를 만들 때 아빠가 "전문적인" 감독을 하겠다고 했더니, 사람들이 아주 만족해했다.

1939년 9월 3일
한국, 군산

소중한 자녀들에게,

다시 일요일 아침이다. 아빠는 지금 일요일 아침의 정규적인 일을 계속하기 위해 타자기 앞에 있다. 신선한 무화과와 크림 한 그릇으로 아침을 잘 먹었다. 탈마지 부부에게서 우유를 얻는데, 그들은 괜찮은 외국 소를 가지고 있다.

날씨가 너무 서늘해져서 아빠가 양복 셔츠와 넥타이[1]를 견딜 수 있을 것 같아 잠시 후 교회에 내려갈 때 그것을 입을지 고려하고 있다. 이번 여름에 "반바지"와 남방을 입고 너무 편안해져서, 아빠가 리치먼드에 도착할 때, 문명 세계로 "내려갈" 수 있을지 어떨지 모르겠다. 그러나, 빌 불과 젤마가 있는 "집에서의 조용한 저녁"이라는 제목의 작은 사진에 빌 불이 남방 차림으로 있는 것을 보고서 아빠가 지난번 미국에 있었을 때보다 사람들이 남방을 더 많이 입고 있는 것처럼 보인다는 것을 알았다. 남방을 더 많이 입기를 바란다. 왜냐면 지금 아빠가 남방을 많이 가지고 있고 양복 셔츠와 넥타이보다는 남방이 훨씬 편안하기 때문이다. 리치먼드에 도착하면 아빠가 그런 것을 미국에서도 입을 수 있는 상황인지를 볼 것인데, 리치먼드처럼 "와이셔츠 깃이 높은" 곳에서는 그렇지 못할 것이다. 그런데 여름휴가 때는 괜찮겠지. "휴가"라는 단어를 사용

---

1 A collar and cravat: 격식차린 옷을 말함. 불 선교사가 여름철 반바지와 남방을 입고 편하게 있었음과 비교하면 됨.

하다 보니 우리가 자발적으로 하는 일을 제외하고는 일 년 내내 휴가일 것이라는 생각이 든다. 그런데 아빠는 아빠의 나머지 생애 동안 가능한 한 많이 자발적으로 일하고자 한다.

아빠가 여러 번 썼듯 아빠의 일요일 하는 일의 정규적인 부분은 근사한 욕조에서 근사하게 목욕하는 것이다. 지미 윌슨이 우리의 욕조를 봤다. 그러더니 그것과 같은 것을 즉시 원했다. 그래서 지미의 경험 부족과 언어의 한계를 고려해서, 아빠가 하나를 만들어주겠다고 제시했다. 그는 그 제안에 아주 기뻐했다. 지난 며칠간 상아와 아빠가 욕조를 만드느라 바빴다. 기본 틀에 관해서라면 우리는 다 만들었다. 콘크리트가 모두 "자리 잡았다." 우리는 아침에 판을 뜯어내고 겉에 타일을 붙이기 시작할 것이다. 아빠가 전에 썼듯이, 우리의 욕조는 정말 전문가가 한 것 같다. 그때의 경험과 지금 지미의 욕조를 만들면서 얻은 경험으로 아빠는 정말 전문가가 되었다. 그래서 집에 가게 되면 그쪽 사업으로 뛰어들 생각이다. 그러니, 너희들이 정말로 괜찮은 욕조 즉 붙박이 욕조를 만들려는 사람을 혹시라도 안다면, 우리 대신 주문을 받아주렴! 상아랑 아빠가 같이 일한다고 했지. 상아가 일을 다 하고 아빠는 그냥 감독만 하고 있다. 다른 많은 것과 더불어서 아빠가 아주 크게 기뻐하며 기대하고 있는 것 중의 하나는 정말로 괜찮은 현대식 욕실을 갖는 것이다.

아빠가 평상시처럼 특별한 소식 없이 담소를 나누고 있다는 것을 알겠지. 아빠는 너희 모두를 생각하며 모두 보기를 고대하고 있고 너희들을 팔에 안고 싶다. 그런데, 우리의 특별한 관심을 끄는 것은 오늘 린튼 부부가 전주에 도착할 수도 있다는 것이다. 그래서 우리는 하루나 이틀 뒤 너희들에게서 온 [해독불가] 것을 받을 수 있을 것이다.

사랑스러운 어린 딸 마가렛이 보내주었고 아빠가 몇 달을 매일 사용하던 나무로 된 면도용 비누받이가 닳아서 구멍이 뚫렸다. 곧 밑바닥의 많은 부분이 보일 것이다. 오늘 아침 윌리엄스 쉐이빙 스틱 쓰고 남은 것을 엄마에게 많이 줘서 그것들을 녹여서 비누받이의 바닥을 채우도록 했다. 그래서 아빠는 린튼 부부가 가지고 올 새로운 비누를 갖게 되면 아주 기쁠 것이다. 우리는 빌 C에게 보냈던 물건이 그곳에 도착했으며, 이곳으로 우연히 오게 된 누군가에 의해서 우리에게 전달된 것에 아주 기뻤다. 그 물건에 대해서는 다른 사람들이 아주 이해하기 힘들게 그리고 아주 조심스럽게 의미를 가린 전문용어로 썼다. 그렇게 하는 것이 지혜로운 일이었다.

우리가 입금을 미룰 때, 빌 C에게 기금을 조금 보낼 수 있었던 것이 기쁘다. 엔은 계속 떨어지고 있는데 지난 며칠에는 상당히 많이 떨어졌다. 우리가 이것을 보고 있는 것은 아주 좋은 것이 아니다. 우리가 가재도구와 차를 팔고, 그래서 생긴 엔을 달러로 바꾸려고 하면 우리는 많은 것을 얻지 못할 것이다.

우리는 여전히 수박을 잘 먹고 있다. 그런데 수박 철이 끝나가고 있다. 최근에 상해가고 있는 것을 몇 개 잘랐다. 그런데 우리는 불평할 여지가 없다. 이번 여름 거의 매일 (얼음에서 바로 꺼낸) 수박을 점심과 저녁으로 먹었기 때문이다. 이렇게 먹으니 돈이 많이 들었다. 그러나 우리가 지리산이나 다른 여름 휴양지로 갔었다면 들었을 비용보다는 많지 않았다. 우리는 매일 우리 집 텃밭에서 신선한 채소 등을 먹으며 다른 어떤 곳보다도 작고 아담한 우리 집에서 훨씬 더 편했다.

약간의 비가 내렸다는 말을 알게 되어 매우 기쁘다. 그러나 전혀 충분하지 않고 벼농사를 살리기에는 너무 늦었다. 사실 한국인들은 벼를 전혀 심지 못했다. 그리고 이렇게 늦은 시기에는 심으려고 하지도 않는다.

이제 그만 끝내야겠다. 이 세상에서 가장 사랑스러운 사람들에게 이 세상의 모든 사랑을 보낸다.

너무너무 사랑하는 아빠가.

1939년 9월 10일

한국, 군산

사랑하는 소중한 자녀들에게 (그리고 여동생에게),

　이 일이 정기적인 습관이 되었는데 아주 즐거운 습관이다. 그래서 아빠는 이 시간에 자연스럽게 타자기에 끌리고 있다. 끔찍하게 뜨거운 날씨가 사라지고 지금은 한국의 유명한 아주 좋은 가을 날씨의 전형이다. 아주 좋고, 상쾌한 비가 요즘 내려서 메마르고 갈라진 흙에 지금 습기가 있고 모든 것이 크게 생기를 찾았다는 것을 말하게 되어 기쁘다. 너희들이 알듯이 한국인들의 생명의 대들보인 쌀을 살리기에는 너무 늦었지만, 비가 와서 한국인들은 약간의 메밀과 보리를 논에 심을 수 있었고, 그들의 "김치(Kim Chi)"를 위해서 약간의 배추와 무를 심을 수 있게 되었다. 그렇지만 상황은 아주 심각한 상태로 있으며, 한국인들이 어떻게 겨울을 견딜지 문제다. (이미) 지금도 가난한 사람들 사이에서는 심각한 고충의 표시가 있다. 물론, 가난한 사람들이 방을 데우고 음식을 요리하는데 연료로 볏짚과 겨는 항상 큰 부분을 차지해왔다. 이런 연료를 갖게될 전망이 없기에, 다른 연료가 이미 하늘까지 치솟아 오르고 있다. 물론 식료품도 연료를 따라 값이 올라가고 있거나 아니면 아마도 연료를 앞서고 있을 거다.

　비록 한국인들이 이미 식료품 부족으로 고통을 겪고 있지만, 우리는 아직 심각하게 고통을 겪지는 않고 있다. 맥스웰 하우스 커피, 미국 멜론 등으로 맛있는 아침을 먹었다. "맥스웰 하우스"에 대해서인데, 아빠는 며칠 전에 맥스웰 하우스 커피가 이탈리아에서 금지되었다는 것을 신문에서 읽었다. 이 기사를 읽고 아빠가 이탈리아에 있지 않은 것이 정말 기뻤다!

평양에 오고 가다 정말 정신없었다. 조선예수교장로회공의회(Presbyterian Council)[1]가 있어서 평양으로 올라가야만 했다. 우리는 방공훈련(防空訓練)[2] 주간의 한가운데 있었다. 매일 밤 전등을 다 꺼야 했으며 거의 완전한 어둠 속에서 살아야 했다. 신선한 공기를 마시려고 숨을 헐떡이다가 죽을 지경이기도 했다. 정말 너무도 더운 기간이었다. 아빠가 탈 기차는 밤 11시 10분에 군산을 떠나게 되어있었다. 그런데 아무런 빛도 허락되지 않았기 때문에 택시를 부를 수가 없었다. 그래서 인력거를 타고 군산 시내를 가로질러 기차표를 발행한 역으로 가야 했다. 인력거마저도 불빛이 허락되지 않았기에, 우리는 거의 칠흑 같은 어둠 속에서 손으로 더듬어서 가야 했다. 역에 제시간에 도착하기 위해서 기차 시간보다 두 시간 전에 집에서 나섰다. 특별한 어려움 없이 역에 도착했다. 그런데 우리가 역에 도착했을 때 너무 어두워서 역 바로 앞에 갈 때까지 역 건물을 볼 수가 없었다. 역은 창과 문마다 걸어둔 무거운 검은 커튼에 의해서 어둡게 되었다. 대합실로 들어갔는데 거기에 있는 모든 것이 어둡게 만들어졌다. (즉 전등 주변을 검은 천으로 둘러서 빛이 매우 침침하게 되었다). 그곳에서 거의 두 시간을 기다려야 했다. 건물 안이 너무 더워서 신선한 공기를 마실 수 있는 바깥으로 나가려고 했다. 그런데 바깥은 칠흑처럼 어두웠다. 그리고 앉을 자리도 없었다. 아빠는 어둠을 꺼려하지 않는다. 그런데 (지미 윌슨을 위해 붙박이 욕조를 만드느라) 온종일 쉬지 않고 바쁘게 보낸 후, 너무 피곤해서 오랜 시간 서 있을 수가 없었다. 그래서 자포자기하며 자리에 앉기 위해서 다시 대합실로 들어가서 더위를 견디어야 했다. 기차가 출발할 준비가

---

1 조선예수교장로회총회는 신의주제2교회에서 1939년 9월 8일부터 15일까지 열렸음.
2 1939년 9월 4일, 방공훈련법에 의해 전국적인 방공훈련을 실시함.(동아일보 1939년 9월 5일자 기사.)

되고 문이 열렸을 때, 우리는 기차를 찾아서 더듬어 가야 했다. 우리는 특별한 어려움 없이 이리(솜니)로 갔다. (비슷한 상황에서) 이리에서 또다시 오래 기다려야 했다. 12시 12분에 서울로 가는 기차가 들어왔다. 아빠는 침대칸의 자리를 예약했었고 침대칸 표를 지갑에 넣어뒀었다. 아빠는 여행 가방을 맡겨두었던 수하물 운반인에게 어디에 가방을 둬야 하는지 알려주기 위해 침대칸 표를 보여주려고 지갑을 꺼냈다. 수하물 운반인이 여행 가방을 움켜잡더니 그것을 가지고 서둘러서 문밖으로 나갔다. 아빠는 항상 지갑을 넣고 다니는 바지 뒷주머니에 지갑을 다시 찔러넣었다. 30초도 되지 않아서 지갑이 안전한지 알아보려고 뒷주머니를 손으로 찰싹 때려봤다. 그런데 이런! 눈 깜짝할 사이에 지갑이 사라지고 없었다. 지갑 안에 45엔이 있었고 운전면허증과 중요한 것들 몇 가지가 더 있었다. 다행히도 아빠는 기차표를 꺼내서 윗옷 가슴주머니에 두었다. 문밖으로 나갈 때 쉽게 표를 빼기 위해서였다. 그런데 침대칸 표는 그 지갑에 있었다. 다행히 그 수하물 운반인이 그 표를 봤고 침대칸 차장에게 아빠가 그 표를 가지고 있었다는 것을 믿는 것을 가능하게 했으며, 차장도 아빠의 이름이 있는 명단을 가지고 있어서 침대차 표에 대해서는 어려움이 없었다. 아빠는 기차표와 약간의 잔돈을 가지고 평양으로 향하는 기차에 올랐다. 그런데 기다리던 기차가 도착했을 때, 그 기차에는 우리 선교회 소속의 남쪽에 있는 다른 식구들이 여럿 있었다. 그들도 그 기차를 타고 평양으로 가고 있었다. 그래서 돈에 관한 문제도 해결되었다. 그들이 아빠에게 서로 돈을 빌려주겠다고 경쟁했다. "소등"은 기차 안에도 적용되어서 기차는 끔찍이도 더웠고 통풍이 되지 않았다. 그래서 아빠는 침대차의 침대라는 사치(?)를 가졌음에도 불구하고 그날 밤에 아주 좋은 휴식을 취할 수가 없었다. 우리는 서울에서 단지 20분만 머물렀다. 그래서 역에 있는 식당으로 갈 시간이 없어서 서울을 떠날 때까지 기다렸다가 아침 먹으러 식당차로 가야 했다. 아, 정말 형편없는 식사였다. 아침으로 나온 것 중에는 삶은 배추가 있었다. 점심시간이 다가오자 아빠는 아침에 먹은 것이 너무도 형편없어서 다시 식당차에 가는 것이 정말 싫었다. 그러나 내면의 인간을 유지 시켜주는 뭔가가 없이는 전혀 살아갈 수가 없었다. 식당차에 들어가서 점심으로 상하기 시작한 조그마한 사과와 배를 먹었고, 탄산음료 한 병을 마셨다. 저녁 시간에 맞게 평양에 도착했다. 미국 여성이 감독하고 잘 훈련된 요리사가 요리한 괜찮은 미국식 식사를 하게 되었을 때, 아빠는 정말 맛있게 먹었다! 아빠가 저녁 식사 후 좋고, 깨끗하며, 편안한 침대로 들어가는데 전혀 지체하지 않았다는 것을 상상할 수 있을 것이다. 아, 정말 그날 밤 잘 잤다. 우리 장로회공의회는 아주 심한 긴장감이 돌았다. 결과적으로 우리 신학교를 열지 않기로 했다. 너희들은 이유를 추측할 수 있을 것이다.[3] 어쨌든, 아빠는 너희들을 보아야 이유를 설명할 수 있을 것이다. 이유가 그래서 우편을 통해서 그 이유를 보내는 것이 현명한 것은 아닐 것이다. 평양을 그날 저녁 떠났다. 거기서 기차까지 태워줄 인력거도 구할 수가 없었다. 아빠의 짐을 "지게"에 싣고 갈 막노동꾼을 구해야 했다. 칠흑 같은 어둠 속에서 그 사람과 같이 걸어야 했으며, 아빠가 그 사람에게 아주 가까이 가야만 앞에 있는 그 사람의 하얀 옷을 겨우 볼 수 있었다. 온종일 비가 내리고 있었기에, 계속해서 진흙탕 속으로 발을 디뎠는데, 진흙탕을 볼 수 없었기 때문이다. 침대차를 타고 평양에서 서울까지 갔다. 그런데 너무도 더웠고, 어둡고 [해독불가] 거의 불가능했다. 서울에 아침 7시 20분에 도착했다. [해독불가]에 들어가서 아주 좋은 아침을 먹었다. 이곳은 선교사집이 아닌 곳에서 아주 좋은 커피를 마실 수 있는

3　대한예수교장로회총회 홈페이지에 따르면 "1938년 2월 9일 평북노회가 신사참배를 국가 의식으로서 참배하기로 결의했고 이후 9월 총회까지 전국 23개 노회 중 17개 노회가 참배를 결의했다." 1938년 9월 9일부터 15일까지 평양서문밖교회에서 열린 총회에서 신사참배를 결의하고, 9월 10일 평양신사에 참배함. 불 선교사의 편지에 따르면 공의회가 긴장감이 감돌았다는 것은 신사참배 문제로 인한 것으로, 공의회에서 평양신학교 폐쇄를 결정한 것을 확인할 수 있음.

한국에서 한 곳이다. 그런데 이런 곳에서도 우리 요리사가 매일 아침 아빠에게 가져다 주는 것과 비교할 만한 좋은 커피를 항상 마실 수 있는 것은 아니다. 아빠는 서울에서 2시 10분까지 머물렀는데, 그 시간에 기차가 떠나면 군산에 9시 15분에 아빠를 내려줄 예정이었다. 그런데 기차가 서울에 들어오는데 25분이 늦었다. 아빠가 기차를 타려고 승강장에 갔을 때는 (문자 그대로 수천 명이 있었고) 사람이 많아서 한 구역 정도 길이가 이어졌다. 기차가 들어왔을 때는 완전히 가득하고 빼곡했다. 사람들이 옥수수밭의 옥수수대처럼 통로에 서 있었는데, 옥수수보다 훨씬 가까웠다. 겨우 몇 명만 내렸는데, 승강장에서 기다리던 군중들이 기차에 타려고 할 때 말다툼은 어떻게 묘사할 수도 없었다. 세계 일주를 두 번 했지만 이것과 비교할 수 있는 것을 결코 본 적이 없다. 군중들은 여행용 가방과 [해독불가]를 가진 [해독불가] 마치 거친 무엇과 같았는데, 아빠는 실제로 사지가 부러진다거나, 갈빗대에 구멍이 난다든지 하는 부상을 입지 않을지 걱정이 되었다. 그리고 사람들 사이에 끼어있는 여자들과 어린아이들을 보며 마음이 정말 좋지않았다. 기차가 너무 붐벼서 아빠는 객차 안으로 들어갈 수가 없었고, 객차 입구에서 상당한 기간 서 있어야 했다. 객차 입구도 너무 붐비고 사람이 많아서 차장조차도 이 객차에서 저 객차로 옮겨갈 때 거의 뚫고 갈 수가 없었다. 상당 시간 서 있은 후, 아빠는 여행용 가방을 가져다가 바닥에 세우고 그 위에 앉아서 서울에서 (약 3시간 거리인) 대전까지 갔다. 위에서 말했듯, 아빠는 군산에 8시 15분에 도착할 예정이었 지만, 그 시간보다 서너 시간 뒤에 도착했다. 너희들은 아빠의 침대와 아주 훌륭하게 시원한 집이 아빠에게는 정말 환영하는 것이 되었다는 것을 알 수 있을 것이다. 과거 어느 때보다 지금 아빠가 아빠의 침대와 집의 진가를 알아주고 있다.

우리 집에 대해서 말하다 보니 아직은 없는 집이 생각났다. 그 집이 어디에 있게 될지, 어떤 모양일지가 아빠 마음속에 항상 있다. 너희 사랑하는 이들을 자주 볼 수 있는 곳이면 어디든 우리는 무한히 행복할 것이다.

며칠 지나면 우리가 미국으로 돌아가는 길을 예약하려고 편지할 것이다. 더 오래 기다리면 우리가 원하는 때에 배편을 구할 수 없을지도 모른다는 생각이 들어서다. (너희 중 몇은 기억할 수도 있는데 시베리아를 가로질러) 우리가 처음 안식년으로 집에 돌아갔을 때, 우리가 배를 타고 가고자 하는 시간보다 석 달 일찍 편지했다. 그런데 중국 개신교 선교회의 시작 50주년 기념식에 참석하기 위해 갔던 사람들이 되돌아오면서 태평양에 있는 모든 배가 몇 달 전에 이미 예약이 다 되었다는 것을 알게 되었다. 어제 신문을 봤더니 커내디언 퍼시픽(Canadian Pacific) 회사의 배들이 유럽에서의 전쟁[4] 때문에 아마도 모두 태평양에서 다른 곳으로 옮겨질 수도 있다고 한다. 또한 그 전쟁 때문에 다른 모든 정기여객선 회사들도 혼잡할 것이다. 그래서 아빠는 지금 서둘러서 갈 곳을 예약해두는 것이 지혜로운 일이라는 의견이다. 아빠는 하루나 이틀 뒤 또는 엄마가 가고자 하는 노선을 결정하자마자 예약하려고 한다.

소중한 자녀들아, 때가 점점 다가오고 있다. 이달의 26, 27, 28일에는 이 마을 사람들과 작별 모임을 하려고 한다. 이곳에 아빠는 40년을 살았는데, 아직 몇 명의 비기독교인들이 있다. 아빠는 이 기회를 이용해서 우리가 이 세상에서 다시는 못 만나겠지만 천국에서 아빠를 만나자고 그들에게 마지막으로 간곡한 권고를 할 것이다. 27일에는 소를 잡아서 [해독불가]. 그날을 위해 음악을 [해독불가]. 아빠는 10일 전에 서울에서 음악 선생님을 모시고 와서 밴드를 지도하고 밴드가 그 행사에 맞춰서 준비되도록 할 것이다.

아빠가 사랑하는 너희들이 있는 집으로 어서 가서 두 팔로 안아주고

---

4 제2차 세계대전: 1939년 9월 1일부터 1945년 9월 2일까지 지속된 전쟁. 불 선교사가 이 편지를 쓴 시점은 제2차 세계대전이 개전되고 9일 뒤임.

싶지만, 아빠가 사랑하고 이렇게 오랜 시간 사역했던 한국인들을 떠난다고 생각하니 마음이 너무 아프다. 한국인들에게 "안녕히 계세요"라고 말하는 것은 전혀 쉽지 않은 일이다.

이 편지를 그만 끝내는 것이 좋겠다. 너희들 하나 하나에게 이 세상의 모든 사랑을 전한다.

너무너무 사랑하는 아빠가.

1939년 9월 17일

조선, 군산

소중한 자녀들에게,

　우리는 조금씩 "우리 뒤에 있는 다리를 불태우고 있다.[1]" 아빠는 지난 주에 차를 팔았다. 차 팔고 받은 돈 1,284에서 1,206을 빌 채임벌런에게 어제 부쳤는데, 우리가 리치먼드에 도착할 때 또 다른 (새) 차를 살 때 사용하라고 그의 은행에 우리 대신 저금해달라고 했다.

　아빠가 4월 24일 고베에서 출발하고 샌프란시스코에 5월 19일 도착 예정인 프레지던트 피어스(President Pierce)에 예약 편지를 써 보냈다. 이렇게 되면 우리가 적어도 5월 15일에는 리치먼드에 있게 될 것이다. 전쟁 때문에 커내디언 퍼시픽 회사는 여객 수송을 그만두고 있다. 그래서 태평양을 가로지르는 항로에 과도한 예약이 있을 것이라 예약을 일찍 하는 것이 좋겠다고 생각했다. 우리가 처음 안식년 휴가를 갔을 때, 우리는 태평양을 건너가는 배를 6개월 전에 예약하려고 했지만, 중국에서 개신교 선교 50주년을 기념하기 위해 중국으로 갔던 많은 수의 사람들 때문에 우리는 표를 구할 수가 없었고 시베리아를 거쳐서 집에 가야 했다. 이 일을 너희 중 몇은 기억할지도 모르겠다. 적어도 우리 어린 딸 마가렛의 이마에는 흔적이 남아있다. 우리가 시베리아를 건너고 있었을 때, 마가렛이 기차의 승강장에 나왔다가 균형을 잃고는 머리부터 계단

1　"burning our bridges behind us" 다리를 태웠기에 다리가 있던 곳 즉 앞 선 상황 또는 관계로 되돌아갈 수 없음을 의미함.

아래로 넘어졌다. 그래서 이마를 딱딱한 콘크리트 바닥에 찧었다. 물론 우리는 그것 때문에 크게 놀랐다. 그런데 마가렛의 머리가 단단하지가 않아서 깨지지 않았다. 심각한 결과가 있지 않아서 우리는 정말 감사했다. 모스크바에 있을 때 나폴레옹에게서 빼앗은 큰 대포 중 하나의 입에 "진저"가 앉았었는데 그것을 진저가 기억하는지 궁금하다. 아빠는 아주 또렷하게 기억한다.

차를 팔고 나서는 자전거를 이용하고 있다. 그런데 아빠에게는 운동이 되어 확실히 도움이 될 것이다. 아빠가 타던 자전거는 너무 높았다. 자전거 기본 틀이 높았다는 거다. 그래서 아빠는 그것을 팔았고 아빠가 쉽게 오르내릴 수 있는 낮은 틀의 일본 자전거를 샀다. 차량이 많아 막힐 때는 아빠는 어느 곳이나 멈춰서 자전거에 걸터앉아서 두 발을 땅에 내려둘 수 있다. 아빠의 오래된 다리는 아빠가 햄든 시드니 대학 운동장에서 미식축구공을 쫓아 달리던 시절이나 그 대학의 체육관에서 공중제비를 돌 때처럼 그렇게 튼튼하지는 않다. 그러다 보니 가끔 높은 틀이 있는 자전거를 탈 때 결과적으로 자전거는 한쪽으로 가고 아빠는 반대쪽으로 가는 일이 벌어져서, 때때로 아빠가 땅에서 구르기도 한다. 그래도 아빠는 그런 일에 익숙해져서 그런 때에 아빠에게 어떤 특별히 해로움이 생기지 않았다. 그러나, 낮은 틀이 그 어려움을 해결해주었다. 페달에서 안장까지의 거리는 이 자전거에서도 똑같다. 단지 틀만 낮을 뿐이다. 그래서 모든 것이 괜찮다. 사실, 아빠는 운동을 다소 즐기고 있으며, 밤에 잠을 더 잘 잔다.

지금 아주 기분 좋은 이상적인 한국 가을날이다. 그래서 아주 무더웠던 시기 이후에 상당한 위안이 된다. 아주 기분 좋게 만드는 비가 내렸다. 이 비로 인해 가을에 기를 수 있는 채소와 우리 수조들 때문에 이 비는 아주 환영받았다. 우리 집 수조를 제외하고 모든 수조가 상당 기간 비어있었다.

우리는 이번 주가 저번 주보다 더 좋기를 바란다. 왜냐면 지난주 내내 너희들로부터 단 한 통의 편지도 받지 못했기 때문이다. 이번 주는 좀 더 운이 좋기를 기대하마! 린튼 부부가 전주에 도착했다. 린튼 목사가 자신이 사서 가져온 필름 몇 개를 보내주었다. 그런데 빌 채임벌런이 편지에 쓴 그 물건에 대해서, 또한 마가렛이 말하길 린튼 목사가 타고 오는 배에 보내서 린튼 목사에게 전달하게 하겠다는 소포도 그는 아는 것 같지 않다.

우리는 유럽에서의 전쟁과 관련하여 신문과 라디오 소식을 유심히 살펴보고 있으며, 루즈벨트 대통령이 소집하는 특별연방의회가 무엇을 할 것인지 궁금해하고 있다. 비록 우리나라가 히틀러 정권을 부수는 데 도움을 줘야만 하지만, 아빠는 히틀러 정권이 부서지는 것을 보면 기쁠 것이다. 이곳에서의 상황에 대해서 언급하고 싶지만 삼가는 것이 지혜로운 일이라 여긴다. 그래서 언급하지 않을 것이다. 그러나 곧 아주 심각한 상황이 될 것 같다. 사실 밀가루, 설탕, 그리고 버터와 같은 기본 식료품에 관해서는 이미 심각한 상황이다. 우리는 군산에서 약간의 밀가루를 구할 수는 있지만, 어느 곳에서도 버터는 없다.

아빠는 소 한 마리를 잡아서 마을에 있는 각 집에 소고기를 보내고 마을 사람들을 다음 주 3일 밤 동안 남학교 운동장에 설치할 아빠의 천막에서 가질 일종의 환송 모임에 초대할 계획이다. 이 편지에 아빠가 소고기 "대접(taichup)"과 함께 보낼 초대장을 보낸다. 빨간 글씨로 된 마지막 문단은 요한복음 3장 16절로 "하나님이 세상을 이처럼 사랑하신다"이다. 아빠는 이것이 이 마을 사람들에게 그리고 아빠와 알게 된 모든 사람에게 전하는 작별의 말이 되기를 바란다.

사랑하는 자녀들아, 너희 하나하나를 매 순간마다 생각하고 있기에 편지 쓰는 것을 그만둘 수가 없다. 아빠가 앞으로 7개월이 너무너무 빨리 흘러가기를 바란다만, 시간이 정말 빨리 지나갈 것이고 우리가 실제 짐을 싸고, 떠나려고 우리 집을 정리할 때는 우리는 무슨 일이 일어나는

지 모를 것이다. 우리가 이렇게 바쁘고 쫓기는 시간에 실수하지 않기를 그리고 주님이 미국에서의 새로운 집을 갖게 되는 것에 대한 우리의 계획 전부에 있어서 우리를 이끌어주시길 기도해주렴. 이러한 것들이 요즘 들어 우리의 가슴과 마음에 있다. 아빠가 썼듯, 실행위원회가 우리에게 정해진 보조금을 줄 것이지만 집세에 대해서는 어떤 것도 주지 않을 것이다. 만약 우리가 실행위원회가 우리에게 허락하는 돈보다 더 많은 사적인 수입을 실행위원회에 신고한다면, 예를 들어 우리가 일 년에 1,000달러의 사적인 수입이 있다면, 위원회에서는 그들이 보조하기로 한 돈에서 1,000달러를 뺄 것이다. 노폭의 라치먼트(Larchmont)에 있는 우리 집이 지금 임대되어있는데, 노폭에서 임대 계약은 10월에서 10월까지이다. 그래서 만약 1940년 10월 1일 그 집이 비어있으면, (그러리라 예상하지는 않는다만, 비어있는 것도 전적으로 가능한 일이다.) 노폭에 있는 그 집을 비어있는 상태로 둔 채 리치먼드에서 공동주택에 우리가 방세를 내야 할 아무런 이유가 없다. 우리가 바라는 것은 우리가 둘러보는 동안에 미션코트에서 공동주택을 구할 수 있으면 하는 것이다. 그러나 우리가 리치먼드에서 임대료를 내야 한다면, 그리고 노폭에 있는 우리 집이 비어있다면, 우리가 노폭에 있는 집에서 사는 것이 올바른 것일거다. 미래에 어떤 일이 벌어질지 모르기에, 이런 것들은 아빠가 생각하고 있는 모든 가능성일 뿐이다. 이래서 아빠는 너희들이 주님께 우리를 인도해주시라고 기도하길 원한다. (우리의 심장이 묶여있는 두 곳인) 노폭과 리치먼드는 아주 멀리 떨어져 있는 것이 아니라서 노폭에서 리치먼드까지는 두세 시간이면 갈 수 있을 것이다. 아빠가 이런 문제를 자주 언급하는 이유는 너희들도 모두 "머리"를 써서 우리가 결정하는 것을 도와달라는 것이다.
이만 써야겠다.

사랑하는 아빠가.

1939년 9월 21일

조선(한국), 군산

소중한 마가렛에게,

　린튼 목사가 돌아왔고, 전주에서 이곳으로 하루 전에 왔다. 그가 말하길 배에서 네가 보낸 수하물과 접촉할 수가 없었고 너의 수하물 없이 배에서 내렸다고 한다. 너의 수고가 헛되게 되어서 안타깝다. 그러나, 그 수하물이 없어지지 않고 너에게 되돌아가길 바란다.

　아빠는 네가 5&10센트 가게[1]에서 그렇게 좋은 면도용 비누를 샀다는 것을 몰랐다. 알았더라면 우편으로 직접 아빠에게 보내라고 너에게 요청했을 것이다. 비용이 적게 드는 물품에는 관세가 없기 때문이다. 아빠는 안식년에서 돌아올 때 가지고 왔던 것 중 몇 개를 여전히 가지고 있는데 우리가 미국에 도착할 때까지 아마 계속 쓸 수 있을 것이다. 그러나 네가 보내준 것들이 너무 좋아서 지금 가지고 있는 것들은 나중에 써도 된다.

　이쁜 딸아, 네가 보내주는 것은 무엇이건 이 세상에서 다른 어떤 것보다 좋은 것 일거다. 정말 마음씨 착하고 소중한 소녀가 보내줬기 때문이다.

　너희들에게서 두 통의 편지를 오늘 받았는데, 하나는 진저에게서 하나는 빌에게서 왔다. 우리는 그 편지를 받고 너무도 기뻤다. 아주 좋다!

1　값싼 상품을 파는 가게(최대 가격이 10센트였다는 것에서 유래했다고 함.). 19세기 후반 시작되어 미국 소매 시장의 주요한 부분으로 성장하였으나 1990년대 초반 거의 사라짐. 현대 대형할인마트의 선구자인 셈이고 울워스(Woolworths)가 대표적임.

좋은 일을 계속해주렴!

사랑하는 아빠가.

1939년 9월 24일

조선, 군산

소중한 자녀들에게,

그린 선교사가 안식년을 마치고 어제 돌아왔다. 그래서 우리 선교부 식구들 대부분이 그녀를 맞이하러 이리로 갔다. 그녀는 건강하고 강해 보인다. 그렇지만 그녀가 돌아와서 마주할 일을 생각하니 아빠는 안타까운 마음이다. 지금 우리 집 거실에서, 그녀는 교육받도록 도와준 18살 먹은 처자와 이야기를 나누고 있다. 그 처자는 자신에게 너무도 많은 압력이 들어와서 그녀가 공부하고 있는 여성경학원을 떠나야만 했다는 말을 하려고 왔다. 이것은 그린 선교사가 한국에 온 첫날 아침에 마주해야 할 다소 격려하는(?) 경험인데, 이런 일은 그녀가 처하게 된 일이나 아빠는 기꺼이 벗어나려고 하는 일의 한 가지 예일 뿐이다. 그린 선교사의 집은 그린 선교사가 떠나있는 동안 판금 셔터로 꽉 닫혀있었다. 그래서 그녀는 문을 열고, 청소하고, 들어갈 준비가 될 때까지 우리와 함께 머무르고 있다. 그녀와 같이 있는 것이 좋고, 고국에서의 소식을 직접 들을 수 있어서 좋다.

지미 윌슨의 아내가 매우 아프다고 말하게 되어 안타깝다. 너무 아파서 지미는 협진하기 위해 아버지를 오시게 요청했다. 그래서 순천에서 아버지 윌슨과 보그스 의사가 왔다. (보그스 의사는 그때 순천에 있었다.) 두 사람은 윌슨 박사가 미국에서 막 가져온 쉐보레 새 차를 타고 왔는데 그 차가 정말 멋졌다! 쉐보레보다 플리머스나 스튜드베이커 챔피언이 더 나은지 궁금하다. 두 명의 의사가 타고 온 그 차를 보면 너희들은 패커드(Packard)나 피어스 애로우(Pierce-Arrow) 또는 그런 것과 같은 고출력 차라고 생각할 것이다. 아빠가 방금 살펴봤는데 넋을 놓게 되었다.

아빠의 계획에 따라, 마을 사람들을 "대접"하려고 아주 훌륭한 한국산 황소 한 마리를 확보했다. 정말 멋진 황소인데, 살이 통통하고 건강하다. 마을에 있는 (256개의) 각 가정에 상당한 크기의 덩어리를 보내고, 이곳 동산에 있는 각 가정에도 충분히 보내고, 우리도 아주 좋은 스테이크와 구이를 식사로 여러 번 먹을 정도이다.

아빠가 너희들에게 말한 것으로 아는데, 우리는 4월 24일 고베를 떠나 샌프란시스코에 5월 9일 도착하는 프레지던트 피어스 호에 예약을 넣었다. 이렇게 되면 우리가 적어도 5월 13일 리치먼드에 도착할 수 있을 것이다. 그런데 상황이 계속 복잡해져서 우리는 그때 "승선" 상황이 어떻게 될지 궁금하다. 이곳에서의 상황이 더 좋지 않게 되어서, 아빠는 시간이 빨리 갔으면 좋겠다. 지금 상황은 정말 견디기 힘들다. 어쨌든 요즘 우리를 지탱시켜주는 한 가지 생각은 시간이 빨리 지나간다는 것이고, 잠시 후면 정말로 소중하고 사랑스러운 너희들을 두 팔로 안는 큰 기쁨을 갖게 될 거란다.

아빠가 오늘 오후에 영어예배에서 설교해야 한다. 이만 줄이고 조금 준비해야겠다.

너무너무 사랑하는 아빠가.

1939년 10월 2일 월요일

사랑하는 자녀들과 여동생에게,

어제 기준으로 일주일 전에 너희들에게 썼던 편지를 동봉한다. 이 편지는 아빠가 너무 바빠서 아빠의 타자기가 너무 빈번하게 만드는 실수를 교정하기 위한 시간을 낼 수 없거나 편지를 넣어 보낼 겉봉투에 주소를 적을 시간이 없어서 줄곧 아빠 서랍에 있었다. 그래서 이 편지에다가 일종의 추신을 덧붙인다. 오늘 정기적인 편지를 보낼 시간도 없었다. 아빠가 아주 바쁘게 하는 일은, 아빠의 은퇴와 미국으로 돌아가는 것을 생각하며, 이 마을 사람들을 위한 고별대접을 하려고 생각하는 것이다. (이 마을에서 아빠는 40년을 살았다.) 그리고 이 기회를 이용하여 그들에게 육신으로는, 다른 말로 이 세상에서는 우리가 다시는 못 만날지라도, 하늘에서 아빠를 만나자는 마지막 간곡한 청을 하려고 한다. 아빠가 특별한 순서를 마련하고 있는데 음악, 환등기 사진, 그리고 "영화"로 구성되어있고, 이 모임을 위해서 비버처럼 열심히 준비하고 있다. 아빠 밴드의 구성원들과 연습하고 있으며, 밴드를 훈련하기 위해 적지 않은 돈을 들여 서울에서 선생님을 모셔 왔다. 그런데 아빠가 너무도 많은 어려운 일과 낙심되는 일을 마주하게 되어 집회를 취소하기로 했고, 집회를 위해 하려고 했던 모든 생각을 버렸다. 너희들을 보게 되면 이것들에 대해서 더 구체적으로 말해주마. 이 모든 일의 결과로 우리가 당장 내일이라도 떠날 준비가 되었으면 하고 바라게 되었다. 만약 그럴 수 있다면 아빠는 이런 생각을 하게 만든 상황에 대해서 기뻐하기보다는 떠날 수 있음을 기뻐하며 그렇게 하겠다.

지난 며칠 동안 너희 중 몇으로부터 좋은 편지를 몇 통 받았고 아주 재미있게 읽었다. 앨비와 빌[1]이 정말로 여행을 잘 다녀왔구나. 그것으로 인해 우리는 아주 감사드린다.

나환자촌의 종교 사역을 담당하고 있는 웅거 목사의 요청에 따라, 아빠는 며칠 후 그곳에 있는 환자들을 위한 특별 부흥 집회를 열기 위해 순천으로 내려갈 것이다. 밴드의 세 명을 데리고 갈 것인데, 그 세 명과 아빠가 사중주단이 될 것이고 부흥회에서 특별한 음악을 제공할 것이다. 사중주단은 제1 클라리넷(소프라노), 제2 클라리넷(알토), 바리톤 호른(베이스), 그리고 아빠의 바이올린으로 구성되는데, 아빠는 바이올린으로 테너를 연주할 것이다. 아빠가 이런 말 하기는 그렇다만, 우리는 상당히 화음이 잘 맞는다. 이리에 있는 라디오 방송국에서 출연 약속이 있었다가, 어떤 사실들 때문에 우리는 이곳에서의 작별 모임뿐 아니라 그 방송도 취소했다.

이 편지는 그만 쓰고 오후 우편에 보낼 계획이다.

이 세상의 모든 사랑을 담아서 너무너무 사랑하는 아빠가.

---

1 딸 앨비 부부.

……餞別辭……

天父之寵中 僉位께옵서 尊體萬安하시며 斯業이 如流하와 不肖者를 晝夜四十年의 生活로서 恩寵間에 隨逼하와 無事한 歲月을 보내옵나이다

奈何 悲觀하리오 同族을 開會하여 三日間 水陸에 願하나이다 餘不備上 眼淚를 머금고 作別하여 明春四月에 歸國하야 謝禮을 드리고자 하였더니 此際 洞中 兄弟 만하시고 諸般 順序을 備하여 主催하고 明學校 運動場에 와서 作定하고 末月五日 夜 配設하오며 弟姉妹時에 至 宴席하여 席을 準備하시니 作別이 不遠한 故로 作別할새

하나님께서 산을 이끌음 사람하사
또 생겨 주었으니 누구든지 저것을 믿
는 언행하지 아니고 영생을 어드리라

一六三二三ㅊㅈㅅ요

追告

愛仰하오니 幾次 肉眼으로 通過하오니 黃혼을 잠시로 慇懃이라 別之慈味로 一時 標이라 然이나 慇之心으로 爾小하니다

七七参里若佗

僕　燦　夫
蘇白
洞中僉位殿

餞別辭[1]

전별사

天父之恩寵中(천부지은총중)

僉位(첨위)께옵서尊体萬安(존체만안)하시기를仰祝(앙축)하나이다無情(무정)한歲月(세월)이如流(여류)하와不肖子(불초자)宣敎四十年(선교사십년)의生活(생활)도어언간임박(於焉間臨迫)하엿습니다.

奈何(내하)의事情(사정)도明春四月(명춘사월)에歸國(귀국)키로作定(작정)하고보니生覺(생각)할사록悲觀(비관)해지난것쑨니외다歸國(귀국)이不遠(불원)한此際(차제)에洞中(동중)兄弟姊妹(형제자매)로同座席(동좌석)하야作別(작별)의謝禮(사례)를하랴고來十月五日夜(내시월오일야)八時(팔시)로開會(개회)하야三日間(삼일간)永明學校運動場(영명학교운동장)에다帳幕(장막)을配設(배설)하고諸般順席(제반순석)을準備(준비)하야會集(회집)코자하오니奔忙中(분망중)이라도만히參席(참석)하여주심을懇切(간절)히願(원)합니다.

餘不備(여불비)上(상)

하나님쎄서세상을이처름사랑하사독생자를주섯으니누구든지저를미드면망하지안코영생을어드리라

요한복음三(삼)장十六(십육)-

追告(추고)

弱小(약소)함니다然(연)나나錢別之意味(전별지의미)로黃肉幾夕仰送(황육기문앙송)하오니愛護之心(애호지심)으로一時饌(일시찬)이라도깁씀으로通過(통과)하소서

龜岩里參七七(구암리삼칠칠)

夫煒廉(부위렴) 白(백)

洞中僉位(동중첨위) 殿(전)

救主耶蘇(구주야소)

전별사[3]

하나님 아버지의 은총 중

여러분께옵서 몸이 평안하시기를 우러러 축원합니다. 무정한 세월이 물이 흐르는 것처럼 빨라서 부족한 사람이 선교 40년의 생활도 어언간 마칠 때가 되었습니다.

어찌하다 보니 사정이 돌아오는 봄 4월에 귀국 키로 작정하고 보니 생각할수록 부족한 것뿐입니다. 귀국이 멀지 않은 때에 마을 안의 형제자매가 함께 앉아 작별의 인사를 하려고 오는 10월 5일 밤 8시 모임을 열어 3일간 영명학교 운동장에 천막을 치고 모든 자리를 준비하여 모이고자 하오니 바쁘신 중이라도 모두 참석하여주시기를 간절히 원합니다.

부족하지만 이상 올립니다.

하나님이 세상을 이처럼 사랑하사 독생자를 주셨으니 누구든지 저를 믿으면 멸망하지 않고 영생을 얻으리라.

요한복음 3장 16절

---

2 지경교회(구, 만자산교회) 김성원 장로 풀이.

이어서 알립니다.

약소합니다. 그러나 잔치를 베풀어 이별하는 의미로 상당한 소고기로 송별하오니 소중히 아끼는 마음으로 적은 음식이라도 기쁨으로 다녀가소서.

구암리 377
부위렴 알림

근동의 여러 존전 앞에.

1939년 10월 23일

조선(한국), 군산

친애하는 존에게,

　10월 31일 저녁 8시에 광주에서 임시회의가 열린다는 것을 공식적으로 통보받았습니다. 우리 군산선교부가 이 모임에 제안해야 할 서너 가지 것이 있기에, 그 위원회에 참석하는 우리 선교부의 다른 식구인 당신과 그 문제를 상의합니다. 현재 이 시점에 우리 선교부에서 유효한 표를 행사할 사람이 겨우 세 명입니다. 이 숫자의 여러 배에 해당하는 사람들이 당신과 함께 서울에 있습니다. 그래서 저는 당신이 그들을 모으던가 그들에게 제안서를 돌려서 그 문제들에 대해서 그들의 반응을 얻기를 제안합니다.

　저는 군산선교부의 정책을 결정하려고 하는 욕망이 전혀 없습니다. 그러나 다가오는 임시회의와 우리가 제출해야 할 중요한 문제를 고려했을 때, 뭔가를 해야 한다고 생각합니다. 그래서 저는 저의 능력이 닿는 한 아니 저의 능력이 없어서 제안하려고 합니다.

　말씀드렸듯, 이것들은 제가 볼 때 위원회 앞에 제시해야 할 문제들에 관한 단지 제안일 뿐입니다. 저는 당신과 함께 있는 다른 구성원들에게 제출하도록 당신께 보낼 것입니다. 다른 구성원들이 완전히 다르고 훨씬 더 좋은 안을 내놓을 것입니다만 우리가 며칠 뒤 회의에 갈 때, 우리는 군산선교부를 위해 말 하는 입장에 있어야만 합니다. 그러니 이러한 주제들에 대해서 당신과 함께 있는 구성원들의 의견을 얻으십시오.

제가 보내드리는 목록에 있는 두 번째 요청사항은 단순히 다음과 같습니다. (쌀농사의 실패로 인해) 어려운 시기 때문에 그리고 다른 이유로 남학생, 여학생들이 중도에 학교를 그만두고 있습니다. 지금 양쪽 학교에 100명이 넘지 않습니다. 현재 6학년이 졸업해서 나가고, 우리가 더 이상의 학생을 받지 않으면, 우리는 아마도 두 학교를 합쳐도 50명이 되지 않을 것입니다. 문제는 그런 얼마 안 되는 학생들을 위하여 두 학교를 운영하는 것이 가치 있는 일이냐는 것이고, 두 학교를 하나의 학교로 합치는 것이 낫지 않은지 혹은 남녀공학 학교를 운영할 만큼의 학생도 없다면 두 학교 모두를 문 닫는 것이 더 낫지 않은가입니다.

세 번째 요청사항에 관한 것입니다. 만약 지미의 300엔 기금에 (저는 들어있지 않다고 봅니다만) 그의 화장실과 욕조 등 고정시설물에 대한 것이 들어있지 않으면, 그런 목적으로 돈이 제공되어야 한다는 제안을 해야 한다고 생각합니다. 지미와 테드(Ted)는 사역지에 처음 오는 사람들입니다. 현재 거주하는 비용은 5천 달러입니다. 그런데 집은 그렇게 비용이 들지 않습니다. 절반도 아닙니다. 그린 선교사의 집 예산은 단지 1,500달러였고, 우리 집은 1,750달러였습니다. 두피 선교사의 집은 2,800달러였습니다.

과거에 그 돈이면 오늘날 5,000달러와 같다고 주장할 수 있습니다. 전혀 그렇지 않습니다. 요즘 집들과 과거에 지어진 집들의 차이를 보면 왜 예산이 점차로 늘어나는지 알 것입니다.

네 번째 요청에 관한 것입니다. 다른 사람들이 그런 편의시설에 개인 돈을 쓰면 안 되고 따라서 변제되지 않는다는 반대가 있었습니다. 이것에 대한 답은 사람들이 여전히 그런 편의시설을 즐기고 있으며 상당 기간 계속해서 그럴 것입니다. 우리가 선교지에서 은퇴하고 선교회가 (선교회의 구성원을 통해서) 그 시설을 이용할 것입니다.

선교회의 규칙은 개인 돈을 선교회 재산에 사용한 사람은 선교회에 기부한 것이고 그렇게 해서 좋아진 것은 선교회 재산이 된다는 것입니다. 우리가 집을 지을 때 우리는 예산을 초과했습니다. 우리 집이 선교회에서 2층 벽돌 건물로 완성된 첫 건물이었기에, 우리는 동료들에게 비난받는 것을 피하려고 (개인 비용으로 지은) 얼음창고와 우리가 100엔을 지출한 현관을 둘러싼 시설은 말할 것도 없고, 실제 건물 자체에 사비로 400엔에서 500엔 사이의 돈을 사용했습니다. 우리는 이런 것들에 대해서 어떤 것도 요청하지 않고 선교회 규칙에 따라 선교회에 기부한 것으로 생각하고 있습니다. 욕실 설비는 동산(動産)입니다. 그리고 집 자체의 일부가 아닙니다. 그래서 우리는 그 집을 사용하게 될 다음 가족이 이용하도록 선교회가 우리에게서 그것을 구입하라고 요청하는 것이 정당하다고 봅니다. 우리가 다음에 올 사람이 누구인지 알 수도 없고 우리에게서 그것들을 구매하라고 요청할 수도 없기 때문입니다. 특히 (실행위원회가 승인한) 선교회의 정책이 거주하는 곳에서 이런 기본 설비를 제공하는 것이기 때문입니다.

저는 당신이 임시회의에 참여할 계획인지 모릅니다. 당신이 혹시 가지 않으면 다른 대체자를 선출해 주십시오

당신과 함께 있는 모두에게 안부를 전합니다. 또한 여러분 모두가 한국어를 그냥 "먹어 치우기"를 바랍니다.

신실한 마음을 담아 W. F. Bull 배상.

미국남장로교한국선교회 임시회
군산선교부 요청사항

1. 실행위원회는 우리 선교회의 회계에게 지시하여 군산에 있는 땅 판매와 군산 서점에 대한 미지급 임대료에서 나온 잔액 2,550엔을 군산선교부에 돌려주어 다음과 같은 일에 쓰도록 해달라.
   - 모든 집 도색: 500엔
   - 베일 목사 집 수리(윌슨 의사 부부 사용 용도): 300엔
   - 외부 담장 전체 수리: 150엔
   - 물 공급: 100엔
   - 선교사촌과 인접한 한국인 집과 땅 구매: 500엔
   - 선교사촌이 시의 경계로 편입된 것에 의해 생긴 긴급 조정: 1,000엔
   총: 2,550엔

2. 상황에 따라 생길 수 있는 학교의 미래 정책에 관해서 선교회의 학교 특별위원회와 협의하여 군산선교부가 이번 학년도가 끝날 무렵 권장할 만한 조치를 할 권한을 갖는다.

3. 1926년 연례회의록 49쪽에 기록된 현재의 선교회 정책에 "다음 설비는 거주하는데 쓰이는 5천 달러의 일반적인 예산에 포함된다. 1. 벽난로 2. 욕실과 설비 3. 부엌의 수도꼭지(spigot), 원하면 지하실 수도꼭지 하나 4. 전선"이라고 되어있기에, 제임스 윌슨은 자기 집을 위해 받은 특별 수리비에서 위의 것들에 대한 비용을 지불받는 것이 허가되어야 한다.

4. 불 목사가 수도와 욕실 구조물들을 그가 살고 있던 집에 제공했으며, 지금 은퇴하고, 그의 뒤를 이어서 그 집의 입주자가 될 선교회의 다른 식구가 사용하도록 그 집을 떠나려고 하는 때에, 그런 설비에 들어간 실제 재료비 즉 60엔을 불 목사에게 변제하여야 한다.

1939년 10월 24일
한국, 군산

고국에 있는 사랑하는 친구들에게,

제가 최근에 제 인생에서 가장 복된 경험 중 하나를 하였습니다. 여러분들에게 그것에 대해서 말씀드리고자 합니다. 정말 기억할 만한 일이었는데, 750명의 나환자와 부흥회를 한 것입니다.

아시다시피, 우리는 우리 선교회 안에 우리 선교회 식구 두 명이 거의 전담하는 비더울프 나환자촌[1]을 가지고 있습니다. 이곳 나환자촌을 구성하고 있는 비참한 사람들에게 생명의 말씀을 8일간 하루에 두 번씩 설교하는 것이 제가 누린 특혜였습니다.

제가 한국에 머무르는 동안 아주 여러 번 이 무리에게 설교하는 영예로운 기회를 가졌습니다. 그들의 강렬한 관심과 진심 어린 참여 때문에 항상 큰 기쁨이었습니다. 그래서 저는 내려와서 집회를 열어달라는 초대를 받았을 때 아주 기뻤습니다. 그들뿐만 아니라 저에게도 큰 축복이 될 일이라 확신했기 때문입니다.

이곳 나환자촌으로 오기 전에 이 사람들은 이 땅에서 가장 비참한 사람들이었습니다. (그들 자신의 아버지, 어머니뿐 아니라) 그들의 가족들마저도 등을 돌리고 그들을 쫓아냅니다. 그러면 그들은 이 땅에서 방황하

---

1 William Edward Biederwolf(1867.9.29.~1939.9.3.). 미국의 부흥사로 1923~1924년 호주와 아시아에서 부흥집회를 하던 중 우리나라에서 나환자들이 고통받는 것에 연민을 갖게 되어 여수에 나환자촌을 세우고 지원함.

는 사람들이 되는데, 모든 이들에게 멸시당하고, 배척받으며, 두려움의 대상이 됩니다. 자신들끼리 작은 무리를 이루어 형편없는 집을 짓지 않으면, 그들은 어느 지붕 아래에서도 환영받지 못하고, 희망없는 추방자가 되어서 야외에서 자거나 운 좋으면 발견하는 작은 공터나 갈라진 틈 속에서 자는데, 빈번하게는 다리 밑과 같은 장소에서 어둠을 이용해 잡니다.

(개보다 못한) 이런 삶을 살고서, 나환자들이 이곳 나환자촌으로 와서 편안하고 매력적인 숙소, 몸에 좋고 건강한 음식을 풍부히 먹고, 깨끗하고 좋은 옷을 충분히 받으면, 이 세상의 진짜 지옥과 같은 곳에서 이 세상의 작은 천국으로 옮겨지는 것과 같습니다. (여전히 모든 인간의 느낌과 감정을 가진 인간이기에) 개개인들이 이곳 나환자촌에 들어오면 즉시 그들이 받게 되는 친절하며, 사랑스럽고, 연민을 갖는 기독교 치료에 대해서 아주 기꺼이 그리고 맘껏 반응하지 않는다는 것은 아주 예외적인 것입니다. (나환자촌은 주님께서 생명을 바쳐서 얻으려고 하신 소중한 영혼들을 살리기 위한 기독교 기관으로 설립되었는데, 무엇보다 나환자들의 불쌍한 육신에 도움을 줍니다.) 그래서 그들은 실제 처음부터 아주 열정적이며 진심 어린 기독교인이 됩니다. 적어도 그런 기독교인이라고 공개적으로 말하거나. 그런 기독교인인 것처럼 보입니다. 그들은 곧 매우 열정적으로 성경을 공부합니다. 성경에 대해서 얼마나 일찍 정통하게 되는지 놀랍습니다. 제가 봤던 어느 회중보다도 그들이 (적어도 그들 중 대다수가) 여러 번 들은 성경의 어떤 구절이건 몇 장 몇 절인지 말할 수 있습니다. 제가 성경의 한 구절을 반복한 다음 그 구절을 어디서 찾을 수 있는지 아는 사람은 손을 들라고 해서 그들을 시험해봤습니다. 그러자 바다처럼 손이 올라갔습니다. 다음에 제가 몇 장 몇 절인지 묻자, 거의 모든 회중이 한 사람처럼 답을 했습니다. 반면에 어떤 장과 절을 숫자로 말하고 암송할 사람은 해보라고 하면, 즉시로 아주 많은 수가 그렇게 합니다. 정말 놀랍습니다.

그 끔찍한 병에 눈이 멀혀버린 (그래서 완전히 눈이 먼) 노인이 나환자촌에 있습니다. 그 노인은 요한복음 전체와 로마서, 야고보서, 요한계시록 전체를 암송할 수 있습니다. 제가 그 사람과 대화하던 중, "우리가 잠시 받는 환난의 경한 것이 지극히 크고 영원한 영광의 중한 것을 우리에게 이루게 함이니"라는 고린도후서 4장 16-17절 말씀을 반복했습니다. 이 일로 저는 스트리클러 박사(Dr. Strickler)[2]가 생각났습니다. 그분은 빈번하게 이 구절을 반복하셨으며, 이 절에서 형용사가 어떤 방식으로 쌓여 가는지 주목하도록 했습니다. 여러분들이 나이 들고, 흉한 상처가 난 얼굴을 한 이 노인이 하늘의 광채로 빛나는 모습을 보았으면 합니다. 그 사람은 바로 그 자리에서 그저 "노래와 춤[3]"을 췄습니다. 그는 정말로 행복했습니다.

이처럼 불쌍하나 정말 잘 받아들이고 반응을 보이는 사람들에게 설교 하는 것은 아주 큰 즐거움이자 개인의 영광이었습니다. 말씀드렸듯, 이 집회는 8일간 계속되었고, 집회에서 저는 하루에 두 번 말씀을 전하는 영광을 누렸고, 말씀을 전할 때마다 우리가 모이고 있던 돌로 된 큰 교회 가 750명의 나환자로 수용한계가 거의 다다랐습니다. 나환자가 아니면 서 참석한 사람은 사진에서 저의 바로 뒤에 앉아 있는 그 교회의 목사인 웅거 목사와 모임에서 저를 도와달라고 제가 데리고 간 세 명의 음악가 들 뿐이었습니다.

음악에 대해서 말씀드립니다. 나환자촌 식구들이 음악에 아주 관심이 많습니다. 그래서 우리는 매일 동네 교회 합창단, 이중창, 코러스, 독창, 삼중창으로 특별한 음악을 듣게 되었습니다. 전반적으로 아주 괜찮았습

---

2 Givens Brown Strickler(1840.4.25.~1913.8.4.). 1896년 유니온 신학교(Union Theo-
   logical Seminary)에서 조직신학을 가르침. 불 선교사는 이 신학교 출신임. https://www.
   presbyteriansofthepast.com/2014/11/06/g-b-strickler/
3 역대상 15장과 사무엘하 6장에 나오는 다윗이 여호와의 궤 앞에서 춤을 춘 장면 참조.

니다. 두 명의 오르간 연주자가 있습니다. 한 명은 약 18살 먹은 청년인데, 상당히 잘 칩니다. 그리고 스물한두 살이 되는 처자가 있는데 그녀는 전에 우리 선교회 소속 학교 학생이었습니다. 그녀도 상당히 잘 쳤습니다.

이곳 나환자촌에 있는 주민 중 아주 많은 수가 나병이 있다는 것이 몸에 드러나지 않습니다. 그리고 무심한 관찰자에게는 아주 자연스러워 보입니다. 그들 중 많은 사람이 외모와 성품에 있어서 아주 매력적입니다. 예를 들어 15세 이하의 어린 남녀가 약 40에서 50명이 되는데, 그들에게는 나병의 표식이 전혀 없고 아주 평범하며 자연스럽게 보입니다. 몇 명은 정말 예쁘고 매력적입니다. 그러나 그들은 병이 "잠재된" 상태입니다. 그들 주변 어딘가에 그 병의 증거가 있습니다. 훈련된 눈에는 명백하게 보입니다. 제가 지금껏 본 아이 중 가장 귀여운 아이가 매일 앞에 서 있었습니다. 그 아이는 완벽하게 자연스럽게 보이며 항상 밝고 행복하며 아주 귀엽고 지적으로 보입니다. 저는 그 아이를 아주 좋아합니다. 매일 개인적인 인사를 나눌 만큼 가까워졌습니다. 그런데 그 아이를 보면 얼마나 안쓰러운지요!

그렇게 말씀을 잘 들어주고 반응을 보이는 사람들을 영적으로 목양할 수 있었던 것으로 제가 큰 영광을 누렸다는 것에 제가 크게 감동받았을 뿐 아니라 심지어는 인류애적인 관점에서 윌슨 의사와 웅거 목사가 그들에 대해서 하는 놀라운 사역을 통해 너무도 크게 감동받았습니다. (인간적으로 말하자면) 나환자촌에 들어오기 전에 개보다 못한 삶을 살았던 이 불쌍한 사람들이 지금은 과거와 비교했을 때 안락하고 편안하게 살고 있습니다. 나환자촌은 아주 많은 돌집으로 구성되어있는데, 미국식 문과 창문 그리고 깨끗하고 편안한 방으로 되어있어서 나환자촌 바깥에 있는 보통 사람들이 누릴 수 있는 것보다 훨씬 더 좋습니다. 그들은 또한 채소를 기를 수 있는 땅을 많이 가지고 있습니다. 그들은 또한 닭, 토끼, 염소, 돼지를 기르는데 그래서 (보통 사람들에게는 희귀품인) 많은 고기와 우유를 먹습니다. 우유는 나환자들에게는 가장 중요한 것 중 하나입니다.

나환자촌의 주민들에는 거의 모든 직업의 대표자들이 있습니다. 그래서 (예배를 드리는 아름다운 석조 교회 건축을 포함하여) 마을에서 이루어진 일 중 거의 대부분이 주민에 의해서 이루어졌습니다. 주민들이 살고 있는 좋은 작은 집들이 모두 나환자들 자신에 의해서 지어졌습니다.

나환자촌은 반도에 있으며, 이곳과 육지를 갈라놓는 비공개 출입구가 있어서 마치 섬에 있는 것처럼 거의 고립되어 있습니다. 그래서 사람들이 자신들만의 작은 세상을 갖고 있습니다. 주변이 아주 아름다워서 일본의 "내해"[4]가 두드러지게 생각납니다. 사면에 바다와 섬이 있으며, 여기저기에 아름다운 나무숲이 있는 마을은 주변과는 다른 해수면에 있으며, 마을 전역에 아름다운 꽃이 심겨있습니다. 가장 아름다운 주변 환경을 갖춘 집에 상을 주는데, 그래서 각 가정이 가장 아름다운 장소를 갖고자 이웃과 함께 경쟁합니다. 결과는 정말 아름답습니다.

올해가 제가 한국에 있은 지 40년이 됩니다. 우리 실행위원회의 규칙에 따르면 은퇴할 때입니다. 그곳에 있었던 지난 주일에 나환자촌 주민들이 "40주년 기념식"을 베풀어주었습니다. 그 축하연에서 주민들이 아주 진지한 기도를 많이 해주었으며 많은 연설도 했습니다. 그들은 저에게 순금으로 된 한국 대접을 선물했는데, 그 대접에는 한국의 지도와 "불 선교사의 한국 선교 40주년을 기념하여"라는 말이 새겨져 있습니다. 대접은 한국의 국화 모양으로 만들어졌는데 다섯 개의 가리비 모양의 모서리가 있습니다. 각 모서리는 특별한 생각을 나타낼 의도입니다. 나환자촌에는 한국 전역에서 온 대표자들이 있기에, 그 선물은 한국의 모든 곳에서 온 것으로 보면 됩니다. 특별 연사 중에는 그 교회의 젊은 한국인 여집사가 있었습니다. 그녀가 제 앞과 회중들 앞에 섰을 때, 너무

---

4 내해(內海, Inland Sea): 일본 열도의 규슈, 시코쿠, 혼슈로 둘러싸인 바다.

도 감정에 북받쳐서 상당 기간 말을 할 수가 없었습니다. 그러나, 그녀가 자신을 충분히 통제하고 연설을 시작할 때가 되자, 어디든 누구에게든 본보기가 될 만한 뛰어난 연설을 했습니다.

이곳에서 현재의 세상의 조건들 때문에, 대중 집회는, 특별히 제가 특별히 관심 있는, 이번 가을에 광범위한 계획을 세운, 천막을 이용하는 전도 집회가 허가되지 않았습니다. 그리고 우리가 노회에서 탈퇴했기 때문에 우리의 활동은 거의 없습니다. 그래서 이 집회가 이 땅에서 제가 40년 섬긴 것을 마무리하는 것이 될 것입니다. 이런 특별한 영광을 누리게 하신 주님께 온 마음을 다해서 감사드립니다. 저는 이 세상에 머무르는 동안, 이 집회를 감사하며 즐겁게 기억할 것입니다. 저는 영적 결과가 이곳보다 더 큰 곳을 알지 못하는데 이곳에서는 실제 100%입니다. 모든 것이 그들이 기독교인임을 호의적으로 봅니다. 본디 반대하는 타고난 마음씨를 제외하면 그들이 기독교인인 것에 호의적이지 않은 것은 아무것도 없습니다. 그러나, 성령께서 반대하는 그 타고난 심성을 믿는 심성으로 바꾸지 않는 사례는 거의 없습니다. 주님의 거룩한 이름을 찬양합니다.

여러분 중 많은 이를 얼굴과 얼굴을 맞대고 만나는 큰 즐거움을 누리기까지 그리 오랜 시간이 남아있지 않기를 바랍니다.

주님을 섬기는 여러분의 형제 W. F. Bull 배상.

수신: 1939년 11월 27일, 테네시 내쉬빌
주소: 한국, 군산 W. F. Bull 목사
우편: 편지 5센트, 엽서 3센트

1939년 10월 29일

조선, 군산

사랑하는 소중한 자녀들에게,

　아빠는 일요일 아침 정기적으로 하던 일에 약간 늦어지고 있다. 교회의 첫 번째 종이 이미 울렸는데 일요일 아침이면 하는 기쁜 일을 막 시작하고 있다. 오늘 아침에 편지를 시작하는 것 이상은 못 하겠지만 오늘 오후 이 편지를 끝낼 수 있다.

　아빠의 마음이 요즘 태평양 건너편에 너무 많이 가 있어서 아빠가 편지를 쓰려고 앉으면 떠오르는 첫 번째는 우리가 태평양을 건너가는 것과 연관된다. 지난 며칠간 아빠의 생각이 줄곧 그쪽에 많이 있었는데 오늘 아침에 특별히 그랬다.

　어제 군산에서 온 어느 부자가 이곳에 와서는 우리가 처분 해야 하는 것 거의 전부를 샀다. 그 결과 지난밤에 아빠는 그 사람 소유의 침대에서 잤다. 그 사람이 산 것 중에 아빠 침대도 있었다. 그래서 어젯밤에 아빠가 자던 침대가 다른 사람의 침대라고 실제로 느꼈다. 이 말은 아빠가 여러 달이 지나기 전에 침대 하나를 구해야한다는 것을 의미한다. 아빠가 편지를 쓰고 있는 이 책상도 그가 구매했다. 다른 말로 우리가 떠날 때 어떤 가격으로 그 사람에게 주기로 아빠가 동의했다. 그 사람은 그 책상에 대해서 계약금을 줬다. 이런 방식으로 (욕실과 아빠 방에 있는) 두 개의 서랍장이 팔렸고, 아빠 방에 있는 옷장과 세면대, 식사 공간 집기(탁자, 의자, 그리고 접시장)도 다 팔렸고, 다른 것들도 상당히 많이 팔렸다.

이제 세세한 이야기는 그만하련다. 우리 물건을 아주 적절한 가격으로 판매하기 때문에 우리 물건을 처분하는 데에는 아무 어려움이 없어 보인다고 말하면 될 것 같다. (선교사들인) 외국인들은 흔들의자를 제외하고 특별한 관심을 보이는 것 같지 않다. 흔들의자를 찾는 사람들이 많은데 우리가 아주 편안한 흔들의자를 많이 가지고 있어서이다. 그러나, 최악인 것은 우리가 엔을 받고 아주 좋은 가격으로 판다고 해도, 엔 가치가 너무 떨어져서 미국 돈으로 바꾸면 많은 돈이 되지 않는다는 것이다. 지금은 100엔이면 겨우 23.47달러이다. 그러니 가재도구를 아주 좋은 값으로 팔아도 우리가 미국에 도착할 때 가재도구를 사려면 우리는 "불명확한 심각한 어려움을 겪을 것이다." 그러니 너희들이 눈을 크게 뜨고, 값싸면서 좋은 제품을 찾아보렴. 아빠는 침대를 60엔을 주고 팔았다만 미국 돈으로 바꾸면 12.90달러일 뿐이다. 이 돈이면 아빠가 마음이 가 있고 나중에 아빠의 몸을 눕힐 "뷰티레스트 매트리스"를 포함한 침대는 전혀 살 수 없을 것이다.

어제 우리 가구를 많이 샀던 사람의 아버지는 아빠가 처음 한국에 왔을 때 해리슨 목사의 행랑아범이었고 시골 막일꾼이었다. 그는 못생기고, 나이 먹은, 덧니를 가진 무지렁이였다. (읽을 줄도 쓸 줄도 몰랐다.) 그의 아들은 우리 남학교에서 교육받았다. 그 후 우리 병원에 들어와서 전문약사가 될 때까지 패터슨 의사에게서 훈련받았다. 그는 병원을 나가 자신의 약국을 차렸는데, 지금은 상당히 부유한 사람이다. 우리의 가장 큰 시내 교회에서 장로이며 아이들이 13명이나 된다[1]! 정말로 주님께서 그를 축복해주셨고, 그리고 우리 선교회의 사역도 축복해주셨다. 이 일에 매미 고모(Aunt Mamie)와 마가렛 고모(Aunt Margaret)가 한몫했다고 아빠는 생각한다[2]. 아빠 생각에 그 사람은 초기에 고모들이 이곳에 왔을 때

---

1 불 선교사의 1934년 8월 13일 편지 참조.

가르쳤던 학생 중 한 명이다. 아빠는 아빠 침대에 그렇게 적합한 후계자를 갖게 되어 기쁘다. 아빠가 지난 40년간 그랬듯, 그 침대에 그는 피곤한 뼈를 쉬게 할 수 있다. 아빠 생각에 너희들 대부분이 잠을 잤던, 옆면이 위, 아래로 미닫이로 되어있는 작은 에나멜 아기용 침대도 그 사람이 사려고 한다.

우리는 우리 물건에 관심이 있는 사람들과 접촉하겠지만 우리가 이곳을 떠나기 며칠 전까지는 그 물건들을 배달하지 않을 것이다. 아빠 생각에 우리가 집을 닫아두는 동안 선교부의 누군가와 마지막 삼사일을 보낼거다. 옷장과 식기대를 1월이나 2월에 화물로 보낼 것이다. 그러면 그것들이 우리가 도착할 때 그곳에서 우리를 기다리고 있을 것이다. 우리가 가지고 갈 다른 것은 수하물이다. 이미 부피가 큰 수하물에 대한 포장용 상자를 만들기 시작했다. 옷장의 윗부분에 쓸 상자도 만들었다. 옷장은 세 부분으로 되어있다. 윗부분은 중심 부분 위에 얹혀있다. 중심 부분에 옷장의 본체가 있고, 서랍으로 구성된 아랫부분이 있다.

아빠가 4월 24일 고베에서 출발하는 프레지던트 피어스에 임시 예약했다고 얼마 전에 썼다. 그것은 아빠가 요청했던 것인데 예약이 꽉 찼다는 소식을 듣고 실망했다. 아빠가 그 문제에 대해서 편지와 전보를 이용해서 노력하고 있지만 아직 명확한 어떤 것도 얻지 못했다. 미국 대통령 이름이 붙은 정기여객선을 이용하려고 하는데, 그렇지만 우리가 원하는 것을 아빠가 구할 수 없으면, 우리는 다른 정기여객선을 알아봐야만 할지도 모른다. 우리는 지금 전쟁 중인 국가의 배는 이용하지 않을 것이며,

---

2 윌리엄 불, 허경명 가족 역, 『윌리엄 불이 알렉산더에게 보낸 선교 편지』(보고사, 2022), 152-153쪽을 보면 1902년 겨울 불 선교사의 어머니와 누나, 여동생이 한국에 와서, 누나 마가렛이 여학교에서 스트래퍼 선교사(Miss Straeffer, 1868.6.24.~1939.5.15.)를 도와 매일 근무하였다는 것과 불 목사의 누이들이 1903년에 남학생들을 도왔다는 것을 알 수 있음.

중립국의 배로만 갈 것이다.

아빠는 너희 중 누구라도 너희들이 이곳에 있을 때 너희들을 위해서 우리가 만들었던 어린아이 가구 즉 작은 침대, 거울 달린 옷장, 세면대에 대해서 충분한 애정이 있으며 우리가 미국에 갈 때 가지고 가면서 수하물 비용을 낼 가치가 있다고 생각하지 않는지 궁금하다. 앨비야, 너의 삼나무 옷장은 어떠니? 우리가 가져다주기를 원하니? 아주 좋은 귀여운 것이다. 네가 특별한 애착이 없다면 가져갈 가치는 없을 것이다.

아빠가 확실히 가지고 가려고 하는 것은 위층 홀에 있는 옷장과 (아빠의 아버지께서 아빠의 엄마에게 결혼기념일 선물로 준) 식기대, 그리고 거실에 있는 대리석 상판이 있는 탁자이다. 아빠가 언젠가 너희 중 (정보를 얻을 상황에 있는 사람은 누구든) 누구라도 미국에서 대리석 상판 가격이 얼마나 되는지 알아보라고 했던 것으로 안다. 하나를 맞추는 가격 말이다. 탁자 위에 있는 상판은 두 조각으로 되어있다. 미국에서 나올 때 두 개로 쪼개졌다. 그런데 상당히 매끄럽게 깨져서 상판 중간을 가로지르는 탁자보로 덮으면 갈라진 부분이 가려진다. 그러나, 대리석 상판을 가져가기에 엄청 무거울 것이고, 우리가 화물비로 지출할 돈으로 새것을 살 수 있다면 깨진 대리석 상판에 화물비를 지출하는 것은 말이 안 되는 것일 거다. 따라서, (비석이 만들어지는 읍내면 어디나 석공이 있다.) 너희 중 누구라도 석공을 만나서 탁자 상판으로 대리석 비용이 얼마나 들지를 물어서 알게 된다면, 아빠는 아주 기쁠 것이다. 탁자는 타원형이며 가장 긴 쪽과 가장 넓은 쪽이 23×36³ 인치다. 아빠가 볼 때 너희들이 "광고"란을 찾아보면 전화하여 그런 정보를 얻을 회사를 발견할 수 있을 것이다. 아니면 빌이 훌륭한 "수납장 만드는 사람"이니, 그 탁자의 호두나무 상판을 만들어줄 회사에 대해서 알지도 모르겠다. 다음은 아빠의 어머니께서 식기대에 대

---

3 1939년 3월 5일 편지 참조. The slab is oval shaped and is 23 ins. by 35½ ins.

해서 하신 일이다. 너희 할머니는 대리석 상판의 무게 때문에 그리고 깨질 가능성 때문에 대리석 상판을 없애고 호두나무 상판을 만드셨다. 그랬더니 완전히 만족스러웠다. 이렇게 하는 것이 그 탁자에는 더 좋을 지도 모른다. 어떤 제안을 하건 크게 고마울 것이다.

이제 마쳐야겠다. 너희들 하나 하나에게 이 세상의 모든 사랑을 보낸다.

너무너무 사랑하는 아빠가.

1939년 11월 5일
조선, 군산

사랑하는 소중한 자녀들에게,

너희들이 달력에서 날짜를 보면 알 수 있듯, 오늘 또다시 일요일이다. 아빠의 일상적인 관습처럼 지금 이 세상에서 아빠가 가장 사랑하는, 그리고 우리에게 이 세상 전부인 사람들과 약간의 담소를 나누려고 자리에 앉았다. 아빠가 상당 기간 써왔던 것 즉 사랑하는 너희들을 보려고 가는 우리의 계획에 관한 것 말고는 이번 편지에 특별한 것은 없다.

우리는 고베에서 5월 22일 출발하는 프레지던트 태프트에 확실한 예약을 했다. 아빠가 그들에게 그때가 우리가 기다리려고 하는 시간보다 훨씬 늦었으니 혹시라도 그 시점보다 이른 시기에 어떤 배에서건 빈자리가 생기면 그곳으로 옮겨졌으면 좋겠다고 했다. 그래서 배에서 묵을 곳으로 우리가 무엇을 "뽑게 될지"는 아직 결정되지 않았다. 태프트는 아주 좋은 배인데 그렇게 좋은 배를 타고 가게 되어 정말 운이 좋다.

우리 가재도구에 관해서란다. 거의 모든 것에 대해서 찾는 사람들이 많은데 실제로 한국인들이다. 한국인들은 어린아이 시절부터 바닥에 앉고 바닥에서 잔다. 그들이 우리의 침대와 의자를 구하려고 얼마나 열심인지 보는 것은 상당히 흥미롭다. 또한 이렇게 한국인들이 해야 하는 것을 보면 그들이 정말 안쓰럽다. 아빠는 그들로부터 "계약금"을 받고서 우리가 떠날 준비가 될 때 그들이 관심을 두는 특정한 물건을 배달하겠다는 약속 문서를 준다. 그들은 기한이 되면 그 물건에 대한 나머지 돈을 준다. 아빠가 잠을 자던 크고 오래된 영국식 침대를 60엔을 받고 팔았다. (베게와 덮개를 제외하고) 매트리스와 모든 것이 포함되었다. 현재 환율로 보면 단지 14.17달러일 뿐이라, 우리가 리치먼드에 도착할 때 우리가 사게 될 가구를 대체할 수 있을 것으로 보이지 않는다. 14.17달러로는 아빠가 원하는 뷰티레스트 매트리스가 있는 더블침대를 구할 수 없을 것이다!

너희 중 일부 특히 어린 마가렛이 자던 (옆면이 미닫이로 위로 아래로 열리는) 작은 에나멜 침대를 25엔에 팔았다. 그러나, 전반적으로 우리는 우리 물건에 대해서 상당히 좋은 가격을 받았다. 그리고 모든 것이 팔렸기에 우리가 그 물건들을 팔려고 하면서 마지막 순간에 겪게 될 많은 혼란을 겪을 필요가 없어서 아주 기쁘다. 우리는 이곳에 있는 마지막 한 주 동안 우리 이웃 중 한 명과 살아야 할 것이다. 그리고 사람들이 물건들을 가지고 가도록 할 것이며 그런 다음 집을 걸어 잠글 것이다. 아빠는 식기대에 대한 포장 상자를 이미 만들었고 (위층 홀에 있는) 옷장에 쓸 포장 상자는 부분적으로 만들었는데 한국 전나무(Jung Namoo)로 만들었다.

아빠가 어제 내쉬빌에 있는 "통신부서"로 편지를 보냈다. 너희들 각자가 그 편지의 사본을 하나씩 갖게 될 것이다. 앨비에게 쓴 편지에서 언급한 것을 보여주는 사진을 너희 모두가 보도록 보낼 것이다. 너희 각자에게 하나씩 보낼 충분한 것을 갖고 있지 못했다. 미안하다. 사진을 볼 때 아빠가 나환자들에게 너무 가까이 있다고 생각하며 걱정하지는 말아라. 아빠와 가장 가까운 나환자 사이에는 상당한 공간이 있었다. 정말 대단한 경험이었고, 오랫동안 기억될 경험이다. 집에 가면 아빠가 은사발[1](silver bowl)을 기쁘게 보여주마.

아빠가 아래 지방에 있는 동안 웅거 목사의 "스튜드베이커 챔피언"을

---

1   나환자들에게 받은 선물로 1939년 10월 24일 편지 참조.

거의 매일 즐겁게 운전했다. 꿈처럼 굴러가며 연료도 거의 들지 않는다.

소중한 자녀들아, 편지지 첫 장의 끝까지 왔다. 두 번째 장에다 마침 말만 조금만 더 쓰겠다. 아빠가 전에 여러 번 말했던 것을 반복하고자 한다. 너희들 각자가 우리에게는 세상 전부다. 우리가 너희들의 편지를 기다리는 것은 농부가 건기에 비 오기를 기다리는 것과 같다. 그러니 우리를 불쌍히 여겨다오! 자주 쓰고 너희에 대해서 모든 것을 말해주고 가득 채워서 쓰렴. 너희에 관해서 쓴 것들이 이 세상에서 우리에게 가장 흥미로운 것이기 때문이다.

그만 써야겠다. 너희들에게 드넓은 바다와 광활한 대륙과 같은 사랑을 전한다.

너무너무 사랑하는 아빠가.

1939년 11월 12일

한국, 군산

사랑하는 소중한 자녀들에게,

또다시 일요일 아침이다. 아빠는 다시 책상에 앉았다. 편지에 날짜를 쓸 때 요즘 마음속에 가장 먼저 떠오르는 것은 시간이 지나는 것과 우리가 소중한 너희와 함께하기 위하여 이곳 집을 떠날 준비를 하는 것이다. 아침 먹고 매일 하는 첫 번째는 아빠의 아침 경건회다. 경건회는 부분적으로 성경 읽기다. "어린 딸"이 세인트 엘리자베스 학교에서 수련받을 때 찍은 작은 사진이 아빠 성경의 책갈피이다. 이 사진은 전신사진으로 독사진인데, 뒤뜰에 있는 꽃 사이에서 찍은 것이다. 꽃 모양의 옷을 입고 있는데, 아빠가 성경을 펼치면, 이 사진에 아빠의 눈이 맨 먼저 간다. 이 사진을 보면 아빠 마음에 너무 많은 그리움이 생겨서 팔을 뻗어서 끌어안고 싶다. 견딜 수가 없구나. 그런데, 아빠가 바로 그 큰 기쁨을 가질 날도 며칠 남지 않았다.

날짜에 대해서 말하는 건데, 우리가 4월 24일 피어스 호에 대해서 예약하는 것에 대해서 실망한 것을 말했던 것으로 안다. 그 배에 예약이 다 차서, 우리는 5월 22일 고베에서 출발하는 프레지던트 태프트를 예약하는 것을 제시받았다. 그보다 일찍 떠나는 배에 어떤 가능성이라도 있으면 우리가 옮겨질 수 있다는 것을 이해하고 그 제안을 받아들였다. 때때로 사람들이 계획했지만, 갈 수 없는 상황이 생겨 예약을 취소하기도 한다. 그래서 어떤 배에서는 마지막 순간에 예상치 않게 빈자리가 생긴다. 우리는 그런 기회가 혹시 생긴다면 고려해달라고 부탁했다. 그래서 아빠는 바로 포장하고 있으며 초봄에 어느 때건 떠날 준비를 하고 있다. 그렇지만 다른 소식을 너희들이 듣지 못한다면 우리가 태프트를 타고 5월 22일에 출발하여 6월 7일경 샌프란시스코에 도착할 것으로 예상하면 된다. 이렇게 되면 우리가 늦어도 6월 14일까지는 리치먼드에 도착할 것이다. 이 말인즉, 우리 어린 "여선생님들[1]"이 그때는 리치먼드에 있는 집에 있을 거라는 것이고 우리가 도착했을 때 우리가 어느 누구도 놓치지 않을 거라는 것이다. 미션 코트 예약과 관련해서 우리는 아직 어떤 확정적인 것을 듣지 못했다. 그렇지만 그곳에서 숙소를 얻기를 바라고 있으며 너희 중 몇이 그곳으로 곧바로 와서 우리와 함께 있기를 바란다. 우리는 미션 코트와 관련해서 실망할 수도 있다. 그럴 때 우리는 "너희 모두" 우리를 위해 다른 적합한 준비를 하기 바란다. 예를 들면 (가능하다면 월 단위로) 공동주택을 임대하거나 잠시 아마도 몇 달간 머무를 곳을 준비해주면 좋겠다. 주님께서 우리 머리 위에 지붕도 없이 우리를 내버려 두지 않으시고 우리를 인도해주시길 기도하며 믿고 있다. 우리는 너희들이 이러한 쪽으로 많은 생각을 해서 우리가 진짜 도착할 때 우리에게 충고할 상황에 있기를 믿고 있다. 리치먼드에서 만족스러운 숙소를 얻지 못하면 우리가 노폭으로 돌아가서 라치먼트 집에서 살 수도 있다. 그것도 그렇게 나쁘지는 않을 것이다. 아빠가 아는 아주 좋은 사람들 몇이 라치먼트[2]에 살기 때문이다.

---

1 둘째 버지니아는 메리볼드윈(Mary Baldwin) 대학을 졸업후, 교사 생활을 했음.(*The Staunton News-Leader*. Friday Morning, July 24, 1936.) 셋째 마가렛은 애그너스 스콧(Agnes Scott) 대학을 졸업하고, 뉴욕소재 콜럼비아 대학에서 교육학으로 석사를 받음. 이후 그린브라이어(Greenbrier) 대학에서 20년간 영어와 성경을 가르치고, 노스 캘롤라이나 대학에서 사서학으로 석사학위를 받고, 뉴저지 몬트클레어(Montclair)에서 사서보(assistant librarian)로 10년간 일함.(*Richmond Times*-Dispatch (VA)-December 4, 1985.) 막내 앨비는 30년대 인구총조사에서는 간호대학 학생으로, 40년대 인구총조사에서는 회사의 부감독관(assistant superintendant)으로 되어 있음.

진저가 북부 지역에서 한 훌륭한 여행에 대해서 말하는 편지를 받고 정말 재미있게 읽었다. 진저가 북부 지역으로 갈 수 있어서 아주 기뻤고, 북부 지역을 묘사한 것에 정말 흥미를 느꼈다. 진저가 디트로이트에서 자동차를 사는 것과 관련한 아빠의 생각에 보인 반응에 큰 관심이 생겼다. 아빠도 진저가 도달한 결론과 같은 결론에 거의 도달했었거든. 그러나, 아빠가 조금 전 디트로이트에서 보낸 1940년에 생산하는 플리머스를 자세히 소개하는 선전물을 받았다. 정말 멋있어 보인다! 아빠가 스튜드베이커 챔피언 대신 플리머스를 선호하여 선택하면 친구 쿡 씨가 플리머스를 사는 것에 도움을 줄거라고 확신한다.

일요일 오후: 점심 이전에 이 편지를 끝내지 못했다. 그래서 지금 계속 써야한다. 우리는 정말로 끝내주는 점심을 먹었다. 멋진 소고기 스테이크, 밥과 고깃국(gravy), 팬에 구운 (당을 첨가한) 고구마, 옥수수빵, 시금치, 그리고 앨비를 생각나게 만든 후식을 먹었다. 그 후식은 푸딩이었는데 앨비가 가장 좋아했던 것으로 이름은 잊었다만 아주 큰 사발에서 요리되는데 (우리 요리사가 아주 잘 만드는) 아주 두터운 [해독불가]가 푸딩 위에 놓인다. 우리가 앞으로 계속 이런 좋은 식사만 하게 된다면, 정말 감사할 것이다. 주님께서 우리에게 가장 좋은 것을 주시려고 하면서 우리를 계속 복 주시리라 믿는다.

진 두피 선교사가 지금 매우 아프다. 무슨 병인지 우리는 아직 모른다. 그렇지만 장티푸스인 것이 확실한듯하다. 보그스 의사가 전주에서 금요일에 와서 그녀를 진찰했고, 린튼 목사와 아내 샤롯(Charlotte)[3]도 같이 와서 우리는 그들과 아주 괜찮은 만남을 가졌다. 그들은 우리 흔들의자

---

2 1939년 9월 17일 편지 참조.
3 1940년 2월 11일, 불 부인 편지 각주 참조.

중 세 개에 대해 말했다. 흔들의자에 관한 것인데, 아빠는 진저의 제안에 맞춰서 엄마가 위층에 있는 작은 난로 앞에 앉는 그 작은 흔들의자를 가져갈 계획이다. 아빠 생각에 그것을 분해해서 옷장 안에 넣으면 특별히 돈이 들지 않을 것 같다.

존 탈마지와 그의 가족, 엘리자베스 우즈, 지미 윌슨 그리고 그의 아내가 여전히 서울에서 어학원에 있는데 몇 주 뒤면 집으로 올 것이다. 그들이 나가 있어서 우리 선교부가 정말 많이 줄어들었다. 톰슨 사우덜과 그의 아내 (릴리언 크레인)도 어학원에 있다.

이번에는 그만 써야겠다. 이번에 특별한 소식은 없다. 매번 하던 이야기다. 너희들을 생각하며 미국으로 가는 것을 항상 생각한다. 책을 포장하기 시작했다. 그리고 가져가지 않을 책을 팔려고 한다. 가재도구에 관해서는 모두가 완전히 팔렸는데 거실에 있는 "스탠드 옷걸이"와 우리가 화분 두는 용도로 사용하던 작은 스탠드마저 팔렸다.

너무너무 사랑하는 아빠가.

1939년 11월 19일, 또 다른 일요일 아침

한국(조선), 군산

가장 사랑하는 자녀들에게,

　너희들 모두에게 일요일 아침 인사를 한다. 아빠는 지난밤 잠을 많이 자지 못했다. 짐 싸는 것과 물건을 팔아 없애는 것 등에 대해서 너무도 많은 생각을 하기 때문이다. 그래서 일반적인 일요일 아침 하던 일과 대조적으로, 아침에 일찍 일어났고, 아침 먹기 전에 면도하고, 근사한 목욕을 했다. 상당 기간 아빠가 하던 일은 밤에 깨어있는 상태로 누워있고, 동이 틀 무렵까지 잠을 자고, 일어나서 엄마를 위해 욕실에 불을 때고, 그런 다음 침대로 돌아가서 아침 먹기 바로 전까지 잠을 자는 것이다. 그런 다음 벌떡 일어나서 세수하고 아침 먹으러 내려가고, 그런 다음 되돌아와서, 면도하고, 너희 사랑하는 자녀들과 약간의 담소를 나누려고 내려오는 것이다. 그런데 오늘 아침은 아침이 될 때까지 잠을 잘 수가 없었다. 그래서 너희들하고 담소 나누는 것을 시작하기 위하여 평상시보다 약간 더 일찍 일어났다.

　아빠를 특별히 걱정하게 만들며, 마음을 점점 무겁게 만드는 한 가지가 있는데 그것은 일주일 전에 아빠가 너무 무거워서 미국으로 가져갈 수 없어 처분해야할 책들의 목록을 보냈다는 것이다. 이 목록에는 상당히 많은 신학에 관한 표준도서와 여러 가지 종교 관련 책이 포함되어있는데, 아빠가 가격을 터무니없이 낮게 책정해서 그 책들을 원하는 편지가 쏟아져 들어오고 있다. 이 책 중 많은 것이 아빠의 대학 시절, 신학교 시절 쓰던 교과서들인데, 지난 40년 동안 아빠의 서재 벽에 줄지어 있던 것이고 아빠가 하던 일에서 고개를 들 때마다 눈에 들어왔던 것들이다. 성경주석, 성경용어색인, 백과사전 같은 것들은 40년 내내 계속해서 참조했던 것인데 사경회, 성경학원, 신학교 등에서 가르치는 것을 준비하면서 특히 참조하던 것이다. 아빠가 평생 그렇게 그리스어를 잘했던 것은 아니지만, 오늘 아침 프레스톤 목사가 아빠의 작은 그리스 성경을 요청했을 때, 아빠는 그것을 꺼내서 훑어보기 시작했다. 그 책 전체에 아빠가 신학교에 있는 동안 수업 시간에 여백에 적었던 글들이 있었다. 그런 기억들과 관련된 일들 때문에 아빠는 완전히 마음이 찢어졌다. 특별히 이 모든 세월 동안 아빠에게 그렇게 의미가 많았던 책들과 정말로 헤어질 생각을 하니까, 생각했던 것보다 훨씬 더 많이 마음이 아팠다. 그러나, 엄마와 아빠는 처분하는 것이 해야 할 일이라는 결론에 도달했다. 왜냐면 우리가 많이 가지고 있지 않은 가벼운 문학책 말고는 책이 특히 무겁기 때문이다. 아빠가 미국에 도착하면, 이 책들을 팔아서 받은 돈으로 새 책 몇 권을 살 수 있을 것이다. 또한 도서관에 가면 백과사전을 볼 수 있을 것이고, 성경주석 등을 참조하려면 동료 설교자들의 서재를 이용할 수 있을 것이다.

이런 것이 인생이다. "우리는 만나지만 다시 헤어진다. 우리가 헤어지지만, 다시 만날 것이다!" "다시는 이별이 없는 곳에 있게 되는 것은 얼마나 복된 삶인지. 우리 모두 잘살아서 모두가 이런 복된 삶에 참여하기를 기원한다."

아빠가 지난번 편지 쓴 이래로 우리 계획에 있어서 변화는 없다. 아빠가 아는 한 우리가 타고 갈 배는 여전히 프레지던트 태프트로 5월 22일에 고정되어있다. 그 회사가 운영하는 다른 배에 빈자리가 생기면 우리가 가는 배편이 더 빨라지길 희망하고 있지만 말이다. 우리의 활동이 이곳에서 너무 방해받기 때문에 우리는 아무것도 할 수 없다. 과거에 아빠가 교회에 가게 되면 예배를 인도해달라는 요청을 받지 않은 적이 없다. [해독불가] 예배의 어떤 부분에라도 참여해달라는 요청을 받지 않는다. 동네 교회 목사는 완전히 겁을 먹어서, 우리 집에 올라와 아빠를 보는 것도 조심한다. 아빠는 감히 시골 교회를 방문하지 않는다. 아빠가 가게 되면 그 교회 한국 기독교인들이 매우 불편해지기 때문이다. 물론, 이것은 학교를 폐쇄한다든지 하는 등의 특정 사안에 대해서 우리가 취한 입장 때문이다.

지금 정말로 이상적인 아름답고 좋은 한국 가을 날씨이다. 그래서 뭔가를 하고 싶게 만든다. 마지막 순간에 너무 서두르지 않도록 이 날씨를 이용하여서 정리하려고 한다.

집에 있는 물건들을 살펴보며, 우리 집에서 가져갈 것과 그렇지 않은 것을 정하다가, (한국 목수에게 시켜 너희들을 위해서 만들어준, 침실 등의) 작은 인형집 가구에 대해서 우리가 그것들을 집으로 가져가는 것을 정당하게 만들 만큼 너희 중 어느 누군가 관심이 있는지 궁금하다. 또한, 앨비의 신학생 남자친구가 준, 사랑으로 가득한 조그마한 삼나무 옷장이 있다. 그 옷장을 가져다주길 원할 만큼 그 옷장에 충분히 관심이 있는지 궁금하다. 우리는 그 옷장 속을 다른 것으로 채우고 그 옷장을 다른 것과 함께 더 큰 상자에 넣을 수 있다.

진 두피 선교사가 좋아지는 것 같다고 말 할 수 있어서 정말 기쁘다. 그녀는 정말 아팠다. 전주에 있는 보그스 박사가 그녀를 진찰하기 위해 빈번하게 왔다. 집으로 가져가는 것에 대해서 말할게. 아빠가 편지 쓰던 것에서 잠시 쉬고 눈을 들어 보니 거실문이 보이는데 그 문은 홀로 이어지고, 이어서 위층 계단까지 이어진다. 그 문을 보다 보니, 그 문이 심하게 "곰보 자국"이 있는 것을 알게 되었다. 어젯밤에 그것을 보다가 그 문도 기념품으로 고국으로 가져가고 싶었다. 그것을 보는데 망치를 손에 들고 아주 부드러운 만주산 소나무로 만들어진 문을 계속 내려쳐서 그때마다 망치 자국을 남기던 귀엽고 통통한 약 두 살 먹은 마가렛이 실물 크기로 아빠 앞에 보였기 때문이다. 유모가 그 모습을 지켜보며 앉아 있으면서도 그만두게 하려는 어떤 일도 하지 않았다. 그래서 아빠가 "유모, 도대체 왜 그만두게 하지 않아요?"라고 했더니, 유모는 "제가 그만두게 하면, 아이가 울지도 모르잖아요!"라고 답했다. 왜 마가렛이 자기 멋대로 됐는지 알겠지? 아빠가 지금 당장 하고 싶은 것은 마가렛이 좀 더 자기 멋대로 하게 할(?) 그곳에 함께 있는 것이다.

현재 한국 교회의 상황 때문에 생긴 결과로 보이는 가장 가슴 아픈 것들에는 (너희들도 그러리라 예상하듯) 교회가 명백하게 영적 힘을 잃은 것과 많은 사람이 교회에서 떨어져 나간다는 것이다. 우리는 주님의 날과 시간에 주님께서 하실 것으로 믿는 것들에 주님께서 손을 대시길 정말 분명히 기도하고 있다. 그렇지만 한국 교회를 현재 상황에 두고, 즉 40년의 사역이 훼손되는 것을 보며 떠날 생각을 하니 마음이 몹시 아프다.

소중한 자녀들아, 비가 오지 않아 이 나라가 수개월 동안 아주 심각한 가뭄으로 힘들어했다는 말을 아빠가 편지에 쓴 것으로 알고 있다. 우리는 심각한 편지의 가뭄으로 며칠간 고통받고 있다. 그렇지만 우리는 이 일이 너희 탓이라고 생각하지 않는다. 너희가 편지를 썼겠지만 우편 제도에 문제가 있었겠지. 그렇지만 우리는 상당 기간 어떤 편지도 받지 못했다. 우리는 비가 오지 않을 때 단비를 기다리는 사람들처럼 너희들의 편지를 기다리고 있다. 곧 많은 편지를 받을 것을 희망한다. 최근 미국에서 배가 들어왔고, 그 배에 있는 편지들이 이곳으로 올 때가 되었거든.

이 타자 용지의 끝까지 가고 있다. 그래서 이제 그만 써야겠다. 이 세상에서 가장 이쁜 사람들에게 이 세상의 모든 사랑을 담아 보낸다.

너무너무 사랑하는 아빠가.

1939년 11월 24일

조선(한국), 군산

소중한 딸에게,

나이 든 아빠가 너를 얼마나 사랑하는지 그리고 너에 대해서라면 얼마나 물불을 가리지 않는지를 안다면 아마도 너는 머리가 너무 부풀어 올라서 머리 크기를 잴 수가 없을 것이다. (아니면 머리가 계속 붙어있지 못할 것이다!) 네가 아닌 다른 사람이었다면, 그렇게 되었을 것이다. 그런데 너는 괜찮은 아이라서 어떤 것도, 심지어 집 구석구석을 망치로 두드리고 다녀도 너를 멈추게 하지 않고 그냥 앉아 있던 너의 나이 든 유모들도 너를 버릇없게 만들지는 않을 것이다.

네가 10월 27일 보낸 편지가 어제 도착했다. 그 편지를 받고 우리는 항상 그렇듯 아주 기뻤다.

아빠는 지금 특별히 네가 면도용 비누에 관해서 한 질문에 답을 하기 위해 편지하고 있다. 비누가 도착하지 않았다. 네가 보내줬던 것을 아주 잘 사용했고 지금도 잘 사용하고 있으며, 아빠가 미국에 도착할 때까지는 다른 것이 더 없어도 문제없다. 며칠 더 쓸 수 있는 비누를 비누함에 남겨두었다. 그것을 다 쓰면 아빠가 지난번 안식년 휴가에서 돌아올 때 가지고 왔던 면도용 비누가 미국에 갈 때까지 충분히 남아 있고 그 후에도 그것을 더 사용할 수 있다! 그렇지만, 아빠가 필요하다면 더 보내겠다는 너의 친절한 제안을 고맙게 생각한다. 네가 보내준 것을 정말 잘 썼다. 놀랍도록 부드럽고 거품도 많아서 매우 좋았다. 사실, 아빠가 지금껏 사용한 것 중에서 최고라고 생각한다. 그렇지만, 지금 아빠가 가지고 있는 것이 완벽하게 좋은 "윌리엄스 면도용 비누"고 풍부하게 가지고 있다. 이 비누가 아주 뛰어난데 이것을 사용해야만 한다고 해서 전혀 고통스러운 일이 아니다. 그러니 아빠에게 더 많이 보내주기 위해서 예쁜 너 자신을 신경 쓰게 만들지 말렴. 아빠에게 모든 것이 잘 될 거다. 그래도 너의 사려 깊음에 고맙다.

어제 빌 채임벌런에게 그의 은행에 있는 아빠 계좌에 넣어달라고 언더우드 타자기(Underwood typewriter) 판매[1]를 하여 얻은 100엔을 보냈다. 그러나, 일본 엔화가 지금 너무 낮아서 아빠가 달러로 환전하러 갔을 때 23.34달러밖에 되지 않았다. 며칠 전에 아빠는 오래된 털 코트를 팔았다. 그것은 90엔을 받았다. 여기에 약간 더 보태서 하루나 이틀 뒤에 빌에게 보낼 것이다. 요즘은 아빠도 모르는 사이 끔찍이도 돈에 신경쓰게 된다. 아빠가 미국에 가서 새로운 집을 갖게 될 것을 생각하는데 이 모든 일이 가구 등에 관계된다. 우리가 모든 것을 가지고 갈 수는 없기에 가지고 있는 모든 것을 자연스럽게 팔아치우고 있다. 그러나 우리 물건에 대해서 우리가 받게 되는 것은 미국 돈으로는 다 합쳐도 많은 돈이 되지 않는다. 가져가기에 너무 무거워서 책도 팔아 치우고 있다. 아빠가 다른 모든 선교부에 책 목록을 보냈는데, 목록에 있는 것들이 정말 좋은 것들이라서 많은 사람이 책을 원한다.

최근에 리치먼드에서 우리 집을 꾸미려면 얼마나 들지를 알아보려고 몽고메리 워드[2]의 목록을 살펴보고 있다. 방마다 시몬스 뷰티레스트 매

---

1 언더우드 타자기(Underwood typewriter)의 설립자 John T. Underwood(1857.4.12.~ 1937.7.2.)는 우리나라 최초 선교사 중 한 명인 미국북장로교 소속의 언더우드(Horace G. Underwood, 1859.7.19.~1916.10.12.)의 형으로, 동생의 사역에 재정적으로 큰 기여를 했고, 미국남장로교 한국선교회에도 재정적으로 후원함. http://www.koreatimes.co.kr/www/opinon/2018/10/197_256179.html

2 Montgomery Ward & Co.(1872~2001) 초기에는 우편주문 사업의 선두주자였으며 나

트리스가 있는 방 세 칸 집을 생각하고 있다. 방 하나는 아빠, 하나는 엄마, 그리고 하나는 우리의 소중한 딸 마지를 위한 것이다. 우리는 네가 학교에 있는 동안, 네 방을 "손님용 방"으로 사용할 수 있다. 네가 집에 있는데 혹시 손님이 온다면 엄마, 아빠가 같은 방을 써도 아무 어려움이 없을 것이다.

너의 학교 일에 대해서 말하마. 우드워드(Woodward) 씨 부부가 "직접 보게 되면 좋은 것인지 알아본다."라는 것을 알고, 우리 딸의 진가를 알아봐 줘서 기쁘다. 언젠가 편지에 다른 직업을 원한다고 썼지. 물론 너 자신을 더 성장시킬 수 있다면 엄마와 아빠는 네가 그렇게 하는 것이 아주 기쁠 것이다. 그러나 우리 둘 다 네가 다른 직업을 "꽉 움켜쥐기" 전까지는 현재의 직업을 그만두지 않기를 정말로 바란다. 요즘 직업이 없다는 것이 무엇을 의미하는지 다른 사람들의 경험을 통해 네가 충분히 알 것이기에 네가 그러지 않으리라고 아빠는 확신한다.

너의 학교가 언제 끝나는지 궁금하다. 우리가 초여름에, 말하자면 6월 15일에, 리치먼드에 도착하면 진저는 그곳에 없을 것 같다. 그러나 너의 학교가 항상 진저 학교보다 훨씬 일찍 학기가 끝나기에 우리가 리치먼드에 내릴 때 승강장에 네가 있을 거라 생각한다. 아빠가 너에게서 모든 숨을 앗아갈 정도로 꼭 껴안아 줄 터이니 갈비뼈 보호대를 하고 오는 것이 좋을 거다!

소중한 어린 딸아, 이번에는 그만 써야겠다. 이 세상에서 가장 예쁜 어린 딸에게 이 세상의 모든 사랑을 전하마.

너무너무 사랑하는 아빠가.

중에는 백화점 체인을 운영함. 현재 Mongomery Ward Inc.는 온라인 쇼핑과 우편주문 판매를 함.

면도용 비누에 대해서 말하마. 아빠는 당연히 매일 아침 면도를 한다. 고맙게도 네가 보내준 것을 지난 몇 달 동안 사용하고 있다. 그리고 매일 아침 이 비누를 사용하면서 이 비누를 보내줄 소중한 딸을 특별히 생각한다.

네가 엄마에게 보낸 생일 선물이 막 도착했다.

1939년 12월 4일

조선, 군산

사랑하는 소중한 자녀들에게,

　아빠가 오늘 아침 너무 좋은 소식을 들어서, 이 소식을 전달해주지 않을 수가 없다. 너희들 모두 아빠가 기뻐하는 것의 일부라도 기뻐하길 바란다.

　오늘 아침 받은 소식인데, 5월 22일 출발하는 프레지던트 태프트 호에서 4월 10일 고베에서 출발하는 프레지던트 클리브랜드 호로 우리가 옮겨졌다는 것이다. 이야, 만세! 이 말은 우리가 예상했던 것보다 훨씬 더 이른 시간에 너희들을 두 팔로 안을 큰 기쁨을 갖게 된다는 말이다. 우리가 샌프란시스코에 4월 25일경에 도착할 거라는 것을 의미한다. 아직 단지 추측일 뿐이다. 아빠가 알게 되자마자 너희들에게 확실히 알려주마. 우리가 5월 1일이면 리치먼드에 있을 것을 의미한다. 그러면 이곳에서는 겨우 넉 달만 더 있으면 된다. 고베에서 우리 배를 타려면 우리가 4월 초에 떠나야 한다. 물건들을 싸고 정리하느라 현재와 그날 사이에 우리가 아주 바쁠 거라는 것을 뜻한다. 다행히 우리 가재도구는 모두가 팔렸고 (꽃병을 올려두던 작은 스탠드 마저도 팔렸다.) 구매자들은 그것들이 배달되기를 기다리고 있다. 우리 물건을 사람들이 가져가게 하고, 우리가 떠나기 전에 집을 깨끗이 청소해야 해서 3월 초에는 살림을 접어야 할 것이다.

　우리는 미션 코트에서 숙소를 얻을 수 있을지 없을지 아직 (확실하게)

듣지 못했다. 그래서 우리가 미국에 도착할 때 우리가 스스로 집을 찾아볼 동안에 우리가 머물 임시숙소로 즉 (작은) 공동주택이건 (월 단위) 집이건, 하숙할 집이건 너희가 우리 대신 찾아보도록 하는 요청을 반복한다. 앨비와 빌[1]이 리치먼드에 살기에, 그곳이 우리가 정착하기를 자연스럽게 원하는 곳이다. 그러나 그곳에서 만족스러운 것을 얻지 못하면 노폭 주변도 또한 알아보는 것이 좋을 것이다. (노폭에도 아빠가 아주 많이 생각하는 숙녀와 가족이 있다.[2])

이 특별한 소식을 너희들에게 전달하려 너무 서두르다 보니 아빠가 지금 너무너무 바쁘다만 편지를 쓰기 위해 일을 잠시 멈춰야만 했다. 그런데 지금 그만 써야겠다.

너희 사랑하는 자녀들 한명 한명에게 온 세상의 사랑을 전한다.

너무너무 사랑하는 아빠가.

---

1 이 편지에 나온 아들 빌은 Bill B. 사위는 Bill C.로 구분됨. 1939년 7월 30일 편지 참조.
2 불 선교사의 여동생 Mary Augusta Bull Priest(1879.9.16.~1947.6.1.). 이 지역에서 유명한 교회 음악가로 뛰어난 독창자였음.

1939년 12월 31일

이 편지의 마지막에 있는 쪽지를 보렴.

사랑하는 자녀들과 여동생에게,

오늘 일요일에 일상적으로 하던 일에 약간 늦었다. 오후 두 시인데 "너희 모두"와 상당 기간 나누고 싶었던 담소를 위해 앉았다. 이렇게 하는 것이 묵은해를 보내는 가장 좋은 방법일 뿐 아니라 우리가 정말 멋있는 성탄절을 어제 보냈기 때문이다. 어제 우편배달부가 너무 많은 우편물을 가지고 있었기 때문에 작은 닷선(Datsun)[1] 차를 타고 와야 했다. (막 태어난 어린 아가처럼) 작은 닷선 차는 너무도 무거운 짐을 싣고 있어서 우리가 있는 동산을 거의 올라오지 못했다. 사실, 이곳에 올라오느라 너무 힘을 많이 써야 해서 진짜 이곳에 도착했을 때는 라디에이터에 있는 물이 끓고 있었다. 우리는 증발한 물을 대체하기 위해서 차에 물을 넣어야 했다. 그 차는 선교부에 있는 거의 모두에게 오는 짐을 가지고 도착했는데, 병원에서 사용할, 흰색 십자가가 있는 짐이 엄청 쌓여있었다. 그래서 짐이 그렇게 무거웠다. 소포 중에 여덟 개가 엄마와 아빠 것이었다. 우리는 서둘러서 2층으로 올라가 엄마 방에 있는 작은 난로 앞으로 가서 그것들을 열어봤다. 아주 기쁘게 소포를 열었다. 사실 포장지를 풀면서 행복과 감사가 아빠를 덮쳐왔다. 그리고 포장하던 예쁜 손들을 생각하느

---

1 닷선(Datsun)은 닛산 자동차 산하의 브랜드임. 1931년 창립됨.

라 포장 푸는 것을 계속할 수가 없었다. 우리는 너희 모두 우리에게 보내준 좋은 선물에 대해서 정말로 고맙게 생각한다. 선물들이 "꼭 우리가 원하던 것"이었다. 선물을 고를 때 너희들 모두가 우리가 집으로 가는 것을 생각했음이 틀림없다. 너희들 선물 때문에 배 타고 가는 여정에 모든 준비가 되었다. 선물에 대해서 세세한 것을 말하지 않으마. 그런데 예쁜 세면용품들이 우리 여행에 아주 적합한 것이었다. 그리고 침대 시트 커버는 정확하게 우리가 원하는 것이었다. 아빠에게는 지난번 안식년 휴가에서 가지고 온 몇 개의 괜찮은 미국 구두가 있다. 그 구두는 아주 특별한 경우만 신었는데, 그렇지 않은 때는 좋은 구두를 아끼려고 중국제나 일본제 구두를 신었다. 그래서 미국 구두들은 아빠가 미국에서 가져올 때처럼 아주 괜찮다. (아빠가 지금 갖고 있는 것을 포함하여) 구두 덧신의 수는 되가져가려고 의도하는 구두와 정확히 맞다. 사실 이런 구두들은 이미 구두 덧신 속에 들어있고, 아빠가 가져가기 위해 포장하기 시작한, 배에 싣는 짐 가방에 들어있다.

성탄절이 왔다가 지나갔으니 우리는 정말로 떠날 준비를 본격적으로 시작하고 있다. 벽에 있는 모든 사진을 떼어냈고 미국으로 가져갈 소하물에 포장했다. 사진틀을 사는 것과 관련해서는 중고가게 주인과 이야기하기 시작했다. 어제 한 사람이 와서 사진틀을 봤다. 상아가 여러 날 동안 한국 나무(전나무)로 포장 상자를 꾸준히 만들고 있는데 거의 끝나간다. 우리의 현관과 차고는 내용물을 기다리는 포장 상자로 쌓여있다. 물건은 3월 1일경에 넣으려고 한다. 우리가 출발하기 한 달 전에 보내려고 하는데 그래도 우리가 미국에 도착해서 기차로 대륙을 횡단하더라도 우리가 먼저 도착할 것 같고 화물은 파나마 운하를 통과해서 일주하여 노폭으로 가게 될 것이다. 아빠가 아마도 시간에 맞춰 노폭으로 가서 그것들을 받아서 세관 검사 등에 함께 할 것이다. 노폭에서 리치먼드로는 화물차를 이용해서 보낼 것인데, 물건들을 보낼 최선의 방법이라 생각한다. 우리가 이곳 군산에서 3월 1일에 S.S.(Steam Ship) 회사에 우리 짐을 맡기더라도 그 짐이 고베까지 가는 데는 2, 3주가 걸릴 것이다. 이곳에서 고베까지 갈 배가 언제 있을 것인지는 알 수가 없다.

너희들이 들었듯, 12월 28일 광주에서 윌킨스 선교사가 윌 매킬웨인[2]과 결혼했다. (그들이 노스필드에서 우리와 함께 있었기에 너희들 모두는 아마 기억할지도 모르겠다.) 이런 일이 우리 선교회가 지금까지 한 가장 대중적인 활동이다. 아빠와 엄마를 제외하고 선교회에 속한 거의 모든 사람이 그곳으로 갔다. 윌슨 의사가 어제 멋진 쉐보레 신형 차를 타고 이곳에 왔었는데 같이 내려가자고 우리를 강권했지만, 엄마가 몸이 좋지 않아 힘든 여정을 함께 하고 싶지 않다고 하자 아빠도 당연히 가지 않았다. 일본 선교회에서 온 몇 친구들이 있었다. (윌 매킬웨인은 일본 선교회 소속이다.) 그들 중에 하퍼 브래디(Harper Brady)[3] 부부, 샤롯 테일러(Charlotte Taylor) 선교사, (이름이 생각나지 않는) 다른 여선교사, 그리고 두 명의 하퍼 부부 자녀들이 있었다. (아이들을 제외하고) 그들 모두 어제 우리를 보러 왔다. 떠날 준비를 하며 우리 집이 다 뜯어진 상태였다. 우리가 가지고 갈 것들에 대해서 이야기를 나누다가 아빠가 그들을 위층으로 데리고 가서 옷장을 보여줬다. 그리고 엄마가 반대하지만, 아빠가 가지고 갈 계획이라고 말했다. 그 옷장을 보며 모두가 정말 훌륭한 것이다는 말 등을 하며 경탄했다. 그리고 자신들이라면 반드시 가져갈 것이라고 모두 힘주어 말했다. 아빠가 말했듯 그렇게 할 계획이다. 포장용 상자를 거의 다 만들었다. 아빠가 비밀스럽게 하려고 하는 또 다른 것은 작은 인형 가구와 작은 책상을 가져가는 거다. 아빠가 책상을 분해해서 포장할 생각으

---

2 1939년 12월 28일 광주에서 결혼한 후, 일본으로 건너가서 선교사를 함. 1939년 8월 27일 편지 참조. https://www.pcahistory.org/mo/mcilwaine/index.html

3 Rev. John Harper Brady Sr.(1891.9.20.~1969.8.11.), Elizabeth (Willie) Walker Robertson(1890.4.23.~1956.5.1.).

로 점검해봤던 것 말고는 아직 책상을 건드리지 않았다. 그러나 작은 인형 가구는 이미 큰 포장 사장 속에 들어있다. 진저가 편지에 쓴 작은 짐가방은 아빠가 책을 넣어가는 용도로 사용할 계획이다.(사실 이미 그 안에 책이 몇 권 있다.) 모든 것을 아주 튼튼한 상자에 넣어서 그 짐가방이 운송 중에 해를 입지 않도록 할 것이다. 그런데, 너희 딸들이 이런 특정한 짐(또는 가구)에 너무 많은 기대를 하면 안 된다. 왜냐면 이곳 집에서 너희들이 보낸 어린 시절과 관련해 그것들에 대해서 정말 좋은 기억이 있기 때문이다. 너희들이 그것들을 보게 되며 절대 실망해서는 안 된다. 그것들이 너희들이 가지고 있는 기억에 아마도 맞지 않을 것이기 때문이다. 살아보니 그렇다. 어린 시절의 물건들은 항상 세월의 흐름 속에서 (우리 기억 속에서) 대단한 의미를 준다. 그런데 여러 해 동안 떨어져 있다가 그것들을 보면 우리는 빈번하게도 실망한다. 아빠는 이것들이 특별히 예쁘거나, 특별히 귀엽거나 어떤 특별한 것이라 가져가는 것이 아니다. 주로 그 물건들이 떠올리게 하는 것들 때문에 가져간다. 그 물건들과 관련된 정서 때문이지. 이곳에서 너희들이 어린아이였을 때 "너희들 모두"가 가지고 놀았던 것들이기 때문에 가져가는 것이다. 너희들은 있는 그대로 너무도 사랑스러웠다. 우리는 결코 잊지 못할 것이다. 너희를 아는 한국인들이 너희 모두를 아주 사랑스럽게 기억하고 있어서 우리는 아주 기쁘다. 그들이 너희를 어떻게 다르게 기억할 수 있겠니!

빌 불이 자신이 얼마나 사랑스러운 어린 숙녀를 사로잡았는지를 편지했을 때, 빌은 "아주 실용적인 어린 숙녀입니다. 아주 살림을 잘합니다."라고 말했다. 빌은 이것을 철저히 믿었으며 다른 사람이 이것을 확인해줄 필요도 전혀 없었다. 그렇지만 우리가 어떤 확신이라도 필요했었다면, 우리는 오늘 점심에서 그 어린 숙녀가 (빌의 도움을 받아) 우리를 위해 만들어준 멋진 과일 케이크를 맛보며 확인해주었을 것이다. 그 케이크는 맛있었다. 우리는 처음 먹은 그 케이크를 정말로 맛있게 먹었다. 우리는 케익 그 자체보다 그것을 만든 상냥한 어린 숙녀와 우리에게 보내줄 아름다운 생각을 한 것에 대해서 더 즐겁게 생각했다. 케이크는 정말 맛있다.

오늘은 1939년의 마지막 날이며 내일은 1940년의 첫날이다. 내년 성탄절에는 우리가 너희 모두와 함께 있을 것이며, 내후년 새해가 되기 전(또는 새해 무렵) 우리가 우리의 작은 집에 있게 될 것이다. 그 집에는 너희 모두 우리를 빈번하게 보러 오도록 충분한 방이 있을 것이다. 그것이 우리가 이 시기에 은퇴하는 목적이다.

소중한 이들아, 아빠가 편지에 쓸 수 있는 것이 딱 하나 있을 것 같다. 그것은 집에 가는 것이다. 이 일이 아빠 마음에 항상 있는 주제 즉 소중한 너희들을 아빠가 볼 수 있는 곳에 있는 것이기 때문이다.

생각해보렴. 내일이면 1월 1일이다. 그 말은 실제로 지금과 집으로 가는 여정을 위해 떠나기로 정한 4월 3일 사이에 꼭 3달만 남았다는 것이다. 또한 12주만 남았다는 것을 의미하는데, 일 주가 얼마나 빨리 지나가는지 생각해보렴. 일요일을 지내면 다음 일요일이 금방 온다. (시간이 너무도 빨리 간다는 것을 깨달은) 이런 이유로 아빠는 우리가 집에 가는 여정에 대해서 많이 생각하고, 말하고, 글을 쓰고 있다. 우리는 지금 몇 주, 몇 달 전에 계획하기 시작한 것에 아주 만족한다. 지금 떠날 준비로 아주 잘 정리하지 않으면, 떠날 준비 하느라 정말 엄청 수렁 속에서 헤맸을 것이기 때문이다. 상황이 이래서 떠날 준비를 하는 것이 우리에게 큰 부담이 되지 않는다. 어제 손님용 방을 막 해체하려고 하는데 전주의 보이어 목사 부부가 우리에게 마지막 송별 방문을 하러 온다는 말을 들었다. 그래서 그들이 하루만 머무를 것이기에 우리는 손님용 방에 대한 공격은 그만두기로 했다. 아빠는 아빠 책 대부분을 팔았다. 모레는 아빠가 거실과 식사 공간을 해체하는 것을 끝낼 것이다. 사진은 모두 벽에서 떼 냈지만, (너희가 알다시피) 우리가 거실을 남에게 보여줄 만큼 만들어주는 많은 놋그릇이 있다. 그래서 보이어 목사 부부가 방문하기에 그것들을 그냥 둘 것이다. 그렇지만 그들이 떠나고 난 다음 날 포장을 시작할 것이다. 너희 소중한 사람들이 아빠만큼 이런 세세한 것들에 관심이 절반이라도 있길 바란다. 이런 것들이 아빠에게 아주 큰 의미이기 때문이다.

이번에는 이제 맺어야겠다. 세상에서 가장 예쁜 사람들에게 온 세상의 사랑을 보낸다.

너무너무 사랑하는 아빠가.

추신: 첫 장을 들어서 불에 비춰보렴. 그리고 첫 장을 다 읽어보렴. 정말 미안하다만 (너희들이 볼 수 있듯) 아빠가 첫 장을 타자기에 거꾸로 넣었다. 그렇지만 아빠의 책상 서랍을 청소하다가 가지고 있는 줄도 모르고 있던 새로운 카본 종이를 며칠 전 우연히도 발견했다. 종이를 빛에 놓고 보면 너희들이 읽을 만큼 충분히 검정색 일거다.

1939년 12월 31일

한국, 군산
불 부인(Mrs. William F. Bull)

소중한 마가렛에게,

  지난주는 우리에게 아주 풍족한 한 주였다. 네가 11월 23일과 11월 26일에 보낸 두 통의 편지와 버지니아가 보낸 한 통의 편지를 받았기 때문이다. 어제 아침에 우리는 여덟 개의 성탄절 소포를 받았는데, 너에게서 세 개, 버지니아에게서 네 개, 그리고 윌리엄, 젤마, 글로리아가 보낸 맛있는 과일 케이크 하나다. 우리는 모든 소포를 개봉하면서 즐거웠다.
  너의 선물을 정말로 고마워하고 잘 사용했다. 아빠는 면도용 비누를 너무너무 좋아하며 오늘 아침 사용하기 시작했다. 사탕이 든 상자 정말 좋았다! 아직 열지 않았다. 성탄절이 지날 때까지 기다릴 생각이다. 네가 보낸 다른 소포도 좋았다! 너무 멋지고 예뻐서 포장을 풀어보기가 싫었다. 우리가 미국으로 돌아갈 때 필요로 할 것들을 보내주다니 너는 참 생각이 깊다. 네가 보내준 하나하나가 정말 고맙다. 우리의 사랑스러운 딸이 아니면 누가 그런 뽑아 쓰는 휴지를 생각이나 했겠니? 그런 것을 가지고 있으니 참 좋다. 너는 정말 사랑스럽고 예쁜 딸이다. 정말이다. 버지니아가 보낸 소포도 좋았다. 엄마에게 아름다운 스타킹 두 쌍을 보냈고, 아빠에게는 신발주머니 네 쌍을 보냈는데, 아빠는 이미 그것을 좋은 신발에 사용했다. 젤라틴 묶음 네 개와 크래프트(Kraft) 치즈 묶음 한 개 들어간 상자가 우리에게 왔다. 이곳에서는 지금 젤라틴을 살 수 없다.

그리고 엄마는 정말로 포도 주스 젤리를 좋아한다. 어제 포도 주스 젤리를 한 사발 만들어서 윌리엄과 젤마가 보내준 맛있는 케이크의 일부와 함께 오늘 후식으로 먹었다. 우리를 위해 그 케이크를 만들어준 젤마가 사랑스럽다. 너희들이 보내준 모든 것에 대해서 정말 고맙다.

너의 편지를 매우 재미있게 읽었다. 상당한 비로 인해서 건기가 오래 전에 없어졌기를 바란다.

너의 외투가 아주 좋고 따스하면 좋겠다. 무겁다고 해서 반드시 따뜻함을 더해주지는 않는다. 아주 예쁜 것임이 분명하다. 싼값에 정말 좋은 옷을 샀구나. 네가 보내준 견본을 좋아한다. 옷에 잘 맞다니 기쁘다. 딘(Deen)을 보지 않았다니 안타깝다.

너의 새로운 편지지를 알아봤다. 정말 좋구나. 누구 생각이었니?

네가 쓴 따스한 생일 편지와 나이 먹은 네 엄마에 대해서 쓴 사랑스러운 말들에 대해 정말로 고맙게 생각한다.

좋은 성탄절을 보냈다. 윌슨 박사 부부와의 만남이 정말 즐거웠다. 그들과 알고 지낸 지 오래되었다. 탈마지 가족 집에서 성탄절 만찬을 했고, 그린 선교사와 낮 동안 만찬을 했고, 윌슨 가족들과 저녁에 만찬을 했다. 수요일에는 그들 모두가 이곳에서 10시에 먹었다. 사교 시간을 가졌는데 평화와 조화가 우리 가운데 있었다. 엘리자베스 우즈와 두피 선교사 자매는 다른 곳에 있었다. 전자는 광주에 후자는 순천에 있었다. 그래도 괜찮게 모였다.

목요일에 엄마가 위층에 있는 모든 사진을 떼 내고 사진틀에서 꺼냈다. 금요일에도 아래층에서 똑같이 했다. 액자 대부분을 팔 것이다. 물론, 가족사진은 미국으로 가져가려고 한다. 이 집을 정리할 것을 생각하니 쉽지 않은 일이지만 우리는 꾸준히 정리하고 있으며 상당히 많이 했다.

엄마는 사랑하는 너를 하나님께서 일 년 더 인도해주실 것을 기도하고 있다. 네가 또 다른 직업을 확보하기 전에 확실한 것을 포기하는 것을 정말 보고 싶지 않다. 조심히 움직여라. 특별히 직업이 없을 때, 직업을 찾는 것은 쉽지 않다. 우리가 정착하면 너에게 더 많은 도움이 될 수 있다. 지금 우리의 계획은 아주 혼란스럽고 미래는 알 수 없다. 너에게 더 가까이 있는 것은 아주 좋을 것이다. 진(Jeanne)은 어떻게 지내니?

마음속의 사랑을 전한다.

사랑하는 엄마가.

1940년 1월 2일

조선(한국), 군산

소중한 딸에게,

성탄절을 맞아 아빠에게 보내준 너의 모든 아름다운 것에 대해서 아빠가 얼마나 기뻐하는지 말할 수가 없구나. 아빠가 선물보다 더 좋아했던 유일한 것은 선물을 보내준 소중한 딸을 생각하는 것이다. 그리고 지금부터 약 넉 달 뒤면 딸을 팔로 안을 수 있다는 것이다. 정말 대단할 것 같지 않니?

네가 보내준 좋은 면도용 비누를 사용하려고 하니 아침이 어서 왔으면 좋겠다. 면도 세계에서는 좋은 비누를 쓰면 완전히 달라진다. (관찰해봐서) 네가 알겠지만 보통 상황에서 면도하는 것은 다소 지루한 일이다. 그러나 아빠가 면도할 때마다 정말로 예쁜 딸을 생각하게 만드는 멋진 비누를 사용하면 면도하는 그 시간이 따분한 일에서 즐거운 일로 변한다. 너의 생각 깊음에 정말 정말 고맙다.

이 편지에 우리의 계획에 관한 (그리고 계획을 실행하고 있는 것에 관한) 다소 긴 편지를 동봉하기에, 이번 편지는 이만 쓰련다.

사랑하는 아빠가.

1940년 1월 7일, 일요일, 저녁 8시

사랑하는 자녀들에게,

아빠가 일주일마다 쓰던 편지를 약간 늦게 시작하고 있다. 오늘 오후 영어예배에서 설교하게 되어있어서 준비하느라 오전에 바빴다. 오늘 동네 교회로 내려갔다. 정규 예배 시간 후에 공동의회가 있었다. 그래서 1시 25분까지 교회에서 나오지 못했다. 오늘 점심을 먹은 후 오후 예배를 준비하느라 다시 바빠졌다. 영어예배를 마치고 집에 왔을 때는 저녁 식사 시간이었다. 저녁을 먹고 여러 일로 바빴다. 일요일 저녁에는 예배 드리러 동네 한국 교회에 내려가는 것이 아빠의 관행이었으나 오늘 (온종일 방해받았기에) 너희 이쁜 애들에게 편지 쓰기 위해서 일부러 이번 저녁 은 빠졌다.

순천 아래에 있는 나환자촌에 갔던 아주 흥미로운 여정에 대해서 그리고 나환자들을 위해 집회를 열었던 것에 대해서 썼다. 그 사람들이 아빠의 40년 기념식을 열어주며 아빠가 섬긴 것에 대한 고마움을 보여주었다. 정말 멋진 행사였는데 그 기념식은 보통의 일반적인 회중이 했어도 잘했다는 말을 들었을 것이었다. 기념식 중에 선물을 증정하는 순서가 있었다. 그 당시에 그들은 아빠를 위해 주문했지만, 아직 도착하지 않았던 물품에 대한 설명을 담은 봉투를 주었다. 그 선물은 한국 은사발로 한국 국화(國花)의 형태였는데, 한국 지도와 고마움을 표시하는 마음도 새겨져 있었다. 이것을 만드는 데 상당한 시간이 걸렸다. 마침내 완성되어서 아빠에게 보내왔다. 오, 정말로 아름다운 것이다! 지름이 7.5인치이고, 상대적으로 깊으며, 연꽃 모양을 하고 있다. 즉 가리비 모양을 하고 있는데, 앞서 말했듯 한국 지도가 새겨져 있고, 아빠의 이름 등이 새겨져 있다. 아, 정말 아름다운 것이다. 미국 가면 이것을 자랑스럽게 보여줄 것이다. 아름다운 상자에 들어있는데, 상자는 비단 등으로 되어있다. 이 사발을 거실에 있는 책장 위에 세워뒀다. 윗면을 세우고 나환자촌 사람들 사진이 그 위에 있다. 이것보다 더 아름다운 선물 또는 이것보다 더 자랑스러운 선물을 받은 적을 모른다. 아빠는 이것이 우리 가문에 대대로 내려가기를 원한다. 너희 중에서 누가 이것을 물려받을지 궁금하다. 과일을 담아도 좋을 것이고 사탕을 담아도 좋을 것이다.

오늘이 1월 7일 일요일이라, 다음 일요일이 지나면 (단지 며칠 뒤면 그렇게 된다) 우리가 너희 소중한 사람들에게 배를 타고 떠나는 날까지는 실제 두 달 반이 남았다. 아, 참 좋다!

린튼 부부가 내일 우리를 잠시 방문하러 올 것이라 기대하고 있다. 린튼의 아내인 샤롯은 오지 않고 린튼과 사내아이들이 올 것이다. 그는 그가 미국에서 가지고 온 신형 포드 차량에 대한 사용허가서를 받았다. 그래서 축하할 겸 사내아이들을 태워주는 것이다. 우리는 린튼 목사와 남자아이들을 보게 되어 기쁠 것이지만 샤롯이 같이 오지 않아서 아쉽다. 선교회 사람들이 매우 친절하고 간곡하게 우리가 떠나기 전에 모든 선교부에 들러서 작별 인사를 해달라고 엄마와 아빠에게 계속 말한다. 그렇지만 엄마는 필수적인 여행을 하는 것을 주저한다. 그래서 우리는 가지 않을 계획이다. 비록 웅거 목사가 군산으로 올라와서 자신의 예쁜 스튜드베이커 챔피언에 우리를 태우고 다른 선교부를 방문한다고 했지만 말이다. 그 차는 아주 훌륭한 소형차라서 그 차를 타는 것만으로도 아빠는 가고 싶지만, 엄마는 여행 가는 것에 몸을 사린다. 그러니 우리의 친구들이 매우 친절하며 계속 부탁해도 우리는 가지 않을 것이다.

벽에서 모든 사진을 떼어냈더니 우리 집이 아주 벌거벗은 듯하다. 우리는 거실과 식사 공간에 있는 책장 위에 놋그릇은 그대로 두었다. 그런데 손님들이 떠나고 나면 모레 놋그릇도 모두 다 포장할 계획이다. 오래된 갈색 고리(Kori)에 포장하고 우리가 시베리아를 건널 때 했던 것처럼 가지고 갈 것이다. 너희 중 누구라도 기억하고 있으리라 생각하지 않지만, 정말 무거웠다. 역에서 짐을 옮기던 사람들이 그 물건을 집어 들고 어깨에 걸치려고 하는데 땅에서 떨어지려고 하지 않자 놀란 표정을 짓곤 했다. 그런데 이번에는 그때처럼 무겁지는 않을 것이다. 아빠가 그 물건들을 나눠서 일부를 우리가 가지고 있는 좀 더 큰 섬유로 된 여행용 가방에 넣자고 제안하기 때문이다.

우리 주변에 진행되고 있는 가뭄으로부터의 고통은 정말 처참하다. 매일 사람들이 떼를 지어 우리 마당으로 온다. 추위와 굶주림 때문에 애처롭게 울고 소리치며, 우리가 줄 수 있는 어떤 도움, 즉 음식, 연료, 옷이라도 주라고 간청한다. 상황은 정말 처참하다. 약간의 돈이 있는 사람이라도 필수품을 살 수가 없다. 정말 돈으로 살 수 없다. 가게에도 판매하지 않는다. 시장에서도 판매하지 않는다. 네 살이나 다섯 살 혹은 그 근방의 나이가 되어 보이는 정말 불쌍한 어린 생명들이 우리 집 뜰로 온다. 완전히 부족하게 옷을 입고, 빈번히 완전히 맨발로 오는데, 양말도 없고 짚신도 신지 않고 있는데 딱딱하게 얼어붙은 땅 위에 그들의 작은 맨발로 서 있다. 서서 새끼 강아지처럼 떠는데 아이들의 작은 이가 실제로 캐스터네츠처럼 부딪쳐서 소리가 난다. 너희 중 누구라도 이러한 절박한 상황들을 너희들 공동체에 알려서 거기 있는 사람들이 버리고자 하는 오래된 신발 등을 모을 수 있니? 신발이 아무리 많이 낡아도 상관이 없다. 이 불쌍한 어린아이들에게는 하나님이 보낸 것 일거다. 버지니아가 이런 비참한 어려움을 학교에 알려서 오래되고 닳아 없어진 신발이 아니면 버지니아에게 가져다주라고 하고, 버지니아는 그것을 소포로 아빠에게 보내주면 어떨까. 마가렛이 학교에서 그렇게 할 수도 있지 않나 생각해본다. 크기는 아무 문제가 되지 않는다. 별의별 신발 크기의 아이들이 수십 명이 있기 때문이며, 발에도 몸에도 걸칠 것이 절대적으로 아무것도 없는 어른들이 아주 많이 있기 때문이다. 잠언에 "가난한 사람들에게 주는 사람은 주님께 꾸어드리는 것이다[1]."는 말이 있는 것을 알 거다. 이 일에 대해서 오래전 편지하지 않은 것이 안타깝다. 겨울의 가장 추운 때가 바로 지금 우리에게 왔기 때문이며, 어떤 도움이건 도착할 때가 되면 이미 봄이 한참일 것이기 때문이다. 그러나 그럴 때라도 그런 도움은 매우 소중히 받아들여질 것이다.

소중한 자녀들아, 이번에는 여기까지 써야겠다. 지금까지 이 세상에 살았던 가장 사랑스러운 이들에게 이 세상의 모든 사랑을 담아 보낸다.

너무너무 사랑하는 아빠가.

---

1 잠언 19장 17절. "가난한 자를 불쌍히 여기는 것은 여호와께 꾸어 드리는 것이니 그의 선행을 그에게 갚아 주시리라.(One who is gracious to a poor man lends to the LORD, And He will repay him for his good deed.)"

1940년 2월 4일

한국, 군산

불 부인(Mrs. William F. Bull)

소중한 마가렛에게,

　네가 26일 보낸 사랑스러운 편지와 같은 날에 보낸 버지니아의 편지가 화요일에 도착해서 우리에게 아주 큰 기쁨을 주었다. 가장 좋은 부분이 러셀이 필라델피아로 전근이 되어서 러셀과 버지니아[1]가 성탄절에 리치먼드에 도착할 수 있다는 것이다.

　러셀이 그 좋은 소식을 버지니아에게 직접 말하기까지 다른 사람에게 말하지 않았다니 참 귀엽다. 러셀이 시카고에서 훈련받았으니, 필라델피아에서는 더 잘할 것이고 하는 일에서 진짜 성공으로 갈 것을 희망한다. 러셀은 정말 그럴 자격이 있다. 버지니아가 모리슨(Morrison)과 함께 차를 타고 글래스고우(Glasgow)에 가고 다시 그와 함께 필라델피아로 갈 수 있게 되다니 운이 정말 좋았구나. 그것이 큰 도움이 되었다.

　M. P.가 너에게 준 편지지가 아주 마음에 든다. 버지니아가 뉴욕에서 발견한 좋은 파일에 대해서 썼다. 네가 갖기를 원했다는 것을 알고 있어서 네 것도 샀다고 한다. 앨비가 너에게 보낸 선물 이야기는 들어 보니 참 좋은 선물 같다.

　네가 W. S.에 가서 새집에서 마가렛 등을 보고 그들과 함께 노폭에

1　버지니아(Mary Virginia Bull Moose, 1903.5.1.~1982.7.)와 러셀(Williams Russell Moose Jr., 1907.1.23.~1994.6.11.)은 1936년 7월 10일 결혼.

갈 수 있었다는 것이 아주 좋았다. W. S.에서 온 사람들을 봤을 때, 너의 고모 매미가 어린 마가렛 만큼이나 흥분했다는 것을 안다.

웅거 목사가 스튜드베이커 챔피언을 가지고 있는데, 그 차를 타고 12월에 이곳으로 왔다. 예쁜 차고 공간이 넓다. 그래서 그 차를 살 수 있다면 아빠도 잘 지낼 것이 틀림없다.

A.와 B.²가 그들이 있는 곳에서 너와 함께 있게 되어 얼마나 기뻤는지 안다. 버지니아가 사랑하는 자매들과 제부(弟夫)를 볼 수 있어서 얼마나 기뻤는지에 대해서 편지에 썼다.

너와 A.가 아주 행복한 성탄절을 보냈던 것 같다. 그 일로 엄마는 우리의 사랑하시는 하늘 아버지께 찬양을 드린다.

『크랜포드(Cranford)』³를 어딘가에 두고 온 것이 틀림없다. 이곳에서 여러 해 동안 그것을 본 기억이 없고 비록 엄마가 한 권을 가지고 있었다는 것을 알고 있지만 그것을 이곳에서 가지고 있었다는 것을 까먹고 있었다.

아빠가 사랑하는 너희들에게 긴 편지를 쓰고 있으며 아빠의 생일 등 모든 "새 소식"은 다 말했을 것이다. 그래서 엄마는 이 편지에 반복하지 않으마. 아빠는 사랑하는 너희들에게 글을 쓰는데 아주 즐거워한다.

윌슨 부인이 어젯밤 올라왔다. 테드(Ted)⁴는 오늘 힘들어했다. 오늘 오후 보그스 의사가 전주에서 올라왔다. 아기는 오늘 저녁 태어날 것 같다. 우리 모두 그 소식을 숨죽이며 기다리는데 아침 이전에는 아무 소식도 듣지 못할 것 같다. 보그스 부인(Mrs. Boggs)⁵이 같이 와서 우리

---

2 A.는 딸 앨비(Elizabeth Alby Bull Chamberlain, 1911.5.12.~2007.7.25.) B.는 사위 (William Bolling Chamberlain, 1906.4.23.~2000.6.11.).

3 개스켈(Elizabeth Gaskell)이 쓴 소설로 영국의 가상 지역인 크랜포드(Cranford)에서 일어난 일을 다룸. 1851~53년까지 연재되었고, 1853년 책으로 출간됨.

4 지미 윌슨의 아내로 보임. 1939년 10월 23일 편지 참조.

5 Sarah Gladys Perkins Boyer(1894.5.16.~1968.7.21.).

영어예배에서 아름다운 독창을 했다. 테드의 아이가 잘 태어나기를 모두가 기도하고 있기에 테드의 아이가 안전하게 태어나면 우리 모두에게 큰 위안이 될 것이다. (월: 테드의 어린 딸이 어젯밤 7시 30분 태어났다. 그녀는 괜찮다. 또한, 아기도 괜찮다. 엘리자베스 스튜어트(Elizabeth Stewart)라는 이름을 가지게 되었다.)

오늘은 해가 빛나는 동안에는 약간, 정말 약간 따뜻했지만, 오후에는 다시 아주 추워졌다. 엄마는 심하게 추운 낮과 밤이 너무 싫다. 그렇다고 달리 어쩔 수는 없다. 윌슨 부인에 따르면 순천도 매우 추웠다고 한다. 땅이 눈으로 덮여있는 날 동안에 땔감도 아주 부족하고 구하기도 힘들다.

아치볼드 러틀리지(Archibald Rutledge)의 『마이 커널 앤 히스 레이디 (*My Colonel and his lady*)』[6]를 읽었니? 1937년 출판되었는데 이제 막 보고 읽었다. 아주 재미있었다. 옛날 사우스캐롤라이나 집들을 정말 보고 싶구나. 너무도 많은 집이 파괴되어서 참 안타깝다.

하나님께서 소중하고 다정한 딸을 복 주시고 지켜주시길 기도한다.

마음의 사랑을 담아 사랑하는 엄마가.

캣(Kat)과 그녀의 아가는 이번 겨울에 어떻니?

---

6 아치볼드 러틀리지(1883~1973)는 사우스 캐롤라이나의 전직 계관시인임. *My Colonel and his lady*는 남부군 중에서 가장 나이 어린 Colonel이었던 아버지와 친절하면서도 강한 어머니의 이야기를 다룬 회고록이며, 배경은 사우스캐롤라이나임.

1940년 2월 4일

조선, 군산

정말 정말 소중한 자녀들에게,

　아빠가 팔을 벌려 너희 소중한 이들을 안을 수 있을 때가 가까워지자 아빠의 느낌 또는 "너희 모두"에 대한 존중의 마음을 표현할 단어를 찾기가 점점 더 어려워지는 것 같다.

　오늘 아침 시작이 늦어지고 있고 몇 분 뒤면 아빠가 교회로 걸어 내려가야 할 시간이다. 우리의 "여성경학원"에서 아빠가 가르칠 마지막 시간이라는 사실을 생각하여 여성경학원 학생들이 아빠를 기념하여 베풀어 준 축하행사 때문에 아빠가 어젯밤 다소 늦게 들어왔다. 그 학생들은 정말로 잘 들어주는 사람들이고 추천할 만한 집단이다. 너희들이 알다시피 우리 성경학원이 두 달 기간 중 일부가 현재 진행 중이다. 어제는 첫 학기가 끝나는 날이었다. 그래서 여성들이 (많은 수가 머리를 등 뒤로 땋아놓은 어린 소녀들이고, 59세인 두 명의 나이 든 여성들이 있다. 그리고 이 두 극단 사이에 아주 많은 수가 퍼져 있다.) 아빠는 5학년에서 구약사를, 1학년에서 성서지리학을 가르치고 있었다. 성지의 지리에 대한 공부로 이끌면서, 아빠는 개요의 방식으로 수업했다. 그래서 학생들이 팔레스타인에 관해 이야기하면 팔레스타인이 다른 세상과의 관계 속에서 어디 있는 것에 대해 지적으로 생각하게 했다. 어제 치러진 시험에서 아빠가 질문한 첫 번째는 "낮과 밤의 변화와 사계절의 변화를 설명하라."였다. 그들이 받은 훌륭한 가르침 덕분에 이 질문에 아주 지적으로 답한 학생들의 숫자를 알면 너희들이 깜짝 놀랄 것이라 확신한다. 아빠는 그들의 지적 능력과 설명을 잘 따라오는 능력에 아주 기뻐한다. (왜 한국에서 팔레스타인으로 직선거리로 한 번에 갈 수 없는지를 설명하면서, 전 세계를 이리저리 돌아다닌 후) 아빠가 마침내 팔레스타인에 도달하고, 오늘날의 팔레스타인에 대해서 뭔가를 말하고, 그리스도 시대에는 "야곱의 우물" 등 정말 많은 것이 있었다는 것을 말했을 때, 그들은 모두 강렬히 끌렸으며, 그 수업에 집중했다. 그런 다음 우리는 5학년의 구약 역사에서 아주 좋은 시간을 보냈다. 그들은 아빠의 수업에 집중하며, 아빠가 여러 번 언급했듯, 우리가 이른 시기에 떠나는 것을 생각해서 어젯밤 우리에게 "환송연"을 베풀어 주었다. 전도부인 중 한 명이 주도했는데, 그들이 미리 준비한 아빠의 약사(略史)를 말할 때, 아빠가 처음 한국에 왔을 때는 돕는 배필이 없는, 아담처럼 아주 젊은 남자였다고 했다. 그렇지만 하나님께서 아담처럼 아빠가 혼자 있는 것이 좋지 않다는 것을 보시고 돕는 배필을 보내주시고 또한 우리에게 네 명의 훌륭한 자녀들을 보내주셨다고 했다. 아빠가 답례해야 할 때 아빠는 훌륭한 돕는 배필과 자녀들에 대해서 자랑하는 것 (아니 감사를 표현하는 것)을 놓치지 않았다.

우리는 요즘 돌아가며 즐기고 있다. 두피 선교사가 며칠 전에 자축하여 생일잔치를 하였다. 그리고 1일은 (우리 여성경학원을 돕기 위해 전주에서 이곳으로 온) 폰테인 선교사의 생일이었고, 2일은 아빠의 생일이었다. 그래서 2일 저녁에 선교부에서 우리 둘에게 합동 생일잔치를 열어주었다. 생일잔치의 만찬 자리에서 두피 선교사가 말하길 엄마가 우리 선교회에서 가장 똑똑한 여자라고 했다. 이 말에 너희 모두 마음껏 동의할 거다. 가장 똑똑할 뿐만 아니라 가장 마음이 고운 사람이다.

식순의 진지한 부분이 끝난 후에 여학생들이 놀이와 묘기를 보여주며 좋은 오락을 제공했을 뿐 아니라, 글이 겉에 새겨진 놋 사발을 줬다. 이 것을 너희들은 많은 날이 지나가기 전에 보게 될 것이다. 우리가 쭉 펼친

날개와 팔을 한 채 너희 방향으로 향하기까지 이제 일요일이 여덟 번 남았기 때문이다. 미국으로 가는 우리 여행비에 관한 군산선교부 요구서를 아빠가 선교회 회계에게 제출했다. 딱 3주 뒤면 아빠는 선적하려고 S.S. 회사에 화물을 넘길 것이다. 적어도 책이 든 상자는 건네야 한다. 왜냐면 책은 특정한 문제들에 대해서 아주 신중하게 조사되어야만 하기 때문이다. 언론의 자유가 이곳에서는 전혀 인정받지 못하는 것이다. 아빠가 가진 책 전체에 대한 송장(送狀)을 제출해야만 한다. 책 한 권마다 제목, 저자, 출판사를 제시해야 한다. 그런데 영어에 대해서 그리 전문가가 아니라서 그들이 그 나라를 칭찬하지 않는 어떤 것도 나라 밖으로 나가지 않도록 하려고 송장을 점검하는 데는 상당한 시간이 걸린다. 다행히도 그들은 사람들의 마음을 읽지는 못한다!

아빠는 성경학원에서 2주만 더 가르치면 된다. 그런 다음에 아빠는 포장을 다 하고, 집을 청소하고, 우리 자신들을 "정리"할 준비를 마칠 것이다. 우리가 벽에서 사진을 떼어냈다거나 하는 등 어느 정도 우리 집을 해체했지만, 가구 대부분은 여전히 제자리에 있다. 우리가 가구를 다 팔았지만 다른 사람들이 이 가구를 가지고 가게 하지는 않았다. 그런데 약 40일 후면(아빠가 이제 날짜를 센다.) 가구를 가지고 가게 할 것이다. 그런 다음 우리가 우리 자식들에게 실제로 출발하기 전 약 일 주나 열흘 동안 우리 이웃 중 한 명에게 우리를 의탁할 것이다. 우리는 샌프란시스코에서 리치먼드까지 갈 여정을 위해 미리 기차 일정표를 연구하고 있다.

아빠가 편지에 쓰던 심각하게 추운 날이 계속된다. 두피 선교사 자매와 그린 선교사가 패터슨 의사의 얼음 창고에 얼음을 넣었고, 참 근사한 얼음을 가졌다. 아빠가 한국에 온 이래 가장 두터운 것이다. 아빠가 넣었던 가장 두꺼운 것은 5인치 두께였다. 아빠가 편지를 쓰는 바로 이 시간 우리 집 뒤 뜰에는 8인치짜리 얼음덩어리가 있다. 지미 월슨과 존 탈마지가 내일 우리 집 얼음 창고를 채울 것이다. 우리는 이번 여름이면 우리가 원하는 아주 깨끗한 얼음을 모두 구할 수 있는 곳에, 그리고 그냥 전화로 주문만 하면 우리가 원하는 모든 아이스크림을 구할 수 있는 곳에 있을 것이기에 이번 해에는 얼음을 창고에 넣어두는 것에 신경 쓸 필요가 없어서 기쁘다.

소중한 자녀들아, 이 편지지의 끝에 가까워지고 있다. 그래서 그만 쓰는 것이 좋겠다. 이 세상에서 가장 따스한 사람들에게 이 세상의 모든 사랑을 담아 보낸다.

너무너무 사랑하는 아빠가.

편지에 있는 실수를 눈감아주렴. 아빠가 너무 바쁘고 이 글을 다시 읽어 볼 시간이 없다.

1940년 2월 4일

사랑하는 자녀들에게,

　이것은 햄든 시드니의 카파 시그마의 업실론(Upsilon) 분회에서 매달 발송하는 소식지이다. 며칠 전 이 소식지가 아빠에게 왔을 때, 한번 훑어보고 아빠 책상 아래에 있는 쓰레기통에 넣었다. 그렇게 하던 중 소식지가 펼쳐졌고, 2쪽 아래쪽에 아빠의 이름이 있는 것이 눈에 들어왔다. 그래서 더 관심을 보이게 되었고, 무슨 내용인지 알아보려고 꺼냈다. 소식지에 실린 내용에 대해서 너희들이 관심을 보일 수도 있을 거라서 아빠가 이것을 너희들에게 전하니, 진저는 앨비에게, 앨비는 마가렛에게, 마가렛은 빌에게 전해주렴.

　너희들의 아빠가 얼마나 "유명한" 사람인지에 대해서 충분히 알고 있지 않을 수도 있다고 생각했다. 그래서 "스스로 알아보라"고 이것을 너희들에게 보낸다.

1940년 2월 11일

조선, 군산
불 부인(Mrs. William F. Bull)

소중한 마가렛에게,

　사랑하는 너희들이 보낸 좋은 편지를 우체부가 가져온 어제 화요일은 우리에게 기념할 만한 날이었다. 윌리엄에게서 한 통이, 버지니아에게서 두 통이, 너에게서 한 통이, 그리고 여러 다른 편지들이 왔다. 너의 편지는 아빠의 생일 축하 편지였는데, 아빠가 그것을 즐겁게 잘 읽었다.

　엄마는 멀리 떨어진 이곳에서 이러면 더 좋겠다는 것을 계획하려고 하지 않는다. 우리가 실제 미국에 도착한 후에, 시간이 충분히 있을 것이다.

　네가 아주 좋은 성탄절 휴가 기간을 가져서 기쁘다. 너와 다른 사람들이 무엇을 했는지 더 듣고 싶다. 앨비에게서는 성탄절에 대한 소식을 아직 못 들었다. 버지니아는 여행한 것에 대해서 자세히 썼다. 앨비에게서도 좋은 소식이 곧 올 것을 알고 있다.

　에밀리 M.을 샌프란시스코에서 만나면 좋을 것이다. 버클리(Berkeley)는 샌프란시스코에서 만을 하나 가로지르면 있는 곳이다. 특별히 샌프란시스코의 위치 지도를 염두에 두고, 캘리포니아주에 대한 괜찮은 지도를 본 적이 있니? 정말 흥미롭다.

　우리는 지금 휴스턴을 거쳐서 갈 계획을 하고 있다. 우리가 어떤 상황에 놓이게 될지 모른 채, 윌리엄은 직접적으로 언급은 하지 않았지만, 오직 그것만 생각하고 있는 듯하다. 우리는 동부로 가는 길에 휴스턴에 머무를 수 있다. 우리가 언제 그곳으로 다시 갈 수 있을지 알 수 없다. 엄마가 너에게 전에 편지했듯, 우리가 떠나야겠지만 윌리엄과 작별하는 일은 아주 힘들 것이다.

우리는 이곳에서 기차표 주문한 것을 받을 것이고 그런 후에 우리가 샌프란시스코에 도착하면 우리 노선을 선택할 것이다. 우리는 아직 휴스턴으로 갈 거라고 명확하게 윌리엄에게 말하지 않았으니, 그 일은 윌리엄에게 말하지 말렴. 우리는 하나님께서 우리 앞에 길을 열어주시기를 기도하고 있다.

사랑하는 너희들을 위해 젤마가 과일 케이크를 만들어준 것은 참 잘한 일이다. 우리 케이크도 달콤했다. 일요일에만 특식으로 그 케이크를 먹었는데 케이크 남은 것을 오늘 다 먹었다.

샤롯과 린튼 목사가 월요일 이곳으로 왔다. 의자 여러 개와 부엌과 식료품 저장실에 있는 물건들도 살 것이다. 부엌과 식료품 저장실에 있는 것들은 외국인들이 필요로 할 것이라고 바라면서 엄마가 팔지 않고 가지고 있었다. 샤롯이 그것들을 필요로 해서 아주 기쁘다. 엄마는 샤롯 아버지의 경매 자리에서 엄마가 샀던 몇 가지와 샤롯의 어머니 것이었던 것을 샤롯의 아버지가 엄마에게 준 것을 다시 샤롯에게 줬고, 또한 줄 것이다. 너는 엄마가 큰 메이슨(Mason)[1] 유리병을 얼마나 많이 가지고 있는지 알 거다. 샤롯이 전부를 구매하는데 이곳에서 이런 것을 살 수가 없기에 그렇게 하는 것이 현명한 일이다. 이런 것들을 처분하는 것과 이것들을 정말로 필요로 하는 사람에게 처분하는 것은 도움이 된다. 여기서 텀블러도 구매할 수 없다. 항구에 있는 상점에서 아주 좋은 텀블러를 전에는 팔기도 했지만 말이다. 샤롯은 우리가 가지고 있는 모든 텀블러를 가지고 갈

---

1 식품 예를 들어 잼 같은 것을 보존하는 병으로, 병의 입구에는 바깥 둘레에 나사선이 있어서 뚜껑을 돌려서 잠그고 풀고 함.

것이다. 샤롯은 자신의 엄마를 진짜로 모른다. 너무 어려서 엄마를 기억하지 못하기 때문이다. 그래서 그녀의 엄마가 목포에서 사용했던 몇 가지 것들을 엄마가 샤롯에게 주는 것이 좋을 거라 생각했다[2].

로슬린 탈마지가 이곳에서 많은 사람이 겪는 열병과 같아 보이는 것으로 아팠다. 어린 아들을 돌봐야 하며, 특별히 추운 날씨 동안이라 아픈 것이 그녀에게 아주 힘든 일이다. 엄마는 그런 열병이 아니기를 또한 그녀가 곧 건강해지기를 정말 바란다. 우리는 그녀를 아주 좋아한다.

엄마는 이런 추운 시기에 너희들이 어떻게 지내는지 매일 궁금해했다. 도시에 얼음이 덮인 나무들의 사진이 들어있는 『애틀랜타 콘스티튜션』(Atlanta Constitution) 한 부를 가지고 있다. 햇살이 좋은 남부처럼 보이지 않는다. 누군가가 로슬린에게 한 달 동안 그 신문을 보내고 있다.

이 편지를 받게 될 때, 너희들이 이곳에 있는 우리에게 편지를 보내는 것이 너무 늦을 것이다.

우리 샌프란시스코 주소를 기억해라.

S.S. President Cleveland & American President Lines San Francisco, Cal.

반복해서 말해서 미안하다.

버지니아는 진(Jeanne)이 만들어준 문양을 아주 자랑스러워하는 것처럼 보였다. 그것이 네가 버지니아에게 보낸 선물이었니?*

---

2   유진 벨(Eugene Bell, 1865~1925.9.28.)은 세 번 결혼함. 첫 번째 아내 Charlotte Ingram "Lottie" Witherspoon Bell(1867.5.13.~1901.4.12.)에게서 난 자식 두 명 중 둘째가 여기서 말하는 샤롯(Charlotte Witherspoon Bell Linton, 1899.1.6.~1974.5.)임. 유진 벨 목사의 두 번째 아내는 불 선교사의 누나 마가렛(Margaret Whitaker Bull Bell, 1873.11.26.~1919.3.26.)으로 1904년 결혼함. 둘 사이의 자식은 William Ford Bell(1914.3.15.~1994.2.22.)로 1940년 5월 20일 편지 참조. 세 번째 아내는 다이사트 선교사(Julia Dysart Bell, 1872.10.16.~1952.1.26.)임.

마음의 사랑을 담아 사랑하는 엄마가.

프레지던트 클리브랜드는 (일정표에 따르면) 샌프란시스코에 4월 24일 도착할 예정이다.

*엄마가 버지니아의 편지를 찾아서 선물 목록을 읽었다. 거기에 네가 보낸 것이 있었다. 그러니 이 질문에는 어떤 관심도 두지 말렴. 버지니아는 네가 보내준 선물에 만족하는 것처럼 보였다.

1940년 2월 11일

한국, 군산

사랑하는 소중한 자녀들에게,

오늘은 아빠가 평소 일요일이면 하던 일에서 변화가 생겼다. 오늘은 일본제국 2,600주년이라고 한다. 그래서 국가 전체에 애국심을 고취하는 예식이 요구되는데 특히 학교와 교회에서 그렇다. 아빠가 마침 우리 남학교의 교장이라서 무슨 일이 일어나는지 보러 학교로 내려갔다. 너희를 만나서 이것에 대해 더 많이 말해주마. 위에서 말한 사악한 행사에 가려고 계획해서 아빠는 오늘 아침 늦게까지 잠자리에 있지 않았고 평소처럼 일어나서 내려갔다. 앞에서 말한 집회에서 막 돌아왔고 아빠가 이 세상에서 가장 사랑하는 이들과 일요일 아침이면 하던 담소를 나누려고 자리 잡았다.

아빠가 편지에 쓴 너무도 추운 날씨가 계속 이어지고 있다. 우리 주변에 끔찍한 고통이 누그러지지 않고 계속되고 있다. 지난 이틀 동안 날씨가 잠시 풀렸다. 최근에 너무도 추워서 해가 강하게 내리쬐는 한낮에도 땅을 덮고 있던 심한 눈이 녹지 않았다. 그런데 지난 이틀 동안에는 눈이 한낮에는 빠른 속도로 녹아내렸다.

아빠는 이곳 성경학원에서 5학년을 나흘만 더 가르치면 되는데, 이번 달 16일에 학생들이 시험을 치를 것이다. 그런 다음에 아빠는 우리 짐을 보내는데 진심으로 함께 할 것이다. 포장 상자는 다 만들었지만, 가구 즉 옷장과 식기대는 집에 여전히 제자리를 지키고 있다. 모든 것이 다음다음 주 금요일 즉 23일부터 일주일 이내에 S.S.회사에 보낼 준비가 되었으면 좋겠다. 화물은 이곳에서 배로 고베로 가고, 고베에서 샌프란시스코로 갈 것이며, 샌프란시스코에서 파나마 운하를 거쳐 노폭(!)으로 갈 것이다. 우리는 샌프란시스코에서 내려서 나머지는 기차로 간다는 것을 제외하고는 같은 경로를 따를 것이다. 아빠는 이 생각에 아주 흥분이 된다!

너희들에게 우리 선교부 식구가 늘었다는 것을 말한 것 같지 않다. 지미 윌슨의 아내가 며칠 전 지미에게 예쁜 딸을 선물했다. 아주 귀여운 아이인데, 모든 것이 완벽히 잘 되었다. 다른 말로 합병증이 없었다. 윌슨 박사 부부도 새 손녀를 보려고 올라왔다. 윌슨 박사는 갔지만 윌슨 부인은 여전히 이곳에 있다. 선천선교부의 램프(Lampe)[1] 목사 부부가 우리 선교부의 손님으로 와있다. 램프 목사가 오늘 오후 우리에게 설교할 예정이다. 그래서 아빠가 빠졌다. 그렇지 않았다면 오후 설교는 아빠에게 맡겨졌을 것이다.

우리는 여전히 침대 등 중요한 가구들은 가지고 있다. 그런데 모든 것을 주고 집을 완전히 청소하는 날을 26일로 정했다. 그날에 우리는 두피 선교사의 집으로 자러 내려갈 것이고 그때부터 3월 3일 아침까지 그녀의 손님으로 머물 것이다. 3월 3일에는 일본으로 가는 기차를 탈 것이다. 일본에서는 하나님의 나라와 하나님의 사람들에게로 갈 것이다! 미션 코트에 우리가 사용할 수 있는 공동주택이 있을거라 생각하라는 그랜트 부인의 격려에 힘입어, 우리는 리치먼드 (미션 코트)를 우리의 목적지로 삼고 있고, [해독불가[2]]를 거쳐 리치먼드로 갈 기차표를 구매하고 있다.

너희가 이 편지를 받은 후에는 이곳에서 너희가 보낸 편지를 받을 수는 없을 것이다. 그런데 우리가 샌프란시스코에 도착했을 때 배에서

---

1 Henry Willard Lampe(1878~1971): 미국북장로교 선교사, Ruth Heydn Lampe(1888~1962).

2 앞뒤 문맥으로 보면 아들이 있는 휴스턴임.

너희 모두로부터의 편지를 받기를 기대하고 있다. 주소를 S.S. President Cleveland, American President S.S. Company, San Francisco, Cal.로 해서 보내렴. 여기까지 썼을 때 점심 먹으라고 불러서 점심을 먹었다. 그런 다음 아빠가 평소에 하던 습관대로 위로 올라가서 15분의 낮잠을 잤고 상쾌하고 활기찬 상태로 지금 하는 일로 돌아왔다. 점심에 대해서 말하마. 우리는 훌륭한 점심을 먹었는데, 예쁜 딸 진저가 우리에게 보내준 좋은 젤라틴으로 만든 젤리 한 사발을 먹으며 점심을 끝냈다. 이것을 맛있게 먹으며 우리는 특별히 사랑하는 앨비를 생각했는데 앨비는 우리랑 이곳에 있을 때 젤리를 무지 좋아했었다. 그런 다음 우리는 젤리와 함께 사랑하는 젤마가 성탄절에 우리에게 보내준 멋진 과일 케이크의 일부를 먹었다. 너무 좋은 것이라 엄마가 일요일에만 이것을 내어 논다. 그래서 오늘까지 일부를 가지고 있을 수 있었다. 아빠가 며칠 전 엄마에게 우리 식기대만큼 큰 과일 케이크면 좋겠다고 말했다! 맛이 좋았다. 그래서 정말 즐겁게 먹었다.

아빠는 사랑하는 너희들이 보내준 사랑스러운 생일 편지를 아주 즐겁게 읽었고 고맙게 생각했다. 생각해보렴. 다음 생일에는 너희들 모두가 아빠의 생일 축하 자리에 우리의 작은 집에 같이 있을 수 있다는 것을!

이제 그만 끝내야겠다. 너희 사랑하는 이들 하나 하나에게 바다와 같은 사랑을 보낸다.

너무너무 사랑하는 아빠가.

추신: 아빠가 인쇄된 편지 봉투를 다 사용한 것을 보게 될 거야. 인쇄된 봉투를 사용할 시간이 많지 않기 때문에, 한 번에 인쇄되지 않은 봉투를 몇 개 사서, 영어로 된 고무도장과 한국어로 된 고무도장을 사용하는 이 "초라한" 일을 한다.

1940년 2월 18일

한국, 군산
불 부인(Mrs. William F. Bull)

소중한 마가렛에게,

　엄마 생각에 지난주에는 선박의 일정 때문에 어느 누구로부터도 미국 편지가 도착하지 않았다. 그래서 이번 주에 답장할 편지가 전혀 없었다. 2월이 너무도 빨리 지나간다! 아빠는 성경학원 일을 끝냈다. 그리고 지금은 화물을 보내려고 열심히 포장할 수 있다. 우리가 가져가기 않기로 했던 것 중에서 가져가려고 하는 많은 것이 있다. 그런데 화물비용이 비싸기에 우리는 조심해야만 한다. 우리는 어제 미국에서 괜찮은 새 선풍기를 살 만큼의 돈을 받고 괜찮은 전기 선풍기를 팔았다. 우리는 또한 와플 굽는 틀도 팔 수 있을 것이다. 팔리지 않으면 미국으로 가지고 갈 것이다. 선풍기는 아주 조심히 사용했으며 많이 사용하지도 않았다. 요리사가 화로에서 와플을 요리하기 때문에 와플 굽는 틀은 전혀 사용하지도 않았고 전기 와플 굽는 틀은 여기서 전류가 맞지 않다. 부유한 한국인들은 이렇게 괜찮은 미국 물건을 사게 되어 아주 기뻐한다. 엄마가 선교부에 먼저 제시했는데, 사겠다는 사람이 아무도 없었다. 어제 선풍기를 팔았다.

　비록 다른 좋은 책들도 있지만 엄마가 생각하기에 미국으로 가져가야만 하는 책 두 상자를 포장했다. 몇 권은 소포로 보낼 것이다. 우리와 어떤 연관이 있는 것들만 가지고 갈 것이다. 네가 그 책을 보는 것을 즐길 것을 안다. 네가 그 책들을 관리해야 한다.

아빠의 영상 장비(movie outfit) 일체를 구매한 의사가 그것을 무지 좋아한다. 린튼 목사가 아빠를 위해 두 편의 특별 필름을 가지고 왔었다. 그 의사가 그것들도 구매해서 그중 하나를 현상했는데, 그 사람은 현상한 것이 아주 잘 나온 것을 정말 자랑스러워한다. 아빠의 사진보다 더 잘 나왔다고 한다. 그가 만족해서 우리는 아주 기쁘다. 그는 자신이 아주 좋은 용품을 갖게 되었다고 생각한다. 정말로 그는 좋은 용품을 갖게 되었다. 어떤 문제도 없다. 그 의사는 부유한 일본인 땅 주인을 위해서 구매했는데, 그 일본인은 그의 토지 안에 있는 진료소[1]에서 보건의 목적으로 그 용품을 사용하려 했다. 그래서 그 의사가 그 목적으로 우리에게서 그 용품을 구매했다. 그래서 우리는 그 거래에 대해서 모두 행복해한다.

엄마는 너희들 모두가 건강하기를 정말 희망한다. 하나님께서 너희 모두와 함께하시길 그리고 한명 한명을 축복하시길 또한 우리가 안전하게 다시 만나게 해주시길 기도한다. 모든 세월 동안 하나님께서는 우리에게 선하게 대하셨고 지금도 우리를 실망하게 하지 않으실 것이다. 너는 우리에게 정말 소중하다. 엄마가 너를 얼마나 사랑하는지 아무도 모를 것이다.

마음의 사랑을 담아 사랑하는 엄마가.

---

1 쌍천(雙泉) 이영춘(李永春, 1903~1980) 박사로 추정됨. 이영춘 박사는 1935년 4월 1일 군산 개정에 도착하여, 구마모토농장[熊本農場] 자혜진료소(慈惠診療所) 진료소장으로 일하기 시작했음.

1940년 2월 18일

사랑하는 소중한 자녀들에게,

일요일이 여섯 번 남았다! 이것이 무엇을 의미하는지 알지? 요즘 아빠 마음에 이 사실이 너무 많이 자리 잡고 있어서 너희 사랑하는 이들을 아빠의 팔로 안는 즐거움을 생각하느라 밤에 잠을 거의 자지 못한다.

얼마 전에 몇 개 포장 상자에 못을 박았고 스트랩 아이언으로 묶었다. 어제 저녁 밥 먹기 바로 전에 우리는 큰 가구의 첫 번째 부분 즉 옷장의 윗부분을 포장 상자에 넣었다. 너희 중 몇은 기억할지도 모르겠다만 옷장은 세 부분으로 되어있는데, 상단부, 옷장의 몸체인 중간부분, 그리고 서랍으로 구성된 아랫부분이다. 포장이 끝나고 스트랩 아이언으로 묶인 포장 상자에는 옷장의 윗부분이 들어있다. 어제 저녁을 먹기 전에 마지막으로 했던 것은 그 상자 위에 한국 붓과 먹으로 "버지니아, 노폭, F. F. 프리스트[1]"라고 쓴 일인데, 아빠가 볼 때는 상당히 잘 쓴 것 같다. 앞으로 이삼일 간은 우리가 파나마 운하를 거쳐 노폭까지 보내려고 하는 화물 나머지들을 오래전에 만든 상자에 넣느라고 아주 바쁠 것이다. 이 상자에 못을 치고 스트랩 아이언으로 묶은 다음에는 이곳에 있는 선박회사에 넘겨서 목적지로 보내달라고 할 것이다. 아빠는 짐을 우리보다 일찍 보내는데, 우리가 도착할 시기와 같은 시기에 짐이 도착하기를 바라

---

1 Fenton Furr Priest(1878.8.15.~1959.9.7.): 불 선교사의 여동생(Mary Augusta Bull Priest, 1879.9.16.~1947.6.1.)의 남편. 1940년 인구총조사 당시 주소는 903, Hanover Avenue, Norfolk, Norfolk City, Virginia임.

서이며, 아빠가 직접 물건을 받고, 세관을 통과시키는 일 등을 하여 다른 사람에게 폐를 끼치지 않기 위해서다. 그곳으로 가서 우리가 상자를 열 때 어린 시절부터 봐왔던 것들을 보는 너희들의 반응을 "어서 보고싶다." 그날은 행복한 날 일 거다. 적어도 아빠에게는 말이다. 주님께서 우리가 그 상자를 개봉할 장소뿐 아니라, 그 물건들을 영구히 둘 곳으로 우리를 이끌어주시기를 간절히 기도하고 있다.

어제 선교부 회의에서 우리가 욕실용품에 사용한 비용을 상환해주기로 결정되었다. 이것에 대해서 우리는 매우 고맙게 생각한다. 물론 우리는 그 물건들을 이 집에서 살게 될 다음 사람, 아마도 린튼 가족을 위해 온전한 상태로 둘 것이다. 선교부에서는 우리가 간 다음에 린튼 부부가 이곳으로 전출되도록 큰 힘을 쓰고 있는데, 물론 전주선교부는 그들을 지키기 위해 큰 싸움을 벌일 것이다.

아빠가 썼듯, 아빠가 한국에 온 이래로 이번 겨울이 가장 심한 겨울 중 하나이다. 그런데 겨울이 지금 끝나고 약간 온화한 날씨가 되었다는 것을 말하게 되어 기쁘다. 날씨가 약간 좋아진 것은 추위 때문에 너무도 심하게 고통을 겪어온 가난한 사람들에게는 큰 위안거리다. 추위로 인한 고통에서는 약간 벗어났지만, 먹을 것은 계속해서 항상 더 희소해지고 있는데, 앞으로도 계속 그럴 것 같다.

소중한 너희 하나 하나에게 이 세상의 모든 사랑을 전하마.

너무너무 사랑하는 아빠가.

추신: 여기에 너희 중 몇이 알아볼 수도 있는 노인의 사진을 동봉한다. 모든 외국인이 지역 경찰서에 등록하고 등록증을 가지고 있으라고 정부가 요구한다. 이 법은 얼마 전에 효력을 발생했는데, 우리가 이 나라에 사는 특권을 얻기 위해서 지원서를 제출해야 하며 방문 카드 크기의 우

리 사진을 제출해야 한다. 사진을 찍기 위해 사진관에 갔는데, (아빠 친구인) 사진사가 공짜로 여기 동봉한 사진처럼 큰 사진을 뽑아줬다. 엄마는 이 사진을 보내지 말라고 하면서 기다렸다가 우리가 갈 때 가져가라고 하였는데, 이유는 아빠가 너무도 나이 들어 보여 "너희 모두"에게 큰 충격일 것 같다고 생각하기 때문일 것이다. 그러나 아빠는 너희들이 아빠를 볼 때 충격받지 않도록 너희들이 준비할 수 있게 이 사진을 미리 보내는 것이 좋을 것 같다고 생각했다. 이 사진은 아빠의 준수한 외모(!), 다른 어떤 것보다 아빠의 나이를 실제로 더 과장했다. 아빠는 이 사진이 아주 잘 나왔다고 생각한다. 그래서 엄마의 충고와 반대로 이것을 보낸다. 아빠는 사진보다 실제 그렇게 나이 들어보이지 않는다. 너희들에게 분명히 말할 수 있는데, 아빠는 결코 사진만큼 그렇게 나이 들어 보이지 않는다. 아빠가 테니스 라켓을 꺼낼 때 너희들에게 증명해 보이마.

선교회 회계로부터 미국으로 가는 여행비를 받았고 우리의 배와 기차표에 쓸 은행 환어음을 보냈다. 사업하는 사람 같지. 그렇지 않니?

2월 20일 화요일. 네가 아빠 생일 선물로 보낸 사탕 상자가 오늘 아침 도착했다. 정말 예쁘다. 그런데 아빠의 예쁜 딸만큼 예쁜 것은 아니다. (정말 아니다.) 선물 정말 고맙다.

1940년 2월 25일

한국, 군산
불 부인(Mrs. William F. Bull)

소중한 마가렛에게,

　엄마가 이른 아침부터 온종일 생각했던 사람은 누구일까 너는 추측할 수 있니? 엄마가 아주 멀리 떨어져 있지만 너는 멀리 있지 않고 엄마 가까이에 있는 듯하다. 엄마가 너를 무척이나 사랑하며 너를 우리 집에 데려오신 하나님께 정말 감사드린다. 하나님께서 올해 너를 특별하게 복주시길 그리고 네가 다른 사람들에게 계속 복된 존재이길 빈다. 오늘 즐겁고 건강했기를 정말로 희망한다.

　지난주에 우편과 관련해서 우리에게 풍요로운 시간이었다. 월요일에 우리는 윌리엄으로부터 좋은 편지를 받았다. 화요일에는 네가 아빠에게 보낸 초콜릿 소포가 왔고, 진저[1]가 보낸 엄마를 위한 좋은 덧신이 왔다. 엄마가 버지니아에게 덧신을 하나 보내달라고 했다. 고베에서 항상 비가 왔기 때문이다. 그런데 엄마에게 성탄 선물을 보내려고 했지만 무엇을 보낼 줄 몰랐던 진저가 덧신을 엄마가 필요로 한다는 것을 듣고는 선물로 보내줬다. 우리는 너의 초콜릿을 아주 좋아하며 둘 다 맛있게 먹고 있다. 정말 고맙다.

　수요일에 버지니아가 보낸 두 통의 편지, 네가 보낸 두 통의 편지,

1　Gi는 Ginger 즉 둘째 버지니아 Virginia를 의미함.

그리고 성탄절에 관한 앨비가 보낸 한 통의 긴 편지가 왔다. 네 편지는 날짜가 15일과 18일로 되어있었다. 네 사진이 마음에 든다. 아빠가 네 사진을 혼자 갖고 있지만 말이다. 네가 정말 착하구나. 그 사진을 보내줘서 고맙다.

루스 B의 딸에 대한 소식에 관심이 있었다. 그녀의 엄마와 아빠가 가까이 있어서 그녀를 보기를 바란다.

네가 썰매를 즐긴다는 것을 안다. 그것보다 더 재미있는 것은 없다고 엄마도 생각했었다. 여기저기 아픈 사람이 많다는 것을 들어서 안타깝다. W. 부인이 잘 회복하기를 그리고 네가 계속 건강하기를 바란다.

그렇다. 레이놀즈 목사님 부부가 몬트리트에 작은 집을 구매했고, 일 년 내내 그곳에서 산다.

소포가 지연되는 것에 대해서 실망하지 말렴. 성탄절에는 모든 소포가 지연되고 우편물도 느리게 온다. 그런데 여기의 우체국의 문제는 아니고 배 일정표 때문이다.

매미의 편지를 받았고 결혼 소식을 들어 기뻤다. 그런데 그녀가 신경염을 앓고 있다는 말을 들어서 마음이 편치 않았다. 리버(Libber)가 결혼하고 나서 너무 이른 시기에 겪은 힘든 경험이었다. 멀리 캘리포니아에 남편이 평생 배치되지 않았으면 한다. 그런데 요즘은 회사가 젊은이를 어디로 데려갈지 알 수 없다.

오늘 우리 짐을 선적할 준비가 끝났다. 1일경에 배가 있을 것이기에 이번 주에 보내라는 말을 들었다. 우리는 조심을 했다만, 화물이 "쌓였다." 우리가 원하는 것을 다 가져갈 수는 없다. 위원회가 모든 것에 대해 돈을 주는 것이 아니라 화물비를 도와주고 있다. 무거운 짐은 이번 주에 포장을 마치려고 한다. 그래야 엄마가 회계나 학교 일을 할 시간을 가질 수 있다. 그런데 우리가 이렇게 관리를 해도 마지막 순간에는 서두를 거라는 것을 안다.

앨비의 편지는 아주 밝고 행복했으며, 편지에 네가 앨비 부부와 같이 있을 때 그리고 진저와 러셀 부부를 봤을 때 그들이 얼마나 기뻤는지를 보여줬다. 앨비는 대단한 성탄절 휴가를 보냈고 아주 많은 선물을 받았다. 네가 그곳에 있었을 것에 대해서 그리고 너희 셋이 성탄절 전에 재미있게 보냈던 것에 대해서 아주 좋게 말했다.

윌리엄은 휴스턴의 추운 날씨에 대해서 편지했다. 갤베스톤(Galveston)의 워커 부인에게서 온 편지에는 8일 연속으로 영하였으며, 배관이 터지고 꽃이 죽었다고 했다. 윌리엄은 영하로 떨어진 첫날 밤 배관이 터지는 것을 막았다고 편지했다. 그런데 그렇게 추운 날 동안 계속 그렇게 할 수 있었는지 엄마는 알지 못한다. 그 시기 동안 그랬기를 바란다.

하나님께서 우리 소중한 딸을 축복하시고 매일 모든 면에서 이끌어주시고 방향을 가리키시길 기도한다.

캐서린은 이번 겨울에 어디에 있니? 캐서린과 아가에 대해서 듣고 싶다. 네가 이 편지를 받을 때면 우리는 아마 움직이고 있을 것이다!

마음의 사랑을 담아 사랑하는 엄마가.

1940년 2월 25일 일요일

사랑하는 소중한 자녀들에게,

일요일이 꼭 다섯 번 남았다. 이야 호! 우리 앞 현관과 차고는 약 3일 후에 S.S. 회사로 보낼 준비를 마친 상자들로 가득 쌓여있다. 화물은 (못을 박고, 스트랩 아이언으로 강화하여) 포장이 되었고, 며칠 간 있었다. 아빠가 화물을 지난 목요일에 선적할 계획이었는데, 배가 가득 찼다. 그래서 다음 배를 기다려야만 하는데, 그 배는 이번 주의 후반부에 있을 것이다. 화물을 며칠 앞서 보내야만 한다. 우리가 보내는 책이 여섯 상자가 있는데. 책마다 이름, 저자, 출판사를 기록해서 보내야만 한다. 그러면 목록을 보고 일본에 대한 비판적인 것은 어떤 것도 나가지 못하게 확인한다. 우리가 지금 살고 있는 이런 전제주의적 정부가 하는 일이다. 그러나 다행히 사람들이 이 나라 밖으로 나간 뒤에서 입에 재갈을 물릴 수 없다.

우리가 보내는 책 여섯 상자에 더하여, 옷장, 식기장, 거실 탁자, 너희들의 인형 가구, 너희들의 작은 책상 등 가재도구 5톤을 보낸다. (1톤은 40 큐빅 피트다.) 아빠가 언급한 것들은 보낼 준비가 된 채 상자 속에 들어있다. 엄마가 난로 앞에서 앉아 있곤 하던 작은 흔들의자도 마찬가지다.

너희들이 그것들을 볼 때 실망하지 않기를 바라며 아빠가 전에 했던 경고를 다시 한번 반복하마. 너희들은 모두 그것들과 관련된 낭만적인 기억을 가지고 있다. 그래서 너희들의 그것들을 볼 때 너희들 기대에 맞지 않을 수도 있다. 그래서 너희들이 실망하지 않을지 걱정이다. 예를 들면 너희들에게 작은 책상을 만들어주면서 아빠는 장식에 있어서는 아무엇도 없이 오직 실용성만을 생각했다. 그래서 색을 입히지도 않았고 투명 보호막을 바르지도 않았다. 그리고 오랜 세월 동안 그것들은 어떤 광택이나 "화려함"을 지니지 않았다. 그래서 너희들이 그것들을 보면 너무 밋밋하고 단순해 보일 것이다. 아빠가 그것들을 가지고 가는 것은 순전히 그리고 단순히 너희들과 연관된 정서 때문이다. 그것들은 그 시절부터 너희들이 필요로 한 공부를 하기 시작한 곳이다. 그런데, 그것들은 꽤 쓸만하며 사포로 닦고, 색을 입히고, 투명 보호막을 바르면 쓸 만할 뿐만 아니라 아주 좋아 보일 것이다. 그것들을 다른 사람들의 손에 넘겨주면 불쏘시개 정도로만 사용할 것이라, 그것들이 너희가 이곳 우리 집에서 어린아이일 때 모두 사용했던 것이라는 생각 때문에 남겨두고 올 수가 없었다. 윌리엄부터 앨비까지 너희 모두 사용했던 모든 탁자를 가지고 간다. 모든 탁자를 분해해서 상자에 넣었는데, 빌[1]의 것만 아직 그대로 있다. 엄마는 포장이 끝난 엄마의 흔들의자 말고 다른 흔들의자와 함께 그 탁자를 여전히 사용하고 있다. 아빠는 빌의 탁자를 분해해서 트렁크에 넣을 것이고 우리가 휴스턴을 지나갈 때 그 아이에게 줄 것이다. 그런데, 앨비의 작은 탁자만이 짝이 맞는 의자가 있었던 유일한 것이다. 다른 탁자들은 너희들이 어떤 의자건 사용했었다.

포장되고 선적할 준비를 마친 다른 것들에는 거실과 식사 공간에 있던 (빨간색 그리고 초록색) 깔개가 있다. 식사 공간에서 온 녹색 깔개는 다소 좋은 상태이지만, 빨간 깔개는 다소 헤졌다. 그렇지만 미국에서 수리할 수 있다고 생각한다. 우리는 새집에 깔개가 있어야만 한다고 느꼈고, 그것들이 너무 좋아서 버리기에는 아깝다고 생각했다. 우리는 그 깔개들을 1908년 우리의 첫 번째 안식년을 하는 동안 에임즈 앤 브라운리[2] 백

---

1 '빌'은 바로 위에 언급한 아들 '윌리엄'의 애칭.
2 Ames and Brownley: 버지니아 노폭에 1898년부터 1973년까지 있던 백화점.

화점이 하는 재고처분 특매(fire-sale)에서 샀거나 우리가 돌아올 준비를 마치고 있을 때 샀다. 우리가 에임즈 앤 브라운리에서 그 깔개들을 샀다고 생각하지 않는다. 그랜비(Granby)와 프리메이슨(Freemason) 역 모퉁이에 있는 큰 백화점에서 샀다. 아빠는 그 가게를 기억하고 있었고 며칠 전에 그 이름이 떠올랐는데, 지금은 잊어버렸다. 깔개는 스머너(Smyrna)[3] 깔개다.

우리는 여전히 우리가 미국에 도착한 후 정착할 곳으로 최고인 곳이 어딜지 생각하고 있다. 너희들이 생각을 많이 하고 알아보고 다니길 바란다. 아빠는 도시에서 태어나고 자랐다. 그래서 도시의 분주한 삶을 항상 좋아했다. 도시에는 많은 일이 일어나며 볼 것과 들을 것이 많다. 그리고 할 것도 많다. 학교가 끝나고 방학하면 이스턴 쇼어(Eastern Shore)로 가는 것을 좋아하곤 했지만, 오래지 않아 도시에 대한 향수병을 갖곤 했다. 시골은 거쳐 가는 것 말고는 아빠에게 많이 끌리지는 않는다. 잠시 머무르는 것은 괜찮다. 그러나 리치먼드는 우리에게 맞는 장소로 여전히 아빠에게 끌린다. 그런데 아빠는 워터프론트(Waterfront)에서 우리 돈으로 살 수 있는, 사랑하는 너희들이 휴가 동안에 올 수 있게 시원하고, 넓은 공간을 가진 집은 없는지 궁금하다. 잘 생각해보렴. 우리가 알아보는 동안 미션 코트에 있을 수 있다고 그랜트 부인이 확실하게 했으니 우리가 도착하면 가족회의를 해서 모든 것을 철저히 살펴보자.

약간 서늘하다만, 날씨가 아주 좋다. 우리 주변에 있는 가난하고 고통받는 사람들에게 큰 위안이다. 이 편지를 쓰는 동안에도 가난한 사람 두 명이 와서 앞문을 두드리고 도와달라고 해서 편지가 중단되었지만 말이다.

아빠가 일요일이면 하던 일과 즉 아침 먹고 면도하는 것 등이 다시

---

3 요한계시록의 일곱교회 중 하나인 서머나 교회와 이름이 같음.

중단되었다. 아빠가 3일간 아주 흥분이 되어서 아침 6시 이후로는 침대에 머무르기가 어려웠기 때문이다. 그래서 아빠는 6시경 일어났고, 하루를 잘 시작하고 있다.

화물을 전부 못 박았고 배에 실을 준비가 되었을 뿐 아니라 아빠는 내일 아침을 먹자마자 시내로 가서 트렁크를 싸맬 밧줄을 살 것이다. 물론 지금 밧줄로 묶는 것은 아니지만 모든 것을 준비하고자 한다. 배표와 기차표에 쓸 돈을 지출했다. 아주 명확하게 일들이 진행되고 있는 것 보이지.

우리가 떠나는 것에 대해서, 이 나라에 있는 많은 친구가 그들의 애정을 보여주고자 하는 모임(예를 들어 환송연 등)을 했으면 하는 많은 암시가 있었다. 그러나 그들이 감시받으며 살기에 감히 그렇게 하지 못한다.

소중한 아이들아, 오늘 아침 일찍 편지를 시작했지만 벌써 교회 갈 시간에 가깝다. 그래서 이미 길게 쓴 편지를 여기서 줄여야겠다.

너무너무 사랑하는 아빠가.

1940년 2월 25일

소중한 어린 딸에게,

사랑하는 너희 모두에게 보내는 "공동" 편지가 여기 안에 있다. (그런데, 이 편지가 모두가 읽을 편지가 다소 아닐 수도 있다.) 지금은 아빠가 알고 있는 가장 예쁜 딸에게 몇 마디 개인적인 것을 보낸다. 아빠는 우리가 너희들을 생각하는 것의 반이라도 너희들이 우리를 생각하는지 궁금하다. 우리는 매일 매시간 너희들에 대해서 생각하는데, 곧 너희들을 볼 생각에 아주 흥분된다.

우리가 탄 배는 샌프란시스코에 4월 25일 도착할 예정이고, 우리는 거기서 곧바로 휴스턴으로 가서 빌과 젤마와 함께 약 10일을 보낼 것이고 그런 다음 리치먼드로 갈 것이다. 가는 도중 내쉬빌에 들러서 우리 실행위원회의 신체검사 의사에게 우리가 신체적으로 건강한지 "신체검사"를 받을 것이다. 그런 다음에 리치먼드로 갈 것인데 5월 23일경 도착할 것이다. 너의 학교가 언제 끝나는지 아빠는 모른다만 우리는 네가 곧바로 미션 코트에 있는 우리에게로 올 것을 기대하고 있다. 그것이 우리가 미국으로 가는데 가장 큰 즐거운 부분일 것이다.

네가 정성껏 보낸 생일 선물이 잘 왔고 우리가 어마어마하게 잘 먹고 있다고 아빠가 며칠 전에 썼다. 상당 기간 우리가 매일 하던 일과 중 일부가 되었다. 네가 알듯이, 매일 점심 후에 약간의 낮잠을 자는 것이 몇 년 동안 "습관"이 되었다. 일반적으로 15분을 넘지 않는데, 지난 며칠 동안, 잠시의 휴식에서 일어난 후에 아빠는 엄마의 작은 난로 앞에서 엄마와 함께 있으며 네가 생일 선물로 보내준 상자의 내용물을 조금씩 먹었다. 정말 맛있더구나. 그렇지만 그것을 보내준 예쁜 딸만큼 좋지는 않았다.

이쁜 딸아, 이렇게 좋은 날 즉 2월 25일[1]을 축하할 적절한 선물을 너에게 건넬 만큼 가까이 있으면 좋을 건데, 우리가 그렇지 않기 때문에 몇 주 더 기다려야만 한다. 너의 다음번 생일에는 너에게 특별한 선물을 보내줄 만큼 우리가 가까이 있을 거라는 것을 생각해보렴.

사랑하는 아빠가.

---

1 마가렛 즉 마지(Margie)의 생일. 1905년 2월 25일 태어남.

1940년 3월 3일

한국, 군산
불 부인(Mrs. William F. Bull)

소중한 마가렛에게,

　계획한 대로 모든 것이 잘 진행되면, 오늘부터 한 달 뒤에 우리는 일본으로 가고 있을 것이다. 우리가 떠나는 시간이 정말로 가까워진다. 우리가 소중한 너희들을 보고자 하는 그리움에도 불구하고 실제로 떠나는 것이 쉽지 않다는 것을 너는 알 거다. 이번이 우리의 안식년이기에, 우리가 두 달 뒤에 떠나야만 하는 것이 약간 더 쉬울 것이다. 새로운 회계연도에 우리의 사역을 넘기는 것이 더 현명해 보인다. 우리는 마지막 정기 선교부 모임을 금요일 오후에 가졌는데, 퇴임하는 의장인 아빠가 뒤를 이을 사람으로 선출한 존 탈마지에게 의무를 넘겼다. 비록 우리는 떠나지만, 선교부는 지난 세월 어느 때보다 더 커질 것이다.

　월요일에 앨비와 빌 부부의 항공 우편이 도착했다. 40년 1월 7일부터 40년 2월 26일까지 오는 데 50일 걸렸다. 물론, 미국의 지방 우체국에서는 마닐라와 홍콩을 돌아서 오는 것을 이해하지 못한다. 그래도 한 번도 들은 적 없는 시간이다. 우체국에 있는 사람들은 정규적으로 편성된 곳을 제외하고는 클리퍼스(Clippers)를 이용해서 우편을 보내는 것의 유용성에 대해서 알게 되어야 한다. 편지는 부분적으로는 아빠의 생일 편지로 의도된 것이었는데, 실제로는 아빠가 물었던 질문에 대한 빌의 정보가 담긴 편지였다. 빌은 여러 면에서 확실히 우리에게 친절하고 도움이 된다.

너에게 쓸 것이 많아서 오늘 저녁 편지 하나에는 다 쓸 수 없을 것 같다. 며칠 뒤에 가구의 소유권을 주기 위해 가구를 정리하고 있고, 가져 갈 것은 포장하느라 요즘 바쁘다.

우리는 빌에게 편지를 써서 노폭에서 화물을 받아서 리치먼드로 배달 해주고 그가 편지에 쓴 저장소에 보관해주면 좋겠다고 했다. 우리는 그의 지하실에 보관하고 싶지 않다. 짐을 그곳에 두면 성가신 일이 될 것이고 미션 코트에 보관하고 싶지도 않기 때문이다. 보관료는 적당하다. 사적인 곳에 보관하느니 보관료를 주는 것이 더 좋다. 그것에 대해서 너도 엄마 말에 동의하리라 확신한다. 다른 사람들의 짐이 창고에 보관된 것을 집주인들이 어떻게 느끼는지 안다. 이렇게 해야 상황이 더 좋아진다. 우리는 그렇게 하기로 마음먹고 포장했다.

스톡스 목사(Dr. & Mrs. Stokes) 부부를 기억하니? 그들이 이곳에 있다. 그는 우리에게 일 주일간 성경을 가르칠 것이다. 그들은 아주 건강하고 자연스럽게 보인다. 우리가 원산 해변에 있었던 두 번의 여름 동안 그곳 에서 그들을 알게되었다. 스톡스 부인은 정말 모범적인 엄마다. 항상 사 내아이들과 함께한다.

우리가 떠날 때 모든 것이 잘 진행되기를 기도한다. 그리고 우리가 좋은 항해를 하기를 기도한다. 하나님께서 너를 복 주시고 지켜주시길 바란다.

마음속의 사랑을 담아 사랑하는 엄마가.

앨비가 제안하기를 우리가 샌프란시스코에 도착하면 자신과 빌에게 전보를 보내라는구나. 그러면 앨비와 빌이 너와 버지니아에게 전보를 보내 겠다는구나. 우리는 그렇게 할 것이다.

월요일 아침. 아빠에게 보낸 너의 생일 편지가 막 도착했다. 그 편지를 받아서 아주 기뻤다.

1940년 3월 10일

한국, 군산
불 부인(Mrs. William F. Bull)

소중한 마가렛에게,

 너에게서 두 통의 편지를, 윌리엄에게서 세 통을(하나는 짧은 편지였음), 앨비와 빌에게서 한 통을 받아서 지난주 우리는 아주 부유하게 느꼈다. 네가 1월 31일에 보낸 편지가 2월 3일 편지가 오고 나서 도착했다.

 우리가 겪고 있는 처참하게 추운 날씨에 대해서 엄마가 너에게 이미 편지했다. 윌리엄이 편지에 쓰길 휴스턴에서 극한의 추위 때문에 생긴 피해는 홍수나 화재처럼 눈에 확연하지는 않지만 큰 재앙과 맞먹었다고 했다. 윌리엄이 물 배관에서 물을 빼낼 수 있었기에 적은 비용만 들이고 어려움을 피할 수 있었다고 써서 기뻤다. 휴스턴이 48년만에 겪은 가장 추운 날씨라고 윌리엄이 말했다.

 앨비가 리치먼드에서의 추운 날씨에 대해서 썼다. 눈보라가 큰 불편 뿐 아니라 많은 어려움을 리치먼드에 끼쳤을 것이 틀림없다. 앨비는 편지를 참 잘 쓴다. 네가 앨비가 쓴 17쪽짜리 편지를 재미있게 읽었다는 것을 알고 있다. 앨비도 스케이트 타는 것을 즐기는 듯 보였다. 윌리엄이 휴스턴에 눈이 3인치 왔다고 썼다. 그 일은 사람들에게 상당히 놀란 일이 되었다고 한다.

 "바람과 함께 사라지다"를 볼 수 있었다니 좋다. 엄마가 듣기로 그 영화를 봤던 사람들은 모두 그 영화가 훌륭하다고 했다고 한다.

와일드 부인(Mrs. Wild)의 병에 대해서 정말 안타깝다. 로라(Laura)에게 그 일이 얼마나 힘든 일인지 엄마는 안다. 엄마가 밀턴 캔들러 부인(Mrs. Milton Candler)처럼 캔들러 부인(Mrs. Candler)을 잘 아는 것은 아니지만 캔들러 부인이 아주 사랑스러운 여성이라고 기억한다.

영화에 대해서 생각하다 보니, 네 아빠가 좋은 음악을 들으면 아주 이성을 잃을 것이 걱정이다.

부인조력회(Aux)에서 너를 연사로 부르는 것을 좋아하는 듯하니 너는 "인기 있는" 연사 임에 틀림 없다. 네가 선택한 주제보다 더 좋은 주제는 없었을 것이다.

옷 소포가 왔고, 도착한 다음 날 분배되었다. 고쳐 쓰면 한국인들이 잘 사용할 수 있는 아주 좋은 재료들이었다. 그것들을 보내준 기부자들에게 고마운 마음을 전해주렴.

존 S.가 없을 때 누가 그 자리를 대신했니? 엄마가 호주에서 보고 싶은 한 가지가 있다면 그것은 코알라다. 마치 장난감과 같은 코알라에 대해서 사람들이 읽은 것 같다. 엄마가 코알라에 대해서 읽으며 매료되었듯 볼드윈(Baldwin)도 매료된 것처럼 보인다.

하나님께서 우리 소중한 딸을 복 주시고 지켜주시며 매일 모든 길에서 이끌어주시길 기도한다.

마음의 사랑을 담아 사랑하는 엄마가.

1940년 3월 10일

사랑하는 소중한 자녀들에게,

오늘 이후로 꼭 세 번만 더! 자녀들아, 아빠가 너희들에게 이 작은 편지를 쓰려고 앉을 때 이곳에서 세 번 이상은 쓰지 못할 것이라는 생각이 떠올랐다. 지금부터 세 번째 일요일이 31일인데, 우리가 3일에 떠나기 때문에, 편지를 쓴다고 해도 우리가 탄 배보다 더 일찍 있는 배편을 잡을 수는 없을 것이다. 그래서 31일에 편지를 쓰는 것은 쓸모가 없을 것이지만, 아빠는 사랑하는 너희 모두를 보러 가는 길에 태평양을 건너는 배에서 세 번째 편지를 쓸 지도 모르겠다.

감리교선교회 소속의 서울에 거주하는 스톡스 목사 부부가 지난주 우리와 같이 있었고, 아주 감화를 주는 헌신 집회에서 우리를 인도했다. 그분들은 어제 오후에 떠났다. 너희 중 몇은 그분을 기억할 지도 모르겠다. 앨비는 분명히 기억할 것이다. 우리의 남사경회를 도와주러 몇 년 전에 우리와 함께했다.

지금 당장은 쓸 것이 많지 않다. 매번 하던 것 즉 이곳을 떠날 준비를 하는 것을 빼면 말이다. 우리는 트렁크 등을 싸고 우리가 이곳에 있은 지 40년 동안 쌓인 수 톤의 고물을 치우느라 집을 정리하는 등 타르 통에 있는 벌처럼 계속해서 열심이다. 이번에 미국으로 가는 것은 우리가 몇 차례 안식년으로 갔던 것과 아주 다르다. 우리가 안식년으로 갈 때는 가져가고 싶지 않은 것들은 이곳 집에 놔두고 가면 됐다. 아니면 다락에 쌓아두면 되었다. 그러나 이번에는 앞으로 우리 집에서 사용하고자 하는 것은 무엇이건 가져가야만 한다. 그리고 가지고 가고 싶지 않은 것은 무엇이건 그냥 주거나 팔아야 한다. 다른 말로 집을 닫아야 하며 모든 것을 정리해야 한다는 것이다. 그런데 이 일은 상당한 일이다. 자체로는 큰 가치가 없지만, 정서적 가치가 엄청난 것들이 아주 많다. 집으로 그런 것들을 가져가는 것이 정당한가에 대한 질문이 항상 있다. 다른 것들은 정말 유용하기는 하나 집으로 가져갈 만한 가치가 있는 것인지에 대해서 의문이 든다. 예를 들어 아빠는 와플 틀을 집에 가져가려고 포장했다. 이것을 우리는 지난 안식년에 사용했다. 그리고 한국으로 가져왔다. 그런데 이곳에 온 이래로 한 번도 사용하지 않았다. 엄마는 우리가 집에 가게 되면 새로운 와플 틀이 있을거라 생각한다. 그래서 이것을 집으로 가져가는 것이 가치 있는 것인지 생각한다. 전기 토스터기도 마찬가지다. 우리가 실제로 그것들을 미국에서 구매할 때, 우리가 그것들을 가지고 있으며 새것을 사기 위해 돈을 써야 할 필요가 없다는 것에 기뻐할 것이다. 돈을 써야 할 것들 즉 우리가 가지고 있어야 할 것이 많이 있을 것이기 때문이다. 그러니 우리 화물이 열리고 너희들이 이곳에서 보던 오래된 고물들을 보면 놀라지도 말고, 아주 싫어하지도 말렴.

아빠가 썼듯, 우리의 계획은 샌프란시스코에서 배에서 내려 거기서 기차를 타고 휴스턴에 들르고, 거기서 빌과 가족과 함께 며칠 보내고, 그런 다음 내쉬빌에 가서 우리 실행위원회 신체검사 의사에게 "신체검사"를 받고, 리치먼드로 가는 것이다.

우리는 날씨에 있어서 아주 환영받는 짧은 휴식기를 가지며 아주 좋은 봄 날씨를 즐기고 있다는 것을 말하게 되어 기쁘다. 그러나, 사람들이 전처럼 추위로 고통을 많이 겪지는 않지만, 온화한 날씨가 그들의 배에 음식을 넣어주는 것은 아니다. 그래서 우리 주변에는 여전히 굶주린 사람들이 많이 있다. 영양이 결핍되어서 약하고 아픈 많은 사람이 여전히 우리 마당으로 떼 지어 모여들어서 도와달라고 한다. 아빠가 적절히 조금씩 잘 나눠줘서 햄든 시드니 기금이 조금 남았고 그래서 작은 무리에게 도움을 줄 수 있어서 매우 감사했다. 우리 가구를 사겠다고 동의한 사람들에게 가구를 넘겨줄 날이 꼭 16일 남았다. 우리 물건을 주고, 우리 집을 닫고, 실제 떠날 때까지 두피 선교사 집으로 가서 머무르도록 그 집에 내려가기로 정한 날이 26일이기 때문이다.

소중한 자녀들아, 이번에는 여기서 그만 써야겠다. 아빠가 사랑하는 너희들 전부를 보는 즐거움을 누리기까지 더 많은 편지를 쓸 필요가 없다는 생각에 매우 기쁘다.

너무너무 사랑하는 아빠가.

월요일 저녁. 오늘 이 편지를 부치지 못했다. 그러는 동안 (오늘 오후) 군산으로 가서 좋은 영화 즉 "수에즈[1]"를 봤다. 아주 재미있었다. 그런데 차가 없어서 (아빠 비서만 데리고) 혼자 가야 했다. 아빠는 정말 차가 그립다. 아빠 차라고 부를 차를 갖게 되면 정말 기쁠 것이다.

---

1 *Suez*: 1938년 10월 28일 개봉된 영화. Allan Dwan 감독, 타이론 파워(Tyrone Power), 로레타 영(Loretta Young), 애너벨라(Annabella) 주연.

1940년 3월 10일

조선(한국), 군산

소중한 어린 딸에게,

이렇게 헤지고 주름투성이 종이를 모른 척해주면 아빠가 너에게 개인적인 편지를 계속 쓰마. 이 종이가 창피하다만 "가난한 선교사"가 버리기에는 이 종이가 너무 좋구나.

네가 보내준, 옷들이 담긴 소포가 제대로 왔으며 정말 고마워하는 한국인들 몇 명에게 나눠줬다는 것을 먼저 말하마. 우리 주변에서 벌어지는 고통에 대해 적은 아빠의 편지에 대한 너의 반응과 응답을 보고 특별히 기뻤다. 그런데 그것은 너처럼 소중한 딸에게서 아빠가 기대했던 바로 그거였다. 네가 이곳 집에서 아주 어렸을 때, 엄마가 슬픈 이야기를 해주면 너의 소중한 작은 눈이 즉시 눈물로 가득했다는 것을 (빈번하게 흘러넘쳤다는 것을) 우리는 너무도 잘 기억하고 있기 때문이다. 그래서 이 일은 네가 가지고 있는, 남을 불쌍하게 여기는 성품을 잘 보여준 것이다. 하나님께서 이 일로 너를 축복하실 것을 아빠는 확신한다.

네가 순천에 있는 나환자 사역에 관한 놀랍도록 흥미로운 사실들을 다른 이들에게 전하고자 하는 것을 알고 아빠는 또한 기뻤다. 그 주제에 대해서 네가 말을 하면 그 불쌍한 생명들에 대한 많은 관심을 불러일으킬 것이라고 아빠는 확신한다.

애야, 너를 보는 싶어 "가만히 기다릴 수가 없다." 미션 코트에서 우리와 함께 네가 있다는 생각 그리고 나중에 우리의 집에 네가 있다고 생각하니 흥분된다. 우리보다 먼저 리치먼드에 오면, 영구히 짐을 풀지는 말렴. 네가 필요한 것을 매일 매일 꺼내렴. 그리고 우리가 미션 코트에 도착하면 곧바로 우리에게 올 계획을 세우렴.

네가 우리에게 보내준 지난번 사진을 아주 좋아한다. 문제는 우리 이쁜 딸만큼 사진이 이쁘지 않다는 거다.

온 세상의 사랑을 담아 너무너무 사랑하는 아빠가.

1940년 3월 17일

한국, 군산
불 부인(Mrs. William F. Bull)

소중한 마가렛에게,

네가 2월 13일에 보낸 좋은 편지가 금요일에 도착했다. 오는 데 31일 걸렸다. 이것은 네가 편지하지 않아서 생긴 잘못이 아니라 배편의 일정표의 문제 때문이다. 배들이 확실히 들어오면, 우리는 엄청난 편지를 받는다. 이번 주에는 윌리엄의 편지 두 통과, 너의 편지, 그리고 버지니아와 앨비와 빌에게서 각 한 통의 편지가 왔다.

소포 비용이 그렇게 많이 들다니 참 안됐다. 소포 하나를 받았노라고 너에게 썼다. 두 번째 소포는 받지 못했다. 엄마가 옷을 즉시 나눠주었다는 것도 너에게 썼다. 지금 재료는 옛날 재료가 아니라서 이것들을 잘 사용할 수 있을 것이다.

그래, 『바람과 함께 사라지다』가 처음 나왔을 때, 엄마가 그 책을 읽었으며, 애틀랜타에서 첫날 밤 공연한 것에 대한 글을 『애틀랜타 콘스티튜션』에서 봤다. 아주 대단하게 연출된 것이 틀림없다. 그것에 대한 소책자를 구할 수 있으면 아주 기쁠 것이다.

클라크 박사(Dr. Clark)[1]가 한국으로 돌아오는 것은 허가되지 않을 것이라고 최근 풀턴 박사(Dr. Fulton)가 썼다. 그 사람의 오른쪽 눈이 완전히

---

1 William Monroe Clark(1881.9.5.~1965.8.): 한국명은 강운림(康雲林).

시력을 잃었고, 왼쪽 눈도 그렇게 좋지 않다. 그의 전반적인 건강도 좋지 않다. 우리가 서울에 있는 조선기독교서회(朝鮮基督敎書會)²에서 그를 아주 많이 필요로 하는데 그가 돌아오지 않는 것을 엄마는 분명히 유감으로 생각한다. 그는 현명하고 건실하며 다른 사람들과 잘 어울려서 일했다. 참 슬픈 경우인데 그가 전혀 예상치 못하게 고통이 찾아왔다. 엄마는 그 사람도 아내의 재산에서 돈을 가지고 있기를 바란다. 우리는 그의 딸들이 부자라고 알고 있다. 그가 다시 일어설 수 있으리라 엄마는 확신한다만 그 나이에 꺾인 것은 본인에게 참 힘든 일이다. 그 사람은 현장에 31년간 있었다. 서울에서 아주 아름답게 자리 잡고 있었고, 아름답고 현대적인 집이 있었는데, 그 집에 들어간 돈은 전부가 아니라도 일부는 그 사람의 장인이 준 것이라는 말이 있다. 그렇지만 엄마는 그것에 대해서 확실하게 알지는 못한다. 우리는 우리에게 어떤 일이 일어날지 모른다. 그는 훌륭한 설교가이며 시간이 지날수록 더 좋아질 것이다. 그의 왼쪽 눈도 더 좋아지리라고 엄마는 희망한다.

지니(Jeanne)의 벽에 그린 그림이 참 흥미롭구나. 그녀의 침실이니 아니면 교실이니? 엄마는 학교의 책임자들이 방을 그런 정도로 방치할 수 있는지 이해가 되지 않는다. 그리고 지니가 그 그림을 어떻게 그렇게 오래도록 견딜 수 있었는지도 알 수 없다. 벽화가 귀여웠음에 틀림이 없었지만, 도배를 했다면 들었을 비용만큼의 페인트 비용이 들었음이 틀림없다.

네가 라틴어 가르치는 것을 즐긴다니 아주 기쁘다. 엄마가 항상 라틴어를 공부하고 읽는 것을 즐겼다만, 지금은 너무 뒤처져서 다시는 따라잡을 수 없을 것 같구나.

하나님께서 소중한 너를 복 주시고, 지키시며, 인도하시길 기도한다.

---

2 원문에 약자 CLS로 되어있음. Christian Literature Society(현, 대한기독교서회의 전신).

이 편지를 받을 때면, 모든 것이 계획대로 된다면, 우리는 사랑하는 너희들에게 가는 도중에 바다 위에 있을 것이다.

마음의 사랑을 담아 사랑하는 엄마가.

1940년 3월 17일 일요일

사랑하는 소중한 자녀들에게,

꼭 두 번만 더! 그러면 아마도 일요일 보내는 편지는 한 번만 더 있을 것이다! 다음다음 일요일에 편지하면, 그 편지가 그곳에 도착할 바로 그 무렵에 우리가 거기 도착할 것이기 때문이다. 생각해보렴. 우리 앞에 어떤 즐거움이 있는지. 며칠 전 그랜트 부인으로부터 아주 좋은 편지를 받았는데, 미션 코트에서 우리가 사용할 공동주택이 있을 거라는 것을 아주 긍정적으로 확인해주는 내용이다. 그녀는 아마도 우리가 지난번 안식년 동안에 사용했던 공동주택일 수 있다고 했다. 그렇게 되기를 바란다. 그곳에서는 적어도 우리의 집을 가질 때까지 우리 집에 있는 것처럼 편안할 수 있으니까.

아빠는 지금 거실에서 글을 쓰고 있는데 거실에는 (우리 스머너 깔개를 화물과 함께 보내서) 크렉스(Krex) 깔개와 의자만 있다. 사진도 오랫동안 벽에서 떼어진 채 있고, 우리 라디오는 몇 달째 없다. 스프링 달린 간이 침대와 옷걸이와 책장은 구매자들이 지난주에 가져갔다. 우리 욕실의 큰 서랍과 상아가 만들었고 아빠의 침실에 있었던 아주 좋은 옷장, 그리고 위층 현관에서 떼어낸 철로 된 해먹도 구매자들이 가져갔다. 9일만 더 있으며 우리는 다른 모든 것을 구매자들에게 줄 것이며, 우리의 집을 닫고 마지막 주를 두피 선교사와 보내도록 내려갈 것이다.

아빠가 썼듯이, 우리는 샌프란시스코에서 배에서 내릴 것이다. 휴스턴을 거쳐 가서 빌, 젤마, 글로리아와 며칠 보낼 것이며, 리치먼드로 갈 것이다. 신체검사를 위해 내쉬빌에 들를 것이다. 우리가 샌프란시스코에 도착하자마자 앨비에게 전보를 보낼 것이고, 그러면 앨비가 우리 대신 소식을 전해줄 수 있을 것이다. 샌프란시스코에 도착하고 명확한 계획을 세운 뒤에 더욱 구체적으로 쓰마.

어젯밤에 여학교 학생들이 엄마를 위해서 매우 좋은 여흥을 제공했다. 상당히 많은 묘기가 있었다. 아빠는 비서와 함께 내려가서 이중주곡(코넷, 클라리넷)을 들려주었다. 전체적으로 아주 즐거운 밤이었다. 엄마가 인생에서 가장 중요한 것을 쏟아부은 학교를 떠나야 한다는 생각과 현재 상황 때문에 학교가 점차로 문을 닫게 된다는 것을 빼면 말이다.

우리는 지난주 너희들 대부분으로부터 좋은 편지를 몇 통 받았다. 그 편지를 받고 아주 행복했던 것은 당연하다. 앨비의 편지에 동봉된 면도날을 받게 되어 기뻤다. 아빠는 이제 미국 도착할 때까지 모든 준비가 다 되었다. 그래서 면도하지 않고 지낼 필요가 없을 것이다. 면도날에 많은 고마움을 보낸다.

샌프란시스코에 4월 25일 도착할 때 S.S. President Cleveland, c/o American President S.S. Company 앞으로 보낸 편지가 우리를 기다리게 하는 것을 잊지 말아다오. 너희들에게서 약간의 소식을 듣고자 정말 갈망하거든. 너희들의 마지막 편지로부터 소식을 들은 지 굉장히 오랜 기간이 지나서 소식을 듣게 되기 때문이다. 휴스턴에 있을 때 편지 하렴.

소중한 자녀들아, 이번에는 특별한 소식이 없어서 이만 줄이련다. 이 세상에서 가장 예쁜 사람들에게 이 세상의 모든 사랑을 담아 보낸다.

너무너무 사랑하는 아빠가.

1940년 3월 24일

불 부인(Mrs. William F. Bull)

소중한 마가렛에게,

　38년이나 우리 집이었던 이곳에서의 마지막 일요일이 되었다. 우리는 두피 선교사의 집으로 금요일이나 토요일 내려갈 것이다. 그녀는 더 일찍 오라고 성화였지만 엄마는 어쩔 수 없이 가야만 할 때까지는 내려가지 않고자 한다. 아빠가 전주를 잘 다녀온 이야기를 틀림없이 썼을 것이다. 엄마도 초대받았다만 그런 경우에는 집에 머무르는 것이 더 편안하기에 엄마는 정말로 가고 싶지 않았다.

　지난주는 정말로 바쁜 한 주였다. 여학교가 2월 19일 화요일에 종업했다. 물론 슬픈 시간이었다. 여학생들이 그때보다 더 호의적인 반응을 보이며 더 사랑스러워 보인 적이 없다. 남학교는 수요일에 종업했다. 그래서 엄마는 두 학교의 회계를 정리하고, 모든 회계를 감사하느라 바빴다. 회계 중 어떤 실수도 없었다고 자랑스럽게 말한다. 그래서 엄마는 기뻤다. 엄마는 모든 청구서에 대해서 지출했는데, 모든 것이 제대로 되어있어서 기쁘다. 이번 주는 우리의 개인적인 일에 전적으로 시간을 쓰기를 희망한다.

　지난주에 버지니아와 앨비에게서 좋은 편지를 받았다. 너희 모두 건강하기를 바란다. 버지니아가 감기를 빨리 극복해서 감사드렸다. 미국의 여러 다른 소식통에서 독감의 심각한 사례에 대해서 많이 듣는다.

　지난주 약간 너무 심하게 일해서 끔찍이도 피곤했지만, 지금은 회계

감사를 다 마쳐서 좀 더 쉽게 할 수 있을 것이다. 아빠가 출타했을 때, 엄마는 집을 청소하느라 남자들에게 많은 일을 하도록 했다. 쉬운 일이 아니다. 집에 대해서는 고려해야 할 것이 아주 많은데 거기다가 학교를 넘기는 일이 더해져서 업무량이 증가한다. 그런데 엄마에게는 가장 힘든 부분은 끝난 것 같다. 하나님께서 소중한 너를 복 주시고 지켜주시길 빈다.

마음속의 사랑을 담아 사랑하는 엄마가.

1940년 3월 24일, 부활주일

사랑하는 소중한 자녀들에게,

오늘 아침 4시에 아빠 침실 창문 바로 아래에서 나는 매우 예쁜 노랫소리에 깼다. 부활절 아침을 축하하는 여학생들이 아름다운 부활 찬양을 부르며 집집마다 다녔다. 그 뒤 한숨도 자지 않았다. 왜냐면 무엇을 의미하는지 알았기 때문이다. 우리가 그렇게 많은 부활절을 보낸 우리 집에서의 마지막 일요일이라고 생각하자, 아빠는 감정이 북받쳐서 잠이 달아났고 눈물이 뺨을 타고 흘러내렸으며 우리의 이른 출발과 떠날 준비를 하기 위해 우리가 해야만 하는 아주 많은 것들에 대해서 아빠의 가슴과 생각이 넘쳐흘렀다.

우리는 거실로 내려가서 부활절 인사와 함께 화분을 이웃들에게 보내며 하루를 시작했다. 인사와 함께 보낸 화분에 대해서 마음에서 우러나며 고마워하는 짧은 편지들을 받았다.

아빠는 금요일과 토요일 전주를 방문하여 아주 즐겁게 보냈다. 우리 선교회 소속 모든 선교부에서 우리가 떠나기 전에 자신들을 방문하라고 강권하며, 순천선교부의 웅거 목사는 자신의 (사랑스럽고 좋은) 작은 차 스튜드베이커 챔피언을 가지고 와서 우리를 태우고 모든 선교부를 돌겠다고 제안했지만, 엄마가 불필요한 여행을 하지 않으려고 하기에, 엄마를 설득해서 가자고 할 수가 없었다.

전주의 스위코드 목사 부부가 특히 많은 성의를 보였고 간절했다. 그들 가족에 아빠가 정말로 좋아하는 귀여운 어린아이들이 있다. 그 아이들도 아빠를 좋아하는 듯하여 기쁘다. (8살인) 어린 도날드는 아빠가 최고의 친구라고 한다. 아빠도 그 아이를 좋아한다. 아주 똑똑하고 예쁜 어린이다. 스위코드 목사 부부는 우리에게 차를 보내서 데려오고, 다시 태워서 보내주겠다고 제안하며 우리에게 시간을 내서 와달라고 강권하였지만, 엄마는 그곳에 가는 일에 있어 고집불통이다. 그런데 며칠 전에 윈 선교사(Miss Winn)[1]가 전주로 와서 성경학원의 졸업반에게 연설해달라고 부탁했다. 졸업 날이 어제였다. 그래서 아빠는 일석이조라고 생각하고 금요일 아침에 전주로 가기로 정하고, 비서가 코넷을 가지고 가고, 아빠는 클라리넷과 바이올린을 가져가기로 했다. 스위코드 목사 가족은 어린아이들을 포함하여 모두가 아주 음악적이며 뛰어난 재능을 가지고 있다. 그래서 음악이 우리의 큰 접합점이 되었고, 우리는 모두 아주 잘 맞는다. 우리는 금요일에 전주로 넘어갔는데 점심시간에 맞춰 도착했다. 점심을 먹고 모여서 음악을 했다. 스위코드 부인이 피아노, 아빠의 비서가 코넷, 어린 도날드가 파이프 플룻, (도날드가 상당히 잘 연주했다), 아빠가 클라리넷을 맡았다. (대학 시절 바이올린을 연주하여 상을 받은) 보그스 부인이 아빠의 바이올린으로 연주했으며, 아빠의 비서는 코넷을 연주했다. 스위코드 부인은 뮤지컬 소(musical saw)를 가지고 아주 잘 연주했으며, 아빠는 (이따금 제대로 된 음을 불 수 있는) 클라리넷으로 상당히 괜찮은 화음을 만들었다. 모두가 그 음악을 즐기는 것으로 보였다. 그런 후 다음 날 아침 성경학원 졸업 예배에서 특별 음악을 해달라고 해서 위의 사중주단이 그렇게 했다.

　바로 지금 아빠가 2쪽에 쓴 것을 보려고 오랫동안 멈췄다. 그랬더니 아빠가 다소 겹쳐서 썼다는 사실을 알게 되었다. 전에 여러 번 저질렀던 똑같은 바보 같은 실수를 저질렀다. 즉 카본 종이를 반대로 넣어서 종이

1　Emily Anderson Winn(1883.12.30.~1977.1.20.): 윈(Winn) (위인사) 목사의 여동생.

의 뒷부분에 카본의 사본이 있게 되었다. 그러다 보니 뒤로 쓰였다. 그래서 1쪽을 다시 써야만 했다. 그리고 주로 기억에 의존해서 쓰느라고 아주 밀접하게 관찰하지는 못했다. 그러다 보니 약간 섞였다. 그것에 대해서 양해해주렴.

아주 좋고 사귐이 있는 아주 좋은 저녁을 먹고 우리 모두 거실로 가서 다시 멋있는 연주회를 했다. 대학에 있는 동안 바이올린 연주로 상을 받았던 보그스 부인이 아빠의 바이올린을 사용했고, 스위코드 부인은 매우 잘 다루는 뮤지컬 소를 켰고, 어린 도날드가 리드 파이프를 가지고 연주하여 굉장히 근사한 사중주가 되었다. 어제 졸업식 예배에서 우리는 특별 음악을 제공해달라는 부탁을 받았는데, 아빠의 비서가 코넷으로, 보그스 부인은 아빠의 바이올린으로, 스위코드 부인은 뮤지컬 소로 아주 예쁜 사중주를 했다. 화음은 정말로 훌륭했다. 군산 매일신문의 주관하에 지난밤 군산에 있는 시청 홀에서 연주회가 있었다. 스위코드 부인의 친구인 (아주 유명한 가수이며 방송인인) 젊은 일본인 숙녀가 노래하도록 요청받았는데, 그녀는 스위코드 부인에게 반주를 요청했다. 그래서 우리 모두 어제 오후에 함께 갔다. 스위코드 목사 부부와 엄마와 아빠는 탈마지 부부의 집에서 함께 저녁을 먹었다.

금요일 저녁에 저녁을 먹고 거실에 모두 모여서 허풍을 떨고 농담 등을 하다가 누군가가 우리가 시베리아를 거쳐 미국으로 가는 도중에 바르샤바에서 철도역에 갇혔던 이야기[2]를 해달라고 했다. 전에 그 이야기를 들었던 사람이 다시 해달라고 했는데, 그 이야기가 군중들에게 상당히 흥미로운 것으로 드러났다. 너희들은 그 사건을 기억 못할 것이지만 너희 모두 엄마와 함께 기차에 있었다. 기차는 바깥에 있는 철로 위에서 움직이고 있었고, 아빠는 철문이 닫힌 채 역에 갇혀있었다. 그때 빌은

---

2 1907년 5월 편지 참조.

다섯 살이었고, 엄마에게는 어린 코넬리우스가 있었는데 그 아이는 겨우 여섯 달이었다.

요즘 손님들이 끊임없이 온다. 원근 각처의 친구들이 우리가 일찍 떠나는 것을 고려해 인사를 하려고 들른다.

우리의 이른 출발에 관한 말이다. 이곳에서 40년을 살며 아주 행복했는데 이 집에서 단지 다섯 밤만 더 자면 된다. 한쪽을 생각하면 그 생각은 굉장히 심란하다. 그런데 너희 소중한 사람들과 함께 할 것을 생각하고, 너희들이 모두 빈번히 찾아올 수 있는 가정을 갖게 되면 떠나는 것에 대해 전혀 다른 생각을 하게 된다.

소중한 자녀들아, 아빠가 지난번 편지에 말했듯, 이 편지가 아마 이곳에서 너희들에게 보내는 마지막 일요일 편지이기 쉽다. 다음 주 일요일 이후 이른 시기에 이곳을 떠날 것이며, 편지가 도착하는 시기 즈음에 우리도 그곳에 도착할 것이기 때문이다.

이번에는 이만 줄여야겠다. 아마도 가는 길에 어디선가 너희에게 편지를 쓸 것이다.

너희 사랑하는 사람들 각자에게 온 세상의 사랑을 전한다.

너무너무 사랑하는 아빠가.

월요일 밤: 위의 글을 쓰고 나서 너무 서두르다 보니 다시 읽어보고 봉투에 주소를 쓸 시간이 없었다. 엄청나게 많은 일을 하는 동안, 오늘 아침 많은 우편이 우리에게 전해졌다. 3월 2일 보낸 빌과 젤마의 편지, 2월 25일에 보낸 진저의 편지, 2월 21일 보낸 마지(Margie)[3]의 편지, 2월 28일 마지의 편지에는 매미 고모의 편지가 동봉되어 있었고, 2월 29일 보

---

3 마가렛(Margaret).

낸 앨비와 빌의 편지가 한 통 있었다.

이 편지들은 우리에게 큰 즐거움이었다. 이 편지들을 보며 너희들에게 더 가고 싶어졌다. 우리는 이 집에서 오늘 밤이 지나면 단지 세 번만 더 자게 된다. 우리가 29일에 두피 선교사의 집으로 내려가기 때문이다. 오늘 우리 트렁크를 밧줄로 묶기 시작했다. 두 개는 이미 묶었고, 대기 중인 것이 몇 개 있다. 대단히 진지하게 하지 않니, 그렇지?

1940년 5월 7일

텍사스, 휴스턴
불 부인(Mrs. William F. Bull)

소중한 마가렛에게,

　네가 5월 5일 보낸 편지가 오늘 도착했다. 우리는 그 편지를 받고 아주 기뻤다. 우리가 매일 너에게 점점 가까워지기 때문에 오랫동안 편지를 쓰지 못했다. 곧 편지에 모든 것에 대해 말해주마. 우리는 너의 전보에 대해서 어제 아침 답을 했다. 우리는 지금 월요일인 13일 아침 기차를 타고 휴스턴을 떠날 것을 확실히 계획하고 있다. 소중한 아들을 어떻게 작별할 수 있을지 모르겠다. 그렇지만 우리는 소중한 딸들에게 어서 가야만 한다. 내쉬빌은 화요일 저녁에 도착할 것이다. 그곳에서 우리가 얼마나 오래 있을지는 모른다만 하루나 이틀일 것으로 생각하며 리치먼드에는 다음 주에 도착하기를 기대한다. 비록 우리가 확정적으로 알 방법은 없다만.

　우리는 너의 전보를 이해했다. 네가 어떤 결정을 하건 하나님께서 확실히 너를 인도해주시길 기도하고 있다.

　지금은 더 이상 쓸 수가 없지만, 너와 모든 소중한 아이들을 정말로 보고 싶다.

　마음의 사랑을 담아 사랑하는 엄마가.

배에서 받은 모든 편지는 우리에게 너무도 의미가 컸다. 하나님께서 너희 한명 한명을 복 주시길 기도한다.

1940년 5월 20일

불 부인(Mrs. William F. Bull)

소중한 마가렛에게,

우리가 리치먼드에 도착한 후로 매시간 너에 대해서 생각하고 있다. 우리는 "마가렛도 여기에 있기만 하다면"이란 말을 자주 한다.

매미 고모와 월터(Walter)[1]가 역에 나왔고, 앨비와 빌 부부와 빌 벨(Bill Bell)[2]이 우리를 만나러 왔다. 버지니아는 그날 저녁 9시 30분 기차로 왔다. 그러니 우리가 너를 얼마나 그리워했는지 알겠지. 매미 고모와 월터는 토요일 오후에 집에 갔고, 버지니아는 어제 12시 10분 기차로 갔다. 그 아이가 얼마나 그리운지 말할 수가 없다.

우리가 만날 때까지 너에게 어떤 말도 하지 않으려고 한다. 네가 어서 집에 왔으면 좋겠다.

엄마는 긴 여행 후에 편안한 휴식을 취하려고 한다. 계속 이동해야 해서 엄마가 생각했던 것보다 더 피곤했다. 오고 가는 것이 쉽지 않았다.

앨비, 불, 버지니아, 매미 고모와 월터 등을 봐서 정말 좋았다.

네가 내쉬빌로 가는 것이 가치 있는 일인지 궁금했다. 이쁜 딸아, 너의 소식을 듣고 싶다. 너는 엄마에게 이 세상 전부다. 엄마는 정말로 너

---

1 Walter Irving Priest(1914.7.14.~1985.12.6.): 불 선교사 여동생(Mary Bull Priest, 1879.19.16.~1947.6.1.)의 아들.
2 William Ford Bell(1914.3.15.~1994.2.22.): 불 선교사 누나(Margaret Whitaker Bull, 1873.2.26.~1919)과 유진 벨 선교사 사이에서 태어난 아들.

를 보고 싶다. 네가 받아본 어떤 귀한 환영보다 더 좋은 환영을 받을 날이 그리 멀지 않았다.

하나님께서 너를 복 주시고 인도해주시길 빈다. 너를 보면 할 말이 너무도 많다.

마음속의 사랑을 담아 사랑하는 엄마가.

1941년 7월 11일

버지니아 노폭, 콘월 플레이스 1320

사랑하는 군산사람들에게,

이런 식으로 쓰다 보니, 바로 제 가족에게 말을 걸고 있다는 느낌을 받습니다. 군산이 제가 제 생의 더 많은 부분을 보낸 곳이고 아주 친밀하며, 사랑으로 관계 맺은 사람들이 있기 때문입니다. 그러나 제가 존재해야 할 이유였던 군산이 닫히고 단 한 명의 선교사도 없다는 것을 생각하면 그저 말로 표현할 수 없도록 마음이 아픕니다. 여러분 각자가 제가 마음 아파하듯 그렇게 아파하실 거라는 것과 우리가 두고 온 사랑하는 한국인들을 위하여 드리는 저의 기도와 함께 여러분들의 기도도 올라가고 있다는 것을 알고 있습니다. 한국인들에 대해서 말하다 보니 생각나서 적습니다. 제가 깜짝 놀라게도, 저의 딸 마가렛이 궁말에 있는 우리 집에서 어린 시절에 빈번하게 들었던 한국 찬송가를 아주 많이 기억하고 있습니다. 이 편지를 쓰기 바로 전에 마가렛과 제가 한국어로 "기쁜 일이 있어 천국 종치네[1]"를 부르고 다른 찬송도 불렀습니다. 제가 딸에게 "아빠가 수백, 수천 번 그랬듯이, 한국인 회중 앞에 서서 그 찬양을 인도하면 좋겠다"라고 했습니다. 저는 "은퇴한 목사"에 관한 주제에 대해서 링글 박사(Dr. Lingle)가 쓴 글을 『크리스천 옵저버(Christian Observer)』에서 막 읽었습니다. 그분의 제안을 마음에 새겨서 도움을 받으려고 합니다.

---

1 찬송가 509장 원제목은 Ring the Bells of Heaven.

저의 고향과 저의 집에 돌아온 것을 즐기고 있다는 것은 말할 나위 없습니다. 집을 "꾸미고 들어오기" 전까지 저의 집이 얼마나 좋은 집인지 정말 몰랐습니다. 제가 24년간이나 소유하고 있었지만 저는 정말이지 이 집에 대해서 너무도 모르고 있었습니다. 저는 철저히 살펴보지도 않고 우리 엔드(End) 장로교회의 집사님 중의 한 분의 권고로 이 집을 샀습니다. 오랜 시간 동안 세입자들이 이 집에 살고 있어서, 이 집은 심각하게 방치되었습니다만, 집을 꾸미는 일에 전문가인 저의 여동생이 우리를 위해 이 집을 꾸며줘서 이 집은 지금 외관상 아주 매력적이고 살기에도 아주 편안합니다. 물 근처에 위치해서 집에 있는 어떤 방이건 기분 좋은 쌍방향 환기와 바람을 즐기지 않는 곳은 없습니다. 방도 넓고 좋아서 여름방학 동안 마가렛과 버지니아가 우리와 함께 이곳에서 즐겁게 지냈습니다.

지난 주말에 베티 메클라프린(Betty Mclaughlin), 남편 테일러 세이(Taylor Seay), 그리고 그들의 매력적인 예쁜 딸 마그릿(Marguerite)이 우리를 찾아와 아주 즐겁게 지냈습니다. (마그릿은 저의 어린 여자친구이며 우리가 미션 코트에 머무르는 동안 즐거움을 준 아이입니다.) 그들은 이곳에 금요일 저녁에 왔는데 토요일에 우리가 그들을 버지니아 해변으로 데리고 갔습니다. 모래에서 마그릿이 재미있게 노는 것을 보는 것이 아주 흥미로웠습니다. 모래를 그 아이는 "큰 모래 더미"라고 불렀습니다. 여러분을 해변으로 데리고 가서 약간의 소풍을 하는 재미를 가졌으면 좋겠습니다.

지금까지 뜨거운 날은 거의 없었습니다. 대부분의 시간 동안 기분 좋게 시원했습니다.

우리는 여러분 모두에게서 받은 편지에 깊은 관심이 있습니다. 우리가 여러분과 관련된 모든 것에 깊은 관심이 있는 것은 당연합니다. 그래서 우리는 통신부서를 이용한 우편이 지체되지 않기를 진심으로 바랍니다. 제가 천천히 그렇지만 계속해서 좋아지고 있다는 말씀을 기쁘게 전해드립니다. 비록 제가 아직 원래의 힘과는 거리가 멀지만, 계속 좋아지고 있습니다. 시간이 지나면 원래의 건강으로 회복되리라고 희망합니다. 여러분 모두에게 안부를 전하며 좋은 일이 가득하길 빕니다.

그리스도 안에서 친구이자 형제인 불 배상.

추신: 저의 여동생이 로버트 녹스 부인(Mrs. Robert Knox)[2]에게서 편지를 받았는데 딸인 베티 버지니아(Betty Virginia)[3]가 남편과 함께 노폭으로 이사 온다는 소식입니다. 그들은 여기서 18마일 떨어진 서폭(Suffolk)에 있으며, 집을 찾는 데 관심이 있습니다. 그런데 저의 바로 옆집이 10월에 빌 예정입니다. 그래서 우리는 그들이 우리 이웃이 되게 할 수는 없는지 알아보느라고 바쁩니다. 베티의 남편은 해군 기지에서 근무하는 해군 중위입니다. 그곳은 우리 집에서 그저 몇 분 거리입니다.

---

2 Maie Philadelphia Borden Knox(1885.12.24.~1967.2.6.).
3 Elizabeth Virginia "Betty" Knox Passmore(1908.8.26.~1991.6.15.).

1941년 8월 24일

버지니아 노폭, 콘월 플레이스 1320

내 사랑하는 형제, 자매(Nai Sarang Hannan Hyengjei-Chamai)에게,

최근 제 생각은 여러분과 많이 함께합니다. 여러분들이 몬트리트에 머무는 동안 교제하면서 여러분 중 많은 사람이 가졌던 행복한 시간을 생각했으며, 그곳에서 여러분과 함께하지 못했던 것에 크게 상심했습니다.

우리는 이곳 노폭에 있는 우리 집에서 말로 표현할 수 없이 즐겁게 지내고 있습니다. 정말 시원하고 편안하기 때문입니다. 우리는 자녀들이 때때로 우리와 함께하기 위해서 올 수 있는 집을 갖게 된 것에 특별히 행복해합니다. (노폭에 있는 오래된 집을 매매한 것에서 생긴 저의 몫으로) 제가 20여 년 전에 이 집을 샀을 때, 저는 이 집에서 살고자 할 것이라고는 조금도 꿈꾸지 않았습니다. 사실 저는 오랫동안 제가 안식할 곳으로 우리의 아름다운 궁말 동산을 선택했습니다. 그러면서 제가 사랑하는 동료 사역자 전킨 목사님 바로 옆자리에 묻혀서 우리의 주님이요 스승인 분이 자기 백성을 되찾으러 다시 오실 때 전킨 목사님과 함께 무덤에서 일어나는 것이 얼마나 큰 영광이요 기쁨일지 생각했습니다. 그러나 주님의 길이 우리의 길은 아닙니다. 저는 주님께서 우리에게 노년에 집을 제공하셨다는 것을 지금 깨닫습니다. 그것에 저는 넘치도록 감사드립니다.

이 세상의 어떤 것도 한국이라는 작은 나라에서 위대한 사역에 참여하면서 우리가 누렸던 큰 즐거움, 만족, 그리고 영예를 대신할 것은 없습니다.

여러분과 저 즉 우리가 받은 것은 우리에게 임하신 주님의 축복된 임재라는 틀림없는 증거를 갖고 한국에서 주님의 사역에 한 부분을 담당한, 말로 표현할 수 없는 축복이자 영예였습니다.

우리는 이곳 우리 집에 잘 정착했는데 부족한 것이 하나 있습니다. 그것은 저의 서재의 책 선반입니다. (저는 책과 선반을 하나의 단위로 생각합니다.) 선반이 없어서 제가 집으로 가져온 책들이 저의 서재 바닥에, 벽 주변에 여전히 쌓여있습니다. 저는 우리가 가져온 다른 물건들을 위한 포장 상자의 형태로 집으로 가져온 한국 붉은 나무(전나무)로 선반을 만들 의도를 갖고있었습니다. 그런데 아직 그 일을 시작하지 못했습니다. 바로 어젯밤 제가 책을 살펴보고 있었는데 우리 선교회 회의록이 쌓여있는 것을 봤습니다. 저는 회의록을 집어 들어 살펴보고 싶은 유혹을 뿌리칠 수가 없었습니다. 저는 너무 감정에 북받쳐서 저 자신을 거의 통제하지 못했습니다. 회의록을 훑어보면서 거기에 있는 선교부별로 그리고 위원회별로 된 이름 (여러분의 이름)을 봤습니다. 선교부 보고서와 위원회 보고서를 읽으며 저는 제가 선교회 회의를 하는 영예를 누리고 있다고 느꼈습니다. 그리고 우리가 하는 일이 얼마나 영광스러운 일이었는지에 대해서 생각하며 압도되어버렸습니다. 특별히 임무 배정 위원회의 보고서와 우리 각자에 대한 사역 배정, 예를 들면 우리 각자 담당 지방 감독(그 말은 우리가 우리의 시골 교회 전부를 심방하는 것과, 우리 기독교 형제들의 가정을 심방하는 것, 그리고 그들과 아름다운 교제를 나누는 것 등을 의미합니다.) 그리고 성경 공부, 사경회 등에서 가르치도록 임명하는 것 같은 것을 읽으며 그랬습니다. 정말 아주 복 받은 경험들이었습니다. 제가 신체적으로 건강하고 앞길이 분명하다면, 한국으로 돌아가서 한국인들과 다시 한번 살면서 제 인생의 마지막을 그들과 함께 그들을 위해서 보낼 것이며, 선교회 회의에 더 참석하고 저의 동료 선교사들과의 교제와 협력이라는 말로 할 수 없는 즐거움과 영예를 누리는 것보다 더 좋은 일은 없을 것입니다.

비록 제가 (그리고 여러분 중 많은 사람이) 한국으로 돌아갈 만큼 신체적으로 건강할지라도, 현재 계속해서 아주 비참해지는 정치적인 상황 때문에 지금 당장 길이 열리지는 않을 것입니다. 저는 여러분이 저처럼 한국의 상황에 대해서 염려하고 마음 아파한다는 것을 알고 있습니다. (여러분 중 몇은 저보다 더 할 수도 있습니다.) 여러분 모두가 진심으로 쉬지 않고 한국인들과 한국교회를 위해 기도하고 있다는 것을 알고 있습니다. 그러나 우리는 주일학교에서 함께하는 기도가 특별히 효과가 있다는 것을 배웠습니다. 그래서 (비록 우리가 하나의 선교회로 만나지는 못하지만) 우리가 우리 사이에 확실히 약속할 수는 없는지요. 우리 각자가 매일 사역을 위해, 우리가 우리 심장과 마음에 그렇게 사랑하는 사람들을 위해 기도하자는 약속 말입니다. 한국에 있는 사랑하는 사람들의 이름을 가지고 기도하고, 노회를 위해 기도하고, 총회를 위해서 함께 기도할 수 없는지요. 또한 주님께서 지독하게 사악한 일본인들의 마음을 주장하시어 한국에서 그리고 일본제국의 나머지에서 기독교에 대한 입장을 바꾸게 해달라고 주님께 함께 기도할 수는 없는지요.

여러분 각자에게 오는 편지를 항상 갈망하고 있으며 어느 때나 그 편지를 받으면 기쁠 것입니다. 여러분들이 너무 바빠서 저에게 편지를 보낼 시간이 없다면 이 의견에 동의하신다는 말씀을 담은 카드도 제가 기쁘게 받겠습니다. 그리고 이 제안에 대한 반응을 다른 사람들에게 알리는 편지를 다시 보내드리겠습니다. 여러분들이 이 제안에 찬성하는 취지로 어떠한 카드를 보내지 않아도 저는 이 제안에 성심성의껏 반응하지 않을 사람은 아무도 없을 거라고 알고 있습니다. 왜냐면 우리 모두 많은 관심을 두고 있으며 깊이 염려하는 것들을 위해서 여러분 모두가 매일 그리고 정말 성심껏 기도하고 있다는 것과 그런 청원기도를 드리지 않는 날이 하루도 없다는 것을 제가 알고 있기 때문입니다. 그러나 우리가 비록 멀리 흩어져있어도, 특정한 청원에 우리가 하나가 된다는 확고한 이해가 있다면 우리의 기도가 하나님에게 더 많은 무게와 힘을 가질 것을 확신합니다. (마태복음 18장 19절[1])

오늘날 한국의 상황은 세계 다른 모든 곳에서와 마찬가지로 인간적으로 보자면 절대 가망 없습니다. 그러나 우리는 하나님께는 모든 것이 가능하다는 것을 알고 있으며, 하나님이 역사하시는 방법으로 우리의 기도를 명령하셨다는 것을 압니다. 다니엘서 9장과 10장을 또한 사무엘전서 12장 23절을 다시 한번 읽어보십시오.

고통스러운 마음을 갖고 있으나 "주님을 사랑하는 사람에게는 모든 것이 합력하여 선을 이룬다[2]"를 진심으로 믿고 있는, 그리스도 안에서 여러분의 친구이며 형제인

W. F. Bull 배상.

---

1 마태복음 18장 19절. "진실로 다시 너희에게 이르노니 너희 중의 두 사람이 땅에서 합심하여 무엇이든지 구하면 하늘에 계신 내 아버지께서 그들을 위하여 이루게 하시리라."
2 로마서 8장 28절. "우리가 알거니와 하나님을 사랑하는 자 곧 그의 뜻대로 부르심을 입은 자들에게는 모든 것이 합력하여 선을 이루느니라."

1941년 9월 14일

버지니아 노폭, 콘월 플레이스 1320

사랑하는 형제, 궁말사람들(Kung-Malites)에게,

저는 "군산사람들"보다는 "궁말사람들"이라는 이 표현을 더 좋아합니다. 이렇게 해야 더 가정처럼 보이기 때문입니다. 군산은 우리가 (영화 등을 위해) 빈번하게 찾아가던 멀리 있는 장소처럼 보입니다. 그러나 궁말은 이 세상 무엇보다도 "가족 같은" 이웃들과 아름다운 작은 동산이 있는, 우리의 텃밭, 꽃과 채소 등이 있는 가정처럼 보입니다. 저는 우리들의 집과 부동산이 어떻게 되고 있는지 항상 궁금해합니다.

여러분이 몬트리트 모임에서 찍은 사진의 사본을 받는 큰 기쁨을 최근에 누렸습니다. 두피 선교사가 아주 친절하고 사려 깊게도 우리에게 사진들을 보내줬습니다. 우리는 그 사진들을 받게 되어 기뻤으며 우리의 상당한 시간을 사진을 쳐다보느라 썼습니다. 그 사진들은 여전히 우리 거실에 있는데 우리 중 누구도 사진을 지나치면서 집어 들고 뚫어져라 쳐다보지 않는 사람이 없습니다. 사진을 보니 얼마나 "향수병"이 생기던 지요! 물론 향수병은 그 자체로 좋은 것이 아니지만 향수병이 불러오는 축복받은 기억들에 대한 생각은 좋습니다. 우리의 가장 큰 아쉬움은 우리가 우리나라의 맨 끝에 사는 것이며 그래서 우리가 우리 선교회나 선교부의 식구들이 빈번하게 찾아올 뿐 아니라 다른 선교회의 식구들도 찾아오거나 지나가는 곳인 리치먼드처럼 좀 더 중앙에 있을 때처럼 우리의 동료 사역자들을 실제로 보는 기회를 갖지 못한다는 것입니다. 그러

나, 엄청난 "방어 체계"를 가진 노폭은 이점들도 많이 가지고 있습니다. 베티 버지니아 녹스의 남편이 해군으로 오게 되었습니다. 그들은 이곳 노폭에 있습니다. 그래서 우리는 그녀의 부모를 보는 큰 기쁨과 영예를 최근에 가졌습니다. 그분들은 우리를 방문하러 왔으며, 우리는 후에 그들과 식사하는 기쁨을 가졌습니다. 그들이 떠나야만 했을 때 우리는 아쉬웠습니다.

제가 편지에 썼듯, 우리는 아주 즐거운 여름을 보냈습니다. 우리는 불편할 정도로 뜨거운 날이 거의 없었습니다. 물론 가장 큰 즐거움은 여름 내내 우리 자녀 중 두 명 즉 버지니아와 마가렛과 함께 있었다는 것입니다. 그런데 모든 좋은 것도 결국 조만간에 끝이 나는데 둘 다 우리를 떠나 자신들 학교에서의 자리로 돌아가야 했습니다. 버지니아는 뉴저지 스코치 플레인스(Scotch Plains)에 있는 학교로, 마가렛은 노스캐롤라이나의 헨더슨빌(Hendersonville)에 있는 패시펀(Fassifern) 학교에서 가르치는 데로 돌아가는 대신 웨스트 버지니아 루이스버그(Lewisburg)에서 새로 얻은 자리 즉 그린브라이어(Greenbrier) 대학으로 갔습니다. 그래서 아내 리비(Libbie)와 저 둘만이 이 집을 지키고 있어야 합니다. 마지막 이 문장을 쓰고 있는데, 리비가 아래층에서 올라오면서 "맥커첸 부인 (Mrs. McCutchen)[1]의 사진을 보니 좋아요. 아주 건강해 보여요."라고 말합니다. 아내는 기분 전환을 위해 사진을 봅니다.

몇 해 전 여름에 우리 동산에서 바람에 쓰러진 나무를 톱으로 켜 두었다가, 우리 화물을 집으로 가져오는데 사용된 포장 상자를 만드는 데 쓰인, "전나무" 판자를 이용하여 책장을 만들고 예쁜 책장에다가 저의 책을 예쁘게 그리고 질서 있게 배열하는 것을 즐기고 있습니다. 저는 그 전나무 판자로 식사 공간 탁자를 만들 계획을 세우고 남은 날들을

---

1 Josephine Cordelia Hounshell McCutchen(1876.10.4.~1967.8.3.).

한국 식탁에서 먹으며 지내려고 했으나 불행히도 제가 계산을 잘못해서 판자를 너무 얇게 했습니다. 제가 나무를 톱질했을 때 톱의 두께를 고려하지 않았습니다. 그래서 제가 알아봤던 선반 제조자가 뒤틀릴 위험이 너무도 크다며 그 판자를 탁자 만드는 데 사용하지 말라고 권고했습니다. 그래서 제가 그 생각은 포기했고, 판자를 다른 것들을 위한 잡동사니로 사용하고 있습니다.

제가 이 편지지의 끝까지 왔기에 이만 마치는 것이 좋을 것 같습니다. 로빈이 우리에게 되돌아왔습니다. 우리는 로빈을 맛있게 잘 먹었습니다. 다시 새 떼가 왔으면 좋겠습니다.

여러분 모두에게 많은 사랑을 전합니다.

애정과 신심을 표하며 W. F. Bull 배상.

추신: 한국에 남아 있는 우리 식구들뿐 아니라 엘리자베스와 오토(Otto)에게서 확실한 소식이 오길 주의 깊게 지켜보고 있습니다.

群山

2. 위에 있는 빨간 부분은 제가 가져온 스탠드와 함께 사용하려고 가져온 한국 인주가 채워진 작은 유리병에서 온 것입니다.

3. 매일 경건회를 하기 위해서 사용하는 *Day by Day*라는 제목의 소책자가 제 책상 위에 있습니다. 오늘 누구를 위해서 기도가 요청되었는지를 봤을 때 아주 흥미롭게도 한국 군산에 있는 제임스 윌슨 의사가 목록의 가장 위에 있었습니다.

「한국에서 그리스도와 함께 걷기」

불 부인(Mrs. William F. Bull)

한국 기독교인들이 복음을 가족과 친구들에게 전하고자 하는 열의는 의심할 여지 없이 많은 경우 한국 땅에서 지난 50년간 기독교가 경이롭게 퍼진 것에 대한 이유가 됩니다. 한국에서 기독 교회의 빠른 성장은 모든 기독교 세계의 관심을 끌었고, 한국 선교회는 빈번하게 "경이로운 선교회"라고 불렸습니다.

48년 안에 11만이 넘는 회원을 가진 한국 교회가 세워졌습니다. 오늘날 한국의 기독교인들은 현재 진행되고 있는 대규모의 전국적인 전도운동을 위해 한마음으로 기도하고 있습니다. 현재 계획은 이 땅에 있는 모든 비기독교인의 가정에 하나님의 말씀을 전달하는 것입니다. 이 계획과 관련하여 성경 언어로만 쓰인 『그리스도의 생애(*Life of Christ*)』의 특별판이 인쇄되었으며 널리 배포되고 있습니다.

자신들의 나라에 거주하는 선교사들이 있기 이전에도, 남만주 계곡에 살던 몇 한국인들은 스코틀랜드 선교사로부터 신약성경을 받아들였는데, 그 선교사가 중국어로 된 것을 한국어로 번역[1]했습니다. 때때로 고국으로 돌아오던 이 한국인들은 소중한 말씀을 가지고 들어와서 고향에 있는 친구들과 친척들에게 전했습니다. 그런 시작이 "고요한 아침의 나라"에서 복음이 한 장소에서 다른 장소로, 한 사람에게서 다른 사람에게로, 연간 내내 전해지는 전형이었습니다.

---

1 존 로스(John Ross, 1842.7.6.~1915.8.6.).

한국에서 선교사역의 초기 시절부터 한국인들은 성경을 열심히 공부했으며 그들이 배운 진리에 대해서 다른 사람들과 아낌없이 공유했습니다. 놀랄 정도로 많은 수의 한국인들이 그들 자신의 평화와 힘의 진정한 근원인 것을 다른 사람에게 전할 때에만 자신들의 삶이 정말로 행복하고 가치 있다고 느끼게 되었습니다.

비록 한국에서 기독교의 전파가 두드러졌지만, 전체 인구의 2퍼센트만이 기독교인입니다. 이런 이교도의 어둠을 배경으로 예수 그리스도를 신실하게 따르는 사람들의 삶이 밝은 빛처럼 두드러집니다. 그들의 믿음과 인내에 대한 많은 구체적 예를 세세히 말씀드릴 수 있습니다.

저희 시골 사역지의 마을에 있는 번영하는 교회의 뒤에는 패배를 인정하는 것을 거부한 작은 한국 여인의 이야기가 있습니다. 그녀의 남편은 마을의 부유한 사람이었으며 그 사람이 그리스도를 주님으로 받아들였을 때 교회를 세우고 사람들을 예배로 부르기 위하여 교회 종을 제공했습니다. 정기적인 예배를 드리기 위한 준비가 되었고 곧 많은 회중이 집회에 참석하고 있었으며 모든 것이 잘 진행되는 것처럼 보였습니다. 이렇게 지도하는 사람의 영향력과 힘이 사람들을 불러 모으기에 충분했습니다. 그런데 사회적 위엄보다 더 강한 어떤 것이 그들을 모아두는 데 필요했으며, 점차로 한 명씩 사람들이 교회로 오는 것을 그만두었습니다. 자신의 믿음에 충실했던 그 부자 지도자가 사망했을 때, 그의 아내가 한때는 큰 회중이었던 곳을 대표하는 유일한 사람이 되었습니다.

그녀는 외로움과 슬픔 속에서 주님의 충실한 종들에게 "보라, 내가 너희와 항상 함께하리라" 약속해주신 주님의 임재에서 위로를 발견했습니다. 그녀는 남편이 세운 작은 교회에서 정해진 시간에 혼자서 주님과 함께했습니다. 매 주일 아침과 매 수요일 저녁에 그녀는 동산을 올라서 교회로 갔고, 모든 이들이 예배하러 오라는 부름을 들을 수 있도록 종을 쳤습니다.

여러 달 동안 어느 누구도 그녀와 함께하러 오지 않았습니다만, 마침 내 한 기독교 가정이 그 마을로 이사 왔습니다. 그들은 교회 종소리의 부름에 답했으며 다시 한번 한 무리가 예배드리러 모이게 되었습니다. 교회에서 떨어져 나간 사람들이 점차 돌아왔으며 다른 사람들도 회중에 더해져서 예수 그리스도를 충실하게 따르는 사람들로 구성된 번창하는 교회가 되었습니다.

최근 그 마을을 방문한 선교사가 믿음이 흔들린 적이 없는 그 작은 여성의 사진을 찍었습니다. 그는 그녀의 얼굴을 "주름살로 된 햇살"이라 고 묘사했습니다. 그녀의 주님과 수년간 교제하여서 정말로 아름다운 그 녀의 용모에 빛남과 광채가 생겼습니다. 그 사진에서 그 노인은 90이 넘는 나이에도 불구하고 교회 종을 치는 모습이 있는데, 그 할머니는 여전히 진정한 신인 하나님을 경배하러 마을 사람들을 부르는 것에 기쁨 을 느낍니다.

어느 날 서울에 있는 우리의 큰 연합 병원[2]에 옆구리의 종양으로 고생 하던 과부가 찾아왔습니다. 그녀가 들었던 모든 한국식 처방을 시도해본 후에, 그녀의 이웃들이 외국인 의사의 손에 있으면 더 많은 고통을 겪을 것이며 심지어는 죽을 수도 있다고 하면서 그녀에게 가지 말라고 했지 만, 그녀는 외국인 의사에게 가기로 결심했습니다. 그녀가 그 병원에 도 착했을 때, 그녀는 친절하게 응대받았고 치료받았습니다. 그녀의 문제는 수술로 쉽게 좋아졌습니다. 그녀가 너무도 가난했기 때문에 모든 일이 비용 청구 없이 이루어졌습니다. 그녀가 가진 전부는 몇 개의 구리 돈뿐 이었습니다. 그러나 그녀는 감사를 표하기 위해서 정말 열의를 보여서 그녀가 충분히 회복되었을 때, 시장으로 가서는 한국 배 두 개를 사 왔는 데, 이 배를 이 이야기를 전해준 외과의사에게 마음에 우러나는 감사와

---

2 현, 세브란스 병원.

함께 선물했습니다. 며칠 후, 그 외과의사가 진료소 일로 바쁠 때, 우연히 눈을 들어 창밖을 봤는데, 저 멀리 있는 동산을 넘어 길을 따라 하얀 것들이 일렬로 있는 것이 눈에 들어왔습니다. 그날이 장날이었다면, 그는 놀라지 않았을 것입니다. 장날에는 하얀 옷을 입은 한국인들이 많은 수를 이루어 장터로 오기 때문입니다. 그런데 그날은 장날이 아니었습니다. 그 하얀 줄은 점점 가까이 왔고 마침내 병원 구내로 들어왔습니다. 그 무리는 열 명의 여자로 이루어져 있었는데, 그 무리의 앞에는 최근에 치료받은 과부가 있었습니다. 오랜 시간 오느라 먼지로 얼룩져있었지만, 그녀의 얼굴은 미소로 활짝 피었습니다. 외과의사가 그녀에게 그렇게 큰 자신감을 불어넣어 주어서, 그녀는 동네로 돌아가자마자 치료가 필요한 여자들을 하나하나 찾아갔으며 병원까지 3일이 걸리는 데 그들을 데리고 왔습니다.

찾아온 여자 중의 한 사람은 한 손이 마비된 상태였습니다. 의사는 손이 마비된 사람에게 "너의 손을 내밀라[3]"고 말씀하신 오직 주님을 가리키며, 손이 어떻게 펴지고 치료되었는지를 말할 수 있었습니다. 치료할 수 없게 눈이 먼 다른 여자는 "나는 세상의 빛이다[4]"라고 말한 주님의 이야기를 듣게 되었습니다. 다른 여자들의 신체적 필요는 채워졌고 모두가 자신들의 집으로 돌아갔으며, 그들의 마음속에 복음의 말씀을 소중히 간직했습니다. 그 과부는 가진 얼마 안 되는 돈을 제공했을 뿐 아니라 주님의 예를 좇아서, 그녀 자신이 받았던 것을 필요로 하는 사람들을 찾아다니고 그들을 그들의 신체적 질병을 고칠 수 있는 그 외과의사에게 데리고 왔습니다. 그 의사는 영혼을 치료하는 위대한 의사에게 그들을

---

3 마태복음 12장 13절. "이에 그 사람에게 이르시되 손을 내밀라 하시니 그가 내밀매 다른 손과 같이 회복되어 성하더라."
4 요한복음 8장 12절. "예수께서 또 말씀하여 이르시되 나는 세상의 빛이니 나를 따르는 자는 어둠에 다니지 아니하고 생명의 빛을 얻으리라."

데리고 갈 수 있었습니다. 이 이야기는 한국에서 기독교 메시지가 한 명에서 다른 사람에게 전달되는 방법의 전형입니다.

우리가 한국에 도착하고 얼마 되지 않아, 눈이 먼 한 사람을 돌보는 일을 물려받았습니다. 그 눈먼 사람을 위해서 필요한 것을 제공하는 것이 오랜 세월 동안 우리에게 영예로운 일이었습니다. 그 사람을 말 그대로 시궁창에서 데리고 왔습니다. 그에게 근사한 옷을 주고, 따뜻하고 깨끗한 방에 들였으나, 아무 소용이 없었습니다. 술 마시고자 하는 바람이 너무도 커서 그는 옛 장소로 돌아갔습니다. 어떤 친절한 행위도 그에게 영향을 끼치지 못하는 것 같았습니다. 그런데, 성령의 힘으로, 그의 어둠은 복음의 빛으로 관통되었습니다. 그날부터 변모가 일어났습니다. 그는 정갈한 기독교인 어른이 되었습니다. 종종 그는 자신의 눈먼 것 때문에 주님을 찬양했습니다. 그의 비참한 상황 때문에 우리가 그를 사랑하고 좋아하게 되었으며 그가 복음과 접촉하게 되었다는 것을 알았기 때문입니다. 비록 성경이나 찬송가를 눈으로 보고 읽을 수는 없지만, 그는 곧 성경에 있는 많은 글귀와 찬송가의 제목과 가사를 외웠습니다. 그는 기도의 용사가 되었고, 많은 이들에게 생명과 빛의 길에 대해서 말했습니다. 그는 오래전 사망했지만, 그가 가족기도회를 하기 위해 우리 거실로 매일 아침 왔기 때문에 그의 얼굴은 여전히 저의 기억에 어른거립니다. 그의 방에는 그리스도와 말씀에 대해서 말하기 위해 많은 사람이 모였습니다. 그는 주님과 아주 가깝게 살았기 때문에 그의 기도가 효과가 있고 많은 사람이 도움을 받으러 그에게 왔다고 모든 사람이 느꼈습니다.

제가 깊이 사랑했으며, 교제를 나누는 것이 저에게 아주 소중했던 여자 중에는 아픈 남편을 위해서 도움을 받을 수 있는지 알아보고, 또한 딸을 우리 선교부의 멜볼딘 학교에 두려고 우리가 사는 마을로 온 사람이 있었습니다. 이 여자는 우리 교회의 두드러진 지도자와 주일 학교 교사가 되었으며, 사람들이 그녀의 조언을 자주 구했습니다. 그녀의 딸은 우리 학교를 다 다녔으며, 그런 다음 수도에 있는 큰 학교에서 2년을 다녔습니다. 이렇게 해서 그녀는 교회 부인조력회에서 회장과 회계로 뛰어난 일을 하는 데 적합하게 되었습니다. 그녀의 남편은 그녀와 결혼하기 전 신자였으나 그의 믿음은 그녀의 믿음으로 인해 크게 굳세어졌습니다. 그들 가정은 사랑스러운 기독교 가정이며 그들의 자녀는 주님을 두려워하면서 양육되고 있습니다. 그들은 우리 마을에서 이사하여 현재는 캐나다장로교에서 사역하는 곳에서 살고 있습니다. 남편이 그가 일하는 은행에 의해 그곳으로 전근 가게 되었기 때문입니다. 그들은 그 교회에 이명증서를 제출했으며, 그녀는 그곳에서 부인조력회 일에 바쁘고 적극적입니다. 이 젊은 여성의 할머니는 아주 나이 든 여성이었습니다. 그 할머니는 강 건너편에 살았고 딸 가족을 보기 위해 가능한 자주 왔습니다. 딸과 손녀가 복음 이야기를 할머니에게 했습니다. 그 할머니는 말씀을 읽을 수 있었는데 어느 날 할머니가 집에 돌아가는 길에 제가 요한복음 한 권을 드렸습니다. 우리는 그분이 방문했을 때 우리 교회에서 아주 훌륭한 집회를 열고 있었습니다. 그 할머니는 크게 감명받은 것으로 보였으며, 주님을 따르는 사람이 되고자 하는 소망을 표현했습니다.

그 일이 있고 오래지 않아서 할머니가 아주 편찮으시다는 말이 딸에게 전해졌습니다. 그녀는 가능한 빨리 갔지만 할머니가 살아있는 모습을 다시는 볼 수가 없었습니다. 할머니는 아침에 일어나서, 집안일을 다 살피고, 피곤하다며 쉬려고 누웠습니다. 할머니는 요한복음을 가지고 갔으며, 그것을 조금 읽었고, 잠이 들어 다시는 의식을 회복하지 못했습니다. 얼마 전에 제가 그 할머니에게 돈을 줬는데 그 돈으로 할머니는 새 옷을 샀습니다. 저는 할머니의 영혼이 예수 그리스도가 흘리신 피로 깨끗해져서 저 너머의 세상으로 날개 치며 가는 때에 할머니가 하나님의 말씀을 곁에 두고 순전한 하얀 옷을 입은 채 누워있는 것을 생각하기 좋아합니다.

우리 하나님은 변하지 않으시고 변함이 없으십니다. 우리 주님의 명령은 과거의 모든 세월 동안과 마찬가지로 구속력이 있습니다. 우리는 이 세상의 모든 좋은 것이 주님의 것이라 믿습니다. 비록 그 길이 쉽지 않고 세상이 우리를 유혹하고 낙심시켜도, 우리는 주님에 대한 믿음에서 떠나갈 수도 없고, 떠나서도 안 됩니다. 그리스도를 알지 못하는 사람들이 우리를 필요로 합니다. 한국에서 주님과 걸었던 사람들의 수수한 이야기들이 우리 자신의 믿음을 높여 주기 바랍니다. 우리가 주님께 복종하여서 주님께서 우리를 주님의 이름과 영광을 위해 크게 사용해주시길 기도합니다.

한국: 과거, 현재, 미래

한국을 떠나기 전, 미국에 있는 교회에 제가 무슨 말을 할까 (몇 달간) 곰곰이 생각하면서 우리가 알고 있던 한국이라는 주제를 선택했습니다. 두 개의 다른 것들 A.와 Lat.도 있었지만 결정을 내리고 이 주제를 고수했습니다. 제가 언급하는 동안 이 주제가 계속되길 희망합니다.

I. 과거의 한국

현대 선교지에서 가장 두드러진 곳은 아닐지라도 두드러진 곳 중의 하나라고 저는 감히 말씀드립니다. 이곳이 선교지 중에서 가장 늦게 세워진 곳 중 하나이지만 결과에서는 가장 경이로운 곳 중 하나였습니다. 일본의 7천만 인구에 비해서 한국은 2천만 명밖에 되지 않지만, 아마도 한국에는 일본의 기독교인을 다 합한 것보다 많은 기독교인이 있으며, 중국에서의 개신교 선교가 한국에서의 선교보다 약 50년이 이르지만, 4억 5천 만의 인구를 가진 중국에 약 50만의 기독교인만 있을 뿐입니다. 그런데 며칠 전 듣기로 한국에는 45만의 기독교인들이 있다고 합니다. 제가 이런 사실들을 자만심이나 허풍으로 언급하는 것은 아니며 다만 여러분들 앞에 한국의 사역의 놀라움을 보여주는 사실로 제시합니다. 45만 명의 기독교인에 더하여, 노회가 28개가 있으며 훌륭하게 조직되고 기능을 잘하는 총회가 있는데 총회는 작금의 전쟁이 벌어지기 전까지 중국의 산둥반도 등에 훌륭하며 아주 만족스러운 해외 선교회를 가지고 있었습니다. 한국에서의 놀라운 성공과 경이로운 사역의 진척은 두 가지요인 때문이었습니다.

(1) 바로 한국인 자체

한국인들은 놀랍도록 호의적이며 수용적인 민족입니다. 그들은 매우 충동적이고 감정적입니다. 그들의 옳지 못한 욕망은 아주 쉽게 야기되며, 그들은 그들을 흥분시키는 것이 무엇이건 있으면 아주 쉽게 집단 폭력을 사용하게 됩니다. 반면에, 그들은 아주 사랑스럽고, 친절한 마음을 갖고 있으며, 동점심을 갖는 민족으로 그들의 선한 감정과 더 나은 천성에 호소하는 것에 아주 놀랍도록 반응합니다.

(감리교) 스톡스 박사가 우리 집회를 인도하며 한 말입니다. 한국인들 사이에 살면서, 그들과 같이 사역하고, 그들을 위해 사역하며, 그들과 교제한 것은 진실이며, 가장 소중한 경험이었다.

한국인들의 바로 그 감정적이며 충동적인 성품 때문에, 그들은 바울이 "아테네 사람들아, 이 모든 것에서 너희들이 아주 종교심이 깊다는 것을 나는 인식하게 되었다."(사도행전 17장 22절[1])라고 말한 아테네 사람들과 같았습니다. 기독교가 한국에 들어오기 훨씬 전에 한국인들은 아주 종교심이 깊은 민족으로, 많은 사람이 불교, 유교를 신봉했으며, 정령 숭배와 조상 숭배는 어디나 있었습니다. 그러나 이러한 어떤 것들도 그들의 굶주린 영혼이 간절히 바라는 것을 만족시킬 수 없었습니다. 그래서 기독교가 한국에 왔을 때 수백, 수천의 한국인들이 이것이 바로 우리가 원하는 것이라고 말했으며, 양팔을 벌려 받아들였습니다. 많은 사람이 어린 시절 이 종교를 가지려고 했다는 것과 복음이 전파되는 것을 들었을 때 양팔을 벌려 그 복음을 받아들였으며, 이 복음이 그들이 찾고

---

1 사도행전 17장 22절. "바울이 아레오바고 가운데 서서 말하되 아덴 사람들아 너희를 보니 범사에 종교심이 많도다."

있는 바로 그것으로 판명되었다는 말을 제게 했습니다.

수천 년 동안 한국인들은 아주 부패한 정부하에 살았고, 끔찍이 억압당한 민족이었습니다. 그래서 그들이 복음을 듣고, 모든 인간이 본디 자유롭고 동등한 존재라는 하나님의 말씀을 알게 되었을 때 그 소식에 기뻐했습니다. 그렇습니다. 한국인들은 놀라울 정도로 사랑스러우며 사랑받을만한 민족이며, 한국인들 사이에서 살며 사역한 것은 말로 할 수 없는 기쁨이자 영예였습니다.

저는 때때로 큰 사역지에 흩어져있는 수십 개의 교회 감독을 했습니다. 일 년에 적어도 두 번 즉 봄과 가을에 그 교회들을 심방하여 세례문답을 하고, 성례전을 집행하며, 때로는 필요한 경우 권징을 하는 것이 저의 의무였습니다.

제가 소위 "순회전도여행"을 하려고 할 때는, 저는 미리 계획을 세우며, 어느 날 어느 시간에 제가 도착할지를 말합니다. 제가 도착하면 모든 교인이 저를 만나기 위해 모여있는 것을 발견하곤 하였습니다. 그들은 그날에는 일하러 가는 것도 포기합니다. 그리고 주일날 교회 가는 데 입는 깨끗하고 좋은 흰색 옷을 모두 입고 있으며, 저를 마중하러 마을 어귀까지 모두 나와 있곤 했습니다. 그리고 제가 떠날 때는 대단한 환송을 받았습니다. 그러는 동안 교회의 지도자는 집에서 가장 좋은 방을 저를 위해 비워둡니다. 그리고 그와 가족은 덜 편한 곳에서 머무릅니다. 우리가 그곳에 있는 동안 지도자와 교회의 다른 교인들이 달걀과 닭과 같은 선물을 가져옵니다. 그런 것들은 그들에게는 너무 사치품이어서 아주 특별한 경우에만 그들이 먹습니다. 사람들은 자신이 가진 가장 최고의 것을 우리에게 주는데 친절함과 예의바름으로 그저 우리를 압도해버립니다.

(2) 추구한 정책들

초기 선교 정책을 만든 사람들 즉 (존 언더우드(John Underwood)[2]의 동생) 언더우드(Dr. H. G. Underwood), 모펫(S. A. Moffett,) 그래험 리 박사(Dr. Graham Lee), 베어드 박사(Dr. Baird)는 처음 현장에 도착해서 언어를 배우는 동안 한국보다 선교 역사가 긴 인도, 중국, 일본의 선교 사역에 대해 철저히 연구했습니다. 한국에서 선교 사역이 시작되었을 때 이런 나라에서는 50년가량 선교 사역이 진행되고 있었기 때문입니다.

그들은 경험을 통해 도움을 받고, 성공한 정책은 열심히 배우고, 있을 수 있는 실수는 피하려고 이들 선교지에서 사역을 연구했는데 결과적으로 세 가지 기본 원칙 즉 정책을 그들이 막 세우려고 하던 교회의 초석으로 삼기로 했습니다. 세 가지 정책은 1. 자립(自立, Self-Support) 2. 자전(自傳, Self-Propagation), 3. 자치(自治, Self-Government)였습니다.

첫 번째가 지키기 가장 어려운 것이었습니다. 한국인들이 안쓰러울 정도로 가난했으며, 먹을 것도, 입을 것도 거의 없었기 때문입니다. 그런 한국인들에게 자신의 교회를 스스로 세워야 하며, 자신의 조사, 전도자, 그리고 목사들을 부양해야 한다고 말하는 것은 힘든 일이었습니다. 그러나 미국에서건 다른 외국 선교지에서건 인간의 속성으로 판단해보건대, 사람들을 더 많이 도와줄수록 더 많은 도움을 받기를 기대합니다.

그들에게 "우리는 당신들이 가난하다는 것을 압니다. 여러분은 그저 여러분이 살 집을 알아서 지으십시오. 당신들이 교회나 채플을 짓는 것을 우리가 도와줄 것입니다. 그러니 미국 돈을 사용해서 멋있어 보이는 작은 채플이나 미국식의 교회를 지으시오."라고 말하는 것이 훨씬 쉬웠을 것입니다. 그런데 선교사들은 "아니오, 이 일은 당신의 책임입니다. 미국식으로 벽돌이나 돌로 교회를 지을 수 없으면, 당신들이 살고 있는

---

2 1939년 11월 24일 편지의 언더우드 타자기에 관한 각주 참조.

집처럼 당신들이 할 수 있는 교회를 지으시오. 교회를 지을 수 없으면 개인 집에서 예배를 드리던지 당신들이 확보할 수 있는 임시 처소에서 예배를 드리시오."라고 말했습니다.

저는 당시 설립한지 얼마 안 됐거나 너무 약해서 교회를 지을 수 없는 많은 무리들을 대상으로 그들 지도자의 집에서 설교했습니다. 모든 가정에 있는 집은 8×8피트이며, 저는 이런 집에 모인 많은 무리에게 설교했습니다. 성인 남자들이 이런 방에 아마도 20명 혹은 30명이 있었고, 그만큼의 여자들이 다음 방에 있었으며, 현관에는 예배자들로 가득했고, 많은 사람이 마당에서 깔판 위에 앉았습니다. 이렇게 모인 전체 사람들에게 다가가기 위해 저는 방의 문가에 앉아야 했습니다. 이런 작은 무리가 수가 자라고 힘이 세지면, 그들 자신의 작은 집 즉 진흙 벽과 초가지붕을 한 집과 같은 구조물로 된 작은 교회를 사거나 짓습니다. 그래서 한국인들은 아주 처음부터 그들 자신의 예배 장소, 그들 자신의 찬송가와 성경을 제공하는 것, 자신의 조사, 복음 전도자, 그리고 목사를 부양하는 것이 자신들의 의무라는 것을 이해하게 되었습니다. 28개 노회의 모든 교회와 총회의 전체 교회가 전적으로 자립합니다.

자전: 맨 처음부터, 선교사들은 한국의 복음화는 한국인들이 할 일이고 선교사들이 할 일이 아니며 선교사들은 그곳에 도와주러 왔다는 것을 그들의 마음속에 심었습니다. 그들 가족 중 다른 식구들을, 그들의 이웃을, 그리고 동네 사람들을 데려오는 것이 한국인들의 의무와 책임이라고 심어주었습니다. 전 세계가 한국 기독교인들이 얼마나 열심이고, 충실하며, 성심을 다하는 개인 사역자들인지, 그들이 얼마나 훌륭한 성경 공부하는 사람들인지, 그리고 자신들을 얼마나 헌신하는지 알고 있습니다. 모든 이들이 만들어진 훌륭한 성경 공부 체계를 알고 있습니다. 작은 시골 교회마다 자기 동네에서 사경회를 매달 하며, 이후 시골 교회들이

중심 지역에서 연합하여 사경회를 하며, 그런 다음 선교회의 선교부에서 좀 더 큰 규모의 사경회를 하는데, 때때로 참석자가 1,500명이나 됩니다. 각 선교부에서 여는 한겨울 남사경회와 여사경회는 매년 최고의 행사입니다. 큰 감동을 주는 시간이고 믿음을 강화하는 시기입니다.

자치: 이런 교회가 자치하는 교회라는 것이 놀라운가요? 어떤 크기의 교회건 정기적으로 선출된 장로들의 당회, 집사들과 함께하는 "제직회," 주일학교 감독 등이 있습니다.

우리가 이미 보여주었듯이 성경적인 정책을 가지고 이런 민족을 양육한 결과는 한국에 45만의 기독교인이 있다는 것입니다. 28개의 노회가 조직되어서 훌륭한 총회가 되어있고, 총회는 선교사로부터 절대적으로 어떤 도움도 받지 않고 신학교를 운영하고 있습니다.

II. 그런데 현재는 어떤가?

드릴 말씀이 없습니다. 영어로도 세상의 다른 어떤 언어로도 일본의 군대 정당의 악마와 같은 지배하에 있는 오늘날 한국 상황의 잔악함을 충분히 설명할 수가 없습니다. 제가 드리는 말씀은 일본인에게 적용되는 것이 아니라 일본의 군대 정당에 적용된다는 말씀을 드립니다. 군대 정당은 오늘 일본의 여당입니다. 일본 사람들보다 더 좋고 더 예의 바르며, 친절하며, 지내기에 더 즐거운 사람들은 없다고 말씀드리고 싶습니다.

며칠 전 누군가가 일본 황제를 히틀러, 무솔리니, 그리고 스탈린과 함께 언급하였습니다. 일본 황제는 그 급에 속하지 않습니다. 황제는 자신들의 목적을 수행하기 위해서 '전제주의적 법률'에 중심을 두고 있는 군대 정당의 손에서 그저 도구로만 사용될 뿐입니다. 독일, 일본, 러시아에서는 개인의 손에 달려있지만, 일본에서는 개인들로 이루어진 집단의 손에 즉 군대 정당에 손에 있는데, 히틀러가 인종 우월성의 확신을 독일 사람들에게 고취하기 위해 아리안 인종의 편견을 불어넣고 있으며, 그래서 독일인들이 세상을 지배할 운명을 가졌다고 믿게 하듯이, 일본에서 군대 정당은 일본인들에게 애국심을 불어 넣어주기 위해서 그리고 세계의 나머지를 종속시키기 위해서 신토 혹은 일본 황제 숭배를 한국에서 사용하고 있습니다.

며칠 전 일본에서의 "신사참배"에 관한 설명을 위한 우리 공개토론회 중 한 곳에서, 녹스 박사가 이 질문에 대한 답을 하도록 요청받았고, 그는 자신에게 주어진 짧은 시간 동안 훌륭하게 설명했습니다. 그러나 이 문제는 여러분 모두가 지대한 관심을 두는 것이라는 생각을 하여서 제가 좀 더 자세히 살펴보고자 하는데, 특히 이것이 현재 한국 상황에 대한 설명이기도 하기 때문입니다.

약 1년 전에 『리더스 다이제스트』(*Reader's Digest*)가 "일본의 신성한 선교회"라는 글을 실었습니다. 그것을 읽은 여러분들은 그 상황을 상당히 잘 알고 있을 것입니다만, 여러분 모두는 그곳에 있는 사람들이 일본의 황제가 신이라고 교육받는다는 것을 알고 있습니다. 이것은 절대적으로 그리고 순전히 신화이며 미신인데 이것을 뒷받침할 어떤 역사적 자료도 전혀 없습니다. 사실 일본의 진짜 역사는 약 1,200년으로 거슬러 올라가는데, 그들은 2,600년 전에 태양 여신이 첫 번째 황제인 진무(Jimmu)를 낳았다고 주장하며, 현재의 황제는 진무에게서 중간에 끊어짐 없이 이어져 내려왔으며 그래서 황제가 인간일 뿐만 아니라 바로 신이라고 주장합니다. 얼마 전 일본 내각 대신 중 한 명이 일본 국회에서 연설했는데, 그가 한 다음 인용된 말은 (일본의) 모든 신문에 나왔습니다. "우리 황제는 다른 나라의 지배자들과는 다르다. 그들은 단지 인간들이기 때문이다. 그러나 우리 황제는 인간이기도 하지만 동시에 바로 신이다."

얼마 전에 제가 라디오 앞에 앉아 있었는데 저녁 약 9시 아니면 10에,

나이 든 한국 양반의 목소리를 들었습니다. 저는 그의 목소리와 언어로 그가 늙은 한국 "양반"임을 알았는데 양반은 신사 그리고 일반적으로 학자를 의미합니다. 저는 그가 무슨 말을 하는지 무척 듣고 싶어졌습니다. 저는 곧 그가 일본에 몸과 영혼이 팔린 늙은이라는 것과 일본인들이 그를 이용하여 한국인들 사이에 신토 사상을 전파하려고 하는 것을 알아차렸습니다. 제가 그 사람이 말하는 것 중 처음에 들은 것은 태양 여신이 하늘과 땅과 바다와 그것들 안에 있는 모든 것을 창조했다는 것인데, 이는 구약성경의 여호와와 상응하는 것입니다. 또한 그 여신에게는 다른 두 신이 있는데 이는 기독교인들이 예배하는 성삼위일체와 상응하는 것입니다.

일본인들은 자신들의 천황이 신이라고 주장할 뿐만 아니라 그들이 밟고 있는 땅도 성스럽다고 주장합니다. 그들은 태양 여신이 일본의 섬들을 그냥 창조한 것이 아니고 실제로 그 섬들을 낳았다고 주장합니다. 일본이 신성한 나라이기에 일본은 신성한 운명을 갖고 있는데, 이 운명은 "우주의 네 모퉁이를 하나의 지붕 아래로"라는 교리하에서 그들의 첫 번째 황제 진무에 의해 공포되었다고 합니다. 또한 소위 신성한 운명을 수행하는 데 있어서 그들의 수상 중 한 명이 공포한 타나카 강령(Tanaka Protocol)[3]이 있습니다. 이 강령은 전 세계 신문에 발표된 것으로 일본 국가를 위한 계획인데, 처음에는 포모사[4], 다음은 한국, 다음은 만주, 다음은 북중국, 그다음에는 중국 전체, 인도차이나, 그런 다음에 필리핀까지 내려오며, 인도와 이후 태평양의 섬 그리고 남아메리카, 그리

---

3 Tanaka Memorial을 말함. 1927년 작성된 것으로 추정되는 문서로, 일본 제국의 세계 지배 전략이 담겨 있음. 당시 다나카 총리가 일본 천황 히로히토에게 올린 상주문 형식임. http://www.okpedia.kr/Contents/ContentsView?localCode=krcn&contentsId=GCO5308274

4 Formosa: '아름다운 섬'이라는 뜻을 지닌 포르투칼어에서 유래한 말로, 현재 대만에 있었던 나라.

고 전 세계로 가는 것입니다. 그래서 군대 정당은 이 정책과 프로그램을 수행하는 데 있어서 그들의 새로운 수상 고노에(Konoye)를 통해서 새로운 교리를 공포했는데, 이번에는 구호를 확장하여 "동아시아에서 새로운 질서는 더 큰 아시아에서의 새로운 질서이다"라고 하여 인도차이나와 동인도 등을 포함했습니다.

이런 프로그램을 수행하기 위해서, 군대 정당은 종교적 열정에까지 이르는 애국심을 국민들에게 불어 넣어주는 것이 필요하다고 느낍니다. 그래서 그들은 황제를 신으로 칭송하고 황제를 위해서 생명을 바치면 사람들이 신이 될 수 있다고 말하고, 신사(神社, 신토)가 무엇인지를 말합니다. 신사는 단지 정부가 이런 생각을 사람들에게 주입하기 위해 사용되는 장소일 뿐입니다. 그래서 모든 사람이 특히 학교나 노회와 같은 모든 조직은 신사에서 행해지는 의식에 참여하는 것이 요구되고 강제됩니다. 할 일을 하기 전에, 신사에 모두가 나가거나, 대표가 나가거나 하여 이런 의식에 참여합니다. 처음에 한국 전역에 있는 모든 한국 기독교인들이 이런 일이 십계명의 제1계명과 제2계명과 반대된다고 느끼며 참여를 피했습니다. 그러자 관리들이 기독교인들에게 압력과 설득을 하기 시작했습니다. 그들은 이 의식은 종교적이지 않고 단지 애국 의식이며, 미국인들이 국기에 경례하는 것과 같이 정부에 대한 충성심을 보여주는 것이라고 말하자 한국인들이 양심적 신념을 피하기 위한 구실을 이용하기 시작했습니다. 한국인들이 신사참배가 종교적인 의식이 아니라 단지 애국심을 보여주는 것이라는 공식적인 진술을 받은 후, 많은 사람이 사실 한국인들 대부분이 "그래, 그렇게 생각하고, 그런 마음으로 우리는 참배한다"라고 말했습니다. 그래서 이런 선언은 순전히 그리고 단순히 정부 쪽에서의 구실뿐이었습니다. (이런 일에 그들은 대가입니다). 또한 양심과 반대로 참석한 사람들 쪽에서는 이것이 타협이었는데 저항이 가장 적은 노선이었고, 견딜 수 없는 박해와 고문을 피할 수 있는 일이었습니다.

그러나 우리는 선교회 차원에서 이렇게 우리의 양심을 달랠 수는 없었습니다. 전 세계가 알듯이, 우리는 그것이 종교라는 것을 알기 때문입니다. (보고서를 읽다.) 이런 진술문을 많이 읽고서, 우리 선교회는 이 주제에 대해서 한국을 방문한 풀턴 박사의 지지를 받아 만장일치로 우리의 선교 학교가 이런 의식에 참여하는 것을 허락하지 않기로 결론을 내렸습니다. 그러자 정부는 "그래, 이런 예식에 참여하는 것을 거부한다면, 너희는 학교 문을 닫아야 한다."라고 말했습니다. 그래서 이런 이유로 군산에 있는 두 학교만을 제외하고 우리 선교회 전역에 있는 모든 선교 학교가 폐교했습니다. 군산에 있는 두 학교는 간신히 서 있으며 마지막 숨을 쉬고 있습니다. 남학교, 여학교 각각 두 개 학년만이 남았고, 이 두 학년이 졸업하자마자 학교는 문을 닫을 것입니다. 우리가 새로운 학생을 받지 않기 때문입니다.

W. F. Bull

1957년 10월 10일

도로시 M. 프로스트(Dorothy M. Frost)

버지니아, 스턴톤, 메리 볼드윈 대학 사서함 198
앤 프라이(Miss Ann Fry)

친애하는 앤 귀하,

　버지니아 무스 부인이 당신이 무스 부인 편으로 전해달라는 편지를 보내왔습니다. 저도 한국의 군산에 있는 여학생들의 교육에 도움을 주는 활동을 개발하는데 메리 볼드윈 대학(Mary Baldwin College) 여학생들이 관심 있다는 것을 알고 기쁩니다. 무스 부인의 어머니인 엘리자베스 앨비 불의 이야기로부터 당신이 아시듯, 군산 지역은 한국에서 1900년대 초반 메리 볼드윈 여학교를 설립한 곳입니다. 메리 볼드윈 대학의 우등 졸업생 중의 한 명인 엘리자베스 앨비는 처녀 선교사로서 가르치고 말씀을 전파하기 위해 한국으로 출발했습니다. 그녀가 그 지역에 있는 어린 소녀들이 교육의 기회를 거의 받지 못한다는 것을 봤을 때, 그녀는 학교를 세우는 일을 착수했는데, 사랑하는 모교의 이름을 따라서 그 학교 이름[1]을 지었습니다.

　엘리자베스 앨비 불은 당신이 아주 자랑스러워할 동문입니다. 그녀가 여성 교육에 공헌한 것이 큽니다. 그녀가 국제 이해에 끼친 공헌도 또한 큽니다. 여성이 외국 땅에서 영적이며 교육적인 사역을 수행하기 위해 스스로 나가는 것이 매우 흔하지 않았던 시절에, 그녀는 확고한 의지와

1　군산 여학교를 Mary Baldwin School for Girls라고 하며 우리말로는 멜본딘여학교로 부름. 멜볼딘여학교는 군산영광여자고등학교로 이어짐.

영감을 가지고, 한국에서 오랜 기간, 많은 열매를 맺은, 그리고 두드러진 일을 성공적으로 수행한 이상과 꿈을 가지고 있었습니다. 메리 볼드윈 대학의 여학생들은 당신 학교의 졸업생들이 전 세계에 보여준 지도력에서 영감을 받을 많은 것을 가지고 있습니다. 한미재단(American Korean Foundation)에 있는 우리에게는, 한국의 소녀들 교육을 위한 장학금 사업으로 당신이 졸업생 엘리자베스 앨비를 영예롭게 하려 하는 것이 정말 적합하고 적절하게 보입니다.

그것을 할 수 있는 가장 좋은 방법은 아마도 한국 소녀들을 위해 엘리자베스 앨비 불 교육기금을 만드는 것일 것입니다. 이 기금은 이 기금이 없으면 학교에 다닐 수 없는 군산 지역의 가난한 소녀들을 위한 장학금을 제공할 것입니다. 메리 볼드윈 학교가 여학생을 위한 학교로 실제로 운영되면, 당신의 기금이 그 지역의 가난한 여학생들에게 장학금을 주어 메리 볼드윈 학교에 다니게 하는 데 사용될 수 있습니다. 그런 장학 기금이 교육을 받고자 하는 군산 지역의 가난한 가정 출신의 소녀들을 도울 모든 방법이 있습니다.

전쟁이 너무도 많은 학교를 파괴했으며 너무도 많은 황폐함과 인명, 재산의 손실을 가져 와서 대부분의 남한 사람은 지독히 가난합니다. 그래서 고아들 20만 명과 가난한 가정의 어린이들이 6학년을 마칠 수 있다면 운이 좋습니다. 게다가, 대부분 가정에서 기회는 먼저 남자아이들에게 주어집니다.

이래서 한국 소녀들을 위한 엘리자베스 앨비 불 교육기금이 아주 중요한 이유입니다. 이것이 한국인 소녀들에게 얼마나 많은 것을 의미하는지를 보여주는데 제가 최근에 우리 재단에서 중학교를 다니도록 장학금을 수여한 두 여학생의 홀어머니로부터 받은 편지의 한 부분을 인용하는 것보다 더 좋은 방법이 없다고 생각합니다. 이 엄마는 다음과 같이 말합니다.

"저의 두 딸은 여러분의 친절한 도움으로 다시 학교로 갔습니다. 아이들의 얼굴을 보셨으면 합니다. 얼굴이 너무도 행복하게 꽃피는 것처럼 보입니다.

딸 중 한 명이 '저는 학교에 다시 가고자 꿈을 꾸었고 기도했어요. 그런데 지금 먹구름이 걷히고 해가 비춥니다. 우리는 새로운 삶과 새로운 희망을 가질 것입니다. 저는 행복합니다. 하나님, 고맙습니다!'라고 했습니다."

한국에서 폐허의 정도가 어떤지를, 젊은이들을 위한 교육 기회가 얼마나 필요한지를, 우리 재단의 사역에 대한 전반적인 배경 정보를 설명하는 자료를 동봉합니다. 이렇게 하면 당신의 프로젝트를 논할 때 위원회가 구체적인 계획을 세우는 데 필요한 모든 정보를 가질 수 있게 될 것입니다. 추가 자료나 다른 설명하는 자료가 필요하시면, 알려주기만 하십시오. 그러면 우리가 기꺼이 제공해드리겠습니다.

당신과 같이 일하는 기회를 가져서 기쁩니다. 그리고 제가 개인적으로 도움이 될 수 있는 다른 방법이 있으면 제가 기쁘게 돕겠다는 것을 당신이 아셨으면 합니다. 무스 부인과 저는 이 프로젝트에서 아주 밀접하게 함께하고 있으며 이 프로젝트의 가능성에 대해서 우리 둘 다 정말 흥분하고 있습니다. 제가 스턴톤에 가서 사람들에게 말을 할 수 있냐고 물으셨지요. 지금 시점에서는 제가 확정적인 답을 주는 것은 가능하지 않습니다만 당신이 계획을 세우신 다음에 알려주시면 제가 조정하겠습니다. 저는 메리 볼드윈 대학 학생회에 연설하러 가는 것이 아주 기쁠 것입니다.

국제 이해와 선의에 있어서 가장 열매를 많이 맺고 훌륭한 이 프로젝트에 대해서 앤 당신에게 모든 일이 잘되기를 기도합니다. 당신이 생각하고 있는 프로그램의 유형에서 메리 볼드윈 여대생들이 정말로 자유세계의 대사입니다. 소식을 기다리겠습니다.

진심을 담아 부(副) 대표 이사 도로시 M. 프로스트 배상.

두 개의 유산 (나는 한국에서 태어났다.)

마가렛(Margaret)

한국을 떠난 지 수년 후에 나는 키츠[1]의 시에서 "가을의 그루터기 사악함"을 말하는 시행을 접하게 되었다. 그 표현이 내 눈앞에서 녹아내렸으며 나는 다시 어린아이가 되어 늦가을 메마른 한국의 논을 내달리고 있었다. 나는 발아래 그루터기의 바삭거림을 다시 느낄 수 있었다. 논은 더 이상 홍수가 지지 않았으며, 쌀은 수확되었다. 엄마가 좁은 논길을 걸어오는 동안, 오빠와 언니와 나는 들판을 가로질러 달렸다가 다시 엄마에게 갔다. 우리 머리 위로는 남쪽으로 가던 기러기들이 구슬프게 울었다.

지금 내가 다다른 성숙한 지점에서, 나는 한국에서 보낸 나의 어린 시절과 청소년기를 돌아다본다. 겨우 최근에서야 나는 내 것인 두 개의 유산의 풍성함을 깨닫기 시작했다. 자신의 국가가 아닌 다른 나라에서 태어나고 길러진 사람은 누구건 그 자신의 나라를 더 제대로 알게 되며 동시에 다른 인종의 민족을 더욱 잘 알 수 있다. 이런 이해는 옷과 말이라는 우연한 차이를 뚫고 들어오는 빛이며 모든 인류의 근본적인 인간성에 도달한다. 내가 기억하기 시작할 때부터 "외국인"이라고 불렸기에, 나는 미국 시민이라는 입장에 확고히 서서, 우리 미합중국의 문에서 들어오기를 추구하는 폴란드인, 체코인, 중국인에 대해서 의심쩍은 시선으로 보는 일부 미국인들에 의해 사용되는, 이 "외국인"이라는 용어가 갖

---

[1] John Keats(1795.10.31.~1821.2.23.): 영국의 낭만주의 시인.

는 욕설의 뜻에 궁금증을 갖는다. 간단히 말하면, 이런 이중 유산은 "다른"이라는 단어에서 낯섦을 가져가 버린다. 왜냐면 똑같은 것을 말하고 행하는 데에 하나 이상의 방법이 있다는 것을 어린 시절부터 알기 때문이다.

나의 어머니와 아버지는 선교사로 한국에 따로따로 가셨고, 한국에서 만났고, 결혼하셨다. 지금 만주국인 곳에서 남쪽으로 뻗어 나온 반도인 한국은 섬을 합쳐서 미네소타의 면적과 거의 같다. 한국의 해안을 따라서 여행하는 여행객에게는, 회색 진흙으로 된 해안선과 나무가 거의 없는 들쭉날쭉한 산들이 다소 구미가 당기지 않는 그림으로 보일 것이다. 해안지역의 황량함은 일본 해적들에 의해서 황폐해지고 있었을 때로 거슬러 갈 수 있다. 한국 정부는 한국인들에게 육지로 이주하도록 명령했다. 그러나 나는 태양이 황홀한 색으로 황해로 잠기는 것을 너무도 자주 지켜봤다. 나는 동산들이 봄에 진달래로 불타는 것을, 논이 부드러운 잔디밭에서 가을에 황금으로 변하는 것을 너무 자주 봐서 눈부신 색이라는 관점 말고는 한국에 대해서 생각할 수가 없다. 이곳에서 오빠, 남동생, 언니, 여동생, 그리고 내가 태어났다. 다음은 가볍게 덧붙이는 말이다. 선교사들은 외국 종교와 문명을 그들 자신의 속도에 완전히 만족하는 민족에게 강요하려고 마음을 굳게 먹은 주제넘은 사람들이라고 생각하는 사람들에게 하는 말인데, 나의 아버지와 어머니가 한국에 갔을 때, 한국인들이 교육자와 지도자를 보내달라고 미국에 간구하고 사정했다는 것을 말해둔다.

내가 한국이 아닌 다른 나라에서 태어났더라면 나의 반응은 분명 달랐을 것이다. 그러나 나는 대한제국이 멸망하고 일본이 한국을 무자비하게 통제하던 시기에 아기였다. 나는 역사를 자랑하나 자주를 잃어서 고개 숙인 민족 사이에서 성장했다. 한국민은 지리학적인 위치 때문에 위로는 중국에 뒤로는 일본에 직면하여 있는데, 힘이 없어서 동쪽에서 오는 군사적인 포위를 견제하지 못했다. 헐버트 박사는 『대한제국 멸망사』에서 대한제국 멸망의 이야기를 했다. 헐버트 박사는 한국 정부가 교사를 요청함에 따라 1886년 한국으로 갔다. 러일전쟁 이후에 그는 한국 황제와 한국민이 독립을 유지할 수 있도록 미국에 도와달라고 청원하는 데 대변인이 되었다. 나는 이 이야기가 개인적으로 흥미로운데 우리가 첫 안식년으로 미국으로 갈 때 헐버트 선생님이 우리 일행과 함께 여행했기 때문이다. 그때 나는 겨우 두 살이었다. 시베리아를 지나가는 긴 철도 여행 중에, 헐버트 선생님이 미국 대통령에게 전해주려고 가져가던 공식 서류는 우리 아기들 옷 아래에 숨겨졌다. 헐버트 선생님이 미국의 대통령을 만나는 것은 일본이 한국에 설치하고 있던 보호령을 미국이 인정한 다음이었다는 사실을 덧붙인다. 나는 너무 어려서 기억 못 한다. 심지어 내가 모스코바에서 기차 밖으로 떨어졌던 때나 다섯 살 먹은 오빠가 런던에서 실종되었고 당혹스러워하는 런던 경찰들에게 한국어로만 답할 수 있었다는 때도 기억 못 한다[2]. 이런 것과 다른 많은 이야기가 우리 집에서 이야기되고 또 이야기되어서 나에게 친숙하다. 그것들은 나 자신 기억의 배경을 형성한다.

한 사람의 기억이 선택하고 저장한 세부적인 것에 대해서는 반어적인 것이 있다. 내가 세 살 때 나는 여섯 나라의 수도를 통해서 전 세계로 돌았고 다시 한국 동산에 있는 우리의 작은 집으로 돌아왔다. 그해 내가 기억하는 전부는 (출신이 버지니아 스턴톤이라는 것을 나중에 알게 된) 거만한 앵무새이고, 이 앵무새가 크래커보다는 사과를 더 좋아한다는 것을 경멸하듯 되뇌었다는 것이고 쓰레기를 주우며 돌아다니던 나이 많은 유색인

---

2 넬리 랭킨, 송상훈 역, 『기전여학교 교장 랭킨 선교사 편지』(보고사, 2022), 29쪽을 보면 랭킨이 앨비를 방문했을 때 "영어를 조금이라도 할 줄 아는 선생님의 자녀가 한 명도 없다는 것을 알고 크게 실망했습니다. 물론 그 아이들은 한국인입니다."라는 내용이 있음. 앨비의 언어 교육관을 엿볼 수 있음.

남자다. 우리는 그를 지켜보다가 두려움에 사로잡혀 도망갔다. 그래서, 만약에 한국에 대한 나의 기억이 어떤 중요성이라도 갖지 못할지라도, 아마도 그 기억들 때문에 나는 여전히 내가 아는 한국을 일견할수 있을 것이다.

나의 가장 초기의 기억 중 하나는 한국의 밤 소리에 대한 기억이다. 어머니께서 우리에게 잘 자라고 하고, 한국인 유모가 등을 가지고 가버린 다음에는 나의 언니와 내가 자던 방은 한국의 특색이라고 내가 기억하는 소리를 들을 수 있는 고요한 곳이 된다. 나는 남편과 아들이 다음 날 아침 하얀 긴 외투와, 긴 바지와, 곧고 긴 몸통을 가진 웃옷을 새것처럼 입고 걸어 다닐 수 있도록 밤늦게까지 애쓰는 한국 여자들의 리듬감 있는 다듬이 소리를 듣곤 했다. 또한, 농부들이 온종일 무릎까지 물속에 있으면서 모를 옮겨 심고 난 후 모인 곳에서 나는 한국의 북소리[3]를 듣곤 했는데, 북의 리듬은 다양한 색으로 된 물 흐르는 듯한 겉옷을 입은 작은 소년[4]이 전문 무희의 어깨에서 흔들거리는 것을 정말 여러 번 봤기 때문에 나의 상상력에서 볼 수 있었다. 또한, 밤에 짖는 개의 외로운 울부짖음을, 가까이에는 소나무가 밤의 노래를 내는 것이 항상 들렸다. 그런 다음 눈꺼풀이 점점 무거워지고 그 소리들이 덜 분명해지면, 나는 한국 도깨비의 꿈을 꾸며, 재주를 한 번 넘는 것으로 호랑이로 변하는 할머니들 꿈을 꾸며, 모터보트를 타고서 구출하러 가는 로버 소년들[5]을 배경 어딘가로 하고 잠이 들었다.

우리 외국인 선교사촌은 평야 위에 부드럽게 올라와 있는 동산 위에

---

3 농악(農樂), 풍물놀이.
4 농악놀이 등에서 어른의 어깨 위에 올라 춤추는 아이, 화동(花童).
5 *Rover Boys*는 아서 M. 윈필드(Arthur M. Winfield)가 쓴 책으로 1899년에서 1926년까지 출판되었음. 부유한 과부 앤더스 로버(Anderson Rover)의 세 아들 톰(Tom), 샘(Sam), 딕(Dick)의 모험 이야기를 다룸. https://en.wikipedia.org/wiki/Rover_Boys

있었는데, 이 동산은 더 큰 동산들과 부채 모양으로 이어져 있었다. 북쪽에서 흘러오는 강은 우리가 사는 동산 발치에서 넓어져서 만으로 들어갔으며 군산이라는 항구도시를 한 바퀴 돌았고, 황해로 빠져나갔다. 이 동산에서 나는 정말 많은 한국 장례 행렬이 들판을 가로질러 굽이굽이 길을 따라가는 극적인 것을 보았다. 장례식에 사용되는 긴 곡소리를 듣고 우리 어린이들은 장례 행렬이 우리 동산의 발치에 있는 마을에서 나와서 [해독불가6] 위엄을 갖추고 타고 있는 상여가 저 멀리 있는 동산 위 영면의 장소로 가는 것을 볼 수 있는 곳으로 달려갔다. 위엄을 갖추었다고 하는 말은 과거 한국인들의 장례는 장관이었기 때문이다. 관이 놓인 상여는 밝은 푸른색과 빨간색으로 칠해졌으며, 이것 위에는 하얀 덮개가 있었는데 덮개에는 가늘고 긴 빨간 깃발들이 달려있었다. 이 모든 것은 높이 들려서 운구하는 사람들의 어깨 위에서 옮겨졌다. 상여 앞에는 (상여가 가는) 길에서 악령을 쫓아내는 전문 곡소리꾼들이 춤을 추고 곡을 하였다.

우리가 어렸을 때 우리는 무덤과 어떤 친밀감이 있었다. 거의 모든 동산은 무덤으로 덮여있었고, 우리가 살던 동산도 예외가 아니었기 때문이다. 숲에서 놀 때 오직 짚으로 된 무덤7이 있을 때만 우리는 멀리 돌아갔다. 이곳에서 죽음은 또는 죽음에 의해서 남겨진 것들은 너무 가깝게 있어서 근접 접근을 불러오지 않는다. 우리가 특별히 눈을 크게 뜨고 무서워하며 바라봤던 짚으로 된 무덤이 있었다. 이것은 우리 미국인들의 묘지에서 100야드도 떨어지지 않은 숲에 있었다. 최근에 자신의 조그마한 딸을 묻었던 어느 선교사가 우리에게 말해주었는데, 그녀는 증기보다 더 손에 잡힐 듯하지 않은 어떤 창백한 영혼이 그녀가 미국인 묘지로

---

6 앞뒤 문맥상 "고인이"로 추정.
7 풍장(風葬)을 말하는 것임. *The Missionaryy* (August, 1900), 374-376쪽에 잉골드 선교사가 1900년 3월 26일 전주에서 작성한 Korea's Sleeping Millions라는 제목으로 당시 우리나라의 무덤과 묘지에 대해서 쓴 글 참조.

가고 있었을 때 아침 일찍 이 짚으로 된 무덤에서 일어나는 것을 봤다고 했다. 나의 마음은 한국 장례식의 지나치게 화려한 깃발과 절망적인 곡소리로 이미 가득했었지만, 어린 새디(Sadie)의 장례식은 내가 참석했던 맨 처음 장례식이었으며 나에게 순백과 평화로 깊은 인상을 남겼다. 미국인 숙녀들이 조그만 관에 수놓은 비단은 하얀색이었고 우리 아이들에게 꺾어 오라고 시킨 꽃은 하얀 데이지였다. 드러난 무덤 주변에는 적은 수의 선교사들이 모여 "주 예수 넓은 품에[8]"를 불렀다. 그때가 내가 그 찬송을 들은 첫 번째였는데, 그 이후로 한국 소나무들이 그림자를 드리우는 새디의 무덤과 그 찬송은 내 마음속에서 분리되지 않는다.

한국은 가난 때문에 어쩔 수 없이 일하게 된 높은 계급 또는 학자 계급의 사람들이 가득하다. 이 계급에 속한 여자들은 부유한 한국인들의 집에서 천한 일을 하는 위치를 받아들이는 것을 주저한다. 그러나 외국인의 집에서 일하는 기회는 환영한다. 외국인의 집에서는 그들이 교사가 되거나 자신 민족의 지도자들이 되도록 가르침을 받기 때문이다. 우리 유모도 아주 뛰어난 지능을 가진 여성들이었다. 창언 어머니라는 여인에게 나는 특히 갚을 빚이 많다. 그녀는 타고난 이야기꾼이었기 때문이다. 바로 이 사람이 우리가 아이일 때 한국의 풍부한 이야기, 전설, 민담, 그리고 심지어 시까지도 소개해주었다. 추워서 실내로 들어갈 수밖에 없는 겨울 기나긴 오후에 우리는 조그마한 프랭클린 난로를 앞에 두고 창언 어머니 둘레에 모여 바닥에 앉아 있곤 했다. 그녀는 한국 자수의 정밀한 아름다움을 보이며 많이 헤진 우리 스타킹을 꿰매면서 우리에게 이야기에 이야기를 이어서 해주곤 했다. 이렇게 열정적으로 듣는 집이 아니었다면 나의 한국에 대한 사랑과 이해가 더 깊지 않았을 것이다.

관대함은 한국인들의 주요한 특색 중 하나이다. 중요한 모든 행사는

---

8 찬송가 417장. Safe in the Arms of Jesus.

주는 사람의 상황에 따라 크건 작건 선물을 아낌없이 주는 것으로 표현된다. 용석이가 선물을 주는 이런 열정에서 면제된 것은 아니었다. 용석이는 어느 일요일 오후에 우리 집 현관에 예기치 않게 찾아와 푹 잠들어있던 어린 한국인 거지였다. 그 나라를 떠돌아다니는 많은 부랑아와 마찬가지로 용석이는 불확정적이었다. 용석이는 어떤 의사가 용석이의 목 기저부에 삽입한 구멍을 가지고 있었다. 우리 아이들은 그 구멍 위에 용석이가 손을 델 때만이 우리가 말을 할 수 있고, 자체적으로 낯설게 채색된 세상에서 사는 사람을 소유할 수 있다는 추가적인 유혹을 갖게 됐다. 우리가 두 번째 안식년을 떠나기 며칠 전, 용석이가 나타났다. (선교사의 가정에서는 시간은 안식년의 관점에서 계산된다. 항상 "두 번째 안식년에", "우리의 첫 번째 안식년이 끝나고 막" 이런 것은 고대 로마인들이 "아우구스투스 카사르의 통치에"라고 말하는 것과 아주 흡사하다.) 용석이는 선물을 가지고 왔다. 그는 자랑스럽게 달걀 "한 줄"을 선물했다. 사람들은 볏짚으로 달걀을 싸고 그 아래에 다시 달걀을 볏짚으로 쌓아서 길고 멋진 줄로 만들어 시장까지 가지고 갔다. 그래서 한국에서 달걀을 살 때는 "줄" 단위로 산다. 우리가 나중에 모든 달걀이 상했다는 것을 발견했다는 사실도 용석이가 한 일의 의미를 떨어뜨리지 않았다. 그는 이 시장에서 저 시장으로 몇 시간을 쓰며 이런 오래된 달걀을 모았음이 틀림없다.

한국인들이 갖는 또 다른 뛰어난 특색은 극도의 공손함이다. 어느 날 오빠와 내가 논 사이의 좁은 길을 따라서 자전거를 타고 있었다. 오빠는 우리 앞에 갑자기 나타난 나이 든 한국 어르신과 부딪치는 것을 피하려고 갑자기 멈춰야 했다. 오빠의 신호를 제때 받지 못해서 내 자전거의 앞바퀴가 오빠의 뒷바퀴를 스쳤다. 그러자 나와 나의 자전거 모두 물이 2피트 정도 깊이로 있는 논 속으로 굴러떨어졌다. 나는 어려움 없이 빠져나왔다. 나는 논이나 연못으로 빠지곤 했었고 심각한 결과는 없었다. 그러나 내 자전거는 원래 있던 자리로 되돌리기가 쉽지 않았다. 내 마음에 인상 깊게 남은 것은 그 노인의 걱정과 노인이 3피트 되는 곰방대의 도움을 받아 내 자전거를 꺼내려는, 품위 있어 보였으나 별 소득 없었던 노력이었다. 우리가 마침내 자전거를 타고 떠날 때 그분은 여전히 점잖게 사과하고 계셨다.

놀이는 모든 인종에 있어서 어린이들의 공통된 언어이다. 나의 어린 시절 가장 행복했던 시절의 일부를 한국 어린이들과 놀면서 보냈다. 물론, 우리는 우리의 미국 장난감이 있었고, 오래된 수레바퀴와 나무 상자로 만든 수레에 우리의 개와 염소를 싣고 노느라 시간 가는 줄 몰랐다. 그런데 나의 마음은 특히 한국 놀이로 향한다. 오빠는 한국 소년들과 연을 날렸다. 연날리기는 말처럼 그렇게 박력 없는 일이 아니었다. 한국 연은 미국 연보다 더 가볍고 덜 성가신데 연줄에 으깨진 유리를 붙인다. 사내아이들은 상대방의 연줄을 끊으려고 하며 공중에서 싸운다. 언니와 나는 한국 소녀들과 함께 한국 학교에 다녔다. 한국 소녀들은 세침하고 예의 바르게 자라지만 유머 감각이 뛰어나며 운동을 잘하는, 놀라울 정도로 지내기 좋은 놀이 친구가 된다. 그런데 우리가 했던 놀이는 정숙한 여인들의 하는 놀이로 추천할 수는 없다. 특별히 언급할만한 놀이는 널뛰기다. 한국식 시소는 미국식과는 다소 다르다. 미국에서는 이 놀이가 어린아이가 하는 덜 중요한 시간 때우기의 위치로 내려갔다. 한국에서는 널뛰기는 상당한 기교이다. 거치대는 낮고, 중간이 짚으로 둘린 긴 통나무로 이루어져 있다. 소녀가 나무판의 양쪽 끝에 선다. 각자가 상대방을 공중에 띄우며 교대하는데 나무판에서 약 3에서 4피트 위로 올린다. 우리의 프리저너스 베이스, 돌 차기 놀이, 시궁창에 있는 뱀과 같은 흡사한 놀이가 많이 있다. 우리 유모가 우리에게 들려준 이야기가 한국의 심장에 우리를 가깝게 해주었듯, 우리가 했던 놀이는 우리와 다른 피부색을 가진 어린이들의 삶에 우리를 가깝게 해주었다.

어린이들은 반드시 학교에 가야 한다. 한국인 소년들이 선교 학교로 가는 길에 우리 집 뜰을 지나고 우리 동산 발치에 있는 한국인들이 다니는 그 학교에서 노랫소리가 들리기 시작하면, 오빠, 언니, 그리고 나는 아버지가 우리를 위해 한국 떡갈나무로 만들어주신 우리의 책상으로 가서 산술과 철자를 스스로 열심히 해야 했다. 어머니는 선교사가 되기 전에 가르치셨다. 어머니는 미국에서 보내온 책을 우리를 지도하시는 데 지침으로 삼았다. 그래서 우리가 미국을 다시 방문했을 때 우리가 속한 학년에 들어갈 수 있었다. 우리 학교생활에서 한 가지 사건으로 언니와 내가 매우 기뻤다. 우리는 일본어를 배우고 싶다고 결심했다. 그래서 어머니께서 일본인 여자선생님이 한국인 여학생들에게 일본어를 가르치는 선교 학교에 다녀도 된다고 말씀하셨다. 우리는 한국인들과 평생 같이 놀았으나 한 번도 그들과 함께 공부한 적이 없었다. 우리는 경쟁과 집단 학습의 경험을 즐겼다. 성탄절이 다가오자, 영어를 조심 알고 있던 그 일본인 선생님이 한국인들에게 영어 노래를 가르쳐주는 특별한 일을 하기로 마음먹었다. 우리는 성탄절 프로그램의 일부로 이 노래를 부르게 되어있었다. 이 노래는 "메리 크리스마스, 메리 크리스마스"라는 것으로 시작하는 간단한 노래였다. 언니와 나는 일본인 선생님이 우리에게 가르쳐주신 식으로 한국인 소녀들과 같이 노래를 불렀다. 몇 년이 흐른 다음에 우리 동양식 발음이 얼마나 웃기게 들렸을까가 갑자기 생각났다. 왜냐면 우리는 다른 모든 학생과 한목소리로 "메디 크리스마수, 메디 크리스마수"라고 불렀기 때문이다.

만약 한국인들이 정말로 잘 차려입은 것을 보고 싶으며, 대개 2월에 오는 한국의 새해를 기다려야만 한다. 한국인이라면 연중 다른 어느 때에 새로운 옷이 없더라도 이 특별한 날에는 새 옷이 한 벌 있어야 한다. 나이가 더 들은 사람들은 여전히 자신들이 습관처럼 입는 흰색을 사용한다. 그렇지만 그들 옷에 색이 없는 것을 자녀들의 옷에서의 다양한 색으로 보충한다. 소녀들은 긴 밝은 치마와 짧은 허리춤이 있는 웃옷을 입는

데, 소매는 빨간, 파란, 노란, 그리고 녹색의 조각으로 구성된다. 솜을 넣은 아기의 양말도 같은 밝은 색으로 수놓아진다. 길게 닿은 검은 머리는 특별한 머릿기름으로 부드러워지고 밝은 빨간 리본으로 묶인다. 한국인들의 옷이 중국의 옷 자체보다 더 중국적이라는 것이 호기심을 불러오는 역사적 사실이다. 청나라가 명 왕조를 몰아냈을 때, 그들은 백성들에게 옷 입는 방식과 머리 모양을 바꾸도록 강요했다. 고대 중국의 의복 문화를 오래전에 받아들였던 한국인들을 어쩐 일인지 청나라가 모른 척했고 한국인들은 계속해서 중국식을 유지했다.

나는 항상 한국과 꿩을 연결한다. 아버지는 한 번에 몇 주씩 집에서 떠나있었는데, 이 마을에서 저 마을로 갈 때 한국에 그렇게 많이 있던 꿩을 사냥했다. 아버지는 안장주머니에 사냥한 것을 가득 가져오시고 꿩은 말 뒷부분에 걸쳐서 오셨다. 오빠는 아기였을 때부터 이런 아름다운 목을 가진 생명체를 팔에 안고 다니는 것에 대한 열정이 있었고 침대로 가져가야 한다고 떼를 쓰기도 했다. 오빠가 잠이 들면 어머니께서 오빠의 팔에서 그 사랑스러운 새를 부드럽게 떼어놓으실 수 있었다. 아버지의 귀향은 아버지가 지난 여정에서 하시고, 보신 것들에 대한 새로운 이야기로 항상 흥분되었다. 어느 여행 후에, 내가 기억하기로 가지고 온 사냥감이 특별히 풍족했다. 우리가 꿩과 기러기를 보고 있을 때, 아버지께서 꿩 중의 하나를 골라서는 우리에게 이상한 것을 지적해주셨다. 꿩의 다리 중 하나가 무릎마디 바로 아래에서 바짝 마른 진흙과 깃털로 가득했다. 아버지께서 덮어져 있는 한 부분을 떼어내시고 뼈가 부러진 부분을 우리에게 보여주셨다. 어떤 낯선 본능으로 진흙과 자신의 털을 이용하여 부러진 다리를 치료한 이 야생 생물에 대해서 우리는 경탄했다.

나는 진정한 시야는 단 하나의 시야가 아니라 다양한 시야라고 생각하며 자라났다. 내가 대학교 가기 전에 고등학교 마지막 학년을 하기 위하여 미국으로 돌아갔을 때, 미국이 우주의 중심이며 다른 나라들은 미국에서 뻗어져 나온 다소 덜 중요한 것임을 당연히 여기는 편협한 시각을 발견하고 충격을 받았다. 청소년기의 자의식 속에서, 나는 "어디에서 왔니?"와 같은 일상대화의 질문에 방향을 바꾸는 것을 배웠다. 경험상 "한국"이라고 말하면 다음에 "한국은 어떤 주에 있니?"라는 질문이 따르기 때문임을 알아서이다. 어쨌든, 어떤 나라에 살아봐야 만이, 그 나라가 어떤 주에 속해있는가를 정말로 알게 된다. 내가 어떤 이해의 폭을 가지고 있다면, 그것은 나의 두 개의 유산 덕이다.

원문

JANUARY THE FIRST, 1939.

Kunsan, Korea.

(1939-1899 = 40 years)

My Own Precious Loved-ones,

A VERY HAPPY NEW YEAR TO YOU ALL!!! As you see this is the first day of 1939 and this is the first (and only) letter so far, but I could not possibly start the new year without a word of loving greetings to the sweetest bunch of folks in the world so here it is. Of course Mother and I are thinking about you today in a very special way and longing for you like a sick person with high fever longs for cool water.

You can see from these figures within the parenthesis, also where my thoughts are especially today. This is the year that brings to me the privilege of retiring—if I wish to do so. Our Committee's rule is that we are required to retire at 70 yrs. of age, and that we CAN retire after 40 yrs. of service, so I do not have to retire this year unless I elect to do so; so I am trying to decide what we ought to do. With our activities so limited and hindered it looks that maybe it would not be worth while to try and stay on. I do not feel free even to go out to the country churches on Sunday just for service, and come back home for dinner. Should I do this there is danger of getting the church people in trouble. On the other hand, I am still strong and active, and though I have "eaten quite a number of cakes" I am still young in every way, so I am waiting for the Lord to lead me. Should things open up so that I can get out in the spring and do some active evangelistic work with my tent and band I may stay on until next year, when our 5th regular furlough will be due. This is what Mother seems to be in favor of doing, but if my activities are so limited that it does not seem to be worth the price of staying on so that we can not be with our precious loved ones, etc. I may decide to go. Am praying hard for the Lord to lead me, for I want to do only that which He wants me to do.

The Vails, as you know have not been able to return, and we have just witnessed the sight of their household goods being sold off and carted away. It just about broke me up when I saw this and thought what might be happening to our things before so very long. It is true that we have not much of value in our home to grieve over, but this has been our little home for all these years and the objects that have helped make it home, and especially these associated with you precious children have a tremendous sentimental value. Some of them, especially the larger pieces of furniture, e.g. the large wardrobe in the hall upstairs, and still more especially the sideboard in our dining room. This was a present from my father to my Mother soon after they were married, and rather than have it sold off to a second-hand furniture dealer my Mother sent it to me and paid the freight on it, so as Mother felt that way about it it seems to be rather scared to me and I feel that I must take it home, though it will be quite difficult and expensive to do so. Then the marble-top walnut table in our living room. Mother's auntie gave that to her and it is also an heirloom, so I feel that we ought to take that too—so you see something of the problems that we are facing as we think of going home for good!

Just at present I do not know what to say about going home. Should things open up so that I can do a little more work I may stay on, but if the door seems to be closed in my face it may be that it will seem hardly worth staying on here. You must all pray that God will lead us and that His will may be done.

There has been a dead-lock on between the Government officials in Chunju and our Mission for some time. They have demanded a tremendous slice out of our Mission compound as an approach to a shrine that they are planning to build up on the hill back of Dr. McCutchen's house, and as that would wreck havoc to our Mission compound we have not seen our way clear to agree to let them have the land, but they have been very insistent. Finally a committee from our Mission went up to Seoul to wait on the Governor-General on the subject. Finally they changed their plans and agreed to take only a road on the outskirts of the property so on the 27th. a meeting of the Ad Interim Committee of our Mission was called to consider this proposition. A representative from the Governor-General was down from Seoul to try to bring about a compromise between us and the Chunju officials. Being a member of the A.I.C. I went over on the evening of the 26th. taking Misses Colton and Fontaine, who had been visiting Miss Dupuy, over with me. I hated awfully to go, because Mother was not feeling well—was suffering somewhat with a cold. On the evening of the 26th. we had a very lovely Station supper at the Swicords, at which time the engagement of John Fairman Preston Jr. to Miss Imogen Bird (daughter of pastor in Washington) who is now teacher of missionary's children in Chunju. After supper we had meeting of A.I.C. at which the representative from Government-General was present and tried to persuade us to accept the Government's propositions. We met again in A.I.C. the next morning and did not stop for lunch, but ran right on through the lunch hour and then went down to the Governor's office in a body for a conference with the Governor and his staff. All the high Government officials in Chunju were present. We discussed right up to supper time when we were invited to supper at the Governor's residence. Had quite an elaborate "sukiaki" feast. We had come to an agreement by that time so the way was clear for me to come home after supper, which I was quite anxious to do, since I had left Mother, somewhat under the weather, and she was all alone at home. At 8:30 I excused myself, on the grounds of having a sick wife all alone at home, and left all the others still at the table, though they had finished eating. Sang Ah was waiting outside for me in the cold, notwithstanding it was bitter cold. Well, we started away from Chunju at 8:30, with the weather bitterly cold. In no time the wind-shield was perfectly dim, due to the vapor from our breathing freezing hard on the windshield, and not coming off, no matter how hard we rubbed with a cloth. I was driving with my lights all on of course and the ammeter showed that the battery was discharging much more rapidly than it was charging, and as I progressed on my way home the horn kept getting weaker and weaker, and the lights dimmer and dimmer, until as we came through town we had only a very dim head light, and by the time we got in the middle of Surai village (the village where the water gate is at the hill nearly to Kunsan) the light was so dim that I had to stop my car, put out the lights and run the engine awhile to get enough juice in the battery to get enough light to get home on. I had to do this twice between Kunsan and Kungmal. My clutch was also quite badly worn and when I tried to get up the hill here at home, the ground was slick, and clutch not holding well I got only half way up and could not make the grade, so I had to leave the car on the road and walk home. As the battery had just about gone dead on me I could not get the car started to get it up home the next morning so I had to get about twenty coolies the next morning and haul it up to the house by main strength. I then (the next day) sent it in to the service Station to get it fixed, i.e. the clutch etc. and while they were working on it in Kunsan (evidently when they were backing it into the garage) they simply wrecked one of the back fenders. Nothing without a new fender will repair it, for it was badly rusty underneath and the fender was simply ruined—but they are denying that they were responsible for it and claiming that it was done outside of their garage, since(?) I have a fus on my hands and do not know yet how it's going to come out. I guess I'll have to buy the fender and ask them to do the work of putting it on.

Well, I can't say how Mother and I have enjoyed that BEAUTIFUL book of poems that precious little Margie sent us. Of all the Xmas. presents we have ever received that is the most precious—and maybe we are not PROUD of our little genius, as we are of all of our precious chilluns.

Well, Darling, I guess I'll have to close for this time. Worlds and worlds of love and best wishes and most earnest prayer for the very richest of all of God's blessing upon each of you precious ones,

Most devotedly and affectionately,

Daddy

You will remember, no doubt, Thompson Southall, who was rushing Lillian Crane, and who called to see us several times at Mission Court. As you know they are married and are now members of our Soonchun Station (where Lillian was born). Well they are here now making a little visit with the Talmages. His father was a special friend of mine in college, so I am very pleased to see him. His father was a Sigma Chi and I was Kappa Sigma. He is a Kappa Sigma and my boy is a Sigma Chi. Looks like we kinder got our wires crossed, doesn't it? Well, Sigma Chi got a mighty fine man in our boy and we got a mighty fine man in Thompson.

My Own Precious Little Margie,

I am sure you will never know how your dear Mother and old dad were overcome with joy and appreciation when we received that beautiful book of poems that you fixed up for us. We think they are all PERFECTLY BEAUTIFUL—and just like the precious little girlie that composed them. NOTHING could have given us more joy.

Most devotedly,

Daddy

Jan. 8, 1939.

Kunsan, Korea.
Mrs. William F. Bull

My own precious Margaret,

I was so delighted Fri. to receive your dear letter of Dec. 7th & good one from Wm. of 10th. Your letter sounded so full of the Xmas spirit that it thrilled me. Do hope you had a lovely holiday & a good helpful rest.

Enjoyed hearing about your Xmas shopping in Asheville. I have not seen any shoes with the built-up soles. Shall have to watch shoes of the newcomers to look for a pair. Some of Munroe Leaf's work was coming out in L.H.J. before my subscription ran out. I was so interested in it. That was a cute watering pot & so nice to use on indoor flowers. I have seen those glasses in wire containers & think they are so fine to use. You surely selected nice things. Have seen pictures of the Wedgwood dinner plates. I know Va. was crazy about those. That was a big present for you & A. to give to her. I tried to find a bulletin with picture of those plates, the day I received your letter, but did not succeed.

That is fine about Deen's baby. Am so glad that he is so well & such a darling. Has she decided to keep him at home?

Lillian Crane & her husband are still here. He preached today & gave us a fine message. Has good manners & animation when he preaches. Is really a lovely & lovable man. They & E. Woods are going to Peking tomorrow. That is quite a fad now. U.S. money exchanged into Chinese dollars yields enough to cover expense of trip in exchange. Lillian S. looks sad & not like herself, so I imagine Mr. S. wishes to take her & get her mind off her sorrow, tho I have not heard that mentioned. She looks far from well. I would say that she needs perfect quiet & rest. E. W. is needed badly at hospital but it seems impossible for her to stay in one place. Some people just can not work steadily.

Va. wrote us that you had sold a poem. That is where we got the idea. Am glad you have had the honor of having so many accepted. I do so love the book you sent to us.

I am reading *The Yearling* & enjoying it so much. Of course, the characters & language are rough in many places, tho true to that class of people, but the descriptions are so beautiful. Have you read it? J. D. lent it to me. J. D. is surely an improvement on her sister & a real Christian woman.

Received a nice letter from Mrs. Patterson, Xmas letter. She is very nice about keeping up with the stations. Jimmy, after a year at Emory Univ. Hosp., had gone to Montreal for Lab. research work in large hospital there. At Thanksgiving a T. B. spot was found on his lung & he was ordered by doctors to rest six months. Mrs. P. said that at first she was very much upset but that Jimmy was so glad that it had been found in the beginning. They both felt that all would be well after six months. I surely hope so & am praying for him. He seems to be a fine young man. Also heard from Mrs. V., such a dear, appreciative letter of what we had done in past for her, my teaching Margie etc. She told her trouble to me. I rejoice that she is where she can have expert treatment & so avoid the worst. God has so tenderly led them through the difficult days of making a decision. She says he is pastor of a lovely church in Rock Island, Ill, that the manse is large and nice, & people lovely to them. So there is a lot to be grateful for in their case. I have felt that they were wise in not returning. She was sick so much here. Louise Miller is to go to U.S. as soon as she can get reservations, as her mother is ill again. Mrs. Talmage was to go with Louise later, so Dr. Boggs advises her to go on with L. M., so she is planning to do so. She is a very sick woman, some think, & I would say needs her husband but he does not seem to be any help to her. He and Mariella will go on furlo later by Africa etc. He is an odd man. May it all work out well for them. It is surely unnatural. He gets lonely without Mrs. T. as any man must, but this idea of his going around the world & of her going straight to U.S. originated with him. I hope Dr. Brush in Nashville will tell Mrs. T. her trouble. She is in a bad way & has such sick spells. It is very sad. She has always been a sweet woman. Hope your Daddy & I can stick together to the end! I think doctors here are not fixed to treat Mrs. T.

Poor Miss Colton has a cataract on one eye, knew that when she returned, & now is having trouble with the other. Is going to Peking to consult specialist at Rockefeller Med. Center. Feel so sorry for her.

Well, enough about sickness. Hope you and the others keep well. With my heart's love,

Your own devoted,

Mother

January 8th, 1939.

Kunsan, Chosen.

My Own Precious Loved Ones,

   Notwithstanding the limitations that have been put upon our work, and notwithstanding the fact that I have been able to do absolutely no country work, not even going out to the churches for service on Sunday, each day seems to be so full that it seems impossible to get around to all the things that I would like to do. Conferences with the members of the Station and Mission, conferences with individual Koreans and conferences with the officials just about keep me on the jump. However, it is well to be this way rather than have time hangs heavily upon one's hands.

   Both schools opened up on Friday, after the Xmas holiday and everything is getting in running order again. Since Xmas. Mother has been bothered with a little cold, or maybe a rheumatic threat; but I am very grateful to say that she seems O. K. now. She went down to the school Friday and went over to John Talmage's for the English church service this afternoon. Thompson Southall (Lillian Crane's husband) preached and gave us a very good sermon. They have been making the Talmages a visit. They with Elizabeth Woods are leaving in the morning for Peking. They will be met at Riri by Mr. Swicord and Miss Colton. John Talmage, his father and young sister, Mariella just got back from there last week. It happens that the rate of exchange between the American dollar and the Mexican dollar, that they use in China, and then again between the Mexican dollar and the yen is such that they can take American dollars to Peking, exchange them into Mexs. and then when they get through exchange the Mexs into yen and come out just about clear on their trip to Peking, so quite a number of the friends here are taking advantage of this situation and making a trip to Peking, and claiming that on account of the advantageous rates of exchange their trip cost them practically nothing. I went to Peking some years ago so there is not much temptation for me to go. Otherwise I might be joining the gangs that are traipsing over there.

We are having a bitterly cold spell right now. It has been so cold today that the ground, which has been frozen hard, has not melted, even with the sun blazing down upon it. However, this does not interest us as much as it used to, since we can get manufactured ice that we like so much more than the natural, since it is so much cleaner, and we can put it right in our drinks. Since we enjoy the watermelons so much, though, I think we shall fill our ice house about one third full, as we did last year, so as to have ice to put out watermelons on and have them nice and cold when we eat them. We enjoyed them greatly last year, and thought it well worth while.

We have been made very happy in the last few days by getting lovely letters from practically all of you. We were especially pleased with the lovely Xmas. present that Bill Bull sent us, and are expecting to enjoy it greatly.

Our Women's Bible Institute begins here day after tomorrow, and for two months then I will (D. V.) be busy teaching daily. I received a letter from Dr. Unger of our Soonchun Station a day or so ago asking me to come down there and hold a week's meetings for the lepers in the leper colony. There are nearly a thousand lepers in the colony, and they are about the most interesting congregation I have ever preached to. They do not have much in this life to appeal to them, so the things of the Gospel appeal to them in a way that they do not to the average. I have preached to them many, many times, but only one sermon at a time, i.e. just running out for that particular service while I was in Soonchun for Annual Meeting, or something like that. It is perfectly safe so far as the danger of any contagion is concerned as they have a place that is reserved for the speaker up on the platform and in which the lepers are not supposed to come; but even though this is so, Mother is nervous about my going down there for meetings with these people for a week and does not want me to go.

Monday A.M. My car has been muddy from head to foot, and I am having the out-side men washing with the hose this A.M. but the water is freezing as fast as it hits the car. The wind shield is perfectly opaque with ice right now. Will have to get some warm water from the kitchen and melt it off.

Well, Precious Ones, I guess I'll have to hang up for this time. Worlds and worlds of love for each of you Darlings,

Most affectionately and devotedly,

Daddy

January 19th, '39.

Kunsan, Korea.

My Own Precious Loved-Ones,

As you can see, this is Sunday. I went down to service at the local church today, as that's about all we can do now, and have just finished dinner and while I am waiting for the news from Shanghai, in English, to come on I'll thump off a few remarks to the sweetest bunch of folks in the world.

Our Women's Two Month's Bible Institute is in session right now and I am teaching two hours a day in it. This keeps me pretty busy, for of course I have to prepare for the teaching, and this takes quite a bit of studying. We have ordinarily, each year over a hundred in attendance on the Institute, but this year, due to intimidation brought to bear on the women out in the country churches only 18 have registered. We also have not been able to use any Koreans as teachers in the Institute, so we have had to make out practically altogether with missionary teaching.

At this point I stopped long enough to get the news broadcast in English from Shanghai, but this Station is so very pro-Japanese that there is not much pleasure in listening to it—though I have just heard that the French Government has declined to receive the Japanese ambassador to that country. The Station from Shanghai is now sending out over the air Sousas' "Double Eagle March" electric recording with which they wind up their program each day. Some more very pretty orchestra music is coming in now.

Speaking of music I have recently certainly had a wonderful musical treat. "The Varsity Show" featuring Bill Powell—and I failed to get the leading girl star's name, but she was good too. You have probably seen this. It was a musical comedy—and I have not gotten such a thrill for a long time. I went to see it Friday night and enjoyed it so much that I went back again, the second time yesterday aft. The acting was excellent, and the music marvelous, and some of the best tap-dancing, besides fancy dancing that I have ever seen. It is showing today, for the last day, and I think if today were not Sunday I'd be tempted to go again. I do know when I have enjoyed any thing so much. I was simply thrilled. The first night I got to bed by 10:10 but was so thrilled and pepped up that I did not get to sleep before day light. Well this just shows you how hungry I am for music. Our radio does do work, but the programs that we get are generally not so good, most frequently a while lot of miserable Japanese stuff. A good program is coming in now. We have a fine program of "swing music (from Shanghai)" from 11:30 each night, but I am hardly ever up as late as that, especially during this cold weather when we would have to keep the fire up in the stove.

We were made very happy yesterday by getting lovely letters from "Ginger and Margie." Were especially interested in "Ginger's" trip to Staunton and her visit to Aunt Madge and Va. Parkins. That was sweet of her to look them up and be so nice to them—but that's what we would expect her to do, for she is such a wonderfully fine girl. We just about exploded with pride when we heard of the compliments that had been paid to our precious little Margie—but that is also what we would expect of her, for she is such a wonderfully sweet and talented little girlie—but we are pleased accordingly. We haven't heard from Alby and Bill B. for some time, so are looking eagerly for letters from them—as also from dear "Aunt Mamie" but no doubt they will be coming in a day or so—so here's hoping. Miss Dupuy is in charge of the Bible Institute and has Miss Fontaine from Chunju helping her and Miss Wilkins from Soonchun.

Well, we put up about the best ice we have ever had since I have been in Korea a few days ago, but only filled our house about half full—just to have for emergency, when guests drop in on us suddenly and we want to have ice cream for them and do not want to send to Kunsan to get the manufactured ice. We will use the manufactured ice for our refrigerator though as it is so much cleaner than the natural ice. We will also have a place now to cool our watermelons. We have given out seed for Georgia melons again this year, so expect to enjoy them as we did last summer.

Well, Darlings I guess I'll have to close for this time. With worlds and worlds of love for each of you Precious Ones,

Most affectionately and devotedly,

Daddy

P.S. We had a famous French picture here a week or so ago, viz., "Un Carnet De Bal," but it could not touch the "The Varsity Show". The French actors could not hold a candle to the American actors in personality, attractiveness etc. A famous German picture is due here soon, but I don't believe any of them can come up to the American ones.

Feb. 1st, 1939.

Kunsan, Korea.

My dearest Loved Ones,

We have just gotten some letters today which show us that one of you misunderstood some of my letters, and misunderstood me to say that we were planning definitely to come home in the summer of this year (1939).

Well I have felt pretty much like that sometimes and maybe have written too positively to that effect. I am hastening now to rid your minds of that impression—for we have just about made up our minds definitely to try to stick it out until next year, i.e. 1940. It seems that any active evangelistic work that we might try to do among the non-Christian will not be blocked, so I am planning to try to do a little more work before I actually retire.

I got nice birthday letters from some of you today—which made pretty close connection and came near getting here on the very day, i.e. Feb. 2nd. Yes, Ginger is right in thinking that I was born in 1876, i.e. the year of the Centennial of the signing of the Declaration of Independence—which was held in Philadelphia, and which I attended—but of course I do not REMEMBER VERY MUCH about it!!

Well, as this is 39 that makes to a pretty old guy, does it not?—63. Well, my chief concern is whether I am growing and mellowing with the years. Paul say: "Though the outward men perish (deteriorate) yet the inward man is renewed from day to day." If this is only true in my life I'll be satisfied and not bemoan getting old.

Most devotedly and affectionately.

Daddy

Feb. 19th, 1939.

Kunsan, Chosen.

My Dearest Loved-Ones,

This is Sunday evening, Mother and I have finished supper, had "family prayers," and Mother has gone upstairs and settled down for the evening, and I have turned on the radio and have settled myself for a little chat with the sweetest bunch of folks in the world. Went to church in the local church this A.M. and attended our little service in English this afternoon—John Talmage preaching and giving us a very good sermon.

As I have written, on account of our being in disfavor with the powers that be we are not able to visit the country churches as we used to do, so just go to church in the local church and sit up here on this hill for the rest of the day. It is a most distressing situation. Yesterday I had a most distressing experience. I got a notice through the mail of the death of an elder in one of the churches that I used to serve. He was a man that I loved greatly. Had been very closely associated with him in the work and had stayed at his home many many times. I did not even know he was sick—and on account of the restrictions that have been placed upon us, i.e. upon our associations I could not even go to see him before he died—but it is a great joy that we will meet in the presence of the Lord some of these days.

Another elder from one of my ex-churches brought his little boy into our hospital a few days ago. My secretary met him down in the hospital and said to him "Aren't you going up to see Pou Moksa?" He said "I would like to but I have had my orders not to even speak to him." So you see what we are up against, i.e. what really distressing times we are living in.

Our Women's Bible Institute is just starting in for its second month. Miss Fontaine from Chunju and Miss Wilkins from Soonchun are still here.

We have only a handful of women in—probably because Miss Dupuy is in charge and they are all afraid of her. She "balls them out" so unmercifully. I had quite a little unpleasantness with her the other day myself. Our young doctor in our hospital has had a case on one of the girls in the Institute and has been taking her off to Kunsan to the movies—which is of course against the rule. I found out about it, and without telling Miss D. anything about it I got word to the girl through one of the Bible women, that that kind of thing would have to stop. Miss D. being principal thought she ought to have been notified and when she found out that I knew about it and did not tell her she flew off the handle and balled me out about it in good shape saying "I know you would not have treated Miss Greene that way, etc." Well, she hurt my feeling so deeply that I came home and wrote her a note saying that on account of the way that she had talked to me I would have to withdraw from any further cooperation in the Institute (had been teaching two classes a day). As she was short on teaching force and has been relying on me as her main-stay in the Institute (standing between her and the Koreans, as I have been doing ever since she has been here) she got in a panic and came around to our house and apologized most profusely and begged me not to leave her in the lurch. Well, for the sake of the Institute, and not for hers, I reconsidered my decision and agreed to continue my teaching—but it was funny to see her squirming and baking humble pie—when she has been so ruthless in her dealings with everybody.

Well, we have a treat ahead of us for next week. Clark Gable and Myrna (excuse spelling) Loy are coming to Kunsan in the picture "The Test Pilot" next week—and what is the best part of it all is Mother has promised to go with me to see it. Several good picures have come to town lately but I have not been able to persuade Mother to go, but I have finally convinced her that her company will make it much more enjoyable for me—so I think she is relenting and planning to go.

Speaking of our activities being so limited, I have been assured that no obstacles will be put in the way of my holding tent meetings, so I am planning to put in practically the entire spring along those lines.

Well, Precious Ones, I'll have to close for this time. Worlds and worlds of love for each one of you Darlings,

Most affectionately and devotedly,

Daddy

FEBRUARY THE TWENTY FIFTH—1939.

My Own Precious Little Girlie,

Truly this is a red-letter day, for on this day the sweetest, cutest loveliest and most lovable baby girl arrived at our house that was ever born in this old world—and she has continued to be a joy and a blessing to us ever since, for which we are very grateful to the dear Lord that gave us such a WONDERFUL LITTLE GIRL. Mother and I have been thinking about you in a very special way as this day had been drawing near, and today, of course the first thing we thought of when we opened our eyes was our DARLING LITTLE GIRL—and My how we are longing for you and wishing that we could get our arms around you and give you a birthday hug and kisses—and enjoy a real nice birthday dinner with you. We are of course longing for you every minute of the time everyday of the world but are thinking about you and longing for you in a very SPECIAL way today. You have been an absolutely unmitigated joy and pleasure to us—not one moment's uneasiness or worry. The only thing that we had had to worry about is that we have not had you with us—and that you have had to "paddle your own canoe" so much and that you have not had your old dad's strong, husky arm to help you paddle it—and maybe to paddle you occasionally(?).

Well, Darling, you will never know how much you mean to your Precious Mother and old dad and how we are loving you and longing for you all the time.

I started off this letter by saying that it is a red-letter day. Well, it truly is—and guess how we are celebrating it. Clark Gable, Myrna Loy and Spencer Tracy are in town today in "The Test Pilot" and we are all going in to see it—INCLUDING MOTHER, and Dr. and Mrs. Boggs, who are coming over from Chunju for weekend and to see this picture. There will be in my car Mother, Miss Jean Dupuy, Miss Lavalett Dupuy, Miss Fontaine and myself. In Dr. Boggs' car there will be Dr. and Mrs. Boggs, John and Rosalin Talmage and Elizabeth Woods—on TEN IN ALL!! I imagine we will attract no little attention, i.e. so many foreigners in a bunch.

The book by Fosdick that you children so kindly sent has come and looks exceedingly interesting. Shall be quite interested in reading it and shall think you dear ones that sent it to me while doing so in a very special manner.

Well, Precious, I guess I'll have to close for this time. Just wanted to let you know, in a way, how much we are thinking about you, and OF you today. However this is absolutely impossible as words are completely inadequate—and it's not in our power to SHOW it, so we will just have to leave it to you to imagine.

With oceans and continents of love for our darling little girlie,

Most devotedly and affectionately,

Daddy

March 5th, 1939.

Kunsan, Korea.

My Precious Loved-Ones,

I am thinking of "you all" in a very special way right now, for it seems that just this morning Mother and I have at last set a definite time for retiring and returning to the U.S. As you know, this is my fortieth year in Korea and I am entitled to retire this year according to the rule of our Ex. Comt. but we have not felt like going home this year and have been inclined to put off our retirement until 1940. I have been thinking that we'd stay on through the spring of 1940 and attend the Annual Mission Meeting which will probably be held in May or June and then leave for the U.S. in July or August, but we have been talking the matter over this A.M. and have decided that since Margaret and "Ginger" would have to go back to their schools early in the fall, that if we put off our going home until July or Aug. we would not see much of them during their summer vacation, and taking a whole lot of other things into consideration, we have about decided (D.V.) to leave Korea in April of 1940, which would put us in Richmond some time in May (depending upon the time we could get a boat) and give us time to get settled before the heated season came on and make it possible for us to have the summer with all you dear ones.

I am writing trying to get accommodations at Mission Court while we are looking around to see what we can do for permanent quarters, i.e. until we can either buy or build—so we will want you all to do some thinking for us and help us to decide what is the best thing for us to do, i.e. the exact place to settle, whether we can buy a satisfactory house in a satisfactory location, and at a satisfactory price, etc. etc. Of course we do not want anything settled until we can get there and do a little looking around for ourselves.

The reason that I am writing so definitely right now is that the time for us to be pulling out from here will be coming around so fast that it will make us dizzy trying to keep up with the days and months. According to these plans there are now only 13 months left before we will be pulling out, and next month there will be only 12 months left and the month after that there will be only 11, and the month after that only 10—and that's the way the time will go by, so we will have to begin from today to make our definite plans.

I must confess, though, as happy as I am at the thought of being with all of you precious ones for a permanency it breaks me all up to think of leaving these people and my life's work. However, I guess we have got to face the situation and make our plans accordingly, and we are beginning to do so DEFINITELY today.

We have heard with much interest about the things you have suggested that we bring home with us, and of course we want to take just as many of the things that have been an important part of our home here as will be possible for us to take. One thing that has been suggested that we take home with us is the marble slab, walnut table in our living room. We are of course quite anxious to do so, as it not only has real market value but quite a considerable amount of sentimental value; but the marble slab is in two pieces, as you will no doubt remember, being broken straight across the center, with and almost straight break. A dainty table cover hides the break. However, we would like to know if possible what it would cost to have a new marble slab made for it, for on account of the weight of this we would not be enthusiastic in paying freight on a broken slab. The slab is oval shaped and is 23 ins. by 35½ ins. It is possible that we could have a slab made in Kunsan. I am going to investigate soon.

We will need a house and furniture, and we will also need an automobile, so I want you all to be finding out what you can (or what you don't already know) as to what would be the most desirable make of car for us to get. Of course they are all so good now that one would not make much of a mistake no matter what kind of car they might get. In view of the nearness of our return to U.S. I have begun to think that maybe I had better sell my car now, while it is still salable, and salt down the money with which to buy (or apply on) a new car when we get to R. I offered my car for sale a few days ago for Yen 800.00 and a man took me up on it; but Mother went up in the air and would not let me sell it, saying that she could not stand seeing me sitting up here on this hill without a car. However, I had another inquirer yesterday (by the way it was Choi Chusa who used to be my "Building assistant," but who is now head of a bus company.) and I told him that I would take 1,500.00 yen for it, but that I would not sell for less. At the present rate of exchange that amount would be $410.00. I have about $100.00 now on fixed deposit (savings account) in the bank, that I received on my old Dodge car when I sold it. This amount I have been holding in reserve to apply on new car whenever I should happen to buy one. You know I sold my old Dodge before we went on last furlough, but as Cousin Jessie gave me the money for a car I did not have to use that, and I still have it "salted down." I have no idea whether I will be taken up on my offer to sell for 1500.00 or not. I calculate that with what I would have to pay out on gas and repairs on this car, should I keep it, I could hire a taxi on special occasions and that on other occasions I can use the trains and bicycle, which would really be better for me, as I would be getting more exercise, and consequently it ought not to be any great hardship to me to have to do without a car, but that it would be a great thing to have a fund salted down with which to get a car just as soon as we get to Richmond. I struck up quite a friendship with Mr. Cooke of the Plymouth Company and I am sure I could get him to give me a special price on a Plymouth, should I decide that the Plymouth is the car for me—and I am also quite sure that I could be able to pull a few wires and get some special consideration on any other car that I should decide on. Well, enough about houses, cars, etc., etc. These creature comforts are matters of very minor consideration. If we just have you dear ones near us, or with us, so that we can see you constantly we will be supremely happy—and I am sure could not wish for anything else especially, but these things are matter that we are more or less interested in and we would be glad if you will be doing a little thinking and give us some help on the solution of same.

We have just had a very pleasant visit from Dr. Kerr Taylor of Nashville. He is a very understanding and sympathetic friend. He left here for Chunju yesterday afternoon.

Most devotedly and affectionately,

Daddy

March 26th, 1939.

Kunsan, Chosen.

My Own Precious Loved Ones,

I really have not any special news to write to you tonight, and it has only been a few days since I got off a long letter to you; but my thoughts are so much with you that I just can not refrain from writing just a little "Love-note" if nothing else. I suppose one reason that my thoughts are so much with you these days is that I am thinking so much of actually being with you before so awfully long, and the special reason for these thoughts is that I am thinking and planning very definitely toward that end. Have bought about 30.00 yens' worth of lumber for packing cases and am having Sang Ah work on our trunks now getting them ready for the trip home, also we have actually already begun to sell off some of our goods, i.e. things that we are not using and would be glad to get out of the house, things that have been lumbering up our attic, etc., e.g. a day or so ago we sold the little black iron bed that Bill used to sleep in—up to the time he left for America. We had in mind asking 30.00 yen for it, but my secretary sold it for 35.00.

Have had several inquires re our radio. I am asking yen 150.00 for it. Have been offered 100.00 by two different men, one a Japanese and the other a Korean. 100.00 yen at present rate of exchange would be only 27.00 dollars, so I have declined to sell at that price. 150.00 the price I am asking would be $40.00 and of course would be a good start on a radio like Alby's—which we would like mighty well to have when we get home. I am also offering my car for Yen 1,500.00. If I could get this amount I would be willing to let it go, as this would be a pretty good nest egg toward another car when we get to Richmond. I would have to use my bicycle then, and use taxies—which I figure I could do and pay for with what I would have to pay out for gas and repairs between now and the time I am ready to leave for America; so, while it would be a great inconvenience not to have a car (there is hardly a day of the world that I do not go to Kunsan in my car for some purpose or another) but as a matter of business I think it would be wise to sell now if I can get a purchaser at that price.

While we have started to sell off our things there are only a few that we will be willing to part with as yet—only such things as we are not using. However, we are quite pleased to see how much the things are in demand. I do not know how many requests we have had from different individuals to sell them our China press and my study desk in particular. The beds are all in demand, as well as the chests of drawers that we have upstairs in our bedrooms and in the bathroom. There will be no trouble about selling off everything, evidently, when we are ready to sell, provided we are willing to let them go at a reasonable price, which of course we will.

Well, I hope this all sounds interesting to you—at least as evidence that we mean business and are actually making definite plans for leaving this part of the world. Will be interested to hear your reactions.

Must close now.

Devotedly and affectionately,

Daddy

May 7th, 1939.

My Precious Little Sweetheart,

I am thinking about you so much this A.M. that I can't refrain from writing to you—if nothing more than to tell you that I am thinking about you in a very special way. The occasion (not that I need any special occasion for such thoughts to arise in my heart, for they are always there) is that I used this morning, for the first time that lovely box of shaving soap that you sent me—and it was (or is) LOVELY. I do not know that I have ever used more delightful shaving soap—and it made me think so much of the BEAUTIFUL little girl that was so thoughtful and sweet as to send it to me—it was just like you. I have been using up to this morning a box somewhat similar, though not just exactly like that that Alby and Bill sent me. I have just about finished up that box and was delighted to have yours to switch off to—and it will be a delight to me for many days to come, as I shall use it everyday of the world until it is all gone—and of course as I use it and enjoy it my thoughts will be filled with the precious little Girlie that sent it, and full of gratitude to her for same.

This is a lovely Sunday morning and I am about, for the first time in many months, to go out to one of the country churches that I used to serve as pastor, viz. Man Cha San. It seems that things are loosening up a little bit in regard to our visiting the country churches and that the "powers that be" are changing their attitude somewhat.

I wrote sometime ago that I was planning to take up the clarinet as a diversion. Well, I wrote to America for an instruction book, but it took so long in coming (in fact is not here yet) that I got side tracked and began monkeying with a violin that I borrowed from one of our school teachers, with the result that I can now "saw" most any tune that I happen to know out of it so that anyone can recognize what I am trying to play. The secretary that I have had for some time, who used to play trombone in my band, had an opportunity to go to Japan to study, so he left me. Since his departure I have taken on, as his successor, the leading cornetist in my band. He plays the cornet quite well, so he and I have been practicing together. He takes the soprano and I play either the tenor or alto, first one and then the other. I sometimes take the soprano and he takes the second part. We have gotten so we can play a very pretty duet. This morning he and I are going out together and Miss Jean Dupuy is going along to play our accompanament on the organ, and we will give them a little "special" music.

Same Day 2:30 P.M. Well we have been out to Man Cha San and are back and have had dinner at home. We had a lovely day for our trip and had a royal reception from the church people—and our duet went off nicely—you should have heard it.

Well, Darling, this is just a little love note—just to let you know that I am thinking about you and loving you like "putting out fire"— or just as usual. We are praying that the Lord will bless you richly in your summer's work and that you will get well on your way to your Ph.D. Keep us in close touch with your precious self.

Devotedly,

Daddy

P.S. I am inclosing herewith a kodak of our bathroom fixtures. Am sorry the picture is so dark but being indoors and the light insufficient it was hard to get a good clear picture. However, if you will examine the picture in a good light you will be able to see all the details. You can see the "Built-in tub" that Sang Ah and I made. It is made of heavily reinforced concrete with a tile veneer. You can see in the rear (up against the wall) an iron pipe railing which is a wonderful help to me and Mother in getting in and out of the tub, i.e. something to hold on to. Then just above that is another iron pipe (white enameled) on which the large bath mat, and my large bath towel that Ginger sent me hang, and above that are a number of hooks on which towels and wash rags hang. If you look closely you can also see the soap dishes (wire) on the top and inside of the tub. The picture also shows our stationary washstand (also "home-made.") The top of the washstand is also of tile, set in a cement foundation. This makes a very serviceable washstand and we have enjoyed this also greatly. We have in the bathroom a little Japanese coal stove in which we keep a fire all day, and have on this a large copper boiler which we keep filled with water all the time, so we always have a nice lot of hot water on tap.

Mother and I have been enjoying our bath-room arrangements GREATLY, but they are a constant source of regrets to us—for they always make us think of what you dear kids had to put up with when you were just little children here in the home—but this is a case where "ignorance was bliss" for as you did not know of anything better at that time, you did not know what you were missing and what you were having to put up with. Well I guess you are none the worse off for it—and that the Good Lord will make up to you for it in many, many ways.

I am also sending you a little kodak of Pastor Yi's little boy (15 yrs. old) of whom I wrote to you, re having his hands blown off when he was mixing some "flash light" chemicals for some photographic operations in which he was interested. I am going to try to make a musician out of him, having him taught to play the cornet, which is possible with only four fingers on his right hand—which is what he has left, and all that he has left. He is a bright, cute little fellow and I am quite interested in him, and in his future.

To the left of the wash-stand you can see an unbleached cotton cloth curtain, which is hung on a wire that is stretched across the bath-room. We can draw this curtain and this cuts the bathroom off entirely from the rest of the room so that the other end of the bathroom can be used for dressing purposes, etc. and the bath tub is perfectly private. The little coal stove not only heats the water but keeps the bathroom perfectly warm and comfortable, even in the coldest weather—so you see we are quite "LUXURIOUS" in our conveniences. Notwithstanding the fact that Mother and I both use the tub every morning of the world we have such a large and lovely cistern that we always have a lovely lot of lovely water. However, we will be glad when we get to America and can have a nice large American bath tub and an abundance of city water.—but the greatest joy that we are looking forward to is having you precious ones with us.—AND WE JUST CAN'T WAIT!!!!

MAY THE FOURTEENTH, 1939.

My Precious Darlings,

You can see from the above dating that this is a very SPECIAL day. In the first place it is Mothers' Day and I know you are each thinking about the sweetest little lady in the world and are longing with all your heart to see her and let her know how much you are thinking about her and OF her. It is not only Mothers' Day but it is also the day on which the greatest blessing that ever came into my life came, i.e. the day that the Lord gave me your precious Mother, in other words this is the 38th. Anniversary of our wedding —and just think(D. V.) on our next anniversary—and on next Mothers' Day we will have all of you precious ones with us to help us celebrate—won't that be GRAND!!!!

Of course as the days go by we are thinking more and more about our plans and preparations for leaving this country for dear old "Mee-Kuk," and we are counting on all of you doing a lot of thinking and helping us for beginning life in America. We are having inquirers almost everyday about the sale of our house-hold goods, radio, auto etc. but we are not selling any thing as yet. Have offered my radio for yen 150.00 and auto for 1500.00. However, I guess we would be foolish to sell either as yet, for we would be mighty lonesome without either. We would be mighty lonesome without our radio. We are most particular about the "news" that we get over it, as the music (good) is rather scarce, and I do not see how I could live without my car. I use it almost everyday of the world, and am at a loss without it. In fact right now it is at the garage in Kunsan having new fenders on all around, and it is taking about two weeks for the job. The old fenders have to be taken off and sent up to Seoul as models for the new ones to be made by. I have just this afternoon had to use a taxi both ways going in to Kunsan and back, and tomorrow I will have to go to Chunju for a meeting of our Mission's Property Committee, and I will have to go in to Kunsan in a taxi and from there on to Chunju on train—and it is so much nicer to get right in my car right here in our yard and not stop until I am at the Mission compound in Chunju. It has been the rarest thing that I have ever gone to Chunju on the train. I will have to go out to Chunju Station compound from R.R. Station in a taxi when I get to Chunju tomorrow.

I guess though, that keeping my car a little longer will really not be much of a loss to me anyhow, since autos can not be imported into Korea, or Japan, at this writing, and cars are getting scarcer and scarcer all the time—and consequently more and more in demand, and maybe that will mean that I can get as good a price for it when we are ready to leave next spring as I could get for it now.

Speaking of cars, I am wondering if we will be in a position to get one when we get to America. We will of course need one and will be quite eager to get one, but the price of the yen is down so low now that when we come to sell our goods we will get yen for them and then when we go to convert the yen into dollars we will not get very many dollars, so we will hardly have enough money when we get there to get everything that we will need, right off the bat. However, there is one thing (or two things) that we will want if we don't have anything else—and that is a Simmons bed-springs and mattress (Beauty Rest.) The Swicords have a Beauty Rest Mattress in their guest room and I am so crazy about it that I like to go to Chunju just to get to sleep in that bed. I am wondering how much we will have to pay for such in Richmond. If any of you know what we would have to pay for a double bed mattress and what we would have to pay for two twin bed mattress and springs. We will of course find out all those things when we get to Richmond, and just curious now.

I had rather eat off of boxes in our dining room and have good Simmons Mattresses and spring than to have a fine dining room set and have some other kind of bed fixtures.

I would also like for you all to be doing some thinking so as to be in a position to advise us when we get there as to what we should do about a car, should we have any money to invest in such, i.e. whether we would do best to get a Ford, or a Chev. or a Plymouth, i.e. a new one, on whether we would do better to get a larger and better make of car that had been turned in and reconditioned. Maybe there will be no choice with us though by the time we get there. Maybe we will have to get just anything that we can get and at the cheapest price.

Well, Precious Ones, I will have to close for this time. Worlds and worlds of love for each of you Darlings,

Most affectionately and devotedly,

Daddy

Monday A.M. Have just had inquiry this morning by phone from Chunju re my car.

June 2nd, 1939.

Kunsan, Chosen.

My Own Precious Darlings,

I came back from Kwangju day-before-yesterday where I had been to attend my last(!!!) Annual Meeting. The custom of the Mission has been to elect the "next in order", i.e. the one whose turn it is to be Chairman—but it has also been the custom when one was attending his last Mission meeting to elect him as Chairman as a special "Tai-Chup," so that it is what happened this year. Though I have been Chairman several times as this was supposed to be my last Annual Meeting I was elected unanimously. There were two others who got a few scattering votes on the first ballot, but as I got such an overwhelming majority on the first ballot it was moved and carried that the vote be made unanimous in my favor. This was done.

Three meetings ago, when Dr. Reynolds was retiring he was elected "Honorary Chairman," but as they did not want to make it a burden to him, as he is quite a few years older than I am, they elected me Acting Chairman, i.e. the one who actually presided. Year before last Mr. Bruce Cumming was Chairman, but on account of his little girl's health he had to go to America. Last year Dr. Nisbet was elected Chairman on the strength of it's being his last Annual Meeting. He went home during the year, so as I was the last Chairman present it fell to my lot to call the meetings to order and preach the opening sermon, so I was the "retiring" Chairman and the new Chairman too. Well, I had been rather expecting this so I had been reading up on the Rules and By-Laws and had them all at my fingers' tip and on the tip of my tongue, and as a result I was complimented by almost everyone at the meeting for presiding very efficiently.

This was about the best Annual Meeting I have ever attended—and at the same time the saddest. It was the best because of a very fine spirit that was present all through the meeting, a spirit of graciousness and courtesy and of mutual consideration—which has not always been the case in times past. In times past the motion to transfer a member from one Station to another has been the signal for a free-for-all fight which might last several days; but this time, on the strength of my retiring Kunsan Station asked for Mr. Linton to be transferred back to Kunsan (where he used to be), Chunju was, of course, very much opposed and Kunsan was very desirous to have him—but we have all grown in grace so much that even this did not produce fight. However, the spirit of the Mission seemed to be that as long as we are here there is no immediate need for Mr. Linton here, and that on account of very serious complications with the Government that he is needed seriously at Chunju right now, and that while they would not transfer him at this time that they thought it would be well to do so after we leave the field.

One night, after we had run out of business, i.e. the committees not ready with their reports, and there was still quite a bit of time left, and I was calling for a motion to adjourn, Dr. Newland came forward and asked to be given the floor. I, as Chairman, of course recognized him and gave him the floor. He then began to speak saying that it was generally understood that Dr. Bull would be leaving Korea before next Annual Meeting, and that "We miss him like the tongue misses a tooth that has been pulled." He then went on to say that the Mission wanted to have a sort of a farewell meeting in honor of Dr. Bull and wanted him to know how much they thought of him. He then said, "We have asked Dr. Boggs to diagnose Dr. Bull's case." Dr. Boggs then came forward and made quite a nice little speech, saying that we had worked very hard and faithfully for a good many years, but that I was still strong and hearty. He diagnosed this condition as on account of my having a strong and vigorous constitution. He then said "But I do not think it is altogether from physical reasons that he is so vigorous, I think it is his spirit that had largely made him what he is." He then went on to say that Dr. Bull has always been interested in everything. "Dr. Bull is a man of hobbies. One of his hobbies is music. He has organized a brass band and has used it in holding tent meetings, etc. In fact I heard about Dr. Bull is a good musician himself. Another one of his hobbies is "Movies." He keeps up with all the good movies that come to town."

After Dr. Boggs got through Dr. Newland called on Mr. Hopper from Mokpo, saying he had asked him to make some remarks. Mr. Hopper then took the floor and said: "When I think of Dr. Bull I always think of the place that we always write when we address a letter to him, viz: K-U-N-S-A-N, and I am going to center my remarks around the letters that compose this name.

The first is:

K. This stands for Kunsan, which we will always associate with Dr. Bull, for Kunsan Station is a monument to Dr. Bull, for it is he that has carried on the work there for all of these years and made it what it is. It is the result of his zeal and energy and activities.

Dr. Bull has been the mainstay of Kunsan all of these years, etc.

The next letter is:

U. which stands for UNDERSTANDING. Dr. Bull understands the Korean language. He understands the Korean people, he understands us, his fellow missionaries, and he understands his Bible.

And the next letter is S. (I have skipped "N", I'll put it below.)

S. stands for SPIRITUALITY. Dr. Bull is a deeply spiritual man, etc.

The next letter

A. stands for ATHLETICS. Dr. Bull has always been a famous athletics.

He then talked about my record and reputation at H.S.C.

The next letter (after U) is:

N. stands for NOTORIETY. "Dr. Bull is a very noted man. He is known all over Korea, from one end to the other. There is no one that does not know Dr. Bull, in the General Assembly, in the Presbyteries—and in fact everybody, and Dr. Bull is also known well in America. One day when I was in Ginter Park and on my way downtown a man in a big car stopped and picked me up, asking me if I wanted a ride. When I told him where I came from he then said 'Well you will know Billy Bull.'

I asked Mr. Hopper if he knew who the man was that picked him up, if it were 'Dock Flemming,' He said:—'Yes, I think his name was Flemming.' If that was the case then he was my roommate in college and a boy that I love dearly to this day.

Dr. Hopper then went on with his acrostic saying and the last

N. stands for NOBILITY. "I understand that Dr. Bull is descended from one of the Governors of Rhode Island."

I have forgotten just what head under which it was said, but in the course of his remarks about how I understood the Koreans, etc. he said:—"On one occasion when I was helping in the teaching in the Kunsan Women's Training Class Dr. Bull came down to lead the devotional service one morning and I was greatly interested in how glad the women seemed to be to see him. How they all crowded around him and seemed to be so appreciative of him."

After Mr. Hopper got through John Talmage took the floor and made some very gracious and complementary remarks, saying that Kunsan would not seem like the same place without the Bulls. That as we were leaving he felt like a little row-boat as a big man-'o war went out of the harbor and was in danger of being swamped by the waves from the man-'o war. That he felt he had a very difficult job to try to fill Dr. Bull's shoes, etc.

Mother was not present at this meeting—notwithstanding the fact that on the requests of the people of the mission I had sent her a telegram asking her to come. Everybody asked especially after her and were distressed that she had not come, for the "party" was as much in her honor as in mine, and all of the speeches referred very complimentarily to her also. After they all had finished speaking and I undertook to reply I said that I appreciated all of their kind remarks, but that I felt that Mrs. Bull was due the larger share of them, for anything that I had been able to do was because of Mrs. Bull's very efficient help. That it was said that marriages are made in heaven and that I was sure that mine was. I was sure that the Lord had sent her out to me, for she supplemented all my weak points and was just the wife for me.

After I had made my remarks and was about to close the meeting Anna Shannon Preston (now Mrs. D. J. Cumming—with three children) got up and said that she had heard in Decatur that after Miss Alby got out here she wrote to someone in Decatur (Miss McKinney I think) that she had not yet met the "Sunshine of the Mission" but the next time that she heard from her she had married "the Sunshine of the Mission."

Well, Precious Ones, I know you will not think I am bragging. I only wish that all the kind things that were said were true. Only it is nice to know that they feel that way—and I thought you would be interested in hearing about them—and maybe "you all" may share some of these sentiments. At any rate there is one thing that I know to be a fact—and of which I AM PLENTY PROUD and that is that we DO have the finest and sweetest bunch of kids, sister and sons-in-law that any people ever did have in this world. We are truly proud of this fact, or should I say GRATEFUL to the Dear Lord that he has given us such lovely DEAR ONES.

I failed to say that Dr. Unger made some very complimentary remarks. He is quite a humorist and was quite bright and amusing. He is the one to whom I am turning over my tent and equipment and band instruments, an equivalent of five or six thousand yen. This, though, has not cost me anything personally, as it has all been provided by personal friends, Mr. Homer Rodeheaver, the friends in St. Louis and Miss Cammy Cary.

Well, Precious Ones, I would not write all these things about myself to any one else—but I flatter myself in thinking that you will be pleased to hear them and will appreciate them (even though they are somewhat overdrawn) just as I have. Mother also is a little pleased at the nice things that were said about her "old man," even though she does not think them true!!!

Must close for this time. As the time for seeing you gets shorter and shorter my letters get longer and longer—just because my heart is overflowing more and more with love for you darlings and I am just so eager to get my arms around you that I just "can't wait!!!"

Most devotedly and affectionately,

Daddy

Sunday, June 18th, 1939.

Mr dearest Loved-Ones,

I said to Mother, before breakfast this A.M. "Well, I am going to write to the kiddies today," and she replied, "Why you just mailed a letter to them a few days ago." I replied, "I don't care if I did. I am thinking about them so much and wanting to see them so much that I am going to write again," so here it is. As I remarked in my last letter, as the time goes by and the time for our leaving for the U.S. and you darlings I find myself longing for you more and more intensely all the time. This is Sunday A.M. and the time for church service is coming around, so I won't be able to write much before I'll have to close up and go on down to church, but I want to at least get this started.

I have just come down from upstairs where I got out all of your pictures and arranged them on Mother's dressing table (from Aunt Mamie's down to Alby's—including our wonderfully lovable sons-in-law) and spent quite a little while talking "love-talk" to them —Did not your hearts warm up to the occasion? Well, that's the frame of mind that I am in all the times these days—and in view of the distressing conditions under which we are living these days, i.e. our activities being hampered, etc, the time for our departures for the U.S. can not come around too fast.

Speaking of our activities being hampered; in order to cultivate their good will, on Friday afternoon I had the chief-of-police and the chief of customs out here for a little afternoon of sociability, serving lovely banana ice-cream, cakes, tea, etc. They seemed quite friendly and appreciative. I invited the chief of the Secret Service out with them but he was sick and could not come. However, from the way things seem to be developing now I am afraid our friendly gestures will prove of no avail.

Mother and I had a very nice little outing into Kunsan yesterday to see "In Old Chicago." We thought it a very interesting picture. "Choi Chusa", who used to be my building assistant is now quite a well-to-do businessman in Kunsan, and is head of a bus company that runs buses to Chunju. He has a large garage quite near the theater, and it makes it quite convenient for me, as this gives me a place to leave my car whenever we go in to see a picture. Am sorry to say though that "Choi Chusa" is not a very good man morally. He has thrown his wife overboard long since and has had a half dozen or more (at different times) since then—generally from the "Kee-saing" class. Of course this is a great sorrow to us for Mother and I were very fond of him—and I am sure you will all remember him kindly also. He was a very capable man.

Well, it's just about time for church, so I'll have to close up for the present and finish this up this aft. Bye-bye—there goes the church bell!!!

Well, I have had dinner, a little nap and have gotten the news in English from Shanghai—but it is so awfully one-sided that it is very little pleasure in getting it.

As nothing new has happened I guess I might as well close for this time. Just wanted to say that I am crazy 'bout "you all" and am thinking about you and longing for you every minute of the time.

Worlds and worlds of love for the sweetest bunch of folks in the world,

Most devotedly and affectionately,

Daddy

June 19th, 1939.

My Precious Darling,

  If you could only know how I am longing for you these days I am afraid you would become intensely conceited—to know what a wonderful girlie we think you are (or crave you to be). I just wanted to say that in view of what you wrote in your last letter I almost hope that you will not succeed in getting a job after next year—as that would mean that we would have what we would consider the greatest blessing that could come to us, i.e having your precious self with us—for you are just all the world to us and nothing in the world would give us greater happiness than having you with us, for as I have already written, wherever we are and in whatever house to may live we are going to have a room reserved for our precious little girlie which shall be known as "Margaret's room" which will always be held for her occupancy.

  Well, Darling, I thought about you in a special way the other day. In fact I think about you in a special way just about every hour of every day, but on this occasion there was something that made me think about a special event in our past experience. I was going over to Chunju in my car and was watching the speedometer. We travel at about 25 or 30 mis. per hr. here, as the roads are so bad and there is always so much traffic on them that it is not safe to exceed that rate of speed. That day, however, the road was fairly clear and smooth, so I "stepped it up" a little and got it up to 50 per hr. (which I have done only a few times since I have had this car in Korea) I then thought of the possibilities of this car in speed—and thought of the times (only twice) when it got up to as much as 70 per hr. I wonder if you remember one of them? That was when we were going down to Norfolk (via Newport News) and you were driving. I told you to "step on it" and you did so running it up to a little over 70 (about 72). Do you remember this? I do very distinctly. This car has gotten up to 70 only twice in its history. The other time was when Mother and I were crossing the Continent and I stepped it up to that point—but just touched at 70 and then let it drop back immediately.

Our thoughts are very much with you these days as we think about your going back to Columbia, and we are hoping that you are going to have as pleasant and profitable a summer this year as you have in the previous summers—and then you will have only one more summer—and then would it not be grand if we could be there to see you get your Ph.D. as we were to see you get your M.A.?—but we surely would hate to be without you the very first summer that we were at home, but as it would be in such a good cause maybe we would have to stand it. If we would get to Richmond in May we could have you with us a little while before you went off to N. Y. and this would help. Well, we are praying daily that the Lord will prepare the way before us and lead us in all of our plans—and we are SURE He will.

Must close for this time. Bye, bye, Darling,

Daddy

June 21st, 1939.

My Precious Little Girlie,

I mailed a letter to you yesterday, but here goes another and the reason for this one is that this morning when I came to shave I used up the soap that I had been using and had to switch off to the delightful soap that you sent me—and which I have been saving back. The soap that you sent is practically new. I have used it very little (only a few times) but enough to know that it is like the little girl that sent it—WONDERFULLY NICE. This will last me for several months, but hardly till we go home—and it has spoiled me, so that I do not want to use anything else, so I am wondering if it would be much trouble to you to send me another package like this one. One more (in addition to this one) would last me until we reach the U.S. and then I hope I'll be able to keep supplied with it without bothering you. The name of the soap, as you may remember is Whitshire English Shaving Soap (Lavender).

If it should not be perfectly convenient for you to get this for me, don't bother about it for a minute, for I have a trunk full of shaving soap that I brought out with me when I came back from furlough, which is perfectly good and is what I have been using all my life. The only thing is that YOU HAVE SPOILED ME in sending me such lovely soap that I don't want to use any other.

If it should be PERFECTLY CONVENIENT for you to get this for me you might send it by Mr. Linton, Mr. Winn or Miss Greene, all of whom will be leaving for Korea this fall. Mr. Linton sails from San Francisco on Aug. 19th. His address is 411 S. Hansell St. Thomasville, Ga., i.e. Rev W. A. Linton.

Miss Greene's address is Miss W. B. Greene, 307 Oxford Place, N. E. Atlanta, Ga., (However, Mother has just said that Miss Greene is planning to leave home the middle of July.)

Mr. Winn's address is, Rev. S. D. Winn, 312 S. Chandler St. Decatur, Ga. I do not know when he is going to leave home, so should you want to try any ones of these three suggested you might drop them a card to see whether you can catch them or not. At any rate don't worry in the least if things should not work out O.K. re this matter, for as said I have enough soap to last a year or so, only none of it is quite as nice as that which you sent—maybe it is the thought that you sent it that makes it SO nice. Well, anything that is connected with our Darling little girl is bound to be especially attractive to your dear Mother and old dad.

Just now Lillian Crane and her husband (Thompson Southall) are in the Station, and Dr. Boggs is over from Chunju visiting our Hospital. We are all, Mother and I, Lillian and Thompson, Rosalin Talmage (John is away—left yesterday evening with his Dad and Mariella for a trip to the Diamond Mountains) and Elizabeth Woods are all going in this aft. to see "The Prisoner of Shark Island" featuring Warner Baxter and Gloria Stuart. Dr. Boggs will take part of the crowd in his car and I'll take part in mine. "Too Hot to Handle" (Clark Gable and Myrna Loy will be here next Wednesday (week from today))

Well, Darling, guess I'll have to close. Don't worry about [illegible]

June 28th, 1939.

My Own Precious Little Girlie,

I wrote to you several days ago saying that I would like to have, if it were not too much trouble to you another box of the wonderful shaving soap that you sent me, and suggested that you must send it by Mr. Linton, who is returning to Korea in Aug. but also so said I was afraid you would not have time to catch him.

We have just heard from Mr. Winn, who is now on furlough, saying that they would be sailing from San Francisco on Sept. 8th. on the S.S. President Taft, which will mean that he will probably not be leaving his home until about Sept. 1st. so I am wondering if you did not have time to get the soap to Mr. L. if you would not have time to get it to Mr. Winn. His address is Rev. S. D. Winn, 312 S. Chandler St. Decatur, Ga.. However this is not to press you about the soap. If it is not perfectly convenient don't bother about it—and I promise you I will not go unshaven, on account of it. I have whole trunk full of soap—It is just that I have gotten completely spoiled by the lovely soap that you sent.

Worlds and worlds of love for our precious little girlie,

Most devotedly,

Daddy

July 9th, 1939.

Kunsan, Chosen.

My Own Precious Loved-Ones,

As usual (when I write to you) this is Sunday A.M. and since my itinerating has been so miserably interfered with I find myself at home, waiting for the local church bell to ring, on which call I will wend my way down to the church to worship with our local congregation—which I am always glad to do of course, but it is quite a trial to me not to be able to go out to the country and worship with the people that I have been associated with for so many years.

We are now, as I believe I have written, in the midst of the worst drought that Korea had known in 60 years—and my, but maybe it is not terrible. The Koreans (most of them) have not been able to set out their rice plants from the seed-beds as yet for lack of water and even the plants (in many places) in the seed-beds are dying for lack of water. Notwithstanding the drought we have been having an unusually late, and cool spring; but for several days past it has been piping hot, but on account of our location here we have been able to keep very comfortable, notwithstanding the very hot weather. On 6th. inst. I went over to Chunju for a meeting of our Ad Interim Committee and spent that night over there—and Oh, Boy! how I did long for my nice comfortable bed and the cool breeze of our little home. The bed I was in was delightfully comfortable Simmons mattress but the room I was in was so hot that I almost gasped for breath. I was at the Swicords' (the house the Clarks used to live in) and my, but it was hot! Alby will appreciate this, as she was with Mother and me on one terribly hot night in that very room, but maybe, as a kiddie she did not mind the heat like Mother and did but slept right through it and does not remember—but to Mother and me it was an experience that we will never forget. Even in the day time it was terribly hot in Chunju and I was plenty glad to get back to our delightful Kunsan breeze. This little experience over at Chunju for a few hours has immpressed upon me the fact that we have been unusually blessed in our location here at Kunsan. While at Chunju this time I felt a great sympathy with the Chunju people in the eagerness to get off to Chiri San every summer—and also especially grateful that we did not feel that necessity because we are so comfortable here on our own little hill and in our own little home. As you will remember, our house is so built that we get every bit of breeze that is going. It is not only built so that our upper story is above the rest of the hill and gets the breeze from whatever direction it may be blowing (which I had in mind when I planned the house) but with our large open hall upstairs and the doors and windows all in line with each other, so that when we leave them open, as we always do unless we have guest in the house and can't do so every little breeze sweeps right through and we are always able to get a nice cool breeze right through our upper floor, for which we have always been especially grateful. I have been working on house plans of late—but I doubt if we will be able to get such a comfortable house (for all the year around) even in America as this one. However, we are trusting the Lord to lead us in that respect, as He always has all along the way IN EVERY WAY. While the people at our other Stations, and even the other members of our Station have always felt the necessity or getting away every summer to summer resorts (called by the Koreans "Heat-escape-resorts") Mother and I have not felt the necessity and have consequently taken only six vacations in 40 years. We have stuck right here on the hill on our job and have frequently been the only foreigners at the Station.

Mother and I have been quite unhappy for a number of years when we have thought of our dear boy being so far away from home, with no one to love him like we do, and of his not having a home of his own, or no one to look after him in case he should be sick, or in general to make a home for him, and of his being practically among entire strangers, or among people who had no special interest in him. We have therefore been praying for a long time and very earnestly that The Lord would bring in to his life some girl who would be worthy of him and who would make him a good wife and make a happy home for him. Well, we got an announcement of his marriage. He had written us sometime before saying that he and Zelma were planning to get married, but the letter was delayed and got here in the same mail as the announcement of the marriage. It just happened that we opened the "announcement first" so it was quite a surprise to us to get the announcement before even being told that they had decided to get married. But we were somewhat prepared for the announcement by Bill's having written to us sometime ago telling us about how nice Zelma was, etc. saying he liked her better than any girl he had ever gone with; so we knew that that meant a lot and were rather prepared for the announcement. This settles one question I think for us. In our plans for going home we have talked and thought largely in terms of going straight to Richmond from here—and then going down to Houston as the way seemed clear later. We had thought along those lines largely on account of the problem of getting settle somewhere, i.e. getting a house for our permanent home, etc., but now since the news that came yesterday I feel that we will have to disembark at Los Angeles and then go from there to Richmond via Houston to see our new "daughter- in-law" and to see Bill in his new home. Won't that be grand? Knowing what a fine high toned boy Bill is we are sure Zelma must be a very lovely girl, for we know that on other kind would appeal to him—and we are therefore quite eager to see her for ourselves and it is a great joy to think that it will not be so very many months before we shall have that pleasure.

As Mother and I will have to establish a permanent home after we retires I find myself thinking quite a bit these days on the subject of a house in which to establish that home—and in fact have actually been working on "plans," i.e. drawing such. We have therefore been especially interested in what Alby has written us about her apartment and what Bill B. has written us about his house. Any suggestions that any of you may have at any time will be highly welcomed. One thing I have been thinking about especially in the last few days is coolness in the summer time—which will depend upon the location of the house, i.e. where it will get any summer breezes that may be blowing—and the plan of the house so that the bedrooms will get whatever breeze that may be circulating. This house in which we live now is simply ideal re these features.

Well Darlings, I guess I'll have to close for this time.

Worlds and worlds of love for each of you Precious-Ones,

Most devotedly and affectionately.

Daddy

July 16th, 1939.

My Precious Loved-Ones,

As you can see from the date, this is Sunday. Last night was so terribly hot that I could not get to sleep until well after midnight; but then, on towards morning it got delightfully cool and I slept so well that I did not want to get up when getting up time came around. Slept right on till breakfast time, getting up just in time to wash my face, slip in a sport shirt and slacks and go down for breakfast—then came back upstairs, shaved, had a bath. etc. dressed and came down in time to go down to the local church for service. Came up from church, had lunch, went up in the bellfry, where it is always cool and delightful, had a little nap, came down, listened to the radio, getting a little music and hearing the news in English from Shanghai (a very one-sided pro-Japanese presentation) and have now come to my desk to have a little chat with the sweetest bunch of folks in the world. I find myself wondering very much where we will be this time next summer and what we will be doing. As we have written you we are now on the midst of a terribly hot and dry spell. It seems that the Korean rice farming is already settled for this year, i.e. as a failure—which of course means a great calamity. In the plain in front of our house there is an occasional green spot, made by the "Mo-charis (seed-beds)" but the rest of the plain is an expanse of white, dried dirt. The drought is so severe that the wells are going dry all over the country, here in this village as well as in the surrounding villages. The situation is getting so serious that the Koreans are resorting to digging new well, trying to get water.

Mother and I and Elizabeth Woods are the only ones at the Station now. John Talmage and his family and the Misses Dupuy have gone up to Chiri San. I have been invited to come down to a bathing beach about 150 li south of here for a summer conference with a group of church leaders from the last of this month for a week in Aug. I am planning to go—if they are allowed to have the meeting and are not interfered with. After returning from there I want to go up to Chiri San for a few weeks (probably about three) as John Talmage has invited us to come up and make them a visit, also the Ungers—and the people generally have been very cordial about urging us to come up for a while, being this is probably our last summer in Korea—and nearly everybody in the Mission will be up there (as they are every summer).

As you know we have not had a Station doctor for some time now. Dr. Hollister having to leave on account of Mrs. Hollister's health. However, we have prospect of getting a new Dr. now pretty soon, viz. Jimmie Wilson, the oldest son of Dr. and Mrs. Wilson, who used to be at Kwangju, but who are at Soonchun now. Jimmie graduated from Duke Medical college, had a year's intern work at Ford's hospital and one at Duke. He is married and his wife is a trained nurse, so we are making quite a haul. They will be here the latter part of next month.

Well, in two more months there will be only six months left—and six months is a mighty short time—which means, of course, that our time for hanging around these diggings is getting mighty short —and then what?—that we will take the wings of the morning and sail across the ocean with our arms spread out just ready to sweep to a dear ones into our embrace. I find it hard to think about anything else these days. Maybe next year this time is all be at Montreat, as cousin Jessie, just about every time she writes says she hopes we will come to Montreat. Mother and I went to a splendid movie yesterday afternoon entitled "Navy Blue and Gold." The scene was laid in Annapolis and the heroes were foot-ball heroes, and a part of the picture was a (supposedly) Army and Navy foot-ball game—and maybe I did not get a thrill out of it. In fact the whole picture was very good and Mother and I both enjoyed it very much. We two were the only ones in the party—and this also made it especially enjoyable, i.e. to have a date with my sweet-heart and with nobody tagging along to break in on it.

Well, Precious Ones, I am sure you can not imagine how I hunger for some good music and how I am promising myself a "fill" of it when we get to America. When I tune in on my radio and get some of that horrible Chinese, Japanese or Korean music, I just feel like smashing up the whole thing—and then when I remember that I will be able to get something really pretty at just any time that I may want to tune in, morning, noon or night I get lots of pleasure out of the thought—but then too I am impatient and feel that I just "can't wait."

Last night one of our Korean village boys was broadcasting from Riri (Somni) and while I was trying to get him I tuned in on a Korean girl who thought she was Calligurcley (excuse spelling—I am just guessing at it)—but oh, my it was crude. Every time you hear anything really pretty between now and the time I get there, just stick a pin in it and fasten it down for me.

Must close for this time. With all the love in the world for the sweetest bunch of folks in all the world,

Most devotedly and affectionately,

Daddy

July 30th, 1939.

My Own Precious Darlings,

As you can see from the date this is another Sunday morning and I find myself gravitating to my machine to have a little chat with my Precious Ones. Not having any country trip in mind I have been quite lazy this morning on account of the very intense heat that we are having right now. I did not get to sleep until quite far into the night last night, so to make up for it I slept until just in time (about 7:50) to get up for our 8:00 o'clock breakfast. I got up, washed my face, slipped into my "shorts" and sport shirt (which have been my usual "get up" during these hot days) went down, had breakfast, came back upstairs, shaved, had a bath, laid down on the bed for a few minutes with the electric fan trained on me, then got up and came down to my study—and here I am at my usual pleasant occupation of writing to you Darlings.

Well, we have sold our radio and it was taken away yesterday so we are now missing it very much. Are quite at a loss without it, for besides getting some good music occasionally it has been a part of our daily program to get the news in English every evening just after supper, so last night when we finished supper and could not get the news we felt quite lonesome. However, as we had a positive purchaser and at a very good price we thought it would be the part of wisdom to sell it, for if we kept it we might have another big repair bill (as we have done several times, the last time costing us 60.00 yen to repair it) or if it should not be in good condition when we are nearly ready to leave for America we would not be able to get a good price for it—and as this is quite a consideration with us (since we will want a good radio when we get to Richmond we thought it best to sell now while selling was good; so we sold and will be sending the money to Bill Chamberlain to "salt down" for us until we can get there and use it. I also sold one of my bicycles a few days ago, so you see we are beginning to sell off in earnest. Am offering my auto for Yen 1,500.00 and would let it go if I could get a purchaser to it at that price. However, I do not see how I could possibly get along without my car, as I use it just about everyday of the world. I had better sell it for 1,000.00 just when we are leaving rather than 1,500.00 now. I will probably, though, be able to get a good price for it when we are ready to leave because autos are getting harder and harder to get all the time, since money can not be sent out of the country to pay for them, so even secondhand cars are in demand.

Speaking of "selling off" makes me think of what we do not want to sell off but take with us, and one piece of furniture that we have been debating about for some time is the wardrobe in the hall upstairs. As you know this is made of different colored Korean hard-woods. There is no coloring matter in the finish. It is all natural wood color. In my early days in Korea I gathered together a large amount of different colored hard-woods from all over the country. At that time we had an industrial department in our Boys' School here and the teacher in the wood-work department was a very talented old Korean cabinet maker. I designed the wardrobe and had this old professional cabinet maker do the work. It is all in-laid, hand work, and because of its associations and because of its actual beauty and usefulness I think a whole lot of it and am quite anxious to take it to me to America—not just the door, as Ginger has suggested, but the whole thing. So far as the matter of expense is concerned I would not stand back on that account, for, while it will be a pretty big price of freight and cost quite a bit I think it will be worth what it will cost, especially since I have been assured that the Executive Committee will be willing to help us to some extent on our freight home, which I think is nothing more than what they should do. If they say the freight entirely on the household goods of a missionary when they are giving their lives to the work and are going out for the first time, surely after a person has actually given their life to the work and are going home to establish a home for their remaining days they should be willing to help them—which we have been assured that they are. Well, the question with the wardrobe that Mother raises as a very serious problem is whether the house or apartment in which we may live will be adapted for such a large piece of furniture, seeing that most of the houses built these days are built with clothes closets "built in" and with very little extra space for such things as old-style wardrobes. The wardrobe is 7½ feet high, 5 ft. wide and 1½ ft. deep. I would appreciate it greatly if you dear ones will give us the benefit of your wisdom and knowledge of modern houses as to the advisability of trying to take this wardrobe home with us. Don't hesitate to advise us frankly. The labor on the wardrobe cost me over 100.00 to say nothing of the cost of the wood and the expense and trouble of collecting it. If I should try to sell it here I do not think I could get anything what it is actually worth. I could get 100.00 for it, or maybe a little more—but that would not represent for a moment what has actually gone into the making of it (including, for instance, my artistic(?) talent in designing it!!!) and of course the sentiment connected with it means a lot to me—for it held your clothes when you were little kiddies here in the home— and it is something that you have all looked upon from your earliest days. You can see from these considerations, as you have all known for a long time probably that I am a very sentimental old guy and that such mean a whole lot to me, i.e. things connected with Korea, the land for which I have given the best years of my life, and you Darlings, who, humanly speaking are ALL THE WORLD TO ME.— But I realize, however, that one must not be influenced too much by sentiment and not enough by reason—so I am asking your advice so as to act wisely rather than being influenced too much by sentiment.

Friday, or Thursday, afternoon I was sitting in my study when I heard a car coming up the hill. We are expecting John Talmage to come down from Chiri San the first of this week, but were not expecting him so soon, but thought that possibly it might be John, as we could not think of anyone else that it might possibly be. Pretty soon the car came on around into our yard, and a foreigner that I have never seen before got out of the car, and with him a policeman and an unknown Japanese. As he came up to me he said:—"I am the Captain of that English boat that came into Kunsan last night. My crew are all Chinese and seven of them are down sick and I have come out to see if I could get a doctor to come out to see them. Are you the Doctor?" I told him that I was not the doctor but that I would take him down to our hospital and introduce him to the doctor and see what could be done. On account of his being a foreigner a policeman had been detailed to follow him around and watch his movements. The policeman actually came out in the same car with him. I went down to the hospital with him and we arranged for one of the doctors to go out to the boat, which was anchored out in the Kunsan harbor, and I was to go along to interpret for our doctor since neither the ship's captain nor the sick men (who were all Chinese) could speak Korean. I told the Captain to go on back to the Custom's landing and that I would follow in my car bringing the doctor with me, so our doctor and one of our hospital nurses got in my car and chased after him but when we got to the Custom's yard we found that the policeman that had followed him out here from Kunsan had caught on what was going on and had telephoned to the police headquarters, so when we got to the wharf to go out to the steamer we were told that we could not go, that there was a Japanese police court doctor and that there were doctors at the Government hospital and that another doctor was unnecessary. I was not even allowed to go out to interpret for them. The Capt. knows neither Korean or Japanese.

We are luxuriating these days on delicious American watermelons. Miss Greene sent us some nice Georgia watermelon seed, also some nice American cantaloupe seed. We gave these out to a Japanese farmer that lives near here and who has a wonderful fruit farm and is quite an expert on fruit. The watermelons have just begun to come in and we are enjoying them to the fullest extent. As we get lovely manufactured ice now that is perfectly safe to put in our tea we do not fill our ice house, as we used to do with natural ice. We only fill our ice house about one third full so as to have ice on which to put our watermelons and have for ice-cream occasionally.

Our out-side men make a big hole right in the ice, put the melons down in the hole and then cover them up with the ice that they take out of the hole, so in a day or so the melons are as cold as the ice itself. The one we had today was just about blood red and as sweet as honey—Oh, Boy, but maybe we did not enjoy it!!

We had wonderful movie here on 28th. inst. viz. "You Can't Take It With You," and Lionel Barrymore was just about at his best, which according to our thinking is saying a lot. However, it was so hot here on that day that I could not persuade Mother to go with me so I had to go alone—except for the company of my secretary and the little boy who had his hands blown off, and whom I am having taught music.

Well, Jimmie Wilson and his wife are now actually on the ocean on their way to Korea, coming here to take charge of our hospital. They sailed on 24th, inst. It will be mighty nice to have an "American doctor" in charge of our hospital again and to have the personnel of our Station enlarged by another household.

I believe I wrote in my last letter saying that Mother and I have been praying for some years that God would bring into Bill's life some girl that would be worthy of him and who would be a real "help-meet" to him and now we believe that Zelma is the answer to our prayers. We know that she is a lovely girl, for we know that no other kind would appeal to our boy. We are delighted with the kodaks that Bill sent us of her and we think she is a mighty sweet-looking girl. Bill has also sent us a kodak of "our grand-daughter" and we think she is a mighty cute-looking little girlie too. We are also delighted that they have been able to secure a house and establish a HOME and it will be our constant prayer that GOD'S RICHEST BLESSINGS WILL BE ALWAYS UPON IT, and we can not wait to see it for ourselves.

NOTE: At this sheet I made a mistake and got my carbon papers in wrong so when I took the sheet out I found that the copies had been made on the back of the sheets and written backwards, so I have had to write this sheet over—and it did not come out just right, so I am having to write this paragraph separately and paste on to the third sheet. Please excuse this blunder, and patching up.

Well, Folks, this has dragged on and on and I didn't know how much more it would drag out if I did not put on the brakes, which I think I had better do, so here goes.

With all the love in the world for the sweetest bunch of folks that ever lived,

Most devotedly and affectionately,

Daddy

P.S. We have always taken it for granted that Russell and Ginger would settle in Richmond, when they came to establish a home, so with Alby and Bill C. in Richmond that would make four out of our seven children in Richmond; so that it seemed to us that there was no question as to where we would settle, but Ginger writes now that they do not know as yet where they will locate, so this puts a little different situation before us and makes it seem to an open question as to where we should settle, and as there are a lot of considerations that enter in we hope you folks will be doing a lot of thinking and looking. The possibility of getting, or building, a desirable house in a desirable location is of course the first problem we will have to solve.

We see from the papers that Dale Carnegie is in Japan and that he will be over in Korea some time later.

I have just been looking at the map of Virginia and trying to think where it would be well to locate. Since we are now in the midst of such a hot spell and are fairly comfortable on account of having a nice sea breeze constantly I am wondering if we would be wise to settle in Richmond, on account of the very hot summers there. On looking at the map it seems to me that maybe Cape Henry would be the coolest spot in all of Virginia, being right out on the point between Chesapeake Bay and the Atlantic ocean it seems that it would get every bit of breeze going. However, the price of land there, etc, might make that out of the question, and maybe it may not be so accessible to Richmond. However, maybe the cultural advantages of Richmond the year around would more than off-set summer breezes at some other place—and maybe by keeping electric fans going we would not necessarily have to suffer with the heat.

Dr. and Mrs. Reynolds, we understand, are living at Montreat all the year round. While Montreat would be very lovely for the summer, with its Mountain atmosphere and its spiritual and cultural advantages, but it seems to me that it would be like burying oneself to have to live there in the winter. I want to be where I can see, hear, and do things, and we want you all to help us decide—so put on your thinking caps!

My Own Precious Loved-Ones,

It is now 9:55 A.M. and I have been awake ever since before 4:00 A.M.—and it is on your account that I have been awake. You will, no doubt, remember what glorious and gorgeous sun-sets (and maybe you will know something about the sun-rises—but maybe not!!!) At any rate we have here in Kunsan just about as wonderful sunsets (and sunrises) as they have anywhere in the world— Honolulu or the Philippines not excepted.

I have recently been using up the second (and last) colored film that Bill C. sent me by the Boyers and have had a few feet left and have been trying to decide what I should take with those precious few feet that remain, and finally decided that it would be a shame to go to America and not take one of our gorgeous sun-sets and sun-rises with us, so yesterday evening I went out on the seaside of our hill to see what I could get in the way of a sunset. We had a lovely one, but it was not quite up to standard so I postponed the picture and decided I'd get a sunrise first (as that is the proper order) so awaked before 4:00 A.M. to catch him in the act as he was just peeping over the hills to the east of here—but he did not peep over until 6:15. I was afraid I would go off to sleep and oversleep myself so I got up and came down to my study and read the newspaper. In fact I went out on our front porch so I could watch the progress of his rising and be ready for the shooting. I sat out on the porch in my pajamas, but I got so cool that I had to come in the house and slip on a coat. Well, there were no clouds in the sky, so there was not as much radiance as is often present, but I hope I got a beautiful picture which will remind you of "Home Sweet Home" when you see it projected on the screen. I have only five feet left of this film which I am saving for a sunset and then I will send it to the Eastman Kodak Company in Rochester, N.Y. to be processed, with instruction that it be sent to Bill C. when they have finished with it—and then I hope it will not be long before we will all be looking at it together as it is projected on the screen in our home in Richmond. Oh, Boy, won't that be grand????

We still have not had any rain to speak of. Rice fields are all baked white and even though rain should come now it is too late to make a crop. Many of the wells have gone dry and the Koreans are having to dig new ones. Ours is the only cistern at the Station that has any water in it—but I am grateful to say that ours has a good lot. I have planned the guttering on our house so that we get just about every drop of rain that falls. The others do not keep their guttering in good shape, so that even though rain does come a good part of the water is wasted. Ours is a wonderful system. Though this is the worst drought that Korea has had in sixty years, we have had an abundance of water—and still have.

I believe I told you that we had sold our radio. Well, we sold it to Chai Pongie's (our cook's daughter) husband. He works in a bank and is a very smart, bright, nice young man (like our own son-in-law), and is quite well-to-do (also like our son-in-law, Eh??) We heard from him yesterday saying that he had gotten the radio to his home at Naju (between Mokpo and Kwangju) and that the radio was installed and that they were enjoying it immensely—for which we are very glad. I will be sending soon the price of our radio, together with a little more money to be salted down for us as a fund for a new radio when we get to America.

Mother and I continued to be the only inhabitants of this Hill. The others will not be coming back until the last of this month. They write that they are having a wonderful time on Chiri; but we have been very well and happy and comfortable here. During the hot days (or nights) I have been sleeping in our guestroom, but for the past three nights it has been so cool in there that I have had to put the windows down, leaving only the door onto the porch open. There was a strong N.E. Breeze sweeping through the room and thermometer was standing at 70. This combination (strong, cool breeze and cool temperature) made it necessary for me to pull up some cover over me before daybreak. This morning, also, as I got up to take the picture of the sun-rise I looked in Mother's room and saw that she had covering pulled up around her neck—so you see we are not suffering with the heat—at least not at night.

I went to see a nice "Movie" in Kunsan yesterday aft. It was entitled "High Tension" and I liked it pretty well. Mother would not go with me, as she said it was too hot. The house was quite full and the air in there not so good so I was glad that Mother had not come.

Well, Darlings, we are thinking about you just about every minute of the time and longing to get our arms about you. Your letters have been coming pretty well of late, for which we have been exceedingly grateful. That's right. Keep up the good work!!

I had a colored film sent to Bill C. some days ago and will be interested to hear how it turns out. Hope it will be possible to get someone (Kodak companies have demonstration rooms where they show off their goods) to run it through a projector for him and that he will let us know how the pictures came out.

Well, Precious Ones, I guess I'll have to close for this time. With worlds and worlds of love for the sweetest bunch of folks in the world,

Most devotedly and affectionately,

Daddy

August 13th, 1939.

My Precious Loved Ones,

As you can see from the date this is Sunday, and I am seating myself at my machine to carry out my usual Sunday morning program. In view of our activities being so deliberately and determinedly interfered, and as I have written we do not see our way clear to visit the country churches, even just to worship with them on Sunday, so I have been staying quietly at home and worshiping in our local church, but due to recent developments I do not see my way clear even to go down to the local church, so I am refraining today from doing so, so, sad to say, this makes a little variation in my usual Sunday morning program. Today I slept late, as usual, getting up at ten minutes to eight (our usual breakfast hour). Got up and washed my face, slipped into my sport shirt and "shorts" and was downstairs in a very few minutes. Finished breakfast, went back upstairs, shaved, had a nice bath and have come down now to have a little chat with my Darlings.

I went over to Chunju on Monday (8th.) to have my car examined and re-licensed. I had told Dr. McCutchen, who is in the Station attending to the building of his new home (the old one is being torn down to make a way for a Shinto Shrine) that I was coming over that day and invited myself for lunch with him. It happened that Mr. Swicord and Mr. Boyer were also in the Station helping out with very extensive building operations (which have been necessitated by the above mentioned cause). Their wives and families are all away at some summer resort and these three men were the only members of Chunju Station in the Station at that time. Dr. Mc. invited the other two men to come over and have lunch with us, so the four of us had a stag party and a very pleasant time. While we were eating lunch together I was bragging about the delightfully cool breeze that we have almost constantly here at Kunsan, and also about the lovely Georgia watermelons that we are now having. Miss Greene, who is now at home in Atlanta, had sent us the seed. I told them that we had as many as 18 on the ice in our ice house at a time, and that the way our men took care of them was to dig a big hole in the center of the ice, put the melons down in the hole then cover them up with the ice that had been dug out of the hole, so that when they were taken out to eat they were as cold as the ice itself. They exclaimed (at least one of them) "Oh, Boys, let's go over!" I, of course, said right away, "Yes, please do. We would be delighted to see you." Dr. McCutchen replied that he had been planning to run over to Kunsan for that weekend, but got my card saying that he was coming, so had put off his trip, and that he would be very glad to come over. It was then Monday, so in a very few monents of conference it was decided that they would come over on Thursday aft. They said that it was so hot that they would wait until about four o'clock before leaving there and plan to get here in time for supper. I told them to plan to arrive at Kung Mal by four and that we could have some cool watermelon out on the lawn in our cool Kunsan breeze in the afternoon. They agreed on my suggestion and got here a little after four. When they got out of their car they were all soaking wet with perspiration, their shirts sticking to their bodies. I had all arrangements made for their arrival, had chairs and tables out on the lawn, so had them drive right onto Dr. Brand's lawn (where Miss Dysart used to live) and take seats. There was a very strong breeze blowing, so strong that you could hardly hold a newspaper in your hand, which I was trying to do while waiting for them—and, Oh, Boy, but how they did enjoy it! Chunju is simply sweltering hot (as Alby may remember from spending a night over there on one occasion in the Swicords' home.) They soon got so cool that they were almost too cool. I had arranged with one of our outside men to bring a nice watermelon from our house as soon as their car arrived, so in no time after their arrival we were cutting a nice, beautiful, ice cold watermelon—and, if the "proof of the pudding is the eating" they certainly did enjoy it. Then after we had finished our melon we sat out there in the cool and chatted until we were called to supper. For dessert we had more watermelon, brought in two whopping big ones, cut only one of them at first and after they had all eaten the second and third helping I told them I was going to cut the other melon, but they all balked on eating anymore, saying they could not possibly do so, so I desisted and had it put back in the ice and we (and our servants) enjoyed it the next day. Speaking of our servants, they not only enjoy our leavings over, but we frequently give them a whole melon to cut for themselves—and maybe they don't enjoy it. As you know they are not quite as fastidious as Mother, so when we leave quite a bit of red meat and it goes out to the kitchen they dig it out with spoons almost eating the green part of the rind.

Well, enough of bragging about the luxuries that we are enjoying, or rather the so-called "Missionary hardship". Our hardships have certainly not been of a material nature. I would like to feel sure we will be as comfortably fixed so far as our home and creature comforts are concerned after we return to America as we have been (and are now) fixed here in Korea. The hardships are not of a physical nature, but are such as we are going through right now, i.e. of a heartbreaking nature. I spoke above of the opposition that we are now encountering as being determined and deliberate. It might also be described by a word that would be spelled with an M and with an A and with an L and with an I and with a C and with an I and with an O and with an U and with an S. At any rate it is unbearably distressing—and there is nothing that we can do but cry out unto Him, whose we are and whom we serve and know that in His own good time and own good way that He is going to take a hand in the matter. Well, Darlings, I hope you will bear with me in this "letting off of steam", it just escaped, but won't you add your prayers to ours?

I wrote some time ago that I was planning to take up the clarinet as a new hobby, but my clarinet was out of repair and had to be sent to Japan to be repaired. They kept it for weeks and weeks, and while I was waiting for it I got impatient and began monkeying with the violin, and soon got so that I could play most any simple tune that I knew, so got ambitious and began trying duets with my secretary, who is the leading cornet, so we worked up some very pretty duets, Whispering Hope sounds especially pretty. Some time ago my clarinet came back and I began monkeying with that and now I can play most any simple tune that I know, mostly hymns, so I have been trying some duets with my secretary on cornet and clarinet, some times playing tenor and sometimes alto, but mostly alto for I can play alto better in the lower register on the clarinet. Well, the situation is such right now that if I had four hands I could play a duet all by myself!!! (with clarinet and violin

I'm planning to take both of these instruments home with me, and I hope that every one of you will pick up some instrument between now and then so we can have a family orchestra.) Well, don't get your expectations up too much re my violin and clarinet, for of course it is still quite crude—but I love it just the same!! As you all know I am a crank about music, and as I have written, one of the greatest pleasure that I am looking forward to on returning to America is the enjoyment of good music—so one of the first things we will want to get will be a good radio—and we will want your advice as to the best one (or kind) to get. I am sending the money that I received for my old radio home tomorrow to Bill Chamberlain to keep for us until we get there, and what I have in mind is that it is a "nest egg" for a new radio.

Well, Precious Ones, I guess I'll have to close for this time. With all the love in the world for each of you Darlings,

Most devotedly and affectionately,

Daddy

P.S. John Talmage has been in charge of our hospital, in the absence of a doctor and while he has been up on Chiri San we have had a little mix-up in the hospital and I had to write him about it, so he came down yesterday. We had him for supper yesterday evening and when we brought in one of our nice American watermelons he said: "Well, this is the best looking thing I have seen this year," and then he proceeded to show his appreciation. We invited him to take all his meals with us while he was here straightening out the trouble in the hospital, but as he has his own house and servants here he thought it would be more convenient for him to eat where he is sleeping, so he took his breakfast and lunch at home, but we have insisted on his coming over here for supper tonight and helping us eat another watermelon—and he could not withstand the appeal of the melon, so he is coming.

Dr. Jimmie Wilson landed in Soonchun yesterday (8/12/39) on his way here, but they will stop by Chiri San and come down with the Talmages and the Dupuys next week.

MONDAY A.M. Got up this A.M. at 3:45 to take John Talmage to the 5:00 o'clock train, but found my battery dead, so could not get the engine started, so John had to walk into the train and I went back to bed and slept until 7:30.

The postman has just come and brought us a "bread and butter" letter from Dr. McCutchen—and my, but he was enthusiastic about their trip over here the other days—says they are thinking about coming again soon.

Aug. 27th, 1939.

To the Sweetest Bunch of Kids in the world (including my Kid-sister)

Well, Darlings, I find myself at my regular Sunday morning program. After a very delightfully cool night in our guest room, where it was so cool that I had to pull down two out of the three windows—in spite of the fact that I was covered up with a thin quilt, a very lovely breakfast with a large bunch of beautiful grapes, a lovely cup of Hills Bros. coffee (or was it Maxwell House?—I don't know which, but it was good.) then upstairs with a bath and a wonderfully smooth shave with one of these Gillette Thin blades that Bill Chamberlaine sent me, and now I have come down to my study, have finished my private devotions and now I am taking up my family devotions by way of this little chat with "you-all." Well, there is nothing more delightful to me than to enter my heart around you precious ones. I will have to be wending my way down to the church in a little while as it is getting on to church time, but I will at least be able to get a good start on this.

Well, Jimmie Wilson and his wife have arrived. Jimmie is a fine manly young man and seems to be taking hold of his job in earnest, for which we are very grateful, for being here one on the job this summer, and in previous summers we have had occasion to observe that a large institution like a hospital can not run itself. It will simply go to wreck and ruin. I guess Alby will appreciate this, for I imagine that even in America, unless the head of the hospital is on his job things will get into a pretty bad state of discipline—and of course in this country where the sense of obligation and responsibility is so far below what it is in America, it is a thousand times worse.

Well, speaking of Jimmie and his wife:—The other members of our Station got back from Chiri San on Monday, and Jimmie and his wife came on Tuesday. Will McIlwaine, of our Japan Mission, who is a "twice-widower" and has selected Miss Wilkins of our Soonchun Station as his third wife, and who has been up at Chirisan this summer trying to consummate matters, came along with them, so on Thursday afternoon Mother and I gave a watermelon feast out on the Brand's lawn as a "Welcome reception" to our new members and to our "distinguished visitor from Japan" (i.e. the country we all love so much!) Will is now acting President of the Kobe Theological Seminary, is quite a brainy and scholarly young man, and is quite respected by all who knew him, hence my remarks of welcome, from which the above is a quotation. Well, there was a lovely shade on the lawn that afternoon and a most delightful breeze blowing from off Kunsan, from out at sea. We cut two great big perfectly ripe melons which were not taken up from out of the ice until the crowd had assembled, so they were as cold as the ice from which they had just come. It is needless to say that everybody enjoyed the reception (and watermelons) immensely and were quite enthusiastic about the whole afternoon. Well, if I do say it myself, with the exception of the Junkins who did the same thing at the very beginning of our Mission, we have been the only ones who have had the initiative to get the seed out from America and give them out to farmers around here and then pay them enough for the fruit to make it worth their while to raise them. This year we have had our ice-house full almost all of the time, having as many as 18 on ice at one time—and we have made quite a hit, having them with which to entertain our guests that have dropped in on us.

Speaking of Jimmie's wife she was not "feeling very well" the other day, so did not come out to the reception. She had not eaten anything all day (of course(?) you can't imagine why!!) We sent her a slice to her room—and Oh, Boy, [illegible] did she enjoy it. It was so cool and refreshing that she just could not express her pleasure.

Jimmie and his wife have selected the Vail house (i.e. the one the Earls used to live in) for their residence and have started fixing it up. They are living with John T. in the meantime. We are expecting Miss Greene back next month, so we will soon be a respectable Station again, i.e. not so badly run down in numbers.

I have actually begun making investigations re possible "sailing" in April, with the view of actually making reservations. The printed schedules that we have seen so far only go through this year, so we have not been able to make any positive reservations, but we have come to the conclusion that it would be wise to make our reservations as soon as possible. I want to go around through the Panana Canal, but Mother shrinks from the extra boat travel, so we will probably not go through the Canal, but take boat to Seattle, Vancouver, San Francisco or Los Angeles and then the rest of the way by rail. And according to Ginger's last letter, maybe she and Russell will be the first ones that we will see, i.e. on our way to Richmond, as we go through Chicago—if we go that way—and if they should be in Chicago we would be pretty apt to go that way.

I hope you will excuse this writing. This machine has been "acting up" for some time, and one of the first things I want to do when I get to Richmond is to go down to the "American Typewriter

Exchange" on Main St. and trade it in on a new one—or rather on a rebuilt one, as I have done on returning to America on our last two furloughs. I will also want a typewriter-stand that attaches to the corner of desk and swings around out of the way when not in use, and can be pulled back in place again when desired—so if any one of you should come across such at a bargain (second-hand store or sale) please buy it in for me and hold till I come. Since reading this paragraph over I find that there are some mistakes that can not be blamed on the machine, e.g. the spelling of the word "Desk" with an a in it.

Well, Darlings, your letters mean everything in the world to us, so don't fail us. When they don't come we are so disappointed—and when they do we are so pepped up.

Must close for this time. Worlds and worlds of love for each and every one of you,

Most devotedly and affectionately,

Daddy

P.S. Monday A.M. Bill B. has been writing us about the plague of mosquitoes in Houston. Well, we are still suffering (that is the Koreans are, and we are too, out of sympathy for them) terribly with the drought. We have not had any rain yet, to speak of—but they say that "it's an ill wind that blows no good," so it seems that it is an ill drought that brings no good too. for on account of the drought there is no water in the rice fields or in the irrigation ditches, so the mosquitoes have had no place to propagate, so we have been practically free from mosquitoes all this summer, even though, ordinarily they are here in droves. Just last night I sat out on our front porch in my "shorts" and sport shirt for quite a while without any inconvenience from the mosquitoes.

P.S. #2. I have had a lovely breakfast this A.M. with lovely American cantaloup, lovely griddle cakes with nice Korean honey that was sent to me as a present a short time ago by the pastor of our local Korean church, who has several bee hives.

Jimmie Wilson is so taken with our bath-tub that he wants to make one like it, and I have offered to provide the "expert" overseeing for him, and they are tickled to death.

Sept. 3d, 1939.

Kunsan, Korea.

My Precious Darlings,

This is another Sunday morning and I am now seating myself at my machine to continue my regular Sunday A.M. program. Had a lovely breakfast this A.M. with a nice bowl of fresh figs and fresh cream. We get milk from the Talmages, who have a nice foreign cow.

Well, the weather has gotten so cool that I can now almost stand a collar and cravat, which I am considering wearing when I go down to church in a little while. I do not know whether I shall be able to "come down" to civilization when I get to Richmond or not—I have been so comfortable this summer in my "shorts" and sport shirt. However, I noticed that Bill Bull, in the little kodak entitled "A Quiet Evening at Home" taken of himself and Zelma, had on a sport shirt, which seemed to indicate that sport shirts are being worn more now than they were when I was last in America. I hope so at any rate, for I find them so much more comfortable than a collar and cravat, and I have a good supply of them on hand. Well, we will see when we get there, i.e. whether conditions will warrant my wearing such in America—maybe not in such a "High-collar" place as Richmond, but would be on summer vacation. Using the word "vacation" makes me think that all the year round will be <u>vacation</u> for us—except such work we do voluntarily, but I will want to do as much of this as possible for the rest of my days.

A regular part of my Sunday program, as I have written several times, is a lovely bath in our lovely little tub. Jimmie Wilson saw our tub—and immediately wanted one like it, so, in view of his inexperience and, as yet, limitations on the language, I offered to make one for him. He was tickled to death with the offer and for the last few days Sang Ah and I have been busy making one for him. We have it all made, so far as the form is concerned. The concrete is all "set" and so are we to take the boards off in the morning and begin putting on the tile veneer. As I have written before our tub looks like a real professional job, so with that experience and now with this experience with Jimmie's, I have gotten to be a real professional, so thinking of going into the business when we get home(?)—so if you should know of anyone who wants a real nice bath tub made, i.e. a built in tub, you might take the order for us!!! I said Sang Ah and I have been working together. Sang Ah has been doing the work and I have just been doing the directing. Well, one of the things that I am looking forward to with very great pleasure, along with a host of others, is having a real nice <u>modern</u> bathroom.

Well, you see I am just running along chatting, as usual, with no special news to write—just because I am thinking about you all and longing to see you—and to get my arms around you. One thing, though, of special interest to us is that the Lintons are probably arriving in Chunju today, and we will therefore be getting in a day or so [illegible] something from you.

The little wooden dish of shaving soap that Dear, Sweet little Margaret sent me, and which I have been using daily for several months, has worn through so that quite a bit of the bottom is expected, I have just this morning given Mother a number of odds and ends of Williams Shaving sticks to melt down and fill up the bottom of the dish with—so I will be delighted to get the new box that the Ls. are bringing—also we are crazy to see the article that we had sent to Bill C. to be gotten out here to us by someone who happened to be coming, and about which we wrote so mysteriously and in such carefully veiled terms—which of course was the part of wisdom.

We are glad we got off our little fund to Bill C. when we defer deposit, for the yen has continued to drop and has dropped quite a bit in the last few days. This is not very pleasant for us to contemplate, for when we come to sell off our household goods, and my car and try to convert the results from yen into $'s we won't realize very much on it.

We are still enjoying our watermelon, but the season is just about petering out, for we have cut several of late that were beginning to go bad on us—but I guess we have no room to complain, for we have had watermelon for dinner and supper (right off the ice) practically everyday this summer. It has cost us quite a bit, but not what it would have cost us had we gone off to Chiri San, or some other summer resort—and we have been more comfortable in our own little home than we could possibly have been anywhere else—with fresh vegetables from our own garden daily, etc.

I am very grateful to be able to report that we have had a little rain—but nothing like enough and entirely too late to save the rice crop. In fact the Koreans have not been able to plant their rice at all, and at this late date are making no effort.

Must close for this time. With all the love in the world for the sweetest bunch of folks in the world,

Most devotedly and affectionately,

Daddy

Sept. 10th, 1939.

Kunsan, Korea.

My Own Precious Children (and Little Sis),

This has gotten to be a regular habit—and a very pleasant one, so I find myself just naturally gravitating to my machine at this time. The intensely hot weather has gone and we're now having a sample of Korea's famously lovely fall weather. I am also very grateful to say we have had some lovely and refreshing rains of late, so the dry parched and dirty ground now has a nice moisture and everything is greatly refreshed. While it was too late to save the rice crop, which as you know is the Koreans' mainstay of life, it has made it possible for them to plant a little buckwheat and barley in their rice fields, also making it possible for them to plant a little cabbage and turnips for their "Kim Chi." However, the situation remains most serious, and it is a problem as to how they are going to get through the winter. Even now (already) there are signs of serious distress among the poor. Of course the rice straw and rice hulls have always provided a large part of their fuel for heating their rooms and cooking their food, as with no prospects of this source of supply other fuel is already soaring up to the sky— and of course food stuff is following it, or maybe going ahead.

While the Koreans are already suffering from shortage of food stuff, we have not, as yet, begun to suffer seriously. Have just had a lovely breakfast with Maxwell House coffee, a lovely American cantaloupe, etc. Speaking of "Maxwell House", I saw in the paper the other day that coffee has been banned in Italy—which made me mighty glad I was not in Italy!!!

I have just had a most hectic trip to Pyeng Yang and back. Had to go up there for a meeting of the Presbyterian Council. We were right in the midst of a week of anti-aircraft practice, and every night the lights had to go out and we had to live in almost utter darkness— or gasp ourselves to death for a breath of fresh air—and this is a very hot spell of weather. My train was due to leave Kunsan at 11:10 at night, but I could not get a taxi to come after me, as no lights were allowed so I had to get a rickshaw and go away across the city to the station from which my ticket was billed. As even the rickshaw was not allowed a light we had to go almost in the pitch dark and just grope our way along, to be sure I would make it I left home about two hours before my train time. I got to the station without any special trouble, but when we got there the station was so dark that we could not see the building until we got right up to it. It was all darkened by heavy black curtains hung over the doors and windows. I went in the waiting room and everything in there was darkened (i.e. lights greatly dimmed by black clothes being draped around them.) I had nearly two hours to wait there, but it was so hot in the building that I wanted to go outside where I could get a little breath of fresh air, but it was dark as pitch out there—and no place to sit down. I did not mind the darkness, of course, but after a very full and busy day (making a "built-in bath tub for Jimmie Wilson) I was too tired to stand up very long, so in desperation I would have to go back in the waiting room to get a seat—and stand the heat. When the train was ready to go and the gate was opened we had to grope our way out to the train. We went onto Riri (Somni) without any special incident. I had another long wait at Riri, under similar conditions). At 12:12 my train for Seoul came in. I had engaged a berth on the sleeper and had my sleeper ticket in my pocket-book. I took out my pocket-book to show my sleeper ticket to the red-cap, to whom I had committed my suitcase, so he would know where to take the suitcase. He grabbed the suitcase and rushed out the gate with it. I stuck my pocketbook back in my hip-pocket, where I always carry it, and in less than half a minute I slapped myself back there to see if my pocketbook was safe—and lo, and behold it was gone— in the twinkling of an eye—with forty five yen in it, also my chauffeur's license, and several other important things. Fortunately I had taken my RR ticket out and had it in the breast pocket of my shirt, so that I could get at it easily when I came to go out of the gate, but my sleeper ticket was in the pocketbook, but fortunately for that also the red-cap had seen it and could trustify to the sleeper conductor that I had had it, and the conductor had my reservations on his sheet with my name, etc, so I had no trouble about that, but I got on the train headed for Pyeng Yang with only my RR. ticket and a little small change, but when the train came in that I was waiting for several of the other members of our Mission from the south, who were also on their way to P.Y. were on it, so was all fixed as far as money was concerned, as they vied with each other in trying to lend me money. Well, tho "lights-out" program was in effect on train so it was terribly hot and stuffy, so I did not get a very good rest that night, even though I had indulged in the luxury(?) of a sleeper berth. We stopped only twenty minutes in Seoul, so I did not have time to go up to the restaurant in the RR station and had to wait until we left Seoul and go in the dining car for my breakfast—and Oh, Boy, but what a bum meal it was. Among the other things that they served for breakfast was boiled cabbage. Well, when lunch time came around I was still so disgusted with my breakfast that I was very loath to go in the diner again, but I could not go altogether without something to sustain the inner man. I went in and for my lunch I had a small apple and a pear that had begun to spoil—and a bottle of "pop." I got to P.Y. in time for supper and when I sat down to a nice American meal that had been presided over by an American lady and cooked by a well trained cook maybe I did not do justice to it!—and you can imagine I did not waste much time in getting into that nice, clean comfortable bed after supper—and Oh Boy, how I did sleep that night. We had a very tense meeting of our Council, which resulted in the decision not to open our Theological Seminary. You can guess the reason. At any rate I will have to wait until I can see you to explain, for the reasons are such that it would not be the part of wisdom to send them through the mail. I left P.Y. that night, and there I could not even get a rickshaw to take me to the train. Had to get a coolie to take my baggage on a "Chi-kee" and I walked along with him in the pitch dark, just able to see his white clothes ahead of me—if I kept up close enough to him to do so, and as it had been raining all day, stepping in a mud puddle every few minutes, not being able to see same. I took sleeper from P.Y. to Seoul also, but it was so hot, with all the darkening [illegible] almost impossible. I arrived at Seoul at 7:20 A.M., went in an [illegible] and had a very good breakfast? This is one place in Korea where [illegible] get a really good cup of coffee, besides at the missionaries' homes—and you can't always get a good cup at some of these, that is that compares with what our cook serves up to me every morning. Well I stayed over in Seoul until 2:10, when my train was supposed to leave, putting me in Kunsan at 9:15 P.M. My train was 25 minutes late in getting into Seoul, and when I came out on the platform to take the train there was a mass of people (literally thousands of them) about a block long. When the train came in it was packed and jammed, people standing up in the aisle like stalks of corn in a cork field, only much closer. Only a few of those got off, and when the crowd that was waiting in the platform tried to get on, the squabble simply defied description. In my trips twice around the world I have never seen anything that could compare with it. The mob [illegible] like something wild, with their suitcases and [illegible] I actually was afraid that I would suffer physical injury, a broken limb or a staved in rib, or something like that, and was really uneasy about the women and little children that got caught in the jam. The train was so crowded that I never got inside the coach, but stood for quite a while in the vestibule which was also so packed and jammed that the conductor could hardly fare his way through when going from one coach to another. After standing for quite a while I took my suitcase and stood it up on its end and sat on it all the way from Seoul to Taiden (about three hours). As said above I was due at Kunsan at 8:15, but I did not get to Kunsan until several hours after that time, so you can well imagine that my own bed and a most wonderfully cool house was a most welcomed thing to me— which I am appreciating now as I have never been before.

Speaking of our home makes me think of the ones that is yet non-existent, but which is always on my mind—wondering where it is going to be and what it is going to be like. At any rate, just so it is where we can see you Darlings frequently we will be boundlessly happy.

I will be writing in the next few days to actually engage passage for our return to America, for I am afraid that if we wait much longer we will not be able to get passage when we want it, for when we went home on our first furlough (across Siberai which some of you may remember) we wrote about three months in advance of our desired sailing time and found that everything on the Pacific had been asked up several months previously, because of people returning from China where they had been to attend the fiftieth anniversary of the beginning of protestant missions in that land. I saw in the papers yesterday that the Canadian Pacific S.S. company would probably take off all their ships on the Pacific on account of the war in Europe, and on account of the war all the other lines will probably be congested, so I am of the opinion that it would be the part of wisdom to get busy right now and engage our passage, which I am planning to do in a day or two—or just as soon as Mother decides this line on which she wants to go.

Well, Precious Ones, the time is gradually drawing near. On 26th, 27th, and 28th. of this month I am going to have some farewell meeting for the people of this village, where I have lived for forty years, and where there are still some non-Christians. I'm taking this opportunity to give them a final exhortation to meet me in heaven, even though we should never meet again on this earth. On 27th. I am planning to have a beef killed and I'm planning some special music for the occasion and I'm having a music teacher come down from Seoul ten days in advance to coach my band and get them in shape for that time.

While I am so eager to get home where you Darlings are and get my arms around you, yet it nearly kills me to think of leaving the Koreans that I have loved and worked for all these years. It is not going to be any easy task to tell them "good-bye."

I guess I had better bring this to a close. With worlds and worlds of love for each of you,

Most devotedly and affectionately,

Daddy

Sept. 17th, 1939.

Kunsan, Chosen.

My Own Precious Darlings,

Well, we are gradually "burning our bridges behind us". I sold my car last week, and mailed 1206.00 of the 1284.00 that I got for it yesterday to Bill Chamberlain to salt down for us in his bank— toward another (new) car when we get to Richmond, I hope.

I have also actually written engaging passage on the S.S. President Pierce that sails from Kobe on April 24th. and is due to arrive in San Francisco on May 19th. This should put us in Richmond by May 15th. at least. On account of the war the Canadian Pacific S.S. Co. is discontinuing its passenger service, so I thought this would probably make a congestion in the passage across the Pacific, and that we had better get in early on our reservations. When we went on our first furlough we applied for passage across the Pacific six months in advance but on account of a large crowd that had been out to China, observing the fiftieth anniversary of the beginning of Protestant Mission in that country we could not get passage—and had to go home by way of Siberia—which some of you may remember. That should have at least made an impression on our dear little Margaret's head, for as we were crossing Siberia, she came out on the platform of the train and lost her balance and fell head-long down the steps, landing on her forehead on the hard concrete pavement, at which we were, of course greatly alarmed, but her head was not so hard as to break, and we were very grateful indeed that there were no serious consequences. I wonder, also if "Ginger" remembers sitting up in the mouth of one of the big cannon that were captured from Napoleon in Moscow? At least I remember it very distinctly.

Since selling my car I have taken to bicycle—which will do doubt be good for me, i.e. the exercise. My American bicycle was too high for me, i.e. the frame, so I sold it and have bought a low frame Japanese bicycle on which I can get on and off easily—and in a jam in the traffic I can stop where I am, keep astride of the bicycle but put both feet down on the ground. My old legs are not as supple as they used to be when I was chasing foot-balls on the athletic field at Hampden-Sydney, or turning flying-somersaults in the gymnasium of that institution, so getting on and off a high frame bicycle resulted frequently in the bicycle going one way and I in another, sometimes rolling over on the ground, but as I am also used to that performance no special harm happened to me on such occasions. However, the lower frame has settled that difficulty. The distance from the pedals to the seat is the same on this bicycle, only the frame is lower, which makes everything O.K. In fact I'm rather enjoying the exercise—and sleeping better at night.

We are now having some of our delightful, ideal Korean fall weather, which is quite a relief after the hot spell that we have been having. We have also been having some very refreshing rain—which has been most highly welcome on account of possible fall vegetables, and also for our cisterns, all of which, except ours, have been practically empty for some time.

We are hoping this week is going to treat us better than the past week has done, for we have gone the whole week without a single letter from any of you. Here's hoping for better luck this week!

The Lintons have arrived in Chunju, and he has sent over to me some films that he himself bought for me and brought out, but he does not seem to know anything about the article that Bill Chamberlain wrote about, nor of the package that Margaret said she was sending to him c/o the boat on which he was sailing. I wonder what has happened to these things?

We are watching the papers, and the radio reports very closely these days re the war in Europe and are wondering what the special session of congress that Roosevelt is calling is going to do. While I would rejoice to see the Hitler regime crushed, even though our country had to help do it, I would hate terribly to see our country drawn into another war. I would like to comment on the situation out here but deem it the part of wisdom to refrain, so will do so (i.e. refrain), but is looks now as though it was going to be a serious situation before long, in fact already is, re groceries, i.e. staple groceries, such as flour, sugar and butter. We are still able to get a little flour in Kunsan, but no butter anywhere.

I am planning to kill a beef next week and send a portion to each house in the village, and also an invitation to attend some farewell meetings that I am planning to hold in my tent on the boys' school campus for three nights during the following week. I am including herewith a copy of the invitation that I am sending out with the beef "taichup". The last paragraph in red is John 3:16 "For God so loved the world, etc." which I want to be my farewell message to the people of this village, and to all with whom I come in contact.

Well, Darlings, it is just because I am thinking about each one of you just about every minute of the time that I can not refrain from writing. These next seven months can not go by too fast for me, but they will, no doubt, go by so fast that we will not know what is happening—when we come to begin actually packing up and getting our house in shape for leaving. Pray for us that we may make no mistakes in this very busy, rushed time and that He may lead us re all of our plans for establishing a new home in America. These things are on our heart and mind night and day these days. As I have written the Executive Committee will give us a definite allowance, but will not allow us anything for house rent—and if we have any private income that will have to be credited to the Comt. against the amount that they allow, e.g. if we should have a private income of $1,000.00. a year, they would deduct that amount from their allowance. Our house in Larchmont, Norfolk is rented, the rent contract runs from Oct. to Oct. in Norfolk, so if the house should be vacant on Oct. 1st. 1940 and be standing vacant (which we do not anticipate, but which is entirely possible) there would be no point in our letting it stand vacant in Norfolk and our paying rent on an apartment in Richmond. Our hope is that we will be able to get an apartment at Mission Court, while we are looking around, but should we have to pay rent in Richmond, and our house in Norfolk be vacant it might be that it would be the thing for us to do to live in our Norfolk house—these are just all possibilities that I have been thinking about—as we can never tell what the future has in store—therefore my request that you pray that the Lord may lead us. In any event Norfolk and Richmond (the two places where our hearts are tied) are not so awfully far apart that we could not get from one to the other in a few hours. The reason that I refer to these problems so often is that we want you to be using your "beans" too and helping us decide.

Must close.

Devotedly,

Daddy

Sept. 21st, 1939.

Kunsan, Chosen(Korea)

My Precious Little Margie,

Mr. Linton is back and ran over here from Chunju a day or so ago. He says that he did not get in touch with your package at the boat and came off without it. I am sorry that you had all that trouble for nothing. However, I hope it is not lost and that it will be sent back to you.

I had no idea that you had gotten such a lovely cake of shaving soap at the 5 & 10 Cts. Store, or I would have asked you to send it directly to me by parcel post, as there would be no duty on an article of so small a cost. I am glad to say that I still have some on hand that I brought out with me when we came back from furlough and probably enough to last me until we reach America— but I just liked that that you sent me so much that I was ready to let this I have on hand wait awhile to be used.

Well, Darling, I am quite sure that anything that you would send me would be better than anything else in the world—just because such a sweet and precious girlie had sent it.

We have just today gotten two letters from you, one from Ginger and one from Bill Bull, and of course we were tickled to death to get them. That's fine!! Keep up the good work!!

Devotedly,

Daddy

My Precious Darlings,

Miss Greene came back from furlough yesterday and most of members of our Station went out to Riri to meet her. She looks well and strong—but I feel sorry for her when I think what she is coming back to. She is right now in our living-room talking to a girl about 18 yrs. old that she has been helping to educate, and who has come in to say that so much pressure is being brought to bear on her that she has had to leave the Bible School where she has been studying. This is rather an encouraging(?) experience to have on the first morning of her arrival in Korea, but this is just a sample of what she is in for and out of which I will be more than glad to get. Miss Greene's house has been closed up tight with sheet iron shutters while she has been away and she is staying with us while she is getting her house opened up, cleaned up and ready for occupation. We are enjoying having her and getting some first hand news from the homeland.

Am sorry to say that Jimmie Wilson's wife is quite sick, so much so that Jimmie felt constrained to call in his father for consultation, so he and Dr. Boggs from Chunju came up from Soonchun (where Dr. Boggs happened to be) in Dr. Wilson's brand new Chevrolette which he has just brought out from America—and my but it is a beauty!!! am wondering if a new Plymouth or a Studebaker Champion would be better. Just to look at it you would think the car that the doctors came in you would think it a Packard or a Pierce-Arrow, or some other high power car like that. I have just examined and am carried away with it.

Well, according to my plans, I secured an excellent Big Korean Bull for a "tai-chup" to the village people. He was a marvelous specimen, good, fat and healthy, and I not only had enough to send a good size chunk to each house (256 in number) in the village but also enough to send to each house on the hill here and also have enough for several meals of choice beef-steak and roast ourselves.

We have, as I believe I have told you, reserved passage on the S.S. President Pierce sailing from Kobe on Apr. 24th. and arriving at San Francisco May 9th. This ought to put us in Richmond about May 13th. at least, but as things get more and more complicated we are wondering what will be the "shipping" situation at that time —also as things here get more and more unpleasant the time can not go by too fast for me. The situation now is all but unbearable. At any rate there is one thought that helps sustain us these days and that is that the days will go by rapidly and in a very short time now we will have the great joy of getting our arms around those who are so precious and dear to us. Only six months now!! and six months is a mighty short time.

As it is my time to preach at the English this aft. I think I had better cut this short and do a little preparing.

Most devotedly and affectionately,

Daddy

Monday, Oct. 2nd, 1939.

My dearest Children and Little Sis,

I am inclosing herewith a letter that I wrote to you a week ago yesterday, and which has been in my desk drawer all this time, because I have been just so busy that I have not had time to look over it to correct the mistakes that my type-writer makes so frequently or to address the envelopes in which to send the letters, so I am today just adding sort of a post script to go along with it. I have not even time today for a regular letters. The occasion for my very tense occupation is that, in view of my retirement and returning to America I have thought of having some farewell meeting for the people of this village (where I have lived for forty years)—and taking advantage of the occasion to give them a final exhortation to meet me in Heaven—even though we should never meet again in the flesh, or in this world. I have been preparing a special program of music, magic lantern pictures, and "movies," and have been working like a beaver preparing for these meetings—having band practicing with the members of my band, etc., also having imported a special music teacher from Seoul at no small expense to train my band, but I have met with so many difficulties and discouragements that I have decided to call off the meeting and have given up all thought of trying to have them. Will tell you more specifically about this when I see you. The result of the whole thing is that I wish everything was in readiness for our leaving tomorrow; If the way were clear I would do so rejoicing that I could—not over the circumstances that are responsible for this desire.

We have gotten some lovely letters from some of you in the last few days and have enjoyed them greatly. Alby and Bill certainly did have a lovely trip for which we are very grateful.

I am going down to Soonchun in a few days to hold some revival meetings for the patients in the leper colony, on the request of Dr. Unger, who is in charge of the religious work in that institution. Am going to take three members of my band, who with myself will constitute an instrumental quartette and provide special music for the occasion. The quartette will consist of first and second clarinets (soprano and alto) and a baritone horn (which takes the bass) and I with my violin, who will play the tenor. If I do say it myself, we make pretty good harmony. We had an engagement to broadcast from the radio station at Riri, but on account of certain facts we have called that off, as well as the farewell meetings here.

Well, I guess I'll have to bring this to a close and plan to get it off in this afternoon's mail.

With all the love in the world,

Most devotedly and affectionately,

Daddy

………餞別辭………

天父之恩寵中
僉位께옵서 萬體安하심을 仰觀
이 如流하야 不覺春華 數四十年의 生活로 於焉同隨逼迫하 歲月
옵나이다

親同의 事情을 明春 四月에 歸國하기로 作定하고 生覺할
사록 悲觀하지 못하야 오니 不遠한 此際에 洞中 見
人함도 無時로 開會하야 三日間 永明學校 運動場에 帳幕을 配設하고
하며 蒸穀順序하야 主席을 準備하야 會集코저 하오니 赤忙中이라
席하야 餞別의 謝禮를 하고저 來十月 五日 夜
슬 心切히 願하노니다 餘不備 上

하나님께서 세상을 이처럼 사랑하사
독생자를 주셨으니 누구든지 저를 밋
으면 멸망하지 안코 영생을 어드리라

요한 三장 十六절

　　追　告

謹之心으로 一時 餞別이라도 他 別之
　慈味로 黃肉 幾 匹 仰呈하오니
終니다 然이나 能別之慈味로 黃肉 幾 匹 仰呈하오니
　　　　　他　　　　　七　七

夫　燦　謙　白

洞中僉位殿

Oct. 23d, 1939.

Kunsan, Chosen(Korea).

Dear John,

I have been officially notified of meeting of A. I. C. at Kwangju on the night (8:00 P.M.) of 31st inst. As there are several things that our Station should present to this meeting I am taking up the matters with you as the other member of our Station on that Comt. There are now only three voting members of our Station present here at this time, and several times that number with you in Seoul so I am suggesting that you either get them together or pass the suggestions around among them to get their reactions regarding same.

I have absolutely no desire in the world to be trying to decide the policies of the Station, but it seems to me that in view of the coming meeting of A. I. C. and the important matters that we have to present that something ought to be done, so I am simply trying to make some suggestions to the best of my ability, or out of lack of such.

As said these are only suggestions re matters that seem to me should come before the Committee and I am sending them on to you to submit to the other members with you. They may suggest something entirely different and much better, but when we go to the meeting in a few days we will have to be in a position to speak for the Station, so please get the opinion of the members with you on these subjects.

In regard to the 2nd request on the list that I am sending, the situation is simply this. On account of hard times (failure rice crops), and other reasons the boys and girls are dropping out right along and we now have less than 100 in both schools. When the present 6th grades graduate and go out, and we take in no more pupils, we will have probably less than 50 students in both schools put together. The question is will it be worthwhile to run two school for such a handful of students and had we not better combine them into one school, or maybe if we do not have even enough for such a school had we not better close up both.

Then in regard to the 3d. request, if Jimmie's fund of yen 300.00 will not care for his bathroom and water fixtures (which I question) I think a request should be made that money be provided for that purpose. Jas. and Ted. are new comers to the field, and the present allowance for residence is $5,000.00—and that house cost nothing like that amount, not half. Miss Greene's house appropriation was only $1,500.00, ours was $1,750.00. Miss Dupuy's cost $2,800.00.

It may be argued that those amounts in those days were equal to $5,000.00 today. Not by a long shot. The difference in the houses these days and the ones that were built in those days will explain the gradual raise in appropriations.

In regard to the 4th. request it has been objected that others have put private money in such conveniences and are not being reimbursed for such. The answer to this is that they are still enjoying the use of such and will continue to do so for some time—and we are retiring from the field and the Mission (through its member) will get the use of same.

The Mission rule is that anyone who puts private money into mission property thereby makes a contribution to the Mission and said improvements become Mission property. When we were building our house we ran over the appropriations, and since ours was the first two-story solid brick building completed in the Mission to avoid being criticized by our fellow members we put between 400.00 and 500.00 yen into the actual building itself, to say nothing of our ice house (built at private expense) and our front porch inclosure, which also cost us 100.00 yen. We are not asking anything for these, but according to Mission rule are considering them contributions to the Mission. The bathroom equipment is movable, and not a part of the house itself, so we feel justified in asking the Mission to purchase it from us for the use of the next family that occupies the house—since we do not know who they will be and can not ask them to purchase them from us, especially as it is now the Mission policy (as approved by Ex. Comt.) to provide such as standard equipment in the residences.

I do not know whether you are planning to attend meeting of A. I. C., but should you not go please have your substitute elected.

With kindest regards to all with you and hoping that you are all just "eating up" the Korean, I am

Very sincerely and cordially,

W. F. Bull

REQUEST TO THE AD INTERIM COMMITTEE
of S. P. M. in Korea—from Kunsan Station.

1st. That the Executive Committee be requested to instruct our Mission Treasurer to return to our Station the Yen 2550.00 that was returned to him as balance from sale of Hill Land in Kunsan and accrued rents on Kunsan Book Room, to be used as follows:

Painting all houses ⋯ Yen 500.00

Repairing the Vail house (for Dr. and Mrs. Wilson) ⋯ Yen 300.00

Repairing all outside fences ⋯ Yen 150.00

Water supply ⋯ Yen 100.00

Purchasing Korean house and land adjoining Station compound ⋯ Yen 500.00

Emergency adjustments caused by compound being taken into city limits ⋯ Yen 1000.00

Total ⋯ Yen 2550.00

2nd. That Kunsan Station be empowered to take such action as may seem advisable, in consultation with the Mission's special comt. on Schools, towards the close of this school year, re the future policy for the schools as circumstances may seem to indicate.

3d. That in view of the present Mission policy as recorded on pg. 49 of 1926, viz. "That the following equipment be included in the regular appropriation of $5,000.00 for residence, 1. Furnace, 2.

Bathroom and equipment, 3. Spigot in kitchen, and one in cellar if desired, 4. Electric light wiring, that Dr. James Wilson be authorized to pay for such out of the special repair fund that has been provided for his home.

4th. That, whereas Mr. Bull has provided running water and bathroom fixture for the house in which he has been living, and is now on the point of retiring and leaving same for the use of the member of the Mission who will follow him as the occupant of said house that Mr. Bull be reimbursed for the actual cost of the material that went into such equipment, viz. 60.00 yen.

October 24, 1939.

Kunsan, Korea.

My dear Friends in the Home-land:

I have just recently had one of the most blessed experiences of my life, and I want to tell you about it. It was a MEMORABLE OCCASION—REVIVAL MEETINGS WITH 750 <u>LEPERS</u>.

As you know we have the Biederwolf Leper Colony within the bounds of our Mission, cared for by two of our members who give about all of their time to it. It has just been my privilege to preach the WORD OF LIFE twice a day for eight days, to these pitiful creatures who compose this Colony.

I have had the privilege of preaching to this congregation quite a number of times during my sojourn in Korea, and because of their intense interest and appreciation it has always been a pleasure, so I was quite pleased when the invitation came to come down there and hold meetings for them, for I was sure it would be as much of a blessing to me as to them.

Before being taken into the Colony these people are about the most pitiful creatures on the face of the earth. Their own families (even their own fathers and mothers) turn against them and drive them out. They then become wanderers on the face of the earth, despised, shunned and dreaded by all. They are not welcomed under <u>any roof</u>, and unless they can, by forming little groups, or colonies, among themselves, erect some little hovels, or shacks of some kind they are destined to be hopeless outcasts, sleeping in the open or crawling into any little opening or crevice that they might find, frequently under bridges, etc., under the cover of darkness.

After leading such a life (worse than a dog's life) when they are taken into the Colony and are given very comfortable and attractive quarters in which to live, and an abundance of good, wholesome food and plenty of nice, clean clothes, it's like being transferred from a veritable hell on earth to a small heaven on earth—and it is a very exceptional thing that the individual does not respond very readily and heartily (for they are still human beings with all the feelings and emotions of the human heart) to the kind, loving, sympathetic, Christian treatment that they receive immediately on being taken into the Colony (which is established as a Christian agency for saving some of the precious souls for which He died, over and above giving relief to their pitiful bodies.) so they practically all right from the first become very enthusiastic and earnest Christians, at least they profess and appear to be such. They soon become very enthusiastic Bible students, and it is marvelous how soon they become well versed in the Scriptures. More than any congregation that I have ever seen they are, (at least a great many of them) able to give the number of the chapter and verse of almost any passage of Scripture that might be repeated in their hearing. I have tested them many times by reciting a passage of Scripture and then asking that all who know where that passage is found to please hold up their hands, and then just a whole sea of hands would go up, and then when I would call for the number of chapter and verse almost all of the congregation would answer as one man. On the other hand if you call for a passage or verse by number and ask for some one to recite it, immediately quite a number will volunteer to do so. It is simply remarkable.

There is one old men in the Colony, whose eyes are simply eaten out by the horrible disease (and who, of course, is totally blind), who can recite the whole Gospel of John, all of Romans, James and Revelations. While I was talking to him I repeated the precious words in II Cor. 4:16-17: "We faint not for our light affliction, which is for the moment, worketh for us more and more exceedingly an eternal weight of Glory." This made me think of our dear Dr. Strickler, who used to repeat this verse frequently and call our attention to the way the adjectives are piled up in this verse, I wish you could have seen the old, ugly scarred face of this old man, how it lighted up with the radiance of heaven, and he all but did a "song and dance" right on the spot, he was SO happy.

Well, it was indeed a very great pleasure and privilege to minister unto such pitiful, but such very appreciative and responsive creatures. As I said the meetings ran for eight days and it was my privilege to talk to them twice each day, and each time the large stone church in which we were meeting was filled just about to capacity with 750 lepers. The only ones present who were not lepers were the pastor of that church, Dr. J. Kelly Unger, who is sitting just behind me in the picture and the party of musicians whom I took down with me to help in the meetings.

Speaking of music, the members of the Colony are greatly interested in such, and each day we would have some special music by the local church choir, duets, or choruses, or solos or maybe trios and generally it was very creditable. They had two organists; one a young man about 18 years old, who played quite well and a young girl about 21 or 22 who was formerly a student in one of our Mission schools. She also played quite well.

Quite a large number of the inmates of the Colony give no evidence of the presence of the disease upon them, and to a casual observer look quite natural, and many of them quite attractive in their appearance and personalities, e.g. there are about forty or fifty little boys and girls under the age of 15 who show no signs of the disease at all but who look quite normal and natural, and some of them quite pretty and attractive; but they are "tainted" and have the evidence of the disease somewhere about them, which is patent to the trained eye, e.g. each day there sat right up in front one of the cutest little fellows I have ever seen. He looked perfectly natural, always seemed bright and happy and very cute and intelligent. I became quite fond of him, as he was close enough for me to exchange individual greetings with each day, and, my, but the way he did appeal to my sympathies!

Not only was I tremendously impressed with what a great privilege it was to minister unto such an appreciative and responsive people spiritually, but was tremendously impressed with what a marvelous work Dr. R. M. Wilson, (M.D.) and Dr. Kelly Unger (D.D.) are doing for them, even from a humanitarian point of view. These poor creatures, who have lived worse than dogs' lives before they were taken into the Colony (humanly speaking) and are now living in the lap of luxury, compared with what they have come from. The Colony is composed of a large number of stone cottages, with American style doors and windows and nice, clean, comfortable rooms, far better than the average Korean outside of the Colony can afford. Then they have lots of land around them on which they raise a nice lot of vegetables. They also raise chickens, rabbits, goats and pigs so they have lots of meat (quite a rarity with the average Korean) and milk for their diet—which is one of the most important things for one with their disease.

There are among the patients in the Colony representatives from almost every trade and profession, so almost all of the work done within the Colony (including building the lovely stone church in which they worship) is done by the inmates. All of the lovely little homes in which they live are built by the lepers themselves.

The Colony is located on a peninsula, with a private entrance which cuts it off from the mainland and makes it almost as isolated as though it were on an island, so that they have practically a little world all to themselves. The situation is most beautiful, reminding one strikingly of the "Inland Sea" in Japan, with sea and islands on all sides, and the site itself is on different levels with pretty groves of trees around in different spots, and the patients have planted beautiful flowers all over the place. A prize is given to the household that has the most attractive surroundings, so each household vies with its neighbor in trying to have the prettiest place and the results are quite beautiful.

This being my fortieth year in Korea, and the year for our retirement, according to the rules of our Executive Committee, on the last Sunday that we were there they gave in my honor a "fortieth anniversary celebration," in which a number of speeches were made and a number of most earnest prayers offered by the inmates of the Colony. They also presented me with a solid Korean silver bowl, on which is engraved a map of Korea and the words:—"To Rev. W. F. Bull on his fortieth anniversary of his missionary labors in Korea." The bowl is made in the shape of the national flower of Korea with five scallops, or edges on it. Each edge was meant to represent some special thought and as there are representatives from all over Korea in the Colony the present was supposed to be from

<u>all of Korea</u>. Among the special speakers was a young Korean woman, a deaconess in that church. As she came forward to speak, and stood before me and the congregation, she was so filled with emotion that she could not speak for quite a little while. However, when she did get control of herself sufficiently to begin she made quite a nice speech one that would have done credit to almost any one, anywhere.

On account of present world conditions in this part of the world, public meetings, especially such as I have been especially interested in, viz. evangelistic campaigns, using tent, etc. for same, and for which I had very extensive plans for this fall, have not been allowed, and in view of our having withdrawn from the Presbyteries our activities are practically nil, so it seems as though this meeting may be the winding up of my forty years of service in this land, and I thank the Lord with all my heart for this privilege. I shall remember it gratefully and pleasantly all the remaining days of my sojourn on earth. I know of no place where the percentage of spiritual results is greater, practically 100%. There is everything in favor of their being Christians, and nothing against, except the natural heart, and it seems that there are very few cases where the Holy Spirit does not regenerate that. Praise be to his Holy name.

I hope that it is not going to be very long now before I shall have the great pleasure of seeing many of you face to face.

Yours in His service,

W. F. Bull

Received at Nashville, Tennessee, November 27, 1939

Address: Rev. Dr. W. F. Bull, Kunsan, Korea

Postage: Letters five cents, post cards three cents

Oct. 29th, 1939.

Kunsan, Chosen.

My Precious Loved Ones,

I am running a little late on my regular Sunday morning schedule, for the first church bell has already rung and I am just getting "off" to my usual Sunday morning's delightful occupation. However, even though I do not get more than started this A.M. I can finish up this aft.

Well, my minds is so much on the other side of the oceans these days that when I sit down to write the first thing that comes out is something in connection with our crossing that ocean. That is especially true this morning, as my thought for the last few days have been very much along that line.

Yesterday a well-to-do man from Kunsan came out here and came near buying just about everything that we have to dispose of—with the result that last night I slept in his bed, i.e. he bought my bed among other things that he bought, so I actually felt last night the one that I was sleeping in was someone else's bed—which means of course that I will have to be getting another one before so very many months have elapsed. Also this desk, at which I am writing right now he has bought or at least I have agreed to let him have it at a price when we leave, he in the mean time having paid earnest money on same. On this same plan both our chiffoniers (one in bathroom and one in my room) have been sold, also dresser and washstand in my room, our dining room set (table and chairs and china press) have all been sold, also quite a number of other things. Well, enough of such details. Suffice it to say that there seems to be no trouble in disposing of our things, since we are selling them very reasonably. The foreigners (missionaries) do not seem especially interested, except in our rocking chairs, these seem to be pretty much in demand, as we have a nice number of very comfortable ones. However, the worst part of it is that though we sell them at a very good price in yen, the yen is down so low in value that it will not amount to much when converted into U.S. currency. Just now 100.00 is equal to only $23.47, so you see even though we sell all of our household goods at a very good price in yen we will be "up against it" to replace them when we get to America—so we hope you folks will be keeping your eyes open for BARGAINS for us. e.g. I sold my bed for Yen 60.00, which converted into U.S. money will be only $12.90—and I don't guess I can get very much of a bed with that including a "Beauty-Rest mattress"—on which I have my heart set—and I hope later my body laid!

The father of the man who bought so much of our furniture yesterday was Mr. Harrison's outside man and country coolie when I first came to Korea. He was an ugly, old snaggled-tooth ignorant man, (not able to read or write.) His son was educated in our Boys' School, afterwards taken into our hospital and trained by Dr. Patterson, until he became an expert druggist. He went out and set up a drugstore on his own hook, and is now quite a wealthy man. Is also an elder in our largest city church—he also has THIRTEEN children!!! truly the Lord has blessed him—and the work of our Mission—in which I think Aunt Mamie and Aunt Margaret had a share, as I think he is one of the school boys that they taught when they were out here in the early days. I am glad to have such a worthy successor to my bed, on which he can rest his weary bones, as I have done mine for the last forty years. He is also buying the little white enamel baby bed—which I think most of you have slept in, i.e. the little one on which the sides slide up and down.

We will make contract with the people who are interested in our goods now, but not deliver them to them until a few days before we leave here. I suppose we will spend the last three or four days with someone at the Station here while we are closing up our house. Our wardrobe and sideboard we will ship by freight sometime in January or Feb. so that they will be there waiting for us when we arrive, but the other things we will take along with is a baggage. Have already begun making the packing cases for our bulky freight. Have the case made for top of wardrobe already. The wardrobe is in three pieces. The top, which just sits up on the main part, where there is the body of it, and the bottom part which consists of the drawers.

I wrote sometime ago that we had engaged passage on the President Pierce sailing from Kobe April 24th. Well, that is what I requested but was disappointed in getting word from the S.S. co. that they were full up. I am still working on that matter with letters and telegrams, but have not gotten anything definite as yet. Have been trying on the American President Line, but if I can not get what we want on that may have to try some other line. We will not go through on one of the boats whose nation is at war. Will only (D.V.) go on a boat of a neutral country.

I am wondering if any of you have sufficient affection for the suit of little child's furniture that we had made for you when you were here. i.e. the little bed, bureau and washstand, or whether you would not think it worth paying freight on same to take them to America with us, and how about your little cedar chest, Alby, would you like for us to bring that for you? It is quite a nice little thing, but if you have no special attachment for it maybe it would not be worth taking.

The only things that I am planning now definitely to take with us are the wardrobe in the hall upstairs, our sideboard (which my father gave to Mama, as a wedding anniversary present) and the marble slab table in our living room. I believe I wrote some time ago asking some one of you (just anyone who was in a position to get the information) what it would cost to get a marble slab top for it in America—possibly having one made. The slab on this one is now in two pieces. It has broken in two coming out from America, but it was a fairly clean break, so a table cover acoss the middle cover up the break. However, the marble top would be mighty heavy to take and it would be a pity to pay freight on a broken one if we could get a new one for anything like what we would have to pay for freight. So, if any of you can get in touch with a stone mason (there are in every town such places where tomb-stones are made) and get them to give you some idea of what a table top would cost, I'd appreciate it greatly. The table is oval shaped and measures 23×36 ins, at the longest and widest points. It seems to me that if you would look up under "Classified Ads" you could find some such firm from whom you could get such information by phone. Or maybe, as Bill is such a fine "cabinet maker" he could know of some firm that would make us a walnut top for same. This is what my Mother did re the side-board. She did away with the marble top because of its weight and possibility of its getting broken and had a walnut top made—which has been perfectly satisfactory. Maybe this would be better for the table. Any suggestions will be greatly appreciated.

Must close. Worlds and worlds of love for each and every one of you,

Most devotedly and affectionately,

Daddy

Nov. 5th, 1939.

Kunsan, Chosen.

My Own Precious Loved Ones,

As you can see from the date, if you will refer to your calendar, this is another Sunday—and according to my usual practice I am seating myself for a little chat with those whom I love the very best in this world, and who are all the world to us. I have nothing especially to write about this time—except the things that I have been writing about so much for some time, viz. our plans for going to see you Darlings.

We now have definite reservations on the S.S. President Taft, sailing from Kobe on May 22nd. I have told them though that this is much later than we wanted to wait, and that if in the meantime there should be an opening on any other boat earlier than we would like to be transferred to that—so it remains to be seen what we will "Draw" in the way of accommodations. However the Taft is a very fine boat and we would be very fortunate to have such a nice boat to go on.

In regard to our house-hold goods, they are just about all completely spoken for, and practically all by Koreans. It has been quite interesting to see how eager they have been to get our beds and chairs—i.e. people who sit and sleep on the floor from their infancy—which also shows how pitiful they are that they have to do this. I have taken "earnest money" from them and given them a written promise to deliver the particular article in which they are interested when we are ready to leave and they pay the balance due on same. I sold the big, old English style bed that I have been sleeping in for Yen 60.00, including mattress and all (not pillows or covering). At present rate of exchange that would not be but $14.17—so it does not look very much as though we would be able to replace our furniture with what we get here when we get to Richmond. I don't suppose $14.17 will get a double bed—with Beauty Rest mattress, like I will want!!!!

Well, the little white enamel bed that some of you—especially Dear Sweet little Margaret used to sleep in (the one with sides that slide up and down) we sold for Yen 25.00. However, on the whole, we have gotten pretty good prices for our things, and are very pleased that every thing is sold off and that we will not have a lot of confusion at the last trying to sell them. We will have to live with one of our neighbors during the last week that we are here and allow the people to take delivery of the goods and then close up house. I have the packing case for our side-board already made and that for wardrobe (upstairs hall) partly made—of Korean red-wood (Jung Namoo).

I got off a letter yesterday to the "Correspondence Dept." at Nashville. You will each no doubt get a copy of same. I am sending a copy of a picture that shows about the letter to Alby for you all to see. Did not have enough to send a copy to each one of you. Am Sorry. Don't worry when you see the picture, thinking I was too close to the lepers, for there really was quite a bit of space between me and the nearest leper. This was a great experience, and one to be long remembered. Will take pleasure in showing you my silver bowl when I get home.

I enjoyed driving Dr. Unger's little "Studebaker-Champion"

almost each day that I was down there. It runs like a dream and takes _very little gas_.

Well, Precious Ones, I have come to the end of my first sheet and will run over on the second just far enough to close up—and to repeat something that I have said _several times_ before viz. that you are each and every one all the world to us and that we look for the coming of your letters like a farmer looks for the coming of rain during a dry spell—so have pity on us!! and write often and fully, telling us all about yourselves, for that's what is most interesting to us of all things in the world.

Must close now. With oceans and continents of love for each one of you Darlings,

Most devotedly and affectionately,

Daddy

Nov. 12th, '39.

Kunsan, Korea.

My dearest Loved-Ones,

Here it is ANOTHER SUNDAY MORNING and I am at it again—and as I date this letter the thought that is always uppermost in mind these days surges up, viz. the passing of time and our getting ready to leave these diggings to be with you precious ones. The first thing I do every morning after breakfast is to have my morning devotions, which is in part my Bible reading. I have in my bible as bookmark a little kodak taken of our "baby-girl" while she was in training at St. Elizabeth's. It is a full length picture, taken alone, out among the flowers in the backyard, and she has on a flowered figured dress—and as I opened my Bible this picture was the first thing on which my eye fell—and my, but what a longing it did create in my heart to just reach out my arms and gather her in. I could hardly stand it—but (D.V.) it will not be so many months now before I shall have that very great joy!

Speaking of dates I believe I have already told you that we were disappointed in getting reservations on the S.S. Pierce on April 24th. It was full up, so we were offered reservations on President Taft, sailing from Kobe on May 22nd. We have accepted such with the understanding that should there be any possibility on some boat sailing sooner than we would be transferred to that. Some times people find that they can not go when they had planned and have to cancel their reservations, so that there are vacancies right at the last, unexpectedly on some boats. We have requested consideration in case such an opportunity should arise. I am therefore going right ahead with my packing, etc. getting ready to leave at any time in the early spring:—but until you hear otherwise you can expect us on the Taft, leaving Kobe May 22nd. and arriving in San Francisco about June 7th.—and this ought to put us in Richmond at least by June 14th. I guess this will mean that all of our little "School Maams" will be at home in Richmond by that time—and that we will not miss any of them on our arrival. We have not heard as yet definitely re our reservations in "Mission Court", but are still hoping that we will get some and that some of you will be able to come right there with us. We may be disappointed re Mission Court. In that case we are expecting "you all" to make some other suitable arrangements for us, i.e. renting an apartment (by the month, if possible) or making arrangements for us to board for a little while— maybe a few months. At any rate we are praying and believing that the Lord will guide us—and not leave us without a roof over our heads. We are counting on you folks to do a lot of thinking on these lines so as to be in a position to advise us when we do arrive. It might be that if we can not get satisfactory arrangements in Richmond we may have to go to Norfolk and occupy my Larchmont—and that would not be so bad, for some MIGHTY FINE PEOPLE that I know live in Larchmont.

We have received and enjoyed SO MUCH "Ginger's" letter telling of her wonderful trip up north. We were so glad she could have it and were intensely interested in her description of same. I was greatly interested in her reaction to my thoughts re buying an auto in Detroit. I had just about come to the same conclusions at which she had arrived. However, I have just received from Detroit a pamphlet describing the 1940 Plymouth—and my, but it does look good! and I am sure my friend Mr. Cooke will help me to get one, should I decide in its favor rather than for a "Studebaker Champion."

Sunday afternoon: Well, I did not get to finish this up before dinner, so I have to carry on now. We surely did have a bang up good dinner. Lovely beef-steak, rice and gravy, sweet potatoes (sugared) in the pan, lovely corn bread, spinach, and a dessert that made us think of Alby so much as it was her favorite dessert, viz. a pudding (have forgotten its name) cooked in a big bowl, with very thick [illegible] (that our cook makes so famously) on top. Well, if I could be sure that we will have such nice meals for the rest of our days, I would be mighty grateful. I am sure though the Lord will continue to bless us as He shall see best for us.

Miss Jean Dupuy is quite sick now. We do not know as yet what it is, but it looks pretty much like typhoid. Dr. Boggs came over from Chunju on Friday to see her and Mr. Linton and Charlotte came along with him and we had quite a nice little visit with them. They have spoken for three of our rocking chairs. Speaking of rocking chairs, I am acting on "Ginger's" suggestion and planning to take Mother's little rocking chair that she sits in before the little open face stove upstairs. I figure that I can take out to pieces and carry it inside our wardrobe without its costing us anything specially.

John Talmage and his family and Elizabeth Woods* are still in Seoul at the Language School, but will be home in a few more weeks. It reduces our Station quite a bit for them to be away. Thompson Southall and his wife (Lillian Crane) are also at the Language school.

Well, Darlings, I guess I'll have to close for the present. Haven't any special news for this time—just the same old thing—thinking about you and going to America all the time. Have actually begun to pack up our books, and trying to sell off those that we do not want to take. So far as our household goods are concerned they are absolutely all gone, even to the "costumer" in our living room and the little stand that we have had for our flower pots.

Most devotedly and affectionately,

Daddy

*also Jimmie Wilson and his wife

11/19/39.

My dearest Loved-Ones,

SUNDAY MORNING GREETINGS TO YOU ALL. I didn't sleep much last night, being as how I was thinking so intently about our packing, selling off goods, etc., so, contrary to my usual Sunday morning program I got up early, shaved and had a nice bath before breakfast. My program for some time has been to lie awake at night, get sleep on towards daylight, then get up and make the fire in the bathroom for Mother, then go back to bed and sleep until just about breakfast time, then jump up and wash my face and then go on down to breakfast, then go back, shave and then come down for a little chat with you dear ones; but this A.M. I could not sleep even on toward day, so I got up a little earlier than usual so as to get started on my chat with you.

One thing that has been working in my system especially and to get my mind worked up is that a week or so ago I sent out an invoice of the books that I had to dispose of, they being too heavy to take to America with us. As this list included quite a number of standard books on Theology, and miscellaneous religious matters, and as I priced them ridiculously low, letters began to pour in asking for them. Well, many of these books were my text books during my college and Seminary days, and have lined the walls in my study for the last forty years and have met my eyes every time I have looked up from my work, and such things as commentaries, concordances, encyclopedias, have been consulted constantly during all these years—especially in my preparation for teaching in Training Classes, Bible Institutes, Seminary etc. so when letters began coming in asking for them, and I thought of actually parting with them it just simply broke me all up, and does now as I think of it. While I haven't been much of a Greek scholar all these years, just this morning in answer to Dr. Preston's request for my little Greek Testament I got it out and began looking over it—and all through the book there are marginal references that I made in the classroom while at the Seminary—and these memories and associations just simply break me all up—especially as I think of parting with the books that have meant so much to me all during these days—much more than I ever realized—until I came to think of actually parting with them. However, Mother and I have come to the conclusion that it is the thing to do, for of course books are especially heavy except light literature of which we don't happen to possess much, for when I get to America—with what I received for these we can get a few newer books, also I will have access to libraries for encyclopedias, and to my fellow preachers' libraries when I want to consult commentaries, etc.

Well, such is life:—"We meet but to part again. We part but to meet again!"—and what a Blessed life that will be "where there is NO PARTING. May we all so live that we shall all have a share in that WONDERFUL LIFE."

There have been no change in our plans since I wrote last. So far as I know our sailing is still fixed for May 22nd on Pres. Taft, though I am still hoping that there will be some vacancy on some to her boat so that our sailing may be pushed up, for our activities are so interfered with here that we can not do anything to speak of, e.g.. it used to be that I never went to this church that I was not called on to lead [illegible] Sunday after Sunday—and not once am I asked to have any part in the service. Our local pastor is completely cowed or intimidated, so that he is even cautious about coming up to our house to see me. I don't dare to visit any of the country churches, for after I am going things will be made very uncomfortable for the Korean Christians in those churches. Of course this is because of a stand that we have taken on a certain issue, in closing up our schools, etc.

We are now having absolutely beautiful, ideal, Korean fall weather, which makes one feel like doing things. Am trying to take advantage of it and get things straightened out so we will not be so rushed at the last.

In looking over the things in our house and trying to decide what to take and what not to take, the little doll furniture (bedroom set, etc. that we had made for you by Korean carpenter) I have wondered if any of you would be sufficiently interested in same to justify our taking them home. Then there is that little cedar chest that Alby's Seminary boy-friend gave her, i.e. filled with candy. I wonder if she would be sufficiently interested in that as to want us to take it home for her. We could pack it full of other things and then pack it inside a larger box along with other things.

I am very glad indeed to be able to report that Miss Jean Dupuy seems to be getting better. She has, though, been a very sick woman. Dr. Boggs has been over from Chunju frequently to see her. Speaking of taking things home, as I paused at this juncture and looked up my eyes fell on our living-room doors that leads out into the hall and to the stairs upstairs. And as I looked at it I noticed that it was badly "pockmarked," and as I was looking at it yesterday evening I wished that I could take that home with us as a souvenir, because as I look at it I have a life-sized picture of our dear little Margaret when she was a cute little, chubby girlie about 2 yrs. old standing with a hammer in her hand just banging and banging on the door, and making hammer marks at every blow, for the doors were made of very soft Manchurian pine. Her Ahma was sitting by watching and not doing a thing to stop her. I said "Ahma, why in the world did you not doing a thing to stop her." She replied; "Because if I did I was afraid she would cry!" So you can see how she happens to be so SPOILED(?)???!!! Well, bless her heart, what I want most of all right now is to be where I can spoil(?) her a little more.

Among the most distressing features that seems to be contingent on the situation in the Korean church at this time is apparently a loss of spiritual power (which you would naturally expect) and a falling off in numbers. We are praying very definitely that the Lord will raise a hand in things which we believe He will do in His right day and time. It is discouraging, though, to think of leaving it in its present condition, i.e. with the work of forty years being undermined.

Well, Precious Ones, I believe I have written you that the country has been suffering from a very serious drought for many months— due, of course, to lack of rain. We are now, and have been for some days suffering from a serious drought of letters—we know though that it is not your fault, that, of course you have written and that the fault is in the mails. At any rate we have not had any letters to speak of for some time—and we have been missing them like we miss the refreshing rains when they fail to come. Here's hoping that we will soon get a nice lot, for a boat has gotten in from America recently and it is about time the letters on it were getting over here.

Am getting to the ends of this sheet, so I guess I had better close up. With all the love in the world for the sweetest bunch of folks in the world,

Most devotedly and affectionately,

Daddy

Nov. 24th, 1939.

My Own Precious Little Girlie,

I am afraid if you just realized how much your old dad loves you and how crazy he is about you you would get the swelled head so badly that there would be no measuring it (or it won't just last!) Well, if it were anyone else but your own sweet self I am sure that that would be the case, but you are just too fine a little girlie to let anything spoil you—even your old Ahmas that you to sit by and let you bang up the house without stopping you.

Your precious letter of Oct. 27th. came duly to hand yesterday and maybe we weren't glad to get it—as always.

I am writing especially right now to answer your question re the shaving soap. No, it has never come to hand and while I have enjoyed greatly that which you sent me, and am still using same I can do without any more like it until I get to America. I have enough left in the container to last me several days longer, and then after that is all gone I have enough left from what I brought back with me from furlough the last time I came to last me till I get to America—and then some! However, I appreciate your kind offer to send me some more if I needed it. I have enjoyed that which you sent immensely. It is wonderfully soft and creamy and I have found it quite delightful—in fact, I think about the best I have ever used. However, what I have on hand is perfectly good "Williams Shaving soap" and an abundance of it, and it is very excellent soap and it will be no hardship in the least to have to use it—so don't worry your sweet little self to send me any more. I will get along all O.K. Thanks though just the same for your thoughtfulness.

I have just yesterday sent to Bill Chamberlain to be put to my credit in his bank ￥100.00 that I realized on the sale of my Underwood typewriter. However, the Japanese yen is down so low right now that when I came to convert into $'s it did not bring but $23.34. I have also in the last few days sold my old fur overcoat. Got ￥90.00 for it. Will add a little to this and send it on to Bill in a day or so now. I find myself getting terribly mercenary these days, as I think of going to America and establishing a new home there, and all that this will mean in the way of furniture, etc. etc. so we are naturally selling off everything that we have, since we can not take them with us, but what we are getting for our things will not amount to very much in U.S. currency. Am also selling off my books, as they would be so heavy to take back. Have sent out list of same to all the other Stations and the list has been such a choice one that the books have been very much in demand.

I have been looking over Montgomery Ward & Co'. catalog right much of late trying to get some idea of what it will cost us to furnish our house in Richmond—and have been figuring on three bed rooms —all with Simmon's Beauty Rest Mattresses, etc. i.e. one for Mother, one for myself and one for our precious little Margie. We can use your room for "guest room" while you are at school, and, should we have guest while you are at home there will be no trouble about our doubling up some how.

Speaking of your schoolwork, we are pleased to see that Mr. and Mrs. Woodward know a "good thing when they see it," and are appreciating our little girlie. You have been writing for some time past about wanting another job. Of course if you can better yourself

Mother and I would be very glad to see you to do—but we both hope very definitely that you will not think of letting the job go until you have a "strangle-hold" on another—and I am quite sure you will not, as you know full well from the experience of others what it means to be without a job these days.

I am wondering when your school will be out? If we get to Richmond early in the summer, say June 15th. we are afraid "Ginger" will not be there—but as your school always closes much earlier than hers you will, no doubt be on the platform at Richmond when we alight—and you'd better have on rib protectors for I am sure I'll be inclined to hug the very breath out of you!

Well, Precious Little Sweetheart, I will have to close for this time. Worlds and worlds of love for the sweetest little Girlie in the world from

The most devoted daddy in the world,

Daddy

P.S. Speaking of the shaving soap, I of course shave every morning of the world and have for some months past been using that which you so sweetly sent—and every morning, as I have used it I have been thinking a very special way of the precious little girl that sent it.

Your birthday present to Mamma has just come to hand.

Dec. 4th, 1939.

My Precious Loved Ones,

I got such good news this A.M. that I can not wait to pass it on, hoping that you will all be at least partly as glad as I am.

I got word from S.S. Company this morning saying that we have been transferred from the President Taft, sailing on May 22nd. to President Cleveland sailing from Kobe on April 10th. Hip, hip hurrah!!!!! This means that we will have the great joy of getting our arms around you much sooner than we had anticipated. This means that we will (D.V.) arrive in San Francisco about April 26th. This is as yet just a guess. Will let you know definitely just as soon as I know. This means then that we will probably be in Richmond by May 1st.—and gives us only four more months here, as we will have to leave quite early in April to catch our boat at Kobe. This also means that I am going to be pretty busy between now and then, getting things wound up and cleared out. Fortunately our household goods are all (even down to the little stands on which our flower jars sit) sold out, and the purchaser waiting just to take delivery of them. We will have to close up house keeping early in March so as to let the people take delivery of our goods and get the house cleaned out before we go.

We have not heard as yet (definitely) whether we will be able to get accommodations at Mission Court or not, so I repeat my requests that you folks be looking around for temporary quarters for us, so that we will have some place to go when we arrive in America, either an apartment (a small one) or a house (by the month), or a place to board, while we can be looking around for a place for ourselves. Beings as Alby and Bill are living in Richmond, that is the place that we would naturally want to settle, but if we can not get satisfactory arrangements there maybe we had better look around in Norfolk too. (since there is a lady and family there that I think a whole lot of too.)

Well, I was in such a rush to get this special news off to you, that even though I am exceedingly busy right now I had to stop to write it, but will have to stop now.

Worlds and worlds of love for each of you Precious Ones,

Most devotedly and affectionately,

Daddy

DECEMBER THIRTY-FIRST 1-9-3-9!!!!!

See note at end of letter.

My Own Darling Children—and Little Sis,

I am a little late on my usual Sunday program, for it is now 2:00 P.M. and I am just sitting down to the little chat that I have had in mind to have with "you all" for some time—not only because this is the nicest way to finish up the Old Year, but because we had such a lovely Xmas. YESTERDAY. The postman yesterday had to come out in a little Datsun (pronounced Dodson) automobile— because he had so many parcel post packages—and the little Datsun (like a little baby just in) had such a heavy load that it could hardly get up the hill. In fact it had to work so hard to get up here that the water in the radiator was boiling when it did get here—and we had to give him some freshwater to replace that which had boiled out. Well, he did get here with package for nearly everybody at the Station—and a great big pile of white Cross packages for the hospital (these were really what made the load so heavy. All among the packages were eight packages for Mother and myself—and maybe we did not hurry to get upstairs before the little open face stove in Mother's room to open them up—and maybe we were not happy so we did open them. In fact I was so overcome with happiness and appreciation as I took the wrappings off the packages —thinking of the dear sweet hands that had wrapped them up that I could hardly proceed the operation. But we surely did appreciate our lovely presents that you all sent us—and they were "just exactly what we wanted." You all evidently had our trip home in mind when you selected the presents—and we are now all fixed for ship trip. I can not go into detail re the presents, but the lovely toilet articles were just right for our trip—and the sheet covers just hit the nail on the head exactly. I have had several nice pair of American shoes that I brought out with me when I came back from last furlough and have been wearing them only on very special occasions, wearing in the mean time shoes of Japanese or Chinese make—to save my nice ones—and these latter are just about so nice as when I brought them out from America—and the number of shoe covers (counting one pair that I already had on hand) made just exactly enough for the shoes I have been intending to take back with me—in fact these shoes are already in the shoe covers and in the steamer trunk that I have already begun to pack for the trip home!

Well, now that Xmas has come and gone, we are really getting down to business in our preparations for leaving. Our walls have been stripped of the pictures and the pictures done up in packages to be taken to America and we have begun to deal with second hand store keeper re buying the frames. Had a man to come in to see them yesterday. Sang Ah has been working steadily for some days making packing cases out of the Korean red wood (Jung Namoo), and they are just about completed now, so our front porch and garage are stacked up with packing cases just waiting to receive their filling, which we will put in them about first of March. Will send them one month in advance of our sailing—but we will probably get there first even if that as we will go by rail across the Continent and they will be billed to Norfolk, to go around through the Panama Canel. I may (probably) be there in time to take delivery of them and attend to customs' examinations, etc. Will send from Norfolk to Richmond by motor-van, which I suppose will be the best way to send them. Though we turn our freight over to the S.S. co. here in Kunsan March 1st. it may take them two to three weeks for it to get to Kobe so there is no telling how long it will be before there will be a boat from here to Kobe.

As you have heard Miss Aurine Wilkins was married at Kwangju on 28th. inst. to Mr. Will McIlwaine (you will probably all remember him as they were at Northfield with us.) Well, it was about the most popular function that our Mission has ever had. Nearly everybody in the Mission was there except Mother and myself. Dr. Wilson was here in his lovely new Chevrolet and urged us to go down with them, but Mother said she did not feel that she wanted to subject her strength to the strain of the trip, so of course I did not go. But there were several friends over from the Japan Mission (of which Will McC. is of course a member). Among them Mr. and Mrs. Harper Brady, Miss Charlotte Taylor and another Miss (somebody—have forgotten her name) and two Harper children. They were all (except the children) in to see us yesterday—with our house all torn up, getting ready to leave, and when we were talking about the things that we are going to take with us I took them upstairs and showed them our wardrobe—and told them that I was planning to take that even though Mother was arguing against it, and they all exclaimed over it, what a beauty it is etc. and all said very emphatically that they surely would take it—which as I said I am planning to do. Have the packing case just about all made. Another thing that I am having to do sub-rosa is that of taking the little doll furniture and little study table along. I have not touched the tables as yet, except to examine them with the thought of taking them to pieces to pack, but the little doll furniture is already in a large packing case—and the little trunk that "Ginger" has been writing about I am planning to use as a box for packing books in (in fact have already some books in it) and having the whole thing crated in a good stout crate, so that the trunk will not be damaged in transit. However, you girls must not expect too much of these particular pieces of baggage (or furniture) for you probably have a very glamorous memory of them, as associated with your childhood days here in the home—and when you see them you must not let yourselves be disappointed, for they will probably not come up to your memories of them—this is according to life. The things of our childhood always take on a glamour in the course of years (in our memories) and when we see them after many years of separation we are frequently disappointed. I am not taking these because they are especially pretty, or especially cute, or anything like that. I am taking them largely for their associations, for the sentiment connected with them—just because they are the things that "you all" played with when you were children here in our home—and such precious children as you were!!! We shall never forget. And we are greatly pleased that the Koreans who knew you all remember you very affectionately—but how could they do otherwise???

When Bill Bull wrote us telling us what a lovely little lady he had captured he said "She is a very practical little lady, and a very nice house-keeper." He believed this thoroughly and had no need whatever to be convinced of this; but had we needed any convincing we certainly would have had it at our dinner today when we sampled that lovely fruit cake that she made for us (with Bill's help).

It was delicious, and we enjoyed our first sample of it immensely—but even more than the cake itself we enjoyed thinking of the sweet little lady that made it, and of the lovely thoughtfulness in sending it to us. It is delicious.

Well, this is the last day of 1939 and tomorrow will be the first day of 1940, and we are very happy to think that next Xmas. we will (D.V.) have you all and by (or before) next New Year day that we will be installed in our own little home—with enough room in it for all of you to come to see us frequently—for that's the object of our retiring at this time.

Well, Precious Ones, it seems that there is only one thing that I can write about, and that is the subject of going home—and that is because it is the subject that is in my mind all of the time—of being where I can see you precious ones.

And—just think, tomorrow will be January 1st, which means that there are only three actual months between now and the day (April 3d.) that we have set for leaving for our homeward trip, and that means that there are only twelve weeks—and just think how rapidly a week goes by. We hardly spend one Sunday before the next Sunday is upon us. It is for this reason (realizing how rapidly time goes by) that I have been thinking, talking and writing so much about our trip home. We are very glad now that we began weeks, and months, ago planning, for if we did not have things pretty well in shape now for leaving we would have been simply swamped trying to get things ready for leaving. As it is we are doing so without its being a great burden to us. We were just on the point of dismentling our guestroom when we got word yesterday that the Boyers from Chunju are coming over to make us a life farewell visit, so while they will be coming only for the day we desisted from our attack on the guestroom. I have sold off most of my books, and day-after-tomorrow I will finish dismantling our living and dining room, i.e. the pictures are all already down, but we have lots of brassware (as you know) that helps to make the living room presentable, so in view of the Boyers' visit we are leaving that in place, but will begin packing that the day after they are gone. Well, I hope you Darlings are half as interested in all these details as I am, for they mean so much to me.

Must close now, for this time. With worlds and worlds of love for the sweetest folks in the world,

Most devotedly and affectionately,

Daddy

P.S. Hold the first sheet of this letter up to the light and read it through the sheet. I am very sorry indeed, but (as you can see) I got that page in the machine backwards. I am glad though that in cleaning out my desk drawers I came across some new carbon paper the other day, that I did not know that I had, so that the writing will be black enough for you to read it through the sheet.

Dec. 31, 1939.

Kunsan, Korea.

Mrs. William F. Bull

My own precious Margaret,

Last week was a rich week for us as Wed. we received your dear letters of Nov. 23rd & Nov. 26, two from Wm. & one from Va. Then yesterday morning we received eight Christmas packages, your three, four from Va. & one, a lovely fruit cake from Wm., Zelma & Gloria. We had a great time opening & enjoying everything.

Can not tell you how we appreciated & enjoyed your gifts. Your Daddy is crazy about that soap & began using it this morning. My, that box of candy! We have not opened it yet, thought that we would wait until after Christmas had passed. Then that other package from you! It looked so dainty & pretty that I hated to open up the packages. You were so thoughtful in sending us the things we shall need on our trip to the U.S. I can not thank you enough for each thing. Who but one of our dear sweet girls would have thought of that nice lot of kleenex? It will be wonderful to have those. You are one lovely, sweet girl & no mistake about that. Va.'s packages were lovely too, two pairs of beautiful stockings for me, four pairs of shoe pockets for your Daddy which he has already used for his nice shoes, a box with four packages of gelatin & a pkg. of Kraft's cheese for us. Gelatin can not be bought out here now & I do love grape juice jelly. I made a bowl of it yesterday & had it for dessert today with some of Wm. & Z.'s delicious cake. I thought it was lovely of Z. to make it for us. Thank you so much for all you sent.

I enjoyed your letters so much. Hope that your dry spell has long since been broken by good rains.

I do hope that your coat will be nice & warm. Weight does not always add to warmth. It must be very pretty. You surely bought your dresses at a bargain. I love the sample you sent. I am glad that you fitted yourself up so nicely. Was sorry that you did not see Deen.

I noticed your new stationery. It is very nice indeed. Whose idea was that?

I surely appreciated your sweet birthday letter & your dear words about your old mother.

We had a pleasant Xmas. I surely enjoyed Dr. & Mrs. Wilson. It has been many years since I have been thrown with them. We had Christmas dinner at the Talmages', had (midday) dinner with Miss Greene Tues. & dinner in evening with the Wilsons. Then Wed. all of them ate here at 10 o'clock. So we had a social time, peace & harmony reigned in our midst. E. Woods & the Dupuys were away, the former at Kwangju & the latter at Soonchun, so it made just a nice crowd.

Thurs. I took down all the pictures upstairs & removed them from frames & Fri. did the same (or had done) downstairs. We shall sell most of the frames. The family pictures we shall, of course, wish to take to U.S. It is a job to think of clearing out this house but we are going at it steadily & are making good headway.

I am praying for you, dearest one, that God may lead you about another year. I shall hate to see you give up a certainty before you have secured another job. Move with care. Jobs are not easy to find especially when one has <u>none</u>. When we are settled we can be of more help to you. Just now our plans are most confused & the future unknown. It will be so good to be nearer to you. How is Jeanne?

With my heart's love,

Your own devoted Mother

Jan, 2nd, 1940.

My Precious Little Girlie,

I just can't tell you how delighted I am with all the beautiful things that you sent to me for Xmas. The only thing that I enjoyed more is thinking of the Precious Little Girl that sent them—and of letting my arms around her in just about four months from now—Oh, Boy, but won't that be GRAND?

Well, I could hardly wait for the next morning to come around to try out that lovely shaving soap that you sent. Nice soap makes all the difference in the world in shaving—and you may know (from observation) that that is a rather tedious operation under ordinary circumstances—but when I have such lovely soap that make me think of such a lovely little girl every time I shave, and all during the time I am shaving the operation is transformed from a bore to a pleasure. Many, many thanks for your precious thoughtfulness.

As I am inclosing quite a lengthy epistle with this, telling all about our plans (and working out of same) I'll let it go at this for this time.

Most devotedly,

Daddy

Sunday, Jan, 7th, 1940, 8:00 p.m.

My Precious Loved Ones,

I am a little late in getting started on my weekly epistle. I was due to preach at the English service this aft. so was busy this A.M. getting ready for that. Then I went down to the local church today, and they had a Congregational Meeting after the regular church service, and we did not get out of church until 1:25. Then I was busy again after lunch today getting ready for the service and it was supper time before we got home from the English service. Since supper I have been busy about several things. It is my custom to go down to the Korean church for service on Sunday evenings, but this evening (as I have been interrupted all day) I am deliberately taking the evening off to write to you Darlings.

I wrote to you about my very interesting trip down to the Leper Colony below Soonchun, and about holding a series of meetings for them. Well, they showed their appreciation of my services by holding for me a Fortieth Anniversary celebration. It was quite a creditable affair, and would have done credit to most any ordinary congregation. Among the events on the program was the presentation of a memorial present. They gave me, at that time, an envelope containing a description of the article that they had ordered for me, but which had not come, viz. a Korean silver bowl, in the shape of the Korean national flower, with map of Korea engraved on some and an appreciate sentiment also. Well, it has taken this quite a long time to get made, but finally it has been finished and sent to me—and Oh, Boy, but it is a beauty! It is 7½ ins. in diameter, and proportionately deep, and is shaped like a lotus flower, i.e. in scallops, and as said had map of Korea engraved on it, with my name etc. also engraved on it, and my, but it is a beauty—and maybe I won't be proud to show it when I get to America. It is in a lovely case, silk-linen, etc. and I have it up on the book case in our living room, with the top up and a picture of the leper congregation sitting up on it. I do not know when I have had a present that I have thought more beautiful, or of which I have been more proud. I will want it to go down in our family from generation to generation, I wonder which one of you will fall heir to it. It will be lovely for fruit or for bon bons!

Well, this being Sunday, Jan. 7th. means that after next Sunday come (which will be just a few days) that we will actually have only two and one half months left, before we will be pulling out for you precious ones—Oh, Boy!!!!

We are expecting the Lintons over to pay us a little visit tomorrow. Charlotte will not come, however, just Mr. Linton and the boys. He has just gotten a permit for the new Ford that he brought out with him, so he is giving the boys a ride by way of celebration. We will be pleased to see them but sorry that Charlotte is not coming too. The people in the Mission have been very cordial and very urgent, insisting on Mother and me coming around to all of the Stations to make them a farewell visit before going, but Mother shrinks from the exertion of the necessary travel, and we are not planning to go, even though Mr. Unger offered to come up and take us around to the Stations in his lovely little Studebaker "Champion". That is such a marvelous little car that the ride in it alone would be sufficient attraction for me to go, but Mother recoils from the travel, so I guess that means we won't go, though our friends have been very cordial and very insistent.

Our house looks quite bare now with the walls all striped of the pictures, etc. We have, so far left our brass in place up on the book cases in the living room and dining room, but after our guest have gone, after tomorrow I am planning to pack up all of our brass. Am planning to pack it in our old Brown-Kori and take it with us like we did across Siberia—I don't suppose any of you will remember this, i.e. what a heavy piece it was, and how surprised the red-caps would look when they would come to grab it up and sling it up on the shoulders to find that it would not budge from the ground. However, it will not be quite as heavy this time as it was then for I propose to divide it and put part of it in a larger fiber suitcase that we have.

Well, the suffering from the famine that is going on around us now is most distressing. Everyday they come flocking up into our yard in droves, whining and crying from cold and hunger and begging for help of any kind that we can give them, food, fuel or clothing. The situation is most distressing, for even those who have a little money can not get the necessities of life—they are simply not to be had—are not for sale in the stores, i.e. not on the market. Most pitiful little creatures only four or five years old, or thereabouts come up into our yard, absolutely inadequately clad, and frequently absolutely barefooted, not even socks or straw shoes on, with their perfectly bare little feet right down on the hard frozen ground, and they stand and shiver like little puppies, with their little teeth actually chattering like castanets. I am wondering if some of you could not let these desperate conditions be known in your communities, and collect up any old shoes or anything like that

that the people there want to get rid of—it would not matter how badly worn they were, it would be a God-send to these pitiful little creatures. I am wondering how it would do if Va. could let this distressing need be known at her school, if they would not be some old worn out shoes, or such, that could be turned over to her, so that she could send them out to me by parcels post, or maybe Margaret in her school. It would make no matter about the size, for there are scores and scores of little children of all sized and also any number of grown people who are absolutely without anything to wear on their feet or on their bodies. You know the Proverb says "He that giveth to the poor lendeth to the Lord." Am sorry that I did not write about this long ago, for the coldest part of the winter is right on us and by the time any help can come we will be well into the spring, but even then such help will be highly acceptable.

Well, Precious Ones, I guess I'll have to close for this time. With all the love in the world for the sweetest bunch of folks that ever lived,

Most devotedly and affectionately,

Daddy

Feb. 4, 1940.

Kunsan, Korea.
Mrs. William F. Bull

My own precious Margaret,

Your lovely letter of Dec. 26th & one from Va. of the same date came Tues. & gave us so much pleasure. I agree with you that the nicest part was the fact that Russell had been transferred to Philadelphia & that he & Va. could reach Richmond on Xmas Day. It was cute for Russell to keep his good news until he could tell Va. in person, wasn't it? Now that he has had the training in Chicago, I feel that he will do all the better in Philadelphia & do hope that he will go on to real success in this job, as he surely deserves to do. Va. was so lucky in getting a ride down to Glasgow with Morrison & back with him to Phila. That was a big help.

I love your stationery that M.P. gave you. Va. had written about the nice file she had found in N.Y. and that she had bought for you as she knew that you had wished to have one. Alby's presents to you sound so nice.

It was so nice that you could go to W.S. & see Mgt. etc in their new house & then go to Norfolk with them. I know that your Aunt M. was as excited as little Mgt. when she saw the crowd from W.S.

Mr. Unger has a Studebaker Champion & drove up here in it in Dec. It is a beauty & so roomy. Billy W. must be getting on finely to be able to get that.

I know how glad A. & B. were to have you there with them.

Va. wrote how glad she was to have a visit with her darling sisters & sweet brother-in-law.

You & A. seem to have had a very happy Xmas & for that I praise our loving Heavenly Father.

I think that I must have left my copy of *Cranford* somewhere. I can not remember seeing it here for ages, had forgotten I had it out here, tho I know that I used to have one.

Your Daddy is writing you dear ones a long letter & has told all the "news" I feel sure, about his nice birthday etc. So I shall not repeat in this. He surely gets a thrill in writing to you dear ones.

Mrs. Wilson came up last night. Ted is having her hard time today. Dr. Boggs came over from Chunju this afternoon & thinks the baby will arrive tonight. So we are all waiting anxiously for news but suppose that we shall hear nothing before morning. Mrs. Boggs came too & sang a beautiful solo at our Eng. service. It will be a big relief to all of us when Ted's baby has arrived in safety as we are all praying that it may. (Mon. Ted's little girl came last night at 7:30. She is fine & so is the baby. Named Elizabeth Stuart.)

It has been a little—just a little—warmer today while the sun was shining but so cold again this late afternoon. I am tired of the bitterly cold days & nights but that does not help matters. Mrs. Wilson says that it has been so cold too at Soonchun. Wood is scarce & hard to get during the days when ground is covered with snow.

Have you read Archibald Rutledge's *My Colonel and his lady*? It came out in 1937 but I have just seen it & read it & enjoyed it so much. I would so love to see some of those old S.C. homes. It is too bad that so many have been destroyed.

May God bless & keep our precious, sweet girl.

With heart's love,

Your own devoted,

Mother

How are Kat & her baby this winter?

Feb. 4th, 1940.

Kunsan, Chosen.

My VERY, VERY Precious Darlings,

It seems that as the time draws near when I will be able to get my arms around you Precious Ones, that I have more and more of difficulty in finding words to express my feelings, or my esteem for "you-all."

Well, I am a little late in getting started this A.M. and in a few minutes I will have to be wading my way down to church. I was rather late in getting in last night, due to a celebration that was being given in my honor by the women of our "Women's Bible Institute" in view of the fact that this is the last time I shall ever teach in same. They are a very, very appreciative and very commendable group. As you know our Institute is now in progress, running for parts of two months. Yesterday was the closing of the first term, so the women (quite a number of them young girls with their hair in plaits down their backs—and two old women 59 yrs. old—and quite a goodly number all the ways between those two extremes. I have been teaching O. T. History in the 5th Grade and sacred Geography in the first grade. Leading up to the study of the geography of the Holy Land, I gave them by way of introduction, so that when they talk about Palestine they would have some intelligent idea as to just where it is in relation to the rest of the world. The first question I asked on the examination that was held yesterday was: "Explain the changes of day and night and of the four seasons" and I am sure you would be surprised at the number who answered this question very intelligently—due of course (?) to the good teaching that they had had!! At my rate I was quite pleased with their intelligence and their ability to follow the explanations. When I finally got to Palestine (after wandering all over the world, e.g. explaining to them why they could not go in a "bee-line" from Korea to Palestine, and told them something of Palestine of today, and how many, many things that were present in Christ's time, e.g. "Jacob's Well," they were all intensely interested —and most appreciative. Then we also had an awfully good time in O. T. Hist. with 5th. Grade. They were all so appreciative that in view of our early departure, to which I had referred several times, they gave this "Farewell celebration" last night, which was a very creditable affair. One of the Bible Women presided, in giving a brief history of my life, which they had prepared in advance they said that when I first came to Korea that I was just a very young men, and like Adam, without a help-meet, but that God saw that, like Adam, it was not good for me to be alone, so He sent out a Help-Meet to me, also that the Lord had given us four very wonderful children and then when it came to my time to respond I did not fail to brag about (or rather express my gratitude for such) wonderful Help-meet and children.

We have been having quite a round of gaieties of late. Miss Dupuy had a birthday party given in her honor a few days ago, and then the 1st. was Miss Fontaine's (who happens to be here from Chunju helping in our Bible Insti.) and mine on 2nd. so the Station gave us a joint birthday party on evening of 2nd.—and it was at the dinner table on this occasion that Miss Dupuy said that Mrs. Bull was the smartest woman in the Mission—to which we will all of course agree heartily—certainly the SWEETEST as well as the smartest.

The women not only gave a lovely entertainment, with sports and stunts, after the serious part of the program was over, but they also gave me some lovely engraved brass bowl—which you will all be able to see before so very many more days pass by—since there are just eight Sundays left before we will be headed your way with outstretched wings—and arms!! I have actually put in a Station Order on our Mission Treasurer for our travel money to America—and in just three weeks now I will be handing my freight over to the S.S. Co. for shipment, at least I'll hand over my boxes of books, for these have to be(?) examined so meticulous about such matters—since freedom of press is something that has no recognition in this part of the world. I have to hand over to them a complete invoice of my books, giving title of each book, its author and the publishing company—and as they are not so expert on English it takes them some little time to go through the routine of checking up on the invoice to that see that nothing uncomplimentary to the country goes out—but fortunately they can not read minds!!!!

I have just two more weeks of teaching in the Bible Inst. and then I will pitch in to finish up all of our packing, cleaning out the house and getting ready to "clean-out" ourselves. While we have dismantled our house to some extent, such as taking the pictures down off the walls, etc. most of the furniture is still in place, and while we have sold it all we have not yet given possession of it, but will do so in about forty more days (you see I am counting the days) and then allow ourselves to be entertained by one of our neighbors for about a week or ten days before we actually pull out for our darlings. We are also already studying R.R. schedules for our trip from San Francisco to Richmond.

We are still having the bitterly cold weather of which I have been writing. Misses Greene and Miss Greene have put up ice together in Dr. Patterson's ice house and they got beautiful ice, the thickest I have seen since I have been in Korea. The thickest that I have ever put up has been only five inches thick. Put there is a block out in our backyard eight inches thick right now as I write. Jimmie Wilson and John Talmage are going to fill our ice house tomorrow. We are glad that we do not have to bother about putting up ice this year because we will be this coming summer where we can get all the nice clean ice that we want, and all the ice cream that we want simply by going to the phone and calling for it.

Well, Precious Ones, I am drawing near to the end of this sheet, so I guess I had better close up. With all the love in the world for the sweetest bunch of folks in the world,

Most devotedly and affectionately,

Daddy

Please excuse mistakes. I am in such a rush and have not time to read this over.

2/4/'40.

Dear Children,

This is the Chapter Letter that is sent out by the Upsilon Chapter of Kappa Sigma from Hampden-Sydney every month. This copy came to me a few days ago and I looked over it and pitched it in the waste paper basket under my desk, but as I did so it flew open and I saw my name on the bottom of the second page, so I, of course, became a little more interested and fished it out to see what it was all about. Thinking that you might be interested in what it says I am passing it on to you with the request that Ginger pass it on to Alby, Alby to Margaret and Margaret to Bill.

Thought that possibly you have not been sufficiently impressed with what a "famous" Daddy you have, so am sending this on to you to "see for yourselves."

Feb. 11, 1940.

Kunsan, Korea.
Mrs. William F. Bull

My own precious Margaret,

We surely had a red letter day Tues. when postman brought us good letters from you dear ones, one from Wm., two from Va., one from your dear self and several others. Yours was your birthday letter to your Daddy which he appreciated.

I am not trying to plan what we would better do from this distance. After we actually reach the U.S. there will be time enough.

I am so glad that you had a lovely holiday Xmas. Would like to hear more about what you & the others did. Have not heard from A. yet about Xmas tho Va. has written fully about her trips. Know that a good letter will come from A. soon.

It would be nice to see Emily M. in S.F. Berkeley is just across the bay from S.F.. Have you ever looked at a good map of Cal. with the situation of S.F. especially in mind? It is most interesting.

We are planning now to go by Houston. Wm. seems to think only of that tho he has not directly mentioned it, not knowing how everything would be with us. We can get stop over at H. on our way east. When we shall be able to go out there again we can not tell. As I wrote to your before, however, it will be very hard to leave him as soon as we shall have to do.

We shall get an order for our R.R. tickets here & then choose our route when we reach S.F. We have not told Wm. definitely that we are going to H., so do not mention it to him. We pray that God may open up the way before us.

That was lovely of Zelma to make the fruit cake for you dear ones. Ours was delicious too. I have had it for a special treat on Sun. & we finished the last of ours today.

Charlotte & Mr. L. came over Mon. They are buying several chairs & a lot of our kitchen & pantry things. I had held the latter back as I hoped some foreigners would need those things. Am so glad that C. needs them. I am giving to her, and have given some things I bought at her father's auction & one thing he gave me that was her own mother's. You know how many large Mason jars I had. C. is buying all of those and is wise in doing so as they can not be bought out here now. It is a help to get rid of those things & to someone who really needs them. Tumblers can not be bought here now, tho the stores in port (past?) used to carry such nice ones. C. is taking all the tumblers we have. C. never really knew her mother as she was too small to remember her, so I thought it would be nice for me to give her a few things that were used by her mother in Mokpo.

Rosalin T. has been sick almost with what looks like a kind of fever that many have had out here. It is so hard on her with her little boy to be cared for & especially during the cold weather. I do hope it will not be fever like that & that she will be well soon. We are devoted to her.

I wondered during this cold spell everyday how you were getting on. I have a copy of the *Atlanta Constitution* with pictures of the ice-laden trees of the city etc. It did not look much like the sunny South. Someone is sending that paper to Rosalin for a month.

When you get this it will be too late for you to write to us out here.

Remember our S.F. address
S.S. President Cleveland
& American President Lines
San Francisco, Cal.

Pardon repetition.

Va. seemed so proud of the coat-of-arms that Jeanne did for her.
Was that your present to Va.?*
With my heart's love,

Your own devoted,

Mother

The Pres. C. is due (by schedule) to reach S.F. Apr. 24.

*I looked up Va.'s letter & read her list of presents & saw what
you gave her so do not pay any attention to that question. Va.
seemed delighted with your presents to her!

Feb, 11th, 1940.

Kunsan, Chosen.

My Own Precious Loved Ones,

Today has been quite a variation from my usual Sunday program. Today is <u>said to be</u> the 2600th anniversary of the founding of the Japanese empire and consequently patriotic services are being required all over the country, especially in schools and churches; so since I happen to be principal of our Boys' School I went down to see what was being done. Will tell you more about this when I see you. However, on account of planning to go down to this same vice I got up as usual this morning—not sleeping late and went down. I have just now gotten back from said meeting and am seating myself for my usual Sunday morning chat with those whom I love best in this world.

We have been continuing to have the bitterly cold weather that I have been writing about, and the terrible suffering has continued unabated around us; but in the last two days it seems that the cold spell has broken and that things are moderating a little bit. It has been so cold of late that the heavy snow that we have had covering the earth has not melted even in the middle of the day when the sun was blazing down upon it, but for the last two days it has been melting rapidly in the middle of the day.

I have just four more days to teach in the Bible inst. now on the 5th.(i.e. 16th. inst.) we will have exams.—and then I will pitch in in earnest to get our freight off. I have the packing cases made,

443

but the furniture is still in its place in the home, i.e. wardrobe and side-board, but within a week from this coming Friday (i.e. 23d inst.) I hope to have them all ready to turn over to the S.S. Co, for shipment. The freight will go from here to Kobe by boat, then from Kobe to San Francisco, and from San Francisco to NORFOLK(!!!) via Panama. We will (D.V.) follow this same route, except we will leave the boat at San Francisco and go by rail the rest of the way—am getting pretty excited at the thought!

I do not think I have told you about the addition to our Station membership. Jimme Wilson's wife presented him with a lovely little daughter a few days ago. She is a little darling—and everything came off perfectly—i.e. no complications. Dr. and Mrs. Wilson have both been up to see their new grand-daughter. He has gone but she is still here. We also have Dr. and Mrs. Lampe, of Syenchun Station, as visitors in our Station just now. He is to preach for us this aft, so this lets me out, as otherwise it would have been "up to" me.

We are still holding on to the main pieces of furniture, e.g. our beds, etc., but have set March 26th. as the date when we will be ready to give up everything and clean out the house completely. We will on that date go down to Miss Dupuy's to sleep and will be her guest from that time on until the morning of April 3d. when we will (D.V.) take the train for Japan, and from thence to God's own country and to God's own people! In view of Mrs. Grant's encouragement to think that there will be an apartment available for us at Mission Court we are making Richmond (and Mission Court) our destination—and are purchasing our R.R. tickets to Richmond, via [illegible].

We will hardly be able to get a letter from you at this place after you get this; but of course we will expect to get letters from all of you at the boat on our arrival in San Francisco. Address your notes c/o S.S. President Cleveland, American President S.S. Company, San Francisco, Cal. At this point I was called to dinner, which I finished, and then according to my usual program went up and took a little 15 minutes nap and am now back on my job refreshed and invigorated. Speaking of dinner, we had a lovely dinner, finishing off with a nice bowl of jelly, made from the nice jellatine that our Sweet Little Ginger sent us—and as we enjoyed this we thought very particularly about dear little Alby—who used to be so crazy about jelly when she was here with us. Then we had, along with our jelly some of that lovely fruit cake that dear Zelma sent us for Xmas. It has been such a delight to us that Mother served it only on Sunday, which is the reason that we have had some up till today. I told Mother the other day that I wished we had a piece of it as big as our sideboard! Well, it has been delicious, and we have enjoyed it accordingly.

I have enjoyed and appreciated greatly the lovely birthday letters that you dear ones have sent me—and just think, on my next birthday I will be able I hope to have you all present for a celebration —in our own little home!

Must close now. With oceans and oceans of love for each of you Darlings,

Most devotedly and affectionately,

Daddy

P.S. You will see that I have used up all of my printed envelopes, and since I have not much time for the use of such I am getting just a few at a time of unprinted ones—and doing the very "tacky" thing of using just a rubber stamp, or rubber stamps—i.e. one in Korean and one in English.

Kunsan, Korea.
Mrs. William F. Bull

My own precious Margaret,

Not any U.S. letters came last week from any one due to boat schedule I suppose, so I have no letters to answer this week. My, how Feb. is going by! Your Daddy has finished his Bible Institute work & can now pack in earnest so as to get freight off. There are many things that we would like to take that we have decided not to take but on account of heavy freight rates we have to be careful. We sold our nice electric fan yesterday for enough to buy a nice new one in the U.S. If we can sell our waffle irons as well we shall do so, if not, shall take to U.S. The fan we had used most carefully & not a great deal, the waffle irons we have not used at all as we had the waffles cooked on stove by cook, as current was not suitable for electric irons. The well-to-do Koreans are so glad to get these nice Am. things. I offered to Sta. first but as no one volunteered to buy it, sold fan yesterday.

I have packed two boxes of books which I feel I should take to U.S. tho there are other good ones. Shall send a few by parcel post. I am taking only those with which we have some association. Know that you will enjoy going over them. You will have to take charge of them.

The doctor who bought your Daddy's movie outfit is crazy about it. Mr. Linton had brought two special films out for your Daddy.

The man bought those too & has one developed & is very proud of its turning out so well, says it turned out better than your Daddy's. We are so glad that he is so pleased. He thinks he has a fine outfit and he really has. There was nothing wrong with it. This doctor bought it for a rich Japanese landowner who wished him to use it for health purposes in the clinic on his estate. So the doctor got it from us for that purpose. So we are all happy about that deal.

I do hope that all of you have kept well. May God be with each one of you & bless each one specially & give us a safe reunion. He has been good to us during these years & will not fail us now. You are so precious to us. No one knows how your mother loves you!

With my heart's love,

Your own devoted,

Mother

Sunday, Feb. 18th, 1940.

My Precious Loved Ones,

JUST SIX MORE SUNDAYS!!! Do you know what that means? Well, it's so much on my mind these days that I can hardly sleep at night for thinking of the joy of getting my arms around you Darlings!

I have nailed up several boxes and bound them with a strap iron some time ago, but just last evening—just before supper we finished crating our first piece of large furniture, viz. the top to our wardrobe. That is in three pieces, as some of you may remember, viz. the top section, the middle or body of the wardrobe, and the bottom which consists of drawers. The case that finished packing, and binding with strap-iron was that which contains the top of the wardrobe. The last thing I did before sitting down to supper last night was to write on that case, with Korean brush and ink. "Mr. F. F. Priest, Norfolk, Va. U.S.A."—which looks mighty good to me!! The next two or three days will be spent very busily putting the rest of our things that we expect to send by freight, i.e. by water, via Panama Canal to Norfolk in the case that I have had made for them for some time—and then as soon as we get them all nailed up and strapped I will turn them over to the Steamship Co. at this place to be forwarded. I am sending them ahead of ourselves, hoping that they will get there about the same time as we do, so that I can attend to receiving them, passing them through Customs, etc. and not have to bother anyone else about it. I just "can't wait" to get there and see your reactions as we open the boxes and you see the things that you have been used to seeing from your earliest day—well that will be a happy day—for me at least. We are praying hard that the Lord will lead us very definitely to a place where we can not only open up the boxes, but to a place where we can put them permanently—and of course we will not unpack the boxes until we have reached such a place.

At Station meeting yesterday it was decided to reimburse us for our expenditures on our bathroom outfit, for which we are very grateful—and of course we will therefore leave them intact for the next people who occupy this house—probably the Lintons, as the Station is making a big pull to get them transferred over here from Chunju after we go—but of course Chunju will make a big fight to keep them.

As I have written, we have had one of the severest winter this year since I have been in Korea, but I am very happy to say that the winter seems to have broken now and that we are having a little bit milder spell of weather which is a great relief to the poor who have been suffering so intensely on account of the cold. While there is some relief from the cold the food supply continues to get more and more scarce all the time, and will continue to do so.

Worlds and worlds of love for each of you precious ones,

Most devotedly and affectionately,

Daddy

P.S. I am inclosing herewith a picture of an old guy that some of you may recognize. The Government is requiring now that all foreigners be registered with the local police office and that, they have a certificate of registration. This law went into effect a short time ago and we were all required to present pictures of ourselves visiting card size to submit with our application for the privilege of living in the country. I went to the photographer's studio to have mine taken and the man (who is a friend of mine) made, complementary, some large ones like the one inclosed. Mother has insisted on my not sending such, but waiting and taking it with me when we go—probably she thinks it will be too much of a shock to "you all" to see how I have aged—but I thought I had better send it on in advance TO PREPARE YOU, so that you will not be shocked when you see me—well, really the picture exaggerates my age more than it does anything else, my good looks(?) for instance. I think the picture is really pretty good therefore I am sending it on contrary to Mother's advice. I do not even look quite as old as the picture makes me out—and I assure you I am far from being anything like as old as the picture looks—as I will prove to you when I get out my tennis racket!!

I have received money from our Mission Treasurer for our travel to U.S. and have sent draft on to pay for our steamer and R.R. tickets. That sounds like business, does it not?

Tues. Feb. 20th. Your lovely box of candy for my birthday has just come to hand this A.M. It is perfectly lovely—but not quite (in fact far from it) as sweet as my Darling Little girl—many thanks for same.

Feb. 25, 1940.

Kunsan, Korea.

Mrs. William F. Bull

My own precious Margaret,

I wonder whom I have been thinking about all day since early morning. Can you guess? So far away I am & yet you seem not far but close to me because I love you so dearly and am so grateful that God brought you to our home. May He bless you in a special way this year & continue to make you a blessing to others. I do hope that you have had a lovely time today & that you have been well.

Last week was a rich week with us in the way of mail. On Mon. we received a good letter from Wm. On Tues. came your pkg. of chocolates for your Daddy & a pair of such nice overshoes for me from Gl. I had asked Va. to send me a pair for trip as I have always been in rain in Kobe & Gl., who had wished to send me something Xmas but had not known what to give me, heard I needed a pair & sent them as a present to me. We are crazy about your chocolates & are both enjoying them. Thank you so much.

Wed. came two letters from Va., two from you & one long one from A. about Xmas. Then Thurs. came another letter from Va. Yours were dated 15th & 18th. I love your picture tho your Daddy has taken complete possession of it! It is so good of you. Thank you for sending it.

Was interested in the news about Ruth B.'s daughter. Wish her father & mother were near enough to see her.

I know that you had fun sleigh riding. I used to think there was nothing more delightful than that. Was sorry to hear of so much sickness, hope Mrs. W. made a good recovery & that you have continued to keep well.

Yes, the Reynolds have bought a cottage at Montreat & live there the whole year.

Do not feel disappointed about delay of pkgs. All pkgs. were delayed at Xmas & mail comes slowly. That is not the fault of the P.O. here, however, but due to schedule of boats.

Was glad to receive Mamie's letter & to hear about the wedding etc. but sorry to hear about her neuritis. That was a trying experience for Libber so soon after her marriage. I hope that her husband will not be permanently located out in Cal. But one can not tell these days where business will take a young man.

We have our freight ready to be shipped. Were told to send it in this week as there will be a boat about the 1st. We have tried to be careful but it has "mounted up". We just can not afford to take all we would like to. The Com. is not giving all of it, but is helping on our freight. I hope to get our heavy packing done this week so that I can have time for accounts & school etc. But with all of our managing I know that we shall be rushed at last.

A.'s letter was so bright & happy & showed how glad they were to have you with them & how glad they were to see Ginger & Russell. A. surely had a grand Xmas & got a big lot of presents. She writes so sweetly of your being there & of the fun you three had before Xmas etc.

William wrote about the cold weather in Houston & a letter from Mrs. Walker from Galveston wrote us that they had had eight consecutive days of below freezing weather that had burst pipes & killed flowers. Wm. wrote that he had saved his pipes from bursting that first night. I do not know, however, that he managed to do so during the entire spell of cold weather. Do hope that he did.

God bless our precious girl & lead & direct her every day in every way.

Where is Kat this winter? I miss hearing about her & her baby.

When you get this we shall be about moving out!

With my heart's love,

Your own devoted,

Mother

Sunday, Feb. 25th, 1940.

My Precious Loved Ones,

JUST FIVE MORE—WHOOPER!!!—and our front porch and garage are stacked up with boxes all ready to be turned over to the S.S. Co. in about three days. Our freight is already packed (i.e. nailed up and the boxes reinforced with strap iron), and has been for several days. I planned to ship it last Thursday, but the boat was full up, so I am having to wait until next boat, which will be the latter part of the week, but I will have to turn the freight over to them several days in advance, as we have six boxes of books that we are sending, and as I have written the name of each book, its author and the publishing company has to be given to them— then they check up on the list to see that nothing critical of Japan goes out—such is the totalitarian form of government under which we live—it is fortunate though that they can not put a muzzle on one's month after they get out of the country!

Besides the six boxes of books that we are sending we are sending 5 ton (40 cubic feet to a ton) of household goods, such as our wardrobe, side-board, living room table, all of your doll furniture, your little study tables, etc., etc. These things that I have mentioned are all in the boxes ready to be sent, also Mother's little rocking chair that she has used to sit in before the open face stove up in her room.

I will repeat a warning that I have given before—so that you will not be disappointed when you see these things. You all now have romantic memories connected with them, and when you see them I am afraid that they will not come up to your expectations and that you will be disappointed, e.g. in making you little study table I had <u>utility only</u> in mind—and nothing in the way of ornament, so they were not stained or varnished, and during all these years they have not taken on any gloss or "glamour" and when you see them they will be very dull and inornate—and I am taking them purely and simply on account of the SENTIMENT connected with them—since they are the spots where you each began to get all of the scholarship that you have since required. However, they are quite serviceable little things and can even now, by sandpapering, staining and varnishing be made to be very nice looking as well as serviceable. The thought that they are what you all used when you were little children here in our home makes it impossible for me to leave them behind to fall into the hand of someone else who might do no more than use them for kindling wood. I am bringing all the tables that all of you used, from William to Alby. They have been all knocked down and packed in the boxes, only Bill's is standing in its place yet and Mother is still using it, with another little rocker by it in the place of hers that has been packed up. I am planning to take Bill's to pieces and pack same in our trunks to leave with him when we go through Houston. By the way. Alby's little table is the only one that has ever had a chair to match it. With the others you have used just any old chairs.

Among the other things packed and ready to be shipped are the rugs (red and green) that have been in our living and dining rooms. The green rug, from the dining room is still in rather good condition, but the red one is rather worn. We hope though that we will be able to have it done over in America. At any rate we felt that we would surely have to have rugs for our new home and that they were too good to throw away. We bought these particular rugs from a fire-sale by Ames and Brownley when we were on our first furlough in 1908—or when we were just getting ready to come back. I don't believe that it was a Ames and Brownley from who we bought the rugs, but it was from a large departmentstore on the corner of Granby and Freemason Stn. I remember the store quite well and did recall the name a few days ago but it has slipped me now. The rugs are Smyrna rugs.

We are still wondering where will be the best place for us to locate after we get to America and hope you folks will do a lot of thinking and looking around. I was born and raised in the city, and have always liked the busy life of a city—where there is a lot going on and a lot to see and hear—and do—and while I used to be at it for the Eastern Shore as soon as schools let out for vacation— it was not long before I would get home sick for the city—so the country does not appeal to me very much—except to pass through it, for I love it that way; but Richmond still appeals to me as the place for us. However, I am wondering if we could not get more for our money somewhere down on the water front and have a nice cool, roomy place for you dear ones to come during vacation, etc. Put on your "caps." Well, we can have a family conference after we get there and go into all the things thoroughly—thanks to Mrs. Grant's assurance that we can be located at Mission Court while we are looking around.

While it is still a little cool we are having lovely weather, which is quite a relief for the poor, suffering creatures around us;—though I have been interrupted while writing this letter by two of them coming and knocking on our front door and asking for help.

My usual Sunday morning program—i.e. shaving after breakfast, etc. has been interrupted again, in that I am so excited three days that I find it hard to stay in bed after six A.M., so I was up by that time this A.M. and getting a good start on the day.

Not only have we all of our freight nailed up and ready to ship but I am planning to go into town tomorrow right after breakfast and buy the rope for roping up our TRUNKS. Of course I will not rope them quite yet but want to get everything ready. I have spent the money on to pay for our S.S. and R.R. tickets, so you see things are heading up pretty definitely.

I have had a number of intimations from my friends of this land that they would like very much to have some demonstration of their affection on our departure (i.e. fare-well meeting, or such) but on account of the surveillance under which they are living that they do not dare do so.

Well, Precious Ones, though I got an early start this A.M. it is already getting on toward church time, so I will have to cut this, already long letter, short.

Most devotedly and affectionately,

Daddy

My Precious Little Girlie,

Herewith a "joint" letter (or maybe it is rather disjointed) to all of you dear ones—and now for just a few personal remarks to the sweetest little girl I know of. I wonder if you are thinking of us half as much as we are thinking of you—and in fact talking about you just about every minute of the day—we are just so excited at the thought of seeing you soon.

Our boat is due to arrive in San Francisco on April 25th. We will (D.V.) go straight from there to Houston, spending about ten days with Bill and Zelma and then go on to Richmond, stopping by Nashville to have a "check up" by our Execut. Comt.'s examining doctor to see if we are in good physical trim. We will then go on to R. arriving there around the 23d. of May. I do not know right off hand when your school will close, but we will, of course, expect you to come right to us at Mission Court, which will be the biggest part of the joy in our going to the U.S.!

I wrote sometime ago that the birthday present that you so thoughtfully sent came O. K. and that we were enjoying it immensely. It has been for some time a part of our daily program. As you know, I have had the "habit" for some years of taking a little nap right after lunch each day, generally for not more than 15 minutes, and for some days past, as I have gotten up from my little rest, I have joined Mother in front of her little open face stove and together we have nibbled away on some of the lovely contents of your birthday box—and my, but it's good!—but not as nice and sweet as the lovely little girl that sent it.

Well, Sweetheart, I wish we were close enough to hand you some appropriate present to celebrate this GLORIOUS DAY, viz. Feb. 25th; but since we are not I guess we will have to wait a few more weeks— and just think we will be near enough to you on your next birthday to send you a special or something like that.

Most devotedly,

Daddy

My own precious Margaret,

If all goes well with us & as planned, a month from today we shall be on our way to Japan. That surely brings our time of leaving close to us. You know that it is going to be hard actually to leave, in spite of our longing to see you precious ones. Of course, as this is our furlo year, it will be a little easier as we would have to leave in two months. It seems wiser to turn over our work at the beginning of the new fiscal year. We had our last regular Station Meeting Fri. afternoon & your Daddy as retiring chairman turned over his duties to John T. whom we elected to succeed him. Even tho we leave, the Sta. will be larger than it has often been during the years.

Mon. came A. & B.'s air mail letter, 50 days on the way, 1/7/40 - 2/26/40. Of course the local U.S. P.O. people do not understand the routing beyond Manila & Hong Kong. But that was an unheard of length of time. The P.O. people ought to be informed of the usefulness of sending mail by Clippers except where regularly routed. It was intended partially as a birthday letter for your Daddy, was really a letter of information from B. about questions your Daddy had asked. B. has surely been kind & helpful to us in many ways.

Have so much to write to you that I can not begin on in a letter tonight. These are busy days, clearing out in order to give possession of furniture in a few days & packing what we are to take.

We have written B. that we shall be glad for him to take delivery of freight & take from N. to R. & have stored in storage place of which he has written. We do not wish to store in his cellar as it could not but be a nuisance, & we do not wish to store at Mission Court. The storage charges are reasonable. We shall prefer paying the charges to storing in private places. I am sure that you will agree with me about that. We know how landlords feel about having other people's things stored in their cellars etc. This will ease the situation & we have packed with that in mind.

Do you remember Dr. & Mrs. Stokes? They are here now. He is going to give us a series of Bible Studies for a week. They look so well and natural. I knew them at Wonsan Beach the two summers that we were there. She was a model mother, always out with her boys.

Pray that all may go well with us as we leave & that we may have a good voyage. God bless and keep you.

With heart's love,

Your own devoted,

Mother

A. suggests that we send a telegram to her & B. when we reach S. F. & says that she & B. will telegraph to you & Va. We may do that.

Mon. A.M. Your birthday letter to your Daddy just came, so glad to get it.

Mar. 10, 1940.

Kunsan, Korea.
Mrs. William F. Bull

My own precious Margaret,

We felt so rich last week receiving two letters from you, three (one a note) from Wm., & one from A. & B. Your Jan 31st letter came after the Feb. 3rd.

I have already written to you about the bitterly cold weather we have had. Wm. wrote that the damage done in Houston by the extreme cold was equal to a major disaster tho not so apparent as a flood or fire. I am glad that he wrote that he escaped with little expense as he managed to drain his water pipes. He said that it was the coldest weather H. had experienced in 48 years.

A. wrote us about the cold weather in Richmond. That snowstorm must have caused much suffering in R. as well as great inconvenience. A. is such a good letter writer. I know that you enjoyed her 17 page letter. She seemed to enjoy the skating too. Wm. wrote that they had 3 in. of snow in H.—that it caused quite a sensation.

It was fine that you could see "Gone With the Wind". I hear that all who have seen it say that it is a great picture.

I was so sorry about the illness of Mrs. Wild's mother, know how distressing it must be for Laura. I remember Mrs. Candler as being a very lovely woman, tho I did not know her so well as I did Mrs. Milton Candler.

Thinking of movies, I fear your Daddy will be beside himself when he hears some good music.

You must be a "popular" speaker as the Aux. seems to like to have you! You could not have chosen a better subject than what you did.

The pkag. of clothes came and were distributed the next day. There was so much good material that the Koreans will be able to use well by making over. Thank the donors for sending them.

Who filled John S.'s position while he was away? There is one thing I would love to see in Australia & that is the koala bear. They seem to read about them, like toys. Faith Baldwin seemed as fascinated by them as I have been, in reading about them.

God bless & keep our precious girl & lead her every day in every way.

With my heart's love,

Your own devoted,

Mother

March 10th, 1940.

My Precious Loved Ones,

JUST THREE MORE after today!!! Oh, Boys and girls as I sit down to write this little note to you folks it occurs to me that I may not write more than two more from this place, for the third Sunday from now will be the 31st, and since we leave here on the 3d. the letter would probably not catch any earlier boat than ours, so there will be no use of writing on 31st. but will probably write my third letter after this on the boat crossing the Pacific on my way to see all of my loved ones.

Dr. and Mrs. Stokes, of the Methodist Mission, and of Seoul, have been with us during the last week and he has been leading us in some very inspiring devotional meetings. They left yesterday afternoon. Some of you may remember them. Alby no doubt does. He was with us some years ago helping in our Men's Training Class.

As we haven't any guest speaker for this afternoon's service it is up to me to lead, and I must do some preparing, so will not be able to spend much time over this letter. At any rate there is not a great deal to write about right now—except the same old thing, viz. our getting ready to leave these diggings; for we have, of course, continued to be as busy as bees in a tar barrel packing our trunks, etc and clearing out the house, for tons and tons of junk have accumulated during the forty years that we have been here. Going this time is quite different from going on furlough, as we have done several times when we have gone on furloughs anything that we did not want to take with us we would just leave it in its place here in the home, or stored up in the attic, but this time anything that we want to use in our home in the future we will have to take with us, and anything that we don't want we have to either give away or sell. In other words have to close up the house and clean out everything—which is quite a job. There are so many things that are not worth very much in themselves but have a whole lot of sentimental value—and there is always a question as to whether we would be justified in taking such home with us—and other things that are really useful, but questionable as to whether they would be worth taking home, e.g. I have a waffle iron packed up to take home. This we used while we were on our last furlough and brought it back to Korea with us—but have not used it even once since we have been back. Mother seems to think that newer models will be available when we get home and wonders whether this one will be worth taking home, also an electric toaster. Well, I am sure when we actually get them there that we will be glad that we have them and glad that we do not have to pay out money to get new ones, for there will be plenty of this that we will have to have (or at least need) that we will have to pay out money for same—so when you see our freight and baggage being opened up and all the old junk that you used to see here in the home, don't be surprised or disgusted.

As I have written, our plans are now, to leave the boat at San Francisco, take the train from there, go by way of Houston and spend a few days with Bill and his family, then go on, stopping by Nashville to have a "once over" by our Executive Committee's examining physician, and then go on to Richmond.

I am glad to report that we are having a very welcomed break in the weather and are now enjoying quite pleasant spring weather. However, while the people are not suffering so much from the cold as they have been doing, the mild weather does not put food in their stomachs so we still have lots of hungry people around us— and many, many weak and sick for lack of nourishment—and they are still flocking up into our yard asking for help. I am very grateful, that by doling it out I still have a little of the Hampden-Sydney fund left and have been able to give help to a small multitude of people. There are just sixteen days left before we will give possession of all of our furniture to those who have agreed to buy it, as we have settled on 26th. as day on which to give possession of our goods and to close up our house and to go down to stay with Miss Dupuy until we actually pull out.

Well, Precious Ones, I guess I'll have to close for this time; but am very happy with the thought that I won't have to write many more letters before I'll be having the joy of seeing all of you Darlings.

Most devotedly and affectionately,

Daddy

Monday Night. I failed to get this mailed today and in the mean time (this afternoon) I have been into Kunsan and taken in a good movie, viz. "SUEZ," Enjoyed it very much, but not having a car I had to go by myself (or with just my secretary.) I miss my car very, very much indeed, and will certainly be glad when I can have another to call my own.

March 10th, 1940.

My Precious Little Girlie,

If you will excuse this soiled and wrinkled sheet of paper I'll now proceed to write you a little personal note. I am ashamed of this paper but it is too good for a "poor missionary" to throw away.

I want to say first that the package of clothes that you sent came duly to hand and have long since been given out to some very grateful Koreans. I was especially pleased to see your reaction, and response to the letter that I wrote telling of the suffering around us here—but it is exactly what I should have expected from such a precious little girlie as you are, for well do we remember when you were just a tiny little thing here in our home how that Mother could never tell a pathetic story that your precious little eyes would not immediately fill up (and frequently overflow) with tears. So this was just characteristic of your lovely sympathetic nature—and I am sure the Lord will bless you for it.

I was also pleased to see that you wanted to pass on the wonderfully interesting facts re the leper work in Soonchun. I am sure your talk on that subject will stir up lots of interest in those pitiful creatures.

Well, sweetheart, I just "can't wait" to see you—and my how the thought of having you with us at Mission Court, and afterward in our own home stirs my heart. If you get to Richmond before we do don't unpack permanently. Just take out what you need from day to day and plan to come right to us at Mission Court as soon as we get there.

We are crazy about the last picture that you sent us—only it is not as beautiful as our little Darling is.

Worlds and worlds of love,

Most affectionately,

Daddy

Mar. 17, 1940.

Kunsan, Korea.
Mrs. William F. Bull

My own precious Margaret,

Your good letter of Feb. 13 reached us on Fri., 31 days on the way. It was not the fault of your not writing but it is the fault of the boats' schedules. When the boats do come in, we get a big batch of letters. This week we received two from Wm., yours, & one each from Va. & A. & B.

It was too bad that the packages cost you so much. I wrote you that one pkg had been received. Have not received the second one. I also wrote to you that I had given the clothes out at once. Materials are not now what they used to be & so these things can be well used.

Yes, I read "Gone With the Wind" when it first came out & also saw account in *Atlanta Constitution* of the first night performance etc. in Atlanta. It must be wonderfully produced. Shall be so glad to get the booklet.

Dr. Clark will not be allowed to return to Korea, so a late letter from Dr. Fulton states. His right eye (vision) is entirely gone & the left not too good. His general health is poor also. I surely regret his not returning as we need him so much in the C.L.S. in Seoul. He was wise & sound & worked in well with others. It is such a sad case & trouble came on him so unexpectedly. I hope that he too has money from his wife's estate. His girls are wealthy, we understand. He can get on I feel sure but it is so hard for him to be cut down at his age. He has been on field 31 yrs. They were so beautifully fixed in Seoul, had a beautiful, modern house, some of the money for which, if not all, was said to have been given by Dr. C.'s father-in-law, but I am not sure about that. We never know what is going to come to us. He is a good preacher & may grow better as time goes by & left eye may be stronger. I hope so.

That was exciting about Jeanne's murals. Was it her bedroom or classroom? I can not understand how those in authority could neglect a room to that extent, & do not see how J. stood it so long. The murals must have been cute but the paint must have cost as much as papering would have done.

I am so glad that you enjoy teaching Latin. I always enjoyed studying & reading it but I am far behind now & fear I could never catch up again.

God bless you, precious one, & keep & lead you. When you receive this, we shall, if all goes as planned, be on the ocean going to our dear ones.

With my heart's love,

Your own devoted,

Mother

Sunday, March 17th, 1940.

My Precious Loved Ones,

JUST TWO MORE, and probably only one more Sunday letter!!!!
—and this because if I write on Sunday after next we will probably
get there almost as soon as the letter would!!!! Just think of it. What
joy is ahead of us. I received a very lovely letter from Mrs. Grant
a few days ago, assuring us very positively that there would be
an apartment for us at Mission Court, so of course we will head
for that place. She says that we will probably have the same
apartment that we had when we were on our last furlough. We
hope so, for we would feel very much at home there, at least until
we can get a home of our own.

I am writing now in our living room which only has rugs (Krex—
since our Smyrne rugs have been shipped with our freight) and
chairs. The pictures have been down off of the walls for a long
time, and of course our radio has been gone for months. The spring
cot and costumer and book cases were taken last week by their
purchaser, also the large chest of drawers from our bathroom, and
quite a nice wardrobe that Sang Ah made and that has been in
my bedroom, also the steel hammock from off the upstairs porch.
In just nine more days we will give possession of everything else
to the purchasers, close up our house and go down to spend the
last week with Miss Dupuy.

As I have written, we will leave the boat at San Francisco, go
by Houston, spend a few days with Bill, Zelma and Gloria, then

go on to Richmond, stopping by Nashville for our medical examination. Will wire Alby from San Francisco immediately on our arrival, and then she can broadcast the news for us. Then after arriving in S. F. and having made definite plans will write more particularly.

Last night the girls in the Girls' School gave a very creditable entertainment in Mother's honor, had quite a number of interesting Stunts, and my sect. and I went down and gave them an instrumental (Cornet-Clarinet) duet. It was a very pleasant evening altogether—except for the thought that Mother was leaving the school into which she has put her very life's blood—and on account of present conditions the school is gradually being closed out.

We got some lovely letters from most of you last week, which of course made us quite happy. Was glad to get the razor blades that were inclosed in Alby's letter. Am all set up now, until I get to America, so will not have to go without shaving. Many thanks for same.

Don't fail to have letters waiting for us at the boat when we arrive in San Francisco, April 25th, on S.S. President Cleveland, c/o American President S.S. Company, 'cause we will be crazy to get some word from you, for it will have been a long time, since your last letters, also write to us at Houston.

Well, Precious Ones, as there is no special news at this time I'll cut this short. Worlds and worlds of love for the sweetest bunch of folks in this worlds,

Most devotedly and affectionately,

Daddy

Mar. 24, 1940.

Kunsan, Korea.
Mrs. William F. Bull

My own precious Margaret,

Here we have come to the last Sun. in this home that has been ours for 38 years. We shall go down to Miss Dupuy's about Fri. or Sat. She has insisted upon our coming sooner but I do not wish to go until I have to do so. Your Daddy has doubtless written about his pleasant visit to Chunju. I was invited too but I am so glad I did not really wish to go as it was easier to stay at home when that was the case.

This past week was a terribly busy week. Girls' School closed on Feb. 19th, Tues., and of course that was a sad time. I never saw the girls more responsive & affectionate. The B. School closed Wed. & I was busy settling the accounts for both schools & having all accounts audited. I am glad to say that there was not one error in any of the accounts. That pleased me. I have paid up all accounts & am glad that everything is in good order. This week I hope to give entirely to our personal affairs.

We received good letters from Va. & A. this past week. I hope that all of you are well. Was so grateful that Va. got over her cold quickly. We hear so much about bad cases of flu from different sources in U.S.

I worked a little too hard last week & felt terribly tired but now that those accounts are all audited I shall be able to take things more easily. When your Daddy was away I got a lot done by men about the house in the way of clearing it. It is not an easy job. There are so many things to consider about the house & that added to turning over schools & work increases the load. But I hope that the worst is over for me. May God bless & keep you, precious girl.

With my heart's love,

Your own devoted,

Mother

(Easter Sunday) March 24th, 1940.

My Precious Loved Ones,

I was awakened at 4:00 o'clock this morning by some very pretty singing right under my bedroom window. It was the school girls celebrating Easter Morning by going from house to house singing beautiful Easter hymns. Well, I haven't slept a wink since then, for, as I realized what it all meant, and thinking that this was our last Sunday in this house where we have spent so many Easters—and where you were all born (with the exception of Bill.) I was so filled with emotion that sleep left me and my cheeks ran down with tears and my heart and thoughts were overflooded regarding our early departure—and very especially re the many, many things that we will have to do to get ready to leave.

We began the day today by coming down to our living room and sending all of our potted plants around to our neighbors with Easter greetings for which we received very cordial and appreciative notes.

Well, I had a very delightful visit over to Chunju on Friday and Saturday. All of our Stations have been urging us for some to come and make them a visit before we leave, and Dr. Unger of our Soonchun Station has offered to come up in his little (but lovely and delightful) Studebaker Champion and take us around to all of the Stations, but as Mother shrinks so from unnecessary traveling I have not been able to prevail on her to go.

Especially the Swicords of Chunju have been very cordial and urgent. They have a lovely bunch of little children of whom I am exceedingly fond, and I am glad to say that they seem to reciprocate. Little Donald (8 yrs. old) calls me his best friend, and I am devoted to him—he is a very smart and precious little fellow. They have been urging us to come for some time, offering to send their car for us and to send us back home, but Mother has been obdurate about consenting to go; but it happened that I got a request from Miss Winn a few days ago to come over there and make the address to the graduating class of the Bible School on Commencement day, which was yesterday; so I decided I would kill two birds with one stone and go over on Friday morning, taking my secretary along with his cornet, and take also my clarinet and violin. The Swicords are all very musical, including the little kids and are all quite talented; so our music has been a big point of contact and we have all been very congenial. We went over on Friday, getting there in time for dinner. Then after dinner we got together and had quite a musical, Mrs. Swicord on the piano, my sect. with his cornet, little Donald with a pipe-flute, which he plays quite well and I with my clarinet. Mrs. Boggs (who took the prize for violin playing when she was in college) playing on my violin, my sect. with his cornet, Mrs. Swicord, with a musical saw on which she plays very nicely, and I with my clarinet (on which I can blow a correct note occasionally.) made pretty good harmony—which everybody seemed to enjoy. Then this same quartette was asked to give some special music the next morning at the Bible School commencement exercises—which we did.

Right here I have stopped long enough to see what I have on pg. #2 and find that I am somewhat overlapping. I made the same foolish mistake that I have made several times before, i.e. that of getting the carbon paper in backwards and making the carbon copies on the back of the sheet, and the writing backward. I have therefore had to write pg. #1 over, and have not watched very closely, writing largely from memory, so got a little mixed up—please excuse same.

After a very lovely, and socially a very pleasant supper we all went into the living room and first had quite a concert again. Mrs. Boggs, who took the prize while she was in college for violin playing, used my violin, Mrs. Swicord using a musical saw, which she plays very well, and little Donald with his reed pipe made up a very pretty quartette. Then yesterday at the commencement exercise we were asked to furnish some special music, so my secretary with his cornet, Mrs. Boggs with my violin and Mrs. Swicord with her musical saw made a very pretty quartette. The harmony was really excellent. Under the auspices of the Kunsan Daily News there was a concert given in the town hall here in Kunsan last night. A Japanese young lady friend of Mrs. Swicord (who is quite a noted singer, broadcasting, etc,) was asked to sing, so she asked Mrs. S. to come over and play her accompaniment, so we all came over together yesterday afternoon, and the Swicords and Mother and I had supper with them at the Talmages.

Friday night, after supper, when we were all assembled in the living room telling yarns, jokes etc. my story about getting shut up in the Rail Road Station in Warsaw, when we were on our way to America, via Siberia was called for—someone who had heard it once before called for it, and it proved quite interesting to the crowd. You kiddies do not remember that incident but you were all with Mother on the train, and the train moving off on the track outside and I was shut up in the Station with the iron grating gates locked. Bill was only five years old then, and Mother had little Cornelius with her and he was only six months old.

We are having a perfect string of guests these days. Friends from far and near coming in to pay their respects in view of our early departure.

Speaking of our early departure, we have just five more nights to sleep in this house—and after having lived here for forty years, and living a very happy life, the thought is quite distressing—when we think of one side—but when we think of going to be with you precious ones, and of having a home there where you can all come frequently that put a different aspect to the thought.

Well, Precious Ones, as I said in my last letter this will probably be my last Sunday letter to you folks from here, for we will leave here so soon after next Sunday that we would get there probably about as soon as the letter would.

Will close for this time—and will probably write to you again from somewhere along the way.

Worlds and worlds of love for each one of you Darlings,

Most devotedly and affectionately,

Daddy

Monday Night: —I have been on such a rush since writing the above that I have not had time to read it over or address the envelopes, and while I was engaged in a host of other things a lovely bunch of mail was handed into us this A.M. including a letter from Bill and Zelma, dated (each) March 2d, one from "Ginger" dated Feb. 25th., one from Margie dated Feb. 21st. and also one dated Feb.

28th. inclosing one from Aunt Mamie, and one from Alby and Bill dated Feb 29th.

These letters were all a great joy to us, and they made us all the more eager to be getting on our way to you. Well, we have only three more nights after tonight to sleep in this house, for we go down to Miss Dupuy's on the 29. I have actually begun roping our trunks today. Have two already roped, and so several others just about ready to be roped. Looks like business, does it not?

May 7, 1940

My own precious Margaret,

Your dear letter of May 5th came today & we were so glad to receive it. Have not written for so long because we were coming daily nearer and nearer to you. Shall tell you everything in letter soon. We answered your wire yesterday A.M. We now plan definitely to leave Houston on morning train Mon. 13th. How we can leave our precious boy, I do not know, but we must press on to our precious girls. We should reach Nashville Tues. evening. Do not know how many days we shall be there but imagine that it will be only a day or two and hope to reach Richmond next week, tho we have no way of knowing now definitely.

We understood your telegram. Am praying that God may definitely lead you in any decision you may make.

Can not write more now but am crazy to see you one and all of you dear precious children.

With heart's love,

Your own devoted,

Mother

All letters received at boat meant so much to us. God bless each one.

May 20, 1940.

1204 Rennie Ave. Richmond, Va.

Mrs. William F. Bull

My own precious Margaret,

Have been thinking about you every hour of the day since we reached Richmond. We have one and all, so often said, "If Margaret were only here."

Aunt Mamie & Walter were at R.R. Station with Alby & Bill & Bill Bell to meet us, & Va. came that night on 9:30 train. So you know how much we missed you. Aunt M. & W. went home Sat. afternoon & Va. yesterday on 12:10 train. How we did miss her I can not tell you.

Shall not attempt to tell you anything until we see you. Can't wait for your home coming.

I am trying to get a good rest after our long trip, was much more tired than I realized when I just had to move on & on. It was not easy to come on & through.

It was so good to see Alby and Bill, Virginia, Aunt Mamie and Walter etc.

Have wondered whether you found it worth while to go to Nashville. Am anxious to hear from you, precious girl. You are all the world to me and I do long to see you. It will not be so long now until you will be receiving the most royal welcome you have ever received.

God bless and keep you. Have so much to tell you when I see

you.

With my heart's love,

Your own devoted,

Mother

July 11th, 1941.

1320 Cornwall Place, Norfolk, Virginia.

My dear "Kunsanites,"

As I address this letter in this manner I feel like I were addressing the very members of my own family, for, of course, this is the place where I have spent the greater part of my life and the people with whom I have been most intimately and affectionately associated— but now when I think of Kunsan, where, I spent my very life's blood being closed up and not a single missionary present there it is simply unexpressibly distressing. I know, of course that it is just as distressing to each of you as it is to me, and that every day your prayers are going up with mine in behalf of the dear Koreans that we have left behind. Speaking of the Koreans, much to my surprise, our daughter Margaret remembers quite a number of the Korean hymns that she heard so frequently in her early days in our home at Kung Mal, and just before starting this note she and I were singing together in Korean "Ring the Bells of Heaven," and a few others, and I said to her: "My, but how I would love to stand before a Korean congregation and lead them in that song, as I have done hundreds and thousands of times." I have just read in the *Christian Observer* an article by Dr. Lingle on the subject of the "Retired Minister" and I am trying to take his suggestions to heart and profit thereby.

It is needless to say that we are enjoying being back in my hometown and in my own house. I really did not know how nice this house is until we had it "done over and moved in." Though I have owned it for 24 years I really know very little about it. I bought it on the recommendation of one of the deacons of our End Presbyterian Church, without even examining it thoroughly. Having been occupied by tenants for all of those years it had suffered neglect seriously, but my sister, who is quite an expert on such things, undertook to have it done over for us and it is now quite attractive in appearance and most delightfully comfortable for living. It is situated near the water and there is not a room in the house that does not enjoy a delightful cross-ventilation and breeze. It is quite roomy and nice and we are having the great pleasure of having Margaret and Virginia enjoy it with us during this summer vacation,

Last weekend we had the very great pleasure of having Betty Mclaughlin and her husband Taylor Seay, and their charming, and precious little daughter, Marguerite (my little girl-friend and chief source of entertainment while we were sojourning at Mission Court). They got here Friday evening and we took them down to Va. Beach for the day Saturday, and it was most interesting to see little Marguerite's enjoyment playing in the sand—which she called "the big san' pile." Well, we would like to have the pleasure of taking some of you down to the Beach for a little outing.

So far we have had very little hot weather. It has been delightfully cool most of the time.

We have been intensely interested in the letter that we have just received from all of you. We are, of course greatly interested in everything that concerns any of you, so we hope most sincerely that our correspondence will not lag. I am glad to report that I am continuing to improve, though slowly, and even though I am still far from my natural vigor I am getting better all the time, and hope that in the course of time I will be restored to my usual good health.

With very kindest regards and all good wishes for each one of you, I am

Your friend and brother in Christ,

W. F. Bull

P.S. My sister has just received a letter from Mrs. Robert Knox saying that her daughter, Betty Virginia, and her husband are going to move to Norfolk. They are now in Suffolk, 18 miles from here, and they are interested in finding a house, and the house <u>next door to us</u> is to be vacated in Oct. so we are getting busy to see if we can not arrange to have them as our next-door-neighbors. Betty's husband is a lieutenant in the Navy with duties at the naval base, which is just a few minutes from our house.

August 24, 1941.

1320 Cornwall Place, Norfolk, Virginia.

Nai Sarang Hannan Hyengjei-Chamai:

My thoughts have been very much with you during these recent days, as I have thought of the happy time that many of you have been having together in your fellowship during your sojourn at Montreat, and have been greatly distressed at not being able to be there with you.

We have been enjoying our home here in Norfolk beyond words, for it has been very cool and comfortable; but we have been especially happy at having a home where our children can come to be with us from time to time. When I bought this house twenty odd years ago (with my share from the sale of our old homestead here in Norfolk) I did not have the slightest dream that I would ever want to live in it, for I fully expected to spend the rest of my days on earth in Korea, and in fact I have for many years had my final resting place selected out there in our lovely little Kung Mal hill, i.e. right by the side of my beloved fellow-worker, Mr. Junkin, thinking what a privilege and pleasure it would be to rise with him to meet our Lord and Master when He comes again to claim His own but the Lord's ways are not our ways and I now realize that the Lord was providing a home for us in our old age, for which I am now exceedingly grateful.

However nothing in this world can take the place of the great joy, satisfaction and privilege that has been ours in having a part in the great work in the little land of Korea.

Ours (yours and mine) have been an inexpressible blessing and privilege to have a share in the Lord's work in that land and to have the unmistakable evidence of His blessed presence with us.

We have gotten pretty well fixed in our home here but there is still one thing that is lacking, and that is book-shelves (am thinking of them as a unit) in my study, with the result that the books that I brought home with me are still stacked up around the walls on the floor in my study. I have been intending making shelves out of the Korean red-wood (Cheung-Namoo) that I brought home with me in the shape of packing case for our other goods that we brought, but I just haven't gotten around to that job as yet. Just yesterday evening I was looking over my books and I came across a stack of our Korea Mission Minutes, and I could not resist the temptation of picking them up and looking over them and as I did I was so overcome with emotion that I could hardly control myself. As I glanced over the pages and saw all of the names there (your names) grouped as Stations and then again on the committees, and as I read the Station and Committee reports I felt as though I were having the privilege of going through another Mission Meeting and again I was overwhelmed with the thought as to what a great privilege had been ours—especially as I read the Apportionment Committee's report and the assignment of the work for each of us, such as the oversight of our individual fields (with all that that meant, i.e. visiting all of our country churches, and in the homes of our Christian brethren, and the sweet fellowship with them) and appointments to teach in Bible Classes, Training Classes, etc., etc. Such were most blessed experiences, and if I were physically fit and the way were clear there is nothing in the wide, wide world that I would welcome as I would an opportunity to go back to Korea and live among the Koreans once more and spend the rest of my life working with and for them and incidentally attending further Mission Meetings and enjoying again the unspeakable pleasure and privilege of fellowship and cooperation with my fellow missionaries.

Even though I were (as many of you are) physically fit for returning to Korea, the way, of course, would not be open right now, due to the political situation, which at present continues to be most distressing. I know that you are all just as much concerned and distressed over the situation in Korea as I am (and maybe some of you even more so) and that you are all praying earnestly and unceasingly for the Koreans and for the Korean church; but we have been taught in the S.S. that united prayer is especially efficacious and I am wondering if (even though we can not meet as a Mission) we can not have a definite agreement among ourselves that we will each and every one of us pray definitely every day for the work and the people who are so much on our hearts and minds, praying definitely for our loved ones in Korea by name and for the Presbyteries and for the General Assembly, also that the Lord will work on the hearts of those desperately wicked Japanese and change their attitude toward Christianity in Korea and in the rest of the Japanese Empire.

I am longing constantly for letters from each of you and would be delighted to receive such at any time; but if you are too busy to get off a letter to me just a card saying that you will fall in with this suggestion I'd be delighted to receive same, and will send out a letter again notifying the others of the response to this suggestion. Even though you do not send any card to that effect, I know that there will be no one who will not respond cordially to the idea—for as a matter of fact I know that you are all daily and most earnestly praying for the things in which we are all most heartily and intensely interested and concerned, and that there is not a day that goes by on which you do not offer up such petitions; but, scattered far and wide as we are, if we had a definite understanding that we are uniting on particular petitions I am sure our prayers would have additional weight and power with God. Matthew 18:19.

The situation in Korea today, as in all the world, humanly speaking seems absolutely hopeless, but we know that all things are possible with God, and that He has ordained our prayers as means through which He works. Please re-read the ninth and tenth chapters of Daniel, also I Samuel 12:23.

Yours with an aching heart, but believing with all my heart that "all things work for the good of them that love the Lord, etc."

Your friend and brother in Christ,

W. F. Bull

Sept. 14th, 1941.

1320 Cornwall Place, Norfolk, Virginia.

My dear Fellow-"Kung-Malites,"

I like this address better even than "Kunsanites" for this really seems more like home. Kunsan seems more like a place far away— that we used to have to run in to frequently (for "movies," etc.) but Kung Mal seems more like home than anything in this world, with our own "family-like" neighbors and our beautiful little Hill, with our own gardens, flower and vegetable, etc. etc. I find myself wondering all the time how our houses and property are getting on there.

We have recently had the great pleasure of receiving copies of the pictures that were taken of the gathering at Montreat. Miss Dupuy very kindly and thoughtfully sent them to us—and maybe we were not glad to get them and we have spent a good part of our time pouring over them. They are still on the table in our living room and neither of us hardly ever passes by them without picking them up and pouring over them—and My! but how "HOMESICK" they do make us! Of course homesickness in itself is not pleasant; but the thought of the blessed memories that it brings up are pleasant. Our greatest regret is that we are now living out on the very edge of our country and do not have the opportunity of actually seeing our fellow-workers as we used to when we were more centrally located, as in Richmond, where not only members of our Mission and Station come frequently, but even members of other

Missions come, or pass through. However, Norfolk, with its tremendous "Defense Program" has many advantages; e.g. Betty Virginia Knox's husband has been drafted into the Navy and they are now located here in Norfolk. This has recently given us the very great pleasure and privilege of seeing her parents. They came around to call on us, and we had the pleasure of having them with us for a meal a little later. Were sorry when they had to leave.

As I have written you, we have been having a very pleasant summer. We have had very few uncomfortably hot days—but, of course, the greatest pleasure has been that of having two of our children with us all the summer, viz. Virginia and Margaret; but all good things come to an end sooner or later and they have both had to leave us, going back to their jobs in their schools, Virginia to her school in Scotch Plains, N. J., and Margaret, instead of going back to teach in the Fassifern School in Hendersonville, N. C. has gone back new job in Lewisburg W. Va., i.e. the Greenbrier College, so Libbie and I are having to hold down the house all by ourselves. As I wrote this last sentence Libbie called up from downstairs saying: "I love to look at this picture of Mrs. McCutchen, she looks so well," which shows, of course, just what she was doing for a change(?).

I am now enjoying having my books nicely and orderly arranged on some very pretty book-shelves that I have been making out of the "Cheung Namoo" boards that I had sawed out of the trees that were blown down on our hill several summers ago, and used for packing cases for bringing our freight home. I had planned to have a dining room table made out of them, and spend the rest of my days eating off of Korean table, but unfortunately I miscalculated and got the boards just a little too thin, i.e. I did not allow for the thickness of the saw when I had the trees sawed up, so the cabinet maker whom I consulted advised against using them for making a table, saying that there was too much danger of their warping, so I gave up that idea and have been using the boards for odds and ends of other things.

Since I have come to the end of my sheet of paper I guess I had better close. Just wanted to say that the Round Robin has returned to us—and we have feasted on him. Hope we will have another flock soon.

With lots of love to all,

Most fondly and sincerely,

W. F. Bull

P.S. We are still watching eagerly for some definite news from Elizabeth and Otto—as well as the rest of our members who remained behind in Korea.

群山

No 2. This red spot above is from a little glass container filled with Korean 인쥬 that I brought home with me to use with the set of stands that I brought. e.g

P.S. #3: I have on my desk the little booklet for use in daily devotions entitled "Day by Day" and when I looked to see for whom we are requested to pray today I was quite interested to see that the first name on the list was James S. Wilson, M.D., Kunsan, Korea.

WALKING WITH CHRIST IN KOREA

MRS. W. F. BULL

THE EAGERNESS of Korean Christians to pass on the gospel message to their families and friends has undoubtedly been responsible, to a large extent, for the marvelous spread of Christianity in their land during the past fifty years. The rapid growth of the Christian Church in Korea has attracted the attention of the whole Christian world and the Korean Mission has frequently been called "The Wonder Mission."

Within forty-eight years a native church of over 110,000 members has been established, and today the Christians of Korea are unitedly praying for a great nation-wide evangelistic campaign which is in progress. The present plan is to reach with the Word of God every non-Christian home in the land. In connection with this plan a special edition of the *Life of Christ*, written entirely in Bible language, has been printed and is being widely distributed.

Even before there were resident missionaries in their own land, some Koreans, living in the valleys of southern Manchuria, received the New Testament from a Scotch missionary, who had translated it from the Chinese into the Korean language. These Koreans, returning from time to time to their homeland, took the precious Word with them and gave it to friends and relatives in their home villages. That beginning is typical of the way in which the gospel has been carried from one place to another and given by one person to another, throughout the years, in this "Land of the Morning

Calm."

Since the early days of mission work in Korea the people have eagerly studied the Bible and have freely shared with others the truths which they learned. A remarkably large number of Korean Christians have come to realize that their lives can be truly happy and worthwhile only as they pass on to others that which is the real source of their own peace and power.

Though the spread of Christianity has been remarkable in Korea, only two per cent of the entire population are yet Christians. Against this background of heathen darkness the lives of faithful followers of Jesus Christ stand out as bright lights. Many illustrations of their faith and perseverance could be recounted.

Back of a flourishing church in a village in our country field lies the story of a little Korean woman who refused to acknowledge defeat. Her husband was the rich man of the village and when he accepted Christ as his Saviour he built a church and provided a church bell to call the people to worship. Arrangements were made to hold regular services and soon large congregations were attending the meetings and all seemed going well. The influence and power of this leading citizen was sufficient to gather the people, but something stronger than prestige is necessary to hold them and gradually, one by one, they ceased coming. When the rich leader, who had remained true to his faith, died his wife was left as the sole representative of what had formerly been a large congregation.

In her loneliness and sorrow she found comfort in the presence of Him who had promised to His obedient servants, "Lo, I am with you always." Alone she kept tryst with her Master in the little church which her husband had built. Each Sunday morning and each Wednesday evening she climbed the hill to the church and rang the bell so that all might hear the call to worship. Within the church she knelt alone and poured out her heart in prayer for her neighbors.

No one came to join her for many months but finally a Christian family moved to that village. They answered the call of the church bell and once more a group assembled for worship. Before long others began to join the group. Gradually those who had fallen away came back and others were added until now there is a flourishing church made up of faithful followers of Jesus Christ.

A missionary on a recent visit to that village took a picture of the little woman whose faith failed not. He described her face as "a sunburst of wrinkles." Years of fellowship with her Master have given a glow and radiance to her countenance which is truly beautiful. In the picture the old woman is shown ringing the church bell for, despite her ninety years, she still delights to call the people of her village to the worship of the true God.

To our large Union Hospital in Seoul one day there came a widow who had been suffering from a tumor on her side. After trying all of the Korean remedies of which she had heard, she made up her mind to go to a foreign doctor, though her neighbors sought to discourage her by telling her that she would suffer more pain at the hands of the foreign doctor and perhaps even death. When she reached the hospital, footsore and weary, she was kindly received and given treatment. Her trouble was easily relieved by an operation. All of this was done for her without charge for she was desperately poor. Her total wealth consisted of a few coppers but she was so eager to show her gratitude that when she had sufficiently recovered she went to the market and bought two Korean pears which, with heartfelt thanks, she presented to the surgeon by whom this story was told. A few days later, as the surgeon was busy with his clinic, he happened to look out of the window and saw a line of white figures coming along the road over a distant hill. Had it been market day, he would not have been surprised, as on that day the white robed Koreans wend their way in large numbers to the market place. But this was not market day. The white line came nearer and nearer and finally entered the hospital compound. The group consisted of ten women, and at the head of the line was the widow who had recently been treated. Though dust-stained from the long journey her face was wreathed in smiles. The surgeon had inspired her with such confidence that on her return to her village she had sought out, one by one, the women who needed medical treatment and had brought them on a three day's trip to the hospital.

One woman in the group had a paralyzed hand. The surgeon could only point her to the Master who had once said to a paralytic, "Stretch forth thine hand," and tell her how the hand had been stretched forth and healed. Another woman, who was incurably blind, was told the story of Him who said, "I am the Light of the world." The physical needs of the other women were supplied and all went back to their homes, treasuring in their hearts the words of the gospel message. This widow had not only offered her mite but following the example of the Master, had hunted up those who needed what she herself had received, and brought them to the surgeon who could heal their physical sickness and who could guide them to the Great Physician of their souls. This story is typical of the way in which the Christian message is passed from one to another in Korea.

Soon after our arrival in Korea we inherited, as it were, the care of a blind man, for whom it was our privilege to provide for many years. He had been literally taken from the gutter. He was given decent clothes and put into a warm, clean room, but all to no avail. His wish to drink was so great that he went back to his old haunts. No kindness seemed to influence him but one day, by the power of the Holy Spirit, his darkness was penetrated by the light of the gospel. From that day a transformation took place. He became a clean, Christian man. Often did he praise God for his blindness because he knew that his pitiful condition had led us to love and care for him and put him in touch with the gospel. Though he could not see to read the Bible or the hymn book, he soon learned by heart many passages in the Bible and both the numbers and words of the hymns. He became a power in prayer and told many the way of life and light. He went to his reward many years ago but his face still lingers in my memory, as he came each morning into our living room for family prayers. In his room many gathered to talk about Christ and the Word. He lived so close to the Master that all felt that his prayers availed much and numbers came to him for help.

Among the women whom I have deeply loved and whose fellowship has been very dear to me is one who came to the village in which we live to see if she could get help for her sick husband, and to put her daughter in the Mary Baldwin School in our station. This woman became an outstanding leader in our church, a teacher in our Sunday School, and one whose advice was often sought. Her daughter went through our school after which she had two years in a large school in the capital of Korea. In this way she was fitted for the efficient work which she has done as president and treasurer of the Auxiliary in her church. Her husband was a believer before she married him but his faith has been greatly strengthened by hers. Theirs is a lovely Christian home and their children are being brought up in the fear of the Lord. They have moved from our village and are now living where the Canadian Presbyterians work, the man having been transferred there by the banking company for which he works. They have put their letters in that church and she is busy and active in the Auxiliary work there. This young woman's grandmother was a dear old woman. She lived across the river and came as often as she could to see her daughter's family. The daughter and granddaughter told her the gospel story. She could read the Word and on one occasion when she was going home I gave her a copy of John's gospel. We were having some wonderful meetings in our church at the time of that visit and she seemed greatly impressed and expressed a wish to be a follower of the Master.

Not long after that word came to the daughter that the old lady was very ill. She went to her as quickly as possible but never saw her alive again. She had risen in the morning, attended to her work about the house, and saying that she felt tired, had lain down for a rest. She had taken the Gospel of John and had read some of it and then had fallen asleep and never regained consciousness. A short while before I had given her some money with which she had bought some new clothes. I love to think of her lying there in her pure white clothes with the Word of God beside her, as her spirit, made clean by the shed blood of Jesus Christ, winged its way to the world beyond.

Our God is unchanged and unchanging. Our Saviour's command is as binding now as it has been during all of the past years. We owe all that is good in this world to Him. We cannot, must not, drift from our faith in Him, though the way be not easy and though

the world tries to lure us and discourage us. Those who know not
Christ need us. May these simple stories of those who have walked
with Christ in Korea encourage our own faith. May we so yield
ourselves to Him that He may be able to use us largely for His
honor and glory.

KOREA: Yesterday – Today – Tomorrow

Rev. William F. Bull

Before leaving Korea (several months) thinking over what I would say to the churches in U.S., chose this subject, i.e. Korea as we used to know it etc—2 others A. & Lat. then decide & stick to my subject, which I hope I'll due in the course of my remarks.

I. Korea of Yesterday

One of if not the most remarkable of modern mission fields. I say this because while it is one of the very youngest of mission fields it has been one of the most marvellous in results. While there are only 20,000,000 people in Korea as compared with the 70,000,000 of Japan, there are probably more Christians in Korea than there in all of Japan put together and while the Protestant Mission work in China is about 50 years older than the work in Korea, and while China with its 450,000,000 population has about 500,000 Christians, as we were told the other day, Korea has 450,000 Christians. I do not state these facts in the sense of pride or braggadocio, but simply to put before you the facts of the wonderfulness of the work of Korea. Besides the 450,000 Christians there are 28 Presbyteries and magnificently organized and functioning General Assembly with a splendidly and most gratifying foreign mission over in the Shantung province in China, i.e. until the present war broke it up. The wonderful success and the phenomenal progress of the work in Korea has been due to two things.

1st—The People Themselves:

They have been a wonderfully responsive & receptive people. They are very impulsive and emotional. Their evil passions can be very easily aroused and they can be aroused to mob violence very easily when there is anything to excite them. On the other hand, they are a very loving, kind-hearted, sympathetic people and they respond most wonderfully to an appeal to their good emotions or better nature.

Dr. Stokes: (Methodist) Leading our meeting—It is true and it has been the most precious experience to live among them, work with them and for them and to have fellowship with them.

Due to their very emotional and impulsive nature they have been like the Athenians of whom Paul said "Ye men of Athens, I perceive that in all this ye are very religious." (Acts 17:22) Long before Christianity came to Korea they were a very religious people, many followers of Buddhism, Confucianism, with spirit worship and ancestor worship, practically universal, but none of these were satisfying the cravings of their hungry souls, so when Christianity came to Korea, hundreds and thousands of them said this is just what we want, and they embraced it with open arms. I have had a number of them to tell me that in their earlier lives that they had tried this religion and that but that when they heard the Gospel preached that they had embraced it with open arms and that it had proved to be just what they were looking for.

Then for thousands of years they had lived under a very corrupt government and had been a terribly oppressed people, so when they heard the Gospel and learned from the Word of God that all men are supposed to be free and equal they rejoiced in the message. Yes, indeed they are a wonderfully loving and lovable people and it has been an unspeakable pleasure and privilege to live and work among them.

I have from time to time had the oversight of scores and scores of churches, scattered over a large field, and it has been my duty to visit those churches at least twice a year, i.e. spring and fall, holding examinations for baptism, administering the sacraments, and sometimes administering discipline where needed.

When I would be planning to go out on one of these so-called "itinerating trips", I would have to make out a schedule in advance, telling them on what day and hour I would arrive, and then when I would arrive I would find practically the whole church assembled to meet me. They would have foregone going to work on that day and they would all be dressed up in their nice, clean white Sunday go-to-meeting clothes and then they would all come out on the road leading into the village to meet me, and then when I'd leave I'd probably have just such a send off. In the mean time the leader of the church will have vacated the best room in the house for me and he and his family taken up their abode in less comfortable quarters. Then while we are there they and the other members of the congregation will be bringing us presents of eggs and chickens, things that are such luxuries to them that they can enjoy them only on very special occasions. They give us the very best they have and simply overwhelm us with kindness and courtesies.

2nd—Policies followed:

Early missionary statesmen, Dr. H. G. Underwood, S. A. Moffett, Dr. Graham Lee, Dr. Baird, (Dr. U. brother of John Underwood)

When first arrived on field while studying the language, made exhaustive study of missionary work in the older fields of the world, such as India, China and Japan proper, since missionary work had been going on in these lands for 50 years or so when the work in Korea was begun.

They made a study of the work in these fields so as to profit by their experiences, to emulate their successful policies and to avoid any mistakes that might have been made, with the result that they decided on three basic principles or polices as the foundation stones of the church that they were about to set out to establish and these policies were:

1st Self Support
2nd Self Propagation
3rd Self Government

This first was the hardest to adhere to since the Koreans were so pitifully poor, hardly having enough to eat or wear. It was hard to say to them that you will have to build your own churches, support your own helpers and evangelists & pastors. But judging from human nature whether in America or on the foreign field, that the more you helped them the more they would expect to be helped.

It would have been much easier to say to them, we know you are poor and that it is all that you can do to provide houses for yourselves to live in, so we will help you build your churches, or chapels, and then go ahead with American money and put up nice looking little chapels or nice little model American churches. But the missionaries said "No, this is your responsibility and if you can not put up American style churches of brick or stone, build such churches as you are able, like the houses you live in, and if you are not able to put up a church just worship in your private home or in such temporary quarters as you can secure."

I have preached to many and many a group which was at that time either too young or too weak to build a church, in the home of the leader of the group. The rooms in practically every home are 8×8 ft. and I have preached to many a group that was assembled in such a home. The men in this room, probably 20 or 30 strong, with as many women in the next room and the porch full of worshipers and quite a crowd sitting on mats on the ground in the yard. In order to reach this entire group I'd have to sit in the doorway of one of the rooms. Then as these little groups would grow in numbers and strength, they'd either buy or build a little church of the same type of architecture as their own little home, viz. mud wall and straw-thatched roof. So they came to understand from the very first that this was their duty to provide their own places of worship, their own hymn books and testaments, also to support their own helpers, evangelists and pastors. All the churches of the 28 Presbyteries and of the entire General Assembly are entirely self-supporting.

Self-Propagation: From the very first the missionaries laid it on their hearts that evangelization of Korea was their job and not the missionaries, that we are there to help them. That it was their duty and responsibility to bring other members of their families, their neighbors and fellow countrymen to Christ. And the whole world knows what zealous, faithful, earnest personal workers the Korean Christians have been and what wonderful Bible students they are and how they give themselves. All know about the wonderful system of Bible classes that has been built up, how every little country church has its local Bible study class each month, then of the reunion classes at central points out in the country, and then the larger classes at the Mission Stations, some times with as many as 1500 in attendance. Mid-Winter Class for men and one for women at each Station the great event of the year. Times of great inspiration & strengthening of their faith.

Self-Government: Is there any wonder that such a church is a self-governing church. Every church of any size has its session of regularly elected elders and its "Board of Officers" with its Deacons, Sunday School Superintendent etc. etc.

The result of ministering to such a people with such Scriptural policies as we have already indicated is that there are 450,000 Christians in Korea, 28 Presbyteries organized into a splendid General Assembly which is now conducting a Theological Seminary with absolutely no help from the missionaries.

II. But how about Today?

Here words fail me, not all the words in the English language or all the languages of the world could adequately express the atrociousness of the conditions in Korea today, under the fiendish rule of the Japanese military party. And may I now say that what I shall say does not apply to the Japanese people, but to the Japanese military party, which is the ruling party in Japan today. I would say of the Japanese people that I have never seen a nicer, more courteous, cordial and pleasant people to deal with.

Someone the other day referred to the Japanese Emperor along with Hitler, Mussolini and Stalin. The Japanese Emperor does not belong in that class, only as he allows himself to be used as a tool in the hands of the military party which has centered on 'totalitarian laws' to carry out their ends or purposes. In Germany, Italy and Russia it is in the hands of an individual, but in Japan it is in the hands of a group of individuals, or the military party, and in Korea, just as Hitler is using the Aryan race prejudice to instill in the German people the conviction of race superiority and that they are destined to rule the world, so the military party in Japan is using Shintoism or Emperor worship to instill into the Japanese people patriotism and of subjugating the rest of the world.

Someone the other day in one of our forums for an explanation of "Shrine Worship" in Japan, and Dr. Knox was called on to answer this question and he did splendidly in the short time that was at his disposal, but feeling that it is something that you all are intensely interested in, I want to go into it a little more fully, especially as it is the explanation of the situation in Korea today.

About a year ago the *Reader's Digest* published an article entitled "The Divine Mission of Japan". Those of you who read that will know the situation pretty well, but you all know that the people are taught that the Emperor of Japan is Divine. This of course is absolutely and purely mythology and superstition, with absolutely no historical data to back it up, in fact the authentic history of Japan goes back to about 1200 years, but they claim that 2600 years ago the sun-goddess gave birth to their first emperor, the Emperor Jimmu, and that the present Emperor is descended from him in unbroken succession, therefore he is not mere man but very God. A short time ago one of the Cabinet Ministers of Japan was making a speech on the floor of the Diet and he made this statement which was published in all the papers of (Japan). Quote "Our Emperor is not like the rulers of other nations for they are mere men, but our Emperor, while he is a man, is at the same time Very God" end quote.

Some time ago while I was sitting in front of our radio, about 9 or 10 o'clock at night, I heard the voice of an old Korean yangban, and I could tell by his voice and the language that he was an old Korean "Yangban" which means a gentleman and generally a scholar. So I soon became interested to see what he was saying. I soon discovered that he was an old guy that was sold out to the Japanese soul and body and that they were using him to propagate Shintoism among the Koreans. The first thing that I heard him say was that the Sun goddess was the creation of heaven and earth and sea and all that in them is—corresponding to Jehovah of the O.T., and that with her are two other spirits, corresponding to the Holy Trinity whom the Christians worship.

Not only do the Japanese claim that their Emperor is divine, also that the very ground on which they walk is holy. They say that the sun goddess did not simply create the islands of Japan but that she actually gave birth to them. Since Japan is a divine nation she has a divine destiny, this destiny is said to have been promulgated by their first Emperor Jimmu under the dogma of "the Four Corners of the Universe under one roof" and in carrying out this so-called divine destiny one of their Premiers promulgated what has been known as the Tanaka Protocol, and which have been published in papers all over the world a program for the Japan nation, which was first Formosa, then Korea, then Manchuria, then North China, then all of China, Indo-China and then on down to the Philippines, and India then the islands of the Pacific, then India, So. America, and so on throughout the whole world. And so the Military party in carrying out this policy and program have promulgated through their new Premier Konoye a new dogma, they have enlarged their slogan of "a new order in East Asia is a new order in Greater Asia" to include Indo-China, the Dutch East Indies etc.

In order to carry out this program they (military party) feel that it is necessary to instill into the people a patriotism that amounts to religious fervor, therefore they exalt the Emperor as god and tell the people that they will be deified if they give their lives in his service, and what are the shrines. They are simply places that are used by the government to inculcate this idea in the people. So all the people are required and forced to participate in the services conducted there, especially all organizations like schools or Presbyteries. Before they can proceed with their business have to go out in a body, or by representatives, and participate in such services. At first the Korean Christians all over Korea balked on such participation, feeling that it was contrary to the first and 2nd Commandment. Then the officials began bringing pressure and persuasion upon the Christians—they began resorting to a subterfuge to get around the Koreans' conscientious convictions by telling them that this ceremony is not religious, but just a patriotic ceremony, just a demonstration of their loyalty to the government just like the Americans saluting the flag. Since they had gotten an official statement that it was not religious but just a demonstration of patriotism, many, many, in fact most of the Koreans said "Well, with that understanding and in that spirit we will go out." So this declaration is purely and simply a subterfuge on the part of the government (at which they are past masters) and a compromise on the part of those who participate contrary to their consciences, i.e. as at the line of least resistance, i.e. one in which they can escape unbearable persecution and torture.

But we as a Mission could not thus salve our consciences, for we know as the whole world knows, that it is a religion. (Read Report:) Having read many times such statements as this, our Mission, supported by Dr. Fulton, who made a trip to Korea on this subject, came unanimously to the conclusion that we could not possibly allow our Mission schools to take part in such ceremonies as these, so the government said "Well, if you decline to participate in these services then you will have to close your school", so for this reason our schools all over our Mission are closed, except the two schools at Kunsan and they are just about on their last legs breathing their last. They each (Boys & Girls Schools) have only two grades left and as soon as these two grades are graduated the school will close, since we are not taking in any new pupils.

William F. Bull

Miss Ann Fry
Box 198
Mary Baldwin College
Staunton, Virginia

Dear Ann:

Mrs. Virginia Moose forwarded your good letter, and I, too, am delighted that the girls of Mary Baldwin College are interested in developing a project for aid to the education of young women in the Kunsan area of Korea. As you know from the story of Mrs. Moose's mother, Elizabeth Alby Bull, the Kunsan area was the site for the establishment of the Mary Baldwin School for girls in the early 1900's, in Korea. Elizabeth Alby, one of Mary Baldwin's own honored graduates, went out to Korea as a young woman missionary to teach and to preach. When she saw how little the girls in that area were given in educational opportunity, she set about establishing her school, which she named after her own beloved Alma Mater.

Elizabeth Alby Bull is an alumna of whom you may be very proud. Her contribution to the education of women is great. Her contribution to international understanding is also great, because, in a day when it was most unusual for women to go out on their own to carry on inspirational and educational work in foreign lands, she had an ideal and a dream which, with determination and inspiration, she carried out successfully over a long, fruitful, and distinguished career in Korea. You girls at Mary Baldwin College now have much to be inspired by in the leadership which some of the alums of your school have given throughout the world. To us at the American Korean Foundation, it therefore seems most proper and fitting that you should want to honor your own alum, Elizabeth Alby, with a scholarship project for the education of the young girls of Korea.

Perhaps the best way to do it would be to set up an Elizabeth Ably Bull educational fund for Korean girls. It could provide scholarships for the poor girls of the Kunsan area who would not otherwise be able to attend school. When the Mary Baldwin School is actually in operation as a school for girls, it might be possible that your fund could then be used to provide scholarships for poor girls of the area to attend the Mary Baldwin School. There are all kinds of ways in which such a scholarship fund could aid the girls from poor families of the Kunsan area in their quest for education.

The war destroyed so many schools and brought so much devastation and loss of life and property that most of the people of South Korea are desperately poor. Therefore, orphans—and there are 200,000 of them—and the children of poor families are lucky if they can get through the sixth grade. Furthermore, in most families opportunities are given to the boys first.

This is why an Elizabeth Alby Bull educational fund for Korean girls could be so important. I think that there is no better way to show you how much this means to Korean girls then to quote to you part of a letter which I recently received from the widowed mother of two girls to whom the Foundation had granted scholarships to attend middle school (Junior high school). This mother says:

"My two daughters, because of your kind aid, now went back to school. You should see their faces. They seem to bloom in an unusually happy way. One of my daughters said, 'I only dreamed and prayed to be in school again, but now the clouds are gone and the sun shines on us. We are going to have a new life and a fresh hope. I am so happy. Oh, God, thank you!'"

I am enclosing some explanatory material on the extent of devastation in Korea, the extent of the need for educational opportunities for young people, and general background information on the work of the Foundation so that your committee, in discussing your project, will have all of the information you need in order to develop your plans. If you wish additional posters or other types of explanatory material, just let us know and we will be happy to supply them.

I am delighted to have the opportunity to work with you, and want you to know, if there are any other ways in which I personally may be of help, I shall be happy to do so. Mrs. Moose and I are working closely together on this project and are really both of us thrilled with its possibilities. You inquired about my coming to Staunton to speak to the group. At this point, it is not possible for me to give you a definite answer, but after you have your plans drawn, let me know and, if I can arrange it, I should of course be delighted to come to speak to your student body.

Best wishes you, Ann, on this most fruitful and wonderful project in international understanding and good will. You girls are truly being ambassadors for the free world in the type of program which you are contemplating. Do let me hear from you.

Cordially Yours,

(Dr.) Dorothy M. Frost

Deputy Executive Officer

Double Heritage
(or I Was Born in Korea)

Margaret

Years after I had left Korea I came upon that line in Keats that speaks of the "stubble fiendishness of autumn". The page melted before my eyes and I was a child again, racing through dry Korean rice fields in late autumn. I felt again the crisp crunch of stubble under my feet, The fields were no longer flooded, the rice had been harvested. As mother walked along the narrow path, my brother, sister, and I raced across the fields and back again to Mother, over our heads wild geese honked on their way south.

From the vantage point of such maturity as I have now achieved, I look back at my childhood and early youth spent in Korea. It was only recently that I began to realize the richness of the double heritage that is mine. Anyone who has been born and reared in a land other than the land of his own nationality learns at the same time to appreciate his own country more keenly and to understand a people of an alien race more fully. This understanding is the light that cuts through chance differences of dress and speech and reaches the fundamental humanity of all races. Having been called a "foreigner" as early as I can remember, I still wonder at the hint of opprobrium with which this term is used by some Americans who stand firmly on their American citizenship and look askance at Poles, Czecks, Chinese seeking entrance at the door of our United States. Briefly then, this double heritage takes the strangeness out of the word "different", for one learns at an early age that there is more than one way of saying and doing the same thing.

My father and mother both went to Korea separately as missionaries, met in Korea and were married. Korea, a peninsula extending south of what is now Manchukio, with its islands covers an area about that of Minnesota. To a traveler sailing along the coast of Korea the country with its grey mud shore line, jagged mountains sparsely wooded, may present a rather uninviting picture. The bleakness of the coastal region probably dates back to the time when the coast was being devastated by Japanese Corsairs, and the Koreans were commanded by their government to move inland. But I have watched the sun too many times sink into the Yellow Sea in an extravagance of color, too often have I seen the hills flame with azaleas in the spring, the rice fields turn from the smooth green of a blue grass lawn to gold in the fall, to think of Korea except in terms of brilliant colors. Here my two brothers, two sisters, and I was born. Let me say in passing, for the benefit of those who think of missionaries as presumptuous folk bent upon inflicting a foreign religion and civilization on a people perfectly satisfied with their own progress, that at the time my father and mother went to Korea, the Koreans were begging and pleading with America to send them educators and leaders.

Had I been born in any other country than Korea my reactions no doubt would have been different. But I was a baby at the time when the old Korea was passing and Japan was inexorably taking control of Korea. I grew up among a people proud of their history and bowed by the loss of their independence,—a gentle people, who by their geographical situation faced China [illegible] back toward Japan, powerless to check that militaristic embrace from the east.

H. B. Hulbert has told the story of the passing of Korea in his book by that name. Mr. Hulbert went to Korea in 1886 at the request of the Korean government for teachers. After the Russo-Japanese war he became an advocate of the Korean emperor and people in their plea to the United States to help them maintain their independence. I have a personal interest in this story because Mr. Hulbert traveled in our party when we were coming to America on our first furlough, and I was only two years old. During the long trans-Siberian railroad journey the official papers which Mr. Hulbert was carrying to the President of the United States were hidden under our baby clothes. It may be added that Mr. Hulbert was put off from seeing the President until United States had recognized the protectorate which Japan was establishing over Korea. I was too young to remember, not remembering even the time I fell off the train in Moscow or the time my brother, age five, was lost in London and could answer the bewildered bobbies only in Korean. These and many other stories are familiar to me since they have been told and retold in our family, and they form a background for my own memories.

There is something ironical about the details one's memory picks up and hoards. By the time I was three years old I had been carried around the world, through the capitals of a half dozen nations, back to our little house on a Korean hill. And all I can remember of that year is a haughty Polly-parrot (whose local habitation I later learned was Staunton, Virginia) and is scornfully reiterated preference for apples instead of crackers, and an ancient colored man who made the rounds collecting garbage. We would watch for him, then run away in a delicious panic of fear. So, if my memories of Korea fail to have any great significance, perhaps they will still give a glimpse of Korea as I knew it.

One of my earliest memories is that of the night sounds of Korea. After Mother had told us good-night, and the Korean nurse had carried away the lamp, the room in which my sister and I slept would become a stillness from which I could hear the sounds which I have ever since remembered as characteristic of Korea. I would hear the rhythmic beat of the ironing sticks of Korean women working late so that their husbands and sons might walk forth on the morrow fresh in their long white coats, full trousers, and straight, long waisted jackets; and the thump of the native drum where farmers had gathered after working all day knee deep in water transplanting rice; with the beat of the drum I could see in my imagination as I had seen so many times a small boy dressed in a flowing coat of many colors swaying on the shoulders of a professional dancer; a lonesome cry of a dog wailing in the night; and nearer, the wind ever present in the pine trees would take up its night song. Then as my eye lids grew heavier, and the sounds less distinct, I would fall asleep to dream of tokgabees, the Korean will-o'-the-wisp, and ancient women who turn themselves into tigers by the simple device of a somersault, and somewhere in background the Rover boys rushing to the rescue in their motorboat.

Our foreign mission compound was located on a hill rising gently from rice fields which extended in a fan-flare out to other hills larger than our hill. A river flowing from the north widened into a bay near the foot of our hill, circled around the seaport town of Kunsan, and hurried on out to the Yellow Sea. It was from this hill that I have watched so many Korean funeral processions weave their dramatic course across the plain. The long wailing chant reserved for funerals would bring us as children running to a spot from which we could see the procession emerge from the village at the foot of our hill and start on the journey which would bring [illegible] riding in state to its last resting place on some distant hill. In state, because a Korean funeral in the olden days was a spectacular affair. The bier in which the coffin rested was painted in bright blues and reds, and over this there was a white canopy with red streamers, all carried high on the shoulders of the pall bearers. Ahead of the bier danced and wailed the professional mourners who cleared the road of evil spirits.

In our childhood we had a certain intimacy with graves, because almost all the hills were covered with graves and our hill was no exception. It was only the straw graves that made us detour in a wide circle in our play in the woods. Here death, or what had been left by death, was too immediate to invite close approach. There was one straw grave in particular which we regarded with wide eyed awe. It was in the woods not a hundred yards from our American cemetery. This was the straw grave from which one missionary who had just recently buried her own small daughter told us she had seen a pale spirit, not much more tangible than vapor, rise early one morning when she was going to the cemetery. Little Sadie (Venable)'s funeral was the first I had ever attended, and it made a deep impression on my mind, already filled with the gaudy colors and hopeless wailing of Korean funerals, of whiteness and peace, The silk with which the American ladies lined the small coffin was white, and the flowers which we children were sent to pick were white daisies. Around the open grave the small group of missionaries sang, "Safe in the Arms of Jesus". It was the first time I had heard that hymn, and ever since it has been inseparable in my mind with Sadie's grave across which Korean pines throw their shadow.

Korea is full of people of the higher or scholarly class who on account of poverty are forced to work. Women of this class hesitate to accept menial positions in the home of wealthy Koreans, but welcome the opportunity to work in the home of foreigners, for here they are taught to become teachers and leaders of their own people. So it happened that our amahs were women of superior intelligence. To one woman, Chang-nurnee-umonee, I feel that I owe a particular debt, for she had a natural talent for story telling, and she it was who introduced us as children to the rich store of Korean history, legend and folk-lore, and even poetry. On long winter afternoons when we were driven indoors by the increasing cold, we would gather around Chang-nurnee-umonee seated on the floor in front of our little open-face Franklin stove. As she lent the precise beauty of Korean embroidery to the darning of our much worn stockings she would tell us story after story. Out of these rapt house of listening came a love and understanding of Korea deeper than I probably would otherwise have had.

Generosity is one of the chief characteristics of the Koreans. Every important occasion is marked by lavish giving of presents, large and small according to the circumstances of the giver. And Yongsagee was not immune to this passion for present giving. Yongsagee was a young Korean beggar boy who appeared one Sunday afternoon unheralded and sound asleep on our front porch. Like so many stray waifs that roam the land Yongsagee was of indeterminate antecedents, and had for us children the additional lure of being able to speak only when he held his finger over the whistle which some doctor had inserted at the base of his throat, and possessing a mind that lived in its own strangely colored world.

A few days before we left on our second furlough Yongsagee appeared. (In the homes of missionaries time is reckoned in terms of furloughs. It is always, "On our second furlough," "Just after our first furlough"—very much as the ancient Romans must have said, "In the reign of Augustus Caesar".) And Yongsagee was bearing a gift. He proudly presented a "string" of eggs. Eggs are carried to market place in a long, nobby sheath of straw tied around just below each egg. So you buy your eggs in Korea by the "string". The fact that we later discovered that all the eggs were rotten did not detract somehow from Yongsagee's gesture. He must have spent hours going from one market to another collecting those antiquated eggs.

Another outstanding characteristic of the Korean people is extreme politeness. One day my brother and I were riding our bicycles along a narrow road between two rice fields, My brother stopped suddenly to avoid running into an elderly Korean gentleman who suddenly appeared just ahead of us. I failed to get my brother's signal in time and my front wheel glanced his rear wheel, and I and my bicycle both tumbled into the rice field which was about two feet deep in water, I extricated myself without any difficulty. I had a propensity for falling into rice fields and ponds, but without any serious consequences. The bicycle, however, was less easy to bring back to its normal position. The thing that impressed itself on my mind was the concern of the old man and his polite, though futile, efforts to retrieve my bicycle with the aid of his three-foot pipe. As we finally rode away he was still expressing his polite apologies.

Play is the common language of the young of all races, and some of the happiest hours of my childhood were spent playing with

Korean children. Of course, we had our own American toys, and were absorbed by the hour with wagons which we had made out of old wheels and wooden boxes, and to which we hitched our dogs and goats. But now my mind turns particularly to Korean games. My brother sailed kites with Korean boys. Kite sailing wasn't so tame as it may sound. The Korean kite is lighter and less cumbersome than the American, and crushed glass is glued to the string. The boys fight battles in the air, each trying to cut the string of his opponent's kite. My sister and I went down to the Korean school with the Korean girls. Korean girls, reared to be demure and decorous, make surprisingly pleasant playmates with a keen sense of humor and good sportsmanship. But the games we played couldn't be recommended for any particular lady-like quality. One sport especially worthy of mention is seesawing. The Korean method of seasawing is rather different from the American. In America this sport is relegated to the position of an unimportant pastime for rather young children. In Korea seesawing is quite an art. The horse is low, consisting of a log wrapped around with straw. A girl stands on either end of the board, and each bounces the other in turn some three or four feet up from the board. Then there were many games similar to our prisoner's base, hopscotch, and snake-in-the-gutter. If the stories our nurse told us brought close to the heart of Korea, then the games we played brought us close to the lives of children whose skin was a different color from ours.

And the young must go to school. As the Korean girls passed through our yard on their way to the mission school and sing song chanting began to rise from the native school at the foot of our hill, my brother, sister, and I would go to our desks, which Father had made for us out of Korean oak, and begin our own struggle with arithmetic and spelling. Mother had taught before she had become a missionary. Books sent out from America guided her teaching us so that on our recurrent visits to America we could fit into the grade where we belonged. One incident in our school experience especially pleased my sister and me. We had decided we would like to learn Japanese, so Mother told us we would attend the class in the mission school in which a Japanese woman taught the Korean girls to speak Japanese. We had played with Koreans all our lives but we had never studied with them before. In fact this was the first class my sister and I were ever in. We enjoyed the experience of competition and group learning. As Christmas drew near the Japanese teacher, who had some knowledge of English, decided she would give the class a treat by teaching them an English song. We were to sing this song as a part of the Christmas program. It was a simple little thing beginning, "Merry Christmas, merry Christmas", and my sister and I sang the song with the Korean girls in the way the Japanese teacher had taught us. It wasn't until years later that it ever occurred to us how funny our orientalized pronunciation must have sounded, for we sang in perfect accord with the other girls, "Medde Chriseemasu, medde Chriseemasu—".

If you want to see the Korean really dressed up you have to wait for the Korean New Year season which usually comes in February. If you are a Korean and never have a new outfit any other time of the year you would be sure to have one at this special holiday season. The older people still use their habitual white, but they make up for the lack of color in their own costumes by the wealth of color in the clothes of their children. The little girls are dressed in full, bright skirt and little short waisted jackets with sleeves made of strips of red, blue, yellow, and green. The padded socks of the babies are embroidered in the same bright colors. The long braids of black hair, made smooth with a special hair oil, are tied with bright red ribbons. It is curious historical fact that the dress of the Korean is more Chinese than the Chinese itself. When the Manchus displaced the Ming dynasty they forced the people to change their mode of dress and coiffure. The Koreans, who had long before adopted the ancient Chinese way of dressing, somehow were overlooked by the Manchus and continued the Chinese style.

I have always connected the pheasant with Korea. Father was away from home weeks at a time, and as he went from one village to another he hunted the pheasant which is so plentiful in Korea. He would return home with his saddle bags full of game and with pheasants hung across the back of his horse. My brother when hardly more than a baby had a passion for carrying these beautiful necked creatures around in his arms and even insisted upon taking them to bed with him. It was only after he had fallen asleep that Mother could gently remove the beloved bird from his arms. Father's homecoming was always exciting with new stories of things he had done and seen on his last trip. After one such trip I remember the game brought back was especially plentiful, and as we were looking at the pheasants and geese he picked up one of the pheasants and pointed out a strange thing to us. One of the legs of the pheasant was covered just below the knee joint with mud dried hard and packed with feathers. Father broke off a piece of the plaster and showed us where the bone had been broken. Our admiration went out to this wild creature which by some strange instinct had mended its broken leg with mud and its own feathers.

So I grew up thinking that a true outlook was one that was

multiple and not single. It came as a rude awakening when I returned to America for my last year in high school before going to college to find a provincial viewpoint which took for granted that these United States are the hub of the universe from which other nations branch off as more or less unimportant spokes. In adolescent self-consciousness I soon learned to veer away from that conversational question, "Where're you from?" For I had learned from experience that too often the answer, "Korea," would be followed by the question, "What state is that in?"—But then, it is only by living in a country that one really learns what "state" that country is in. If I have any breadth of understanding, I owe it to my double heritage.

송상훈

순천매산고등학교와 고려대학교 영어교육과를 졸업하고 공군기술고등학교 영어교관으로 군 복무를 하였다. 전역 후 전주기전여고에서 영어교사로 근무하던 중 전북대학교 영어영문학과에서 석사 학위를 받고 박사과정을 수료하였다. 현재 전주신흥고등학교에서 영어교사로 살아가며, 전주강림교회를 섬기고 있다. 옮긴 책으로는 『사랑을 심는 사람들』(2000, 보이스사), 『기전여학교 교장 랭킨 선교사 편지』(2022, 보고사)가 있다.

내한선교사편지번역총서 9

월리엄 불 선교사 부부 편지 II, 1939~1941

2023년 6월 2일 초판 1쇄 펴냄

지은이 윌리엄 불 부부
옮긴이 송상훈
펴낸이 김흥국
펴낸곳 도서출판 보고사

책임편집 이경민
표지디자인 김규범

등록 1990년 12월 13일 제6-0429호
주소 경기도 파주시 회동길 337-15
전화 031-955-9797(대표)
      02-922-5120~1(편집), 02-922-2246(영업)
팩스 02-922-6990
메일 kanapub3@naver.com / bogosabooks@naver.com
http://www.bogosabooks.co.kr

ISBN 979-11-6587-494-0
      979-11-6587-265-6 94910 (세트)
ⓒ 송상훈, 2023

정가 28,000원

〈이 번역서는 2020년 대한민국 교육부와 한국연구재단의 지원을 받아 수행된 연구임
(NRF-2020S1A5C2A02092965)〉